Johannes Calvin

Johannes Calvin

Neue Wege der Forschung

Herausgegeben von
Herman J. Selderhuis

Einbandgestaltung: Finken und Bumiller, Stuttgart
Einbandabbildung: Zeitgenössisches Porträt des Reformers Johannes Calvin,
© picture-alliance/dpa

Die Deutsche Nationalbibliothek verzeichnet diese Publikation
in der Deutschen Nationalbibliografie;
detaillierte bibliografische Daten sind im Internet über
http://dnb.d-nb.de abrufbar.

Das Werk ist in allen seinen Teilen urheberrechtlich geschützt.
Jede Verwertung ist ohne Zustimmung des Verlages unzulässig.
Das gilt insbesondere für Vervielfältigungen,
Übersetzungen, Mikroverfilmungen und die Einspeicherung in
und Verarbeitung durch elektronische Systeme.

© 2010 by WBG (Wissenschaftliche Buchgesellschaft), Darmstadt
Die Herausgabe des Werkes wurde durch
die Vereinsmitglieder der WBG ermöglicht.
Gedruckt auf säurefreiem und alterungsbeständigem Papier
Printed in Germany

Besuchen Sie uns im Internet: www.wbg-wissenverbindet.de

ISBN 978-3-534-22808-9

Inhalt

HERMAN J. SELDERHUIS
Vorrede 3

Struktur

CORNELIS AUGUSTIJN
Calvin und der Humanismus, in: *Calvinus Servus Christi*,
Budapest 1988, 127-142 8

MICHAEL BEINTKER
Calvins Denken in Relationen, ZThK 99 (2002), 109-129 25

Bibel

HANS-JOACHIM KRAUS
Vom Leben und Tod in den Psalmen:
Eine Studie zu Calvins Psalmen-Kommentar,
in: *Leben Angesichts des Todes, Helmut Thielicke*
zum 60. Geburtstag, Tübingen 1968, 27-46 47

HERMAN J. SELDERHUIS
Singende Asylanten: Calvins Theologie der Psalmen,
in: Eckhard Grunewald e.a., *Der Genfer Psalter und*
seine Rezeption, Tübingen 2004, 79-95 65

Lehre

GERD BOCKWOLDT
Das Menschenbild Calvins,
in: Neue Zeitschrift für systematische Theologie
und Religionsphilosophie, 10. Band 1968, 170-189 84

ANDREAS LINDEMANN
'Decretum horribile'. Die Lehre von Gottes Gnadenwahl bei
Johannes Calvin und im Römerbrief des Apostels Paulus,
in: Reinhold Mokrosch, Helmut Merkel (Hrsg.),
Humanismus und Reformation, Münster 2001, 136-153 105

CHRISTIAN LINK
Die Entscheidung der Christologie Calvins und ihre theologische Bedeutung. Das sogenannte Extra-Calvinisticum,
in: *Ev.Th* 47 (1987), Nr. 2, 97-119 125

Kirche

W. NIJENHUIS
Der ökumenische Calvin: Calvin, Luther und Luthertum,
in: *NTT* 191-212 152

JAN R. WEERDA
Ordnung zur Lehre. Zur Theologie der Kirchenordnung bei Calvin,
in: *Nach Gottes Wort reformierte Theologie,*
München 1964, 132-161 177

Welt

HERMANN VAHLE
Calvinismus und Demokratie im Spiegel der Forschung,
in: *ARG* 66 (1975) 182-212 203

ERIK WOLF
Theologie und Sozialordnung bei Calvin,
in: *Rechtstheologische Studien,* Frankfurt am Main 1972, 2-32 233

Herman J. Selderhuis

Vorrede

Das Calvinjahr 2009 hat gezeigt, dass nicht nur großes Interesse an der Person und dem Denken Johannes Calvins besteht, sondern dass dieses Interesse weltweit zunimmt. Scheinbar enthalten seine Biographie und seine Theologie inhaltlich genug Brauchbares, dass man sich näher damit beschäftigen und das Gefundene relevant machen will für die Kirche, die Theologie und die Gesellschaft von Heute. Die Beiträge zu dieser Sammlung betreffen alle sowohl die Theologie Calvins, als auch dessen Auswirkungen. Obwohl es hierbei um Einzelstudien geht, beschreiben sie doch jeweils ein Thema im Rahmen der Theologie Calvins, sodass aus der Sicht eines Teils, der Blick auf das Ganze gerichtet wird.

Die meisten dieser Studien sind in Sammlungen erschienen, die Calvin nicht unmittelbar zum Hauptthema haben und sind daher inhaltlich breit gefächert. In diesem Buch zusammengetragen, sorgen sie für eine Gesamtübersicht der Theologie Calvins, in der außerdem die Ergebnisse der jüngeren Calvinforschung berücksichtig sind. Die 11 Beiträge sind den fünf Themen Struktur, Bibel, Lehre, Kirche und Welt zugeordnet.

Die Beiträge sind in ihrer ursprünglichen Form wiedergegeben, weshalb in den Anmerkungen auch keine Uniformität angebracht wäre.

Struktur

Cornelis Augustijn behandelt die Beziehung zwischen Calvin und dem Humanismus und macht deutlich wiesehr der Humanismus die Struktur des calvinischen Denkens beeinflusst und sogar bestimmt hat. Dennoch ist Calvin laut Augustijn auf andere Weise als Humanist zu sehen, als es die meisten Calvinforscher tun. Wenn Humanismus als Methode gesehen wird, gehört Calvin dazu, geht es aber inhaltlich um die Wertschätzung der Wahrheitselemente der Klassiker, ist Calvin kein Humanist. Wo die meisten, durch den Humanismus beeinflussten Theologen – wie etwa Huldrych Zwingli – einen Zusammenhang sahen, sprach Calvin von einem Bruch. Die Religion und Frömmigkeit der Heiden ist – wie edel sie auch sei – von völlig anderer Art, als die des Christentums. Von daher ist Calvin nur bedingt als Humanist zu bezeichnen.

Der zweite Beitrag in dieser Sammlung betrifft ebenfalls die Struktur der Theologie Calvins. Die ersten Sätze von Calvins Hauptwerk, der Institutio, stellen Gott und Mensch miteinander in Beziehung. In diesem dogmatischen Handbuch ist, anders als in beinahe allen scholastischen, theologischen Handbüchern, kein gesonderter locus de Deo und auch kein locus de homine zu finden. Denn laut Calvin könne man nicht über den einen reden, ohne den anderen direkt auf ihn zu beziehen. Michael Beintker beschreibt, wie der Beziehungsaspekt kennzeichnend ist für die gesamte Theologie Calvins und dass dies auf die grundsätzliche Beziehung zurückgeht, die zwischen Gott, dem Vater, Gott, dem Sohn und Gott, dem Heiligen Geist besteht. Mit dieser, in der Trinität begründeten Verbindung zwischen Gott und Mensch, erhält Calvins Theologie eine ungekannte Beweglichkeit und Dynamik, die z.B. jedem statischen Bild von Gott diametral gegenübersteht. Beintker verdeutlicht dies anhand von Calvins Lehre von der Vorsehung, seiner Pneumatologie und seiner Soteriologie und weist damit auf eine neue Sicht der Theologie Calvins.

Bibel

Erst im vergangenen Jahrzehnt, richtete man größere Aufmerksamkeit auf die exegetische Arbeit Calvins. Der Gedanke, dass der ganze Calvin in der Institutio zu finden sei und seine Predigten und Kommentare daher nichts Neues bringen würden, gehört der Vergangenheit an und das Resultat dieser Umorientierung ist eine große Anzahl an Studien seiner exegetischen Früchte, mit daraus folgenden, neuen Erkenntnissen über Calvins Denken. Neben dem Römerbrief, der im Grunde die wichtigste biblische Zutat in Calvins Institutio darstellt, hatte Calvin eine existentielle Beziehung zu den Psalmen. Der Unterzeichnete beschreibt wie gerade hier die Verbindung zwischen Biographie und Theologie eine Rolle spielt. Calvin identifiziert sich stark mit der Biographie Davids und zog dabei eine Parallele zwischen dem Volk Israel unterwegs ins gelobte Land und den reformierten Gläubigen, die als Pilger durch Europa zogen. Aus diesem Grunde bekam das Buch der Psalmen einen besonderen Platz in der reformierten Tradition. Calvins vielfältige Beschäftigung mit diesem Bibelbuch bietet viele Informationen zu seiner Theologie, als auch zu seiner Biographie. Hans-Joachim Kraus spitzt dies auf die Thematik von Leben und Tod zu. Sterben und Tod waren dem Menschen aus Calvins Zeit präsenter als uns heute, aber deren Wirklichkeit ist es für jeden Menschen, zu jeder Zeit. An Hand von Calvins Psalmkommentar demonstriert Kraus, wie Calvin mit vielen traditionellen Exegesen bricht und näher beim Text bleibt als z.B. Luther. Außerdem rechnet er mit dem Gedanken ab, als wäre Calvin nur auf das Jenseits gerichtet und habe keinen Blick für den Wert und die Herrlichkeit des irdischen Lebens.

Lehre

Wenn Calvin von Doctrina spricht ist es für ihn stets auf das Leben gerichtete Lehre. Das machen auch die Beiträge von Gerd Bockwoldt, Andreas Lindemann und Christoph Link deutlich. Bockwoldts Studie über Calvins Anthropologie bestätigt, was auch in anderen Studien in dieser Sammlung behauptet wird, nämlich dass Calvin über den Menschen sprechen kann und will, ohne ihn in Beziehung zu Gott zu stellen. Obwohl dies oft vertreten wird, beruhe es doch auf einem Missverständnis, wenn behauptet wird Calvin habe einem platonischen Menschenbild angehangen. So ist für Calvin nicht der Leib der Kerker der Seele, sondern der Mensch ist in seiner Sündhaftigkeit und Schuld vor Gott der Kerker seiner selbst. Darum ist Gottes Prädestination auch keine weitere Einschränkung der Freiheit des Menschen, sondern gerade eine Befreiung des Menschen von sich selbst. Zwar muss Gott es selbst bewirken, dennoch ist es eine Befreiung zu selbstständigem ethischen und verantwortlichem Handeln. Kein anderer Aspekt der calvinischen Theologie wurde so kritisiert wie seine Prädestinationslehre. Diese sei unbarmherzig und fatalistisch und mache Gott außerdem zum Tyrannen und den Menschen zum ganz und gar willenlosen Wesen. Andreas Lindemann beschäftigt sich in seinem Aufsatz intensiv mit dieser Problematik und behauptet, dass wer kritische Fragen hat, diese in erster Linie nicht an Calvin, sondern an die Schrift selbst richten muss. Wenn Calvin von einem decretum horribile spricht, hat dies nichts mit Horror zu tun, sondern damit, dass die Entscheidung Gottes ehrfurchtgebietend sei. Lindemann vergleicht in einer ausführlichen Analyse Calvins Sicht der Erwählung mit den Ergebnissen der neueren Exegese von Römer 9-11 und kommt zu dem Schluss, dass der Reformator die wesentlichen Züge der paulinischen Botschaft wiedergibt.

Einer der Kritikpunkte an Calvins Prädestinationslehre war das Fehlen, bzw. in jedem Fall das Überflüssig-Werden einer Christologie. Laut dem Beitrag von Christoph Link ist auch diese Kritik ungerechtfertigt. Link führt das besondere Element des so genannten Extracalvinisticums an, den theologischen Fund Calvins, mit dessen Hilfe er Luther und Zwingli miteinander verbinden konnte. Dieses Extracalvinisticum bezieht sich auf Calvins Formulierung, dass Christus ganz und gar am Kreuz hing und gleichzeitig die ganze Wirklichkeit erfüllte, zur Erde hinab stieg und doch im Himmel blieb. Auf diese Weise konnte Calvin von einer tatsächlichen Anwesendheit Christi im Abendmahl sprechen, ohne dafür die Ubiquitätslehre Luthers zu benötigen.

Link überdenkt kritisch diese calvinische These und bezieht sie auf die verschiedenen Loci der Theologie Calvins.

Kirche

Von der Christologie ist es nur mehr ein kleiner Schritt zur Ekklesiologie. Calvin behandelt die Lehre von der Kirche in dem Teil der Institutio, dass von den Mitteln handelt, mit welchen Gott den Menschen an Christus bindet und verbunden hält. In dieser Sichtweise, in der die Kirche in gewisser Weise zum Heilsmittel wird, spielen die kirchliche Ordnung und die kirchliche Zucht eine wesentliche Rolle. Calvin sah Zucht und Ordnung als wesentliche Kennzeichen der Kirche an und hat sich deshalb viel damit beschäftigt. Bei der Anfertigung von Kirchenordnungen konnte er von seinen juridischen Kenntnissen Gebrauch machen, ohne dass es zu einer Juridisierung des Kirchenrechts kam. Jan R. Weerda zeigt, welche Theologie die tragende und ordnende Kraft in Calvins Kirchenrecht ist. Dabei geht es Calvin stets um das, was Weerda im Titel seines Beitrages nennt: Ordnung zur Lehre. Die Lehre ist aber etwas anderes als ein Gefüge von schriftgemäß richtigen Sätzen. So, wie die Ordnung die Lehre bewahrt und fördert, fördert und beabsichtigt die Lehre das Heil der Kirche und des Volkes. In diesem Rahmen hat sich auch Calvins Ämterlehre entwickelt, sowie die kirchliche Zucht, wobei es laut Weerda so ist, dass Calvin in seiner Meinung zu weit gehe, dass die Obrigkeit der Kirche zur Hilfe kommen muss, um die Zucht bis zum Äußersten auszuführen, wie etwa der Ausschluss aus der Gemeinschaft. Auch die liturgische Ordnung steht im Dienste der heilbringenden Lehre, mit der Folge, dass Unordnung in der Liturgie das Heil in Gefahr bringt.

Förderung der heilbringenden Lehre wird auch durch Uneinigkeit in der Kirche Christi behindert. Zu Calvins größten Schwierigkeiten gehörten dann auch die kirchlichen Spaltungen, sowohl die zwischen Rom und der Reformation, als auch die zwischen Protestanten untereinander. Wie kein anderer versuchte Calvin namentlich die Kluft zwischen Schweizern und Deutschen, zwischen den Anhängern von Zwingli und denen von Luther zu überbrücken. Willem Nijenhuis gibt sowohl eine Übersicht der ökumenischen Kontakte Calvins, als der theologischen Prinzipien, die diesen zu Grunde lagen und geht dabei vor allem auf die Beziehung Calvins zu Luther und den Lutheranern ein und darauf, wie vielbedeutend es war dass Calvin im wichtigsten innerprotestantischen Streitpunkt, nämlich dem Abendmahl, Luther nahe stand. Auffallend ist, dass wo Calvin inhaltlich mit Luther verwand ist, Nijenhuis die ökumenische und offene Haltung Calvins mit dem Einfluss des Erasmus erklärt.

Welt

Die beiden letzten Beiträge dieser Sammlung beschäftigen sich mit der Bedeutung des Denkens von Calvin für das Leben in der Welt. Für manche war Calvin der Vater der Demokratie, für andere aber der Vater der Aristokratie und Oligarchie, während die marxistische Geschichtsschreibung Calvin zu den Vätern der bürgerlichen Revolution rechnete. Hermann Vahle reiht die vielen verschiedenen Positionen auf und gibt darin eine gründliche und einzigartige Analyse der Calvinforschung auf diesem Gebiet. Auch Erik Wolf richtete seine Aufmerksamkeit auf Calvins politische Auffassungen. Seiner Meinung nach überwiegt in Calvins idealer Staatsform, der gemischt aristokratisch-demokratischen Verfassung, das aristokratische Element. Im Weiteren richtet sich Wolf auf die gesellschaftliche Bedeutung Calvins und bezieht er Calvins Theologie auf die soziale Ordnung. Calvin strebte nicht nur nach einer christlichen Kirche, sondern nach einer Gesellschaft unter der Herrschaft Christi. In einer solchen Gesellschaft würde der Gedanke verwirklicht, dass der Mensch nicht nur für sich selbst geschaffen ist, sondern für Gott und den Nächsten. Dies ist der Auftrag, den Gott dem Menschen in der Schöpfung gab und von Wolf als Bewährungsgedanken angedeutet wird. Mit diesem Gedanken sei die grundsätzliche Forderung nach persönlicher und politischer Freiheit verbunden, denn die Gemeinde bedürfe der Selbstbestimmung, um ein Beispiel christlicher Lebensordnung aufstellen zu können. Wolf bezieht hierauf Calvins Rechtslehre und erkennt in Calvins Gedanken leicht die Wurzeln neuzeitlicher Staatsgedanken.

Schluss

Neben und auch an Stelle dieser elf Studien hätten viele andere ausgewählt werden können. Doch bietet diese begrenzte Auswahl grundlegender Studien ein gutes Bild der Theologie Calvins und deren Forschung. In jedem Falle möchte dieses Buch ein Mittel sein, um auch den Weg zu jenen anderen Aufsätzen und Monographien zu finden.

CORNELIS AUGUSTIJN

Calvin und der Humanismus

Eine Reihe von Calvinforschern hat in den letzten Jahrzehnten das Verhältnis Calvins zum Humanismus seiner Zeit studiert. Ich erwähne die Namen von Josef Bohatec, Quirinus Breen, Basil Hall, Alexandre Ganoczy und Charles Partee, und bin mir dabei bewußt, daß diese eindrucksvolle Reihe dennoch nicht vollständig ist.[1] Wenn ich jetzt das gleiche Thema aufgreife, ist das vielleicht mehr ein Übermut als eine Mutprobe, und das um so mehr, als sich die genannten Autoren bei aller Meinungsverschiedenheit in der Haupt-sache alle einig sind. Bohatec hat den Konsensus wie folgt zu Wort gebracht: „Daß der sprachgewaltigste französische Reformator ein Humanist war, eine humanistische Bildung empfing und eine umfassende Kenntnis der Antike besaß, wird allgemein anerkannt."[2] Partee sagt: „That Calvin belongs to the ranks of the Christian humanists may now be taken as axiomatic."[3] Wenn ich dennoch diese Frage neu studiere und zu einem unterschiedlichen, obgleich nicht diametral entgegengesetzten Ergebnis komme – ich lege meine Karten gleich zu Anfang offen auf den Tisch –, ist eine captatio benevolentiae nicht nur angemessen, sondern sogar notwendig. Der Humanismus des 16. Jahrhunderts ist seit Jahren das Zentrum meiner Studien. Von da aus habe ich Calvins Verhältnis zum Humanismus untersucht. Die unterschiedliche Auffassung, die sich in diesem Referat zeigen wird, hat vielleicht auch damit zu tun, daß ich auf diese Weise in das Problem eingestiegen bin, während die meisten Forscher ihren Ausgangspunkt bei Calvin genommen haben und von da aus zum Humanismus gegangen sind.

Aber genug der einleitenden Bemerkungen! Was ich zu behandeln beabsichtige, läßt sich in vier Punkten zusammenfassen. Zuerst erörtere ich ganz kurz den heutigen Forschungsstand und nehme dabei besonders auch die jetzige Fragestellung unter die Lupe. Danach formuliere ich die meiner Auffassung nach zentrale Thematik des Humanismus in der ersten Hälfte des 16. Jahrhunderts. Im dritten und bei weitem ausführlichsten Teil behandle ich die

---

[1] S. die Aufzählung in Charles Partee, Calvin and Classical Philosophy (Studies in the History of Christian Thought 14), Leiden 1977, 13.
[2] Josef Bohatec, Budé und Calvin. Studien zur Gedankenwelt des französischen Früh-humanismus, Graz 1950, 121.
[3] Charles Partee, a.a.O. 13.

Stellungnahme Calvins zu dieser zentralen Thematik. Im vierten Teil gebe ich eine allgemeine Charakteristik der Ansichten Calvins im Rahmen seiner Zeit.

I. Der Forschungsstand

Ich habe schon erwähnt, daß in der Forschung Calvin allgemein als Humanist befrachtet wird. Die Gründe dieser Feststellung sind nicht immer die gleichen. Für Bohatec war, entscheidend, daß Calvin eine humanistische Bildung empfing und eine große Kenntnis der Antike besaß. Ganoczy betont andere Elemente: Calvins exegetische Methode, seine Betonung des Studiums der Kirchenväter, seine Hochachtung für verschiedene antike Philosophen und den moralischen Charakter, den er der christlichen Existenz beimißt.[4] Partee untersucht die philosophischen Kenntnisse Calvins. Er weist überzeugend nach, daß Calvin jedenfalls Cicero und Seneca, wahrscheinlich auch Plafo und Aristoteles selbständig aus ihren Schriften studiert hat.[5] Für meinen Zweck ist es unergiebig, die unterschiedlichen Faktoren ausführlich zu erörtern. Hier genügt die Feststellung, daß im wesentlichen zwei Faktoren immer in Betracht gezogen werden. Der erste ist die philologische, humanistische Ausbildung Calvins in seiner Jugend und die daraus entsprossene humanistisch-philologische Behandlung der Bibel und der Kirchenväter, die er selber geübt und anderen empfohlen hat. Diese Eigenart liegt auf dem Gebiet der wissenschaftlichen, besonders der theologischen Methode. Calvin hat die philologische Methode der Humanisten übernommen und sie auf dem Gebiet der Theologie angewandt. Der zweite Faktor ist philosophischer Art und beruht, wie gesagt, auf der Annahme, Calvin besitze eine gute Kenntnis der antiken Philosophie. Die Frage ist dann, inwieweit Calvin die alte Philosophie geschätzt hat, wie er sie benutzt und wie er das Verhältnis zwischen antiker Philosophie einerseits und reformatorischer, biblischer Theologie andererseits gesehen hat.

In allen Arbeiten über Calvins Verhältnis zum Humanismus zeigt sich aber auch ein gewisser Vorbehalt. Alle Forscher sind sich darüber einig, daß Calvin in formeller Hinsicht ein Humanist war. Diese Feststellung ist m.E. unumgänglich. Sobald das Inhaltliche zur Sprache kommt, meldet sich aber auch der Vorbehalt. Bohatec zum Beispiel, dessen Ausführungen in dieser Hinsicht die grundsätzlichsten sind, fängt sein Schlußkapitel an mit der lapidaren Folgerung: „Calvin war Humanist …"[6] In seinem Buch hebt er besonders zwei Sachen hervor. Die erste ist, daß Calvin die Künste und Wissen-

---

[4] Alexandre Ganoczy, Le jeune Calvin. Genèse et évolution de sa vocation réformatrice, Wiesbaden 1966, 195.
[5] Charles Partee, a.a.O. 146.
[6] Josef Bohatec, a.a.O. 472.

schaften sehr positiv beurteilte und ihre Kenntnis für die Theologie für unentbehrlich hielt. Besonders das Lateinische und das Griechische schätzte er hoch. Die zweite ist, daß Calvin auch inhaltlich, besonders in Gotteslehre, Ethik und Staatslehre allerlei Ideen des Humanismus übernahm. Das alles ist überaus positiv. Dennoch spricht Bohatec im selben Schlußkapitel auch vom „Gegensatz zwischen Calvin und dem damaligen Humanismus"[7], und er macht klar, wie grundsätzlich dieser Gegensatz an vielen Orten war. Ich gehe jetzt nicht auf die Details ein. Bohatec macht es sich aber dadurch leicht, daß er annimmt, daß die Jahre um 1535 eine Krisenzeit des französischen Humanismus waren. Dann kommen die antichristlichen Tendenzen deutlich zum Vorschein, und es wird auch in Budés *De transitu hellenismi ad christianismum* die Kritik gegen diese Tendenzen laut. Durch diese These und durch die Komposition seines Buches erweckt Bohatec den Eindruck, daß Calvins und Budes Gedanken in der Kritik übereinstimmen, und daß es auch gewisse positive Ähnlichkeiten zwischen diesen beiden gibt. Dadurch rückt Bohatec Calvin und den Humanismus eines Budé oder vielleicht sogar Calvin und den Humanismus – abgesehen von den jüngeren französischen Humanisten – nahe zusammen, näher als mir willkommen ist.

II. Die zentrale Thematik des Humanismus

Die Frage, wie das Verhältnis Calvins zum Humanismus war, kann aber nicht auf befriedigende Weise beantwortet werden, wenn nicht vorher der Mittelpunkt, der Kern der Gedankenwelt des Humanismus, bestimmt wird. Diese Frage beschäftigt uns jetzt: Welche war die zentrale Thematik des Humanismus? Bohatec hat als Kernpunkt in Calvins Auseinandersetzung mit dem Humanismus den Unsterblichkeitsgedanken betrachtet und gesagt, daß Calvin, auch wenn er in wichtigen Punkten von Erasmus und Budé abweicht, doch „der Grundrichtung des christlichen Humanismus", wie sie ihm im System dieser beiden begegnete, gefolgt war.[8] Damit hat Bohatec etwas Wesentliches angezeigt, aber der Kerngedanke ist die Idee der Unsterblichkeit m.E. nicht, besser gesagt: Der Unsterblichkeitsgedanke ist Teil eines größeren Ganzen, er ist die bei Bude nachweisbare Gestaltung einer an sich umfassenderen Frage. Kernpunkt des Humanismus ist m.E. eher die Frage: Was haben Christentum und Antike, sacrae litterae und bonae litterae, mit einander zu tun? Gibt es überhaupt ein Verhältnis zwischen den beiden, oder stehen beide unversöhnt nebeneinander? Wenn wir die Frage beantworten wollen, ob oder inwiefern Calvin ein Humanist genannt werden kann, sollen wir also auch die

---

[7] Josef Bohatec, a.a.O. 475.
[8] Josef Bohatec, a.a.O. 474 f.

Kernfrage stellen: Wie steht es bei Calvin um das Verhältnis zwischen Christentum und Antike?

Zuvor schulde ich Ihnen aber die Begründung meiner These, daß das Verhältnis zwischen Christentum und Antike der neuralgische Punkt des humanistischen Gedankensystems ist. Zur Begründung benutze ich besonders zwei Schriften. Budés *De transitu hellenismi ad christianismum* von 1535[9] und das Vorwort zu Erasmus' Seneca-Edition von 1529.[10] Erstere Schrift empfiehlt sich dadurch, daß, wie Bohatec mit Recht dargelegt hat, sie die Krise des französischen Humanismus, in dem Calvin aufgewachsen war, wiederspiegelt. Die letztere Schrift gibt grundsätzliche Betrachtungen zu unserem Thema und wurde auf jeden Fall von Calvin sorgfältig für seine *De clementia*-Edition studiert.[11]

Budés Schrift wurde unter dem Eindruck der sogenannten 'Affaire des placards' geschrieben und sie behandelt die Frage: Wie kann der humanistische Gelehrte in dieser Zeit, in der die Kirche gefährdet ist, seine Fähigkeiten so anwenden, daß er mit ihnen Gott dient? Die Antwort Budés zeigt sich schon im Titel seines Buches, er plädiert für einen Übergang vom Hellenismus zum Christentum. Die Schrift fängt mit der Frage an, auf welche Weise die literarische Betätigung etwas Wesentliches beitragen könne zur Besserung des 'homo interior', des inneren Wesens des Menschen.[12] Budés Antwort folgt schnell: Man soll umziehen – dieses Wort 'migrare' benutzt er als Synonym für 'transitus' – von der Philologie zur allerheiligsten Philosophie, von einer äußeren Philosophie zu einer 'sacrorum theoria', und das heißt konkret: Man soll die Bibel studieren.[13] Ausdrücklich gesteht Budé, daß die Philologie, das Studium der Antike, auch schön ist. Sie ist aber eitel im Vergleich mit dem Bibelstudium.[14] Besonders eindrucksvoll ist die Passage am Ende der Schrift, in der Budé die alte Philologie dazu aufruft, sie solle sich der neuen übergeben, und auf das Wort Augustins hinweist, die Schätze Salomons seien schöner als die von Mose aus Ägypten mitgeführten Schätze.[15] Das Christliche ist schöner als das Heidnische, und es lohne sich, daß man sein Leben diesen Schätzen widme. In alledem befürwortet Budé einen Übergang. Wünscht er auch einen radikalen Bruch, wie Bohatec behauptet, mit der humanistischen Vergangenheit? Ich finde diesen Radikalismus nicht in Budés

---

[9] Gulielmi Budaei De transitu Hellenismi ad Christianismum, in: Omnia Opera Gulielmi Budaei, I, Basileae 1557, 130-142.

[10] Opus Epistolarum Des. Erasmi Roterodami, ed. Percy Stafford Allen, VIII, Oxonii 1934, Ep. 2091, 201-258.

[11] André Malan Hugo, Calvijn en Seneca. Een inleidende Studie van Calvijns Commentaar op Seneca, De Clementia, anno 1532, Groningen/Djakarta 1957, 169 f.

[12] Omnia Opera Gulielmi Budaei, I, 134A.

[13] Omnia Opera Gulielmi Budaei, I, 137B-138A.

[14] Omnia Opera Gulielmi Budaei, I, 137B.

[15] Omnia Opera Culielmi Budaei, I, 239B.

Schrift, eher unterscheidet er m.E. zwischen Primärem und Sekundärem, legt er Schwerpunkte fest. Das Christentum ist das höchste, die Antike ist Vorbereitung, eine Vorbereitung, die in ihrer Zeit einen eigenständigen Wert gehabt hat: Schon Plato nannte die Philosophie eine contemplatio mortis und war somit auf dem gleichen Weg wie das Christentum.[16] Jetzt hat sich aber das Größere aufgetan, und auch für die Gebildeten soll das Kleinere, wie wertvoll es auch an sich ist, dem Größeren Platz machen.

In alledem ist aber kaum etwas Neues. Wer Erasmus liest, sieht, daß dieser genau denselben Punkt öfter behandelt. Das ist sicherlich im Vorwort der Seneca-Edition der Fall. An den entscheidenden Stellen weist Erasmus darauf hin, daß die ersten Christen Seneca fast als einen orthodoxen Christen verehrt haben. Auch jetzt, sagt er, geben verschiedene ihn für einen Christen aus. Es sei aber besser, seine Schriften zu lesen als die eines Mannes, der das Christentum überhaupt nicht gekannt habe. „Wenn du ihn nämlich als einen Heiden liest, hat er auf christliche Weise geschrieben; wenn du ihn aber als einen Christen liest, hat er auf heidnische Weise geschrieben ... Bei Heiden gibt es nämlich bestimmte Worte und Taten, welche an dem Maßstab der christlichen Philosophie gemessen durchaus tadelnswert sind, aber dennoch von einer besonderen natürlichen Tugend zeugen."[17] In seinen Ansichten unterscheide sich Seneca in hohem Maße vom Christentum, und deshalb sei es gefährlich, ihn für einen Christen zu halten. Die Aussagen des Erasmus sind klar. Er spielt auf die von altersher bekannte Legende an, Seneca sei im geheimen ein Christ gewesen und habe in Briefverkehr mit Paulus gestanden. Wichtig ist aber, daß auch Erasmus das Verhältnis Christentum-Antike erörtert. Wie soll man, so ist seine Fragestellung, den damals so populären Seneca lesen? Hat er, ganz abgesehen von seinen eventuellen Kontakten mit Paulus, in seinen Auseinandersetzungen christliches Gedankengut schon vorweggenommen, oder ist das Christliche etwas Eigenständiges, auch etwas Neues, etwas nie Dagewesenes? Das sind im wesentlichen die gleichen Fragen, die bei Budé auftauchen. Gibt es, so kann man formulieren, einen transitus, einen Übergang von der Antike zum Christentum, oder bleibt man auf demselben Gebiet? Dieser Fragenkomplex ist um 1530 nicht neu. Im Grunde genommen wurden diese Fragen ab 1450 immer wieder gestellt. War die Beschäftigung mit der Antike, die so intensiv wie nie zuvor vorgenommen wurde, ein Spiel oder eine rein wissenschaftliche Angelegenheit, oder aber standen Christentum und Antike, standen sacrae litterae und bonae litterae, in einer inneren sachlichen Beziehung zueinander? Die Frage durchzieht das ganze Jahrhundert von 1450 bis 1550, sie ist die zentrale Frage der Zeit, und deshalb soll sie auch bei einer Erörterung des Verhältnisses Calvins im Mittelpunkt stehen. Es handelt sich auch nicht um eine periphere Sache, sondern um den neuralgi-

---

[16] Omnia Opera Gulielmi Budaei, I, 134C.
[17] Opus Epistolarum Des. Erasmi Roterodami, VIII, Ep. 2091, 221-227.

schen Punkt. Eine völlig neue Welt hatte sich eröffnet, die Welt der ganzen antiken Kultur. Pauschal formuliert war die Kernfrage: Welches Verhältnis gibt es zwischen Gott und dieser alten, jetzt wieder so lebendigen Welt? Die wesentliche Frage war: Gibt es eine Verbindung, eine Gemeinsamkeit zwischen Christsein und Menschsein? Teilt der Christ mit dem Nicht-Christen seine Fragen, Träume, Bestrebungen, Vorstellungen von Tugend und Untugend, von Gutem und Bösem, von Gott und Welt? Und, noch einen Schritt weiter: Gibt es auch eine Gemeinsamkeit in Taten, im Handeln? Kann der Nicht-Christ zu Taten, zu Tugenden kommen, die sich nicht unterscheiden von denen der Christen? Es sind dieselben Fragen, die auch jetzt vorherrschen, nur die Form ist unterschiedlich. Damals, in einer vollends christlichen Welt, war die Form folgende: Was verbindet uns mit den bewunderten Helden der Antike, oder gibt es überhaupt keine Verbindung? Ist das Christentum in der Geschichte verwurzelt, einerseits neu, zugleich aber auch Höhepunkt längst schon vorhandener Bestrebungen, oder ist es neu im Sinne einer Neuschöpfung?

Die Antworten waren unterschiedlich, auch wenn man sich im allgemeinen darüber einig war, daß der christliche Glaube in der Vergangenheit verwurzelt war. Wir hörten, wie Erasmus davor warnt, nicht die vorchristlichen Heiden zu Christen zu machen. Dennoch findet man bei ihm die Aussage: „Wir können sehr viel in den Büchern der Heiden finden, das mit Christi Lehre übereinstimmt."[18] Er nennt auch die Beispiele der Autoren, bei denen man derartiges finden kann: Sokrates (Plato), Aristoteles, Epikur, Diogenes usw. Es handelt sich dabei nicht nur um deren Worte, sondern ebenso um deren Taten: Nicht wenige von ihnen haben in ihrem Leben einen guten Teil der christlichen Lehre erfüllt. Budé war viel negativer. Nur an einer Stelle spricht er sich deutlich über diese Fragen aus, dann aber sind seine Aussagen hochinteressant. Er unterscheidet zwischen „quidam philosophi hellenismi alumni" und den Hebräern. Erstere hatten nur einen Schatten der göttlichen Wahrheit und Weisheit und behaupteten, die Wahrheit sei in der Tiefe der Welt versunken oder tief in einem Brunnen vergraben. Über die Juden ist er etwas positiver: Diese hatten die Abbildung der Wahrheit, wenn auch in einem Geheimdepot, das nur für wenige der Wärter geöffnet wurde. Mit Christus aber ist „diese glückselige Philosophie" gekommen, die zum höchsten Gut aufstrebt.[19] Bei Budé hat die Antike nur die Suche nach der Wahrheit, eine Suche, die nicht zu Ergebnissen führt, bei Erasmus entspricht das Evangelium Christi dem Besten des Menschen, so daß der Mensch die Wahrheit auch teilweise findet und die Anforderungen der Wahrheit teilweise erfüllt.

---

[18] Erasmus, Paraclesis, in: Des. Erasmi Roterodami Opera Omnia, V, Lugduni Batavorum 1704, 141F-142B.
[19] Omnia Opera Gulielmi Budaei, I, 140B-141B.

III. Calvins Stellungnahme

Im Vorhergehenden habe ich die zentrale Problematik des Humanismus ausgeführt. Erst vor dem Hintergrund dieser Gedankenwelt erhellt sich die Tragweite der Auseinandersetzungen über die Kernfrage hinsichtlich des Verhältnisses zwischen Calvin und Humanismus: Wie sieht Calvin die Antike, wie beurteilt er sie? Ich verfahre wie folgt. Zuerst gebe ich einen Überblick über die Stellen der *Institutio*, wie Calvin die Frage prinzipiell erörtert. Danach behandle ich die drei Teile, Aspekte, die Calvin unterscheidet, und die er der Reihe nach erörtert. Zur Verdeutlichung ziehe ich dabei einige Passagen aus den Kommentaren hinzu, wo Calvin die gleiche Thematik eingehender erörtert.

Im zweiten Buch der *Institutio*, das die Erlösung des Menschen darlegt, behandelt Calvin im zweiten Caput die Frage des freien und sklavischen Willens und im dritten Caput die Werke der verderbten Natur des Menschen. Im erstgenannten Caput bringt er die Frage zur Sprache, welche Fähigkeiten im gefallenen Menschen die Seele, die anima, noch hat. Zuerst gibt Calvin eine Einteilung der anima in intellectus und voluntas. Danach erörtert er den intellectus, die Vernunft. Auch dann fängt er mit einer Zweiteilung an: Die Vernunft richtet sich ja zum Teil auf die inferiora, zum Teil auf die superiora. Erstere sind die Sachen dieser Welt, das irdische, hiesige Leben und alles, was damit zu tun hat, die Staatsverwaltung, die Künste und die Wissenschaften. Letztere sind die himmlischen Sachen, die reine Kenntnis Gottes und des göttlichen Willens, die wahre Gerechtigkeit und das Reich Gottes. Zunächst behandelt er die Fähigkeiten der Vernunft in himmlischen Sachen. Die Behandlung dieser beiden Fragen ist für unser Thema sehr wichtig, weil Calvin ausführlich die Antike als Zeuge anruft zur Behauptung seiner Thesen. Die darauf folgende Erörterung des Willens ist für unser Thema bedeutungslos. Im dritten Caput aber, in dem Calvin den Gedanken entwickelt, daß aus der verderbten Natur des Menschen nur verdammenswerte Werke entspringen, führt er wieder die Antike an, jetzt nicht in ihren Auffassungen, sondern in ihren Taten. Zusammenfassend kann man also sagen, daß die Welt der Antike in Reihenfolge auf dreierlei Weise zur Sprache kommt:

1. *Institutio* II, 2, 13-17: die natürliche Vernunft in irdischen Sachen;
2. *Institutio* II, 2, 18-24: die natürliche Vernunft in göttlichen Sachen;
3. *Institutio* II, 3, 3-4: die natürliche Tugend.

Selbstverständlich behandelt Calvin diese Themen – besser gesagt: diese drei miteinander zusammenhängenden Fragenbereiche, die zusammen ein Thema bilden – nicht als bloß historische Fragen. Sein Interesse gilt der Gegenwart und den Menschen seiner Zeit. Nirgends in der Institutio aber kommt die

Welt der Antike so ausdrücklich, ausführlich und gründlich zur Sprache wie hier. Das ist auch selbstverständlich. Der Mensch des 16. Jahrhunderts konnte nur den antiken Menschen als Beispiel benutzen, um die Fähigkeiten der natürlichen Vernunft und der natürlichen Tugend anschaulich vorzuführen.

1. Die natürliche Vernunft in irdischen Sachen[20]

Calvin sieht die Vernunft als das Eigene des Menschen, das ihn vom Tier unterscheidet. Im Menschen liegt eine eingeborene Begierde, die Wahrheit zu suchen, und daraus ergibt sich schon, daß die Wahrheit ihm irgendwie bekannt ist, auch wenn er die Wahrheit nicht finden kann. Aus diesem Grund gibt es allgemein-menschliche Vorstellungen von Recht und Billigkeit, die sich in den Gesetzen zeigen, und allgemein-menschliche Fähigkeiten wie das Gewerbe und das Schulwissen. Jeder Mensch hat in dieser Hinsicht irgendwelche Möglichkeiten, und auch die höheren Wissenschaften, zu denen nicht jeder Mensch geeignet ist, gehören zu den natürlichen dotes der Menschen: Fromme wie Unfromme haben ja diese Anlage. Dann bringt Calvin die 'profani scriptores' zur Sprache. In ihnen leuchtet wunderbar das Licht der Wahrheit: Rechtswissenschaft, Naturphilosophie, Rhetorik, Medizin, Mathematik, alle diese Wissenschaften haben uns die Wahrheit vor Augen geführt. Wo es nur eine Quelle der Wahrheit gibt, den Geist Gottes, sollten wir dann die Wahrheit verachten? Wo immer wir Wahrheit finden, sie ist Gabe des Geistes, der sie nach seinem Wollen verteilt. Calvin warnt vor Geringschätzung dieser Gaben und vor der Leugnung, daß sie Gaben Gottes sind. Gottes Geist wirkt auch in den Ungläubigen, erklärt er ausdrücklich. Es ist klar, daß er hier polemisiert, natürlich wider die Täufer, die alles Natürliche trennen von Gott und vom Geist Gottes. Calvin betont, daß gerade in den bei den einzelnen Menschen so unterschiedlichen Begabungen sich zeigt, daß sie Gottes Gaben sind.

Das jetzt Erwähnte soll uns nicht ausführlich beschäftigen. Es ist ja auf diesem Gebiet die Übereinstimmung der Forscher groß: Sowohl Bohatec wie Partee arbeiten diesen Aspekt aus, um anzuzeigen, wie sehr Calvin Humanist war.[21] Nach meiner Begriffsbestimmung hat die Sache kaum mit der prinzipiellen Frage, Calvin und der Humanismus, zu tun: Die zentrale Frage wird nicht berührt. Interessant ist eigentlich nur, daß Calvin die Frage überhaupt als eigenständige Sache erörtert. Den Grund dafür finden wir wohl in seinem Genesiskommentar, wo er zu 4,20 ausführt: Wir haben die freien Künste und Wissenschaften, die Astronomie, die Naturwissenschaft, die Medizin und die Staatswissenschaft von den Ungläubigen empfangen. „Die Erfahrung aller

---

[20] Institutio II,2,13-17; CO 2 (CR 30), 196-200 = OS 3, 256-260.
[21] Josef Bohatec, a.a.O. 254-305; Charles Partee, a.a.O. passim.

Zeiten lehrt, daß für den Ausbau des gegenwärtigen Lebens in ungläubigen Völkern immer Strahlen göttlichen Lichtes leuchteten."[22]

2. Die natürliche Vernunft in göttlichen Sachen[23]

Diese zweite Frage ist ungleich wichtiger: Inwiefern, so kann man formulieren, hat die Antike schon etwas von Gott und den göttlichen Sachen gespürt? Calvin ist in seiner Antwort äußerst karg. Wenn es sich um Lebensregeln handelt, kann die natürliche Vernunft wohl noch einiges vollbringen, wie die Äußerungen von Paulus in Römer 2 beweisen. Wenn es sich um die Kenntnis Gottes und seiner Gunst zu uns handelt, ist die menschliche Vernunft blind wie eine Eule. Ein Zitat genügt: „Ich leugne ja nicht, daß man von Zeit zu Zeit bei Philosophen einiges über Gott findet, das sachverständig und angemessen ist, aber immer zeugt es auch von schwindelerregender Phantasie." Es sind nur „Tropfen der Wahrheit", die mit vielen „monströsen Lügen verunreinigt sind", womit sie ihre Werke wie zufällig besprengen. Das Bild, das Calvin benutzt, ist vielsagend: So wie der Reisende bei Nacht bei einem Blitzstrahl nahe und fern alles sieht, aber nur für einen Augenblick, so daß er später nicht weiß, wohin er gehen kann, so wurden diese Philosophen erleuchtet: Sie wandten sich nicht zur Wahrheit, und erreichten diese schon gar nicht. Die Frage ist unumgänglich, aus welchem Grund Calvin hier so exklusiv argumentiert. Natürlich ist ihm wohl bewußt, daß er sich damit dem Zeitgeist widersetzt. Er kannte die vielen Zitate aus der Antike, die man überall finden konnte, die zeigen sollten, wie sehr auch die Denker der Antike die Wahrheit Gottes gesucht und zum Teil auch gefunden hatten. Aus welchem Grund hat Calvin das alles stillschweigend übergangen? Calvin begründet seine Auffassung ausschließlich mit Sprüchen aus der heiligen Schrift: die Gegenüberstellung von Licht und Finsternis bei Johannes und in den Psalmen und dann besonders 1. Korinther 2 über den natürlichen Menschen, dem das Geistliche unverständlich ist. Was ist der natürliche Mensch, so sagt er, anders als der Mensch, der sich auf das Licht der Natur stützt? Man braucht den Geist Gottes, um das Göttliche zu verstehen. Unwillkürlich fragt man sich, warum Calvin nicht auf dieselbe Weise vorgeht wie im ersten Teil. Dort hatte er sich auf die Erfahrung berufen: Die Antike habe ja die Künste und Wissenschaften entwickelt. Warum läßt er jetzt die Empirie völlig außer acht? Eine Antwort auf die Frage, aus welchem Grund er diese Arbeitsweise verfolgt, kann man vielleicht den Worten entnehmen, mit denen er die Bibelsprüche einleitet: „Aber da wir uns, betrunken von einer falschen Einbildung unseres Scharfsinns, sehr schwer davon überzeugen lassen, daß dieser in den göttli-

---

[22] CO 23 (CR 51), 100.
[23] Institutio II,2,18-24; CO 2 (CR 30), 200-205 = OS 3, 260-267.

chen Sachen vollends blind und töricht ist, ist es meines Erachtens besser, dies mit Schriftzeugnissen als mit Argumentationen zu beweisen.[24] Das heißt: Da der menschliche Geist blind ist, sieht er das Licht sowieso nicht, und hält er das Dunkel für Licht. In dieser Situation sind Autorität und Hingabe an Autorität der einzige Weg.

In welchem breiteren Zusammenhang stehen diese Auseinandersetzungen? Calvins Kommentar zu Apostelgeschichte 17 mit der Geschichte von Paulus' Rede auf dem Areopag gibt uns diesen deutlich wieder.[25] Auf den ersten Blick scheint Calvins Sicht hier etwas positiver zu sein. Er schildert den wahren Gottesdienst als die Anbetung Gottes im Geist, als einen geistigen Dienst des geistigen Gottes, im Gegensatz zu den Vorstellungen der Heiden, Juden und Katholiken. „Allerdings spotten bisweilen nicht nur die Philosophen, sondern auch die Dichter über die Torheit des Volkes, das pomphafte und glanzvolle Gebräuche fälschlich als Gottesdienst betrachtet", und dann zitiert Calvin, wie er selbst sagt, „aus zahlreichen Zeugnissen" die bekannten Verse des Persius über Recht und Gerechtigkeit, ein reines Herz, das die Tugend preist, als das wahre Opfer. Calvin fährt fort: „Ohne Zweifel hat Gott solche Worte, vor denen jeder Vorwand der Unwissenheit verschwinden muß, den heidnischen Dichtern eingegeben."[26] Das ist in der Tat positiver als in der *Institutio*, obgleich auch hier Calvin sofort hinzufügt, daß diese Dichter „bald wieder in die allgemeine Torheit zurückfielen". Calvin beharrt dabei: Nicht mehr als einzelne Funken in dichter Finsternis. Oder ist sogar dies hoch zu viel gesagt? Einige Seiten weiter behandelt Calvin das Aratuszitat, das Paulus anwendet, und dann behauptet er: „Solche Dichtersprüche entspringen keiner anderen Quelle als der Natur und der allgemeinen Vernunft". Was Aratus gesagt hatte, war ein Bekenntnis dessen, „was dem menschlichen Geist von Natur eingeboren und eingeprägt war"![27] Doch soll man keinen Gegensatz zwischen diesen beiden Aussagen konstruieren. So wie die natürliche Vernunft in weltlichen Sachen natürlich und nicht mehr als das ist, dennoch aber durch Gottes Geist gewirkt wird, so bleibt es auch hier, auf dem Gebiet der himmlischen Sachen, die natürliche Vernunft, die wirksam ist, und zugleich wirkt in ihr und durch sie der Geist Gottes.

Wie Calvin die Antike sieht, ergibt sich in aller erwünschten Klarheit, wenn er am Ende des Abschnitts des Paulus Worte, Gott übersehe die Zeit der

---

[24] Interessant ist Calvins Aussage im Römerbriefkommentar: „Hactenus (Paulus) rationibus usus est ad homines suae iniquitatis convincendos. Nunc argumentari ab authoritate incipit: quae apud Christianos est firrnissima probationis species, modo uni Deo authoritas deferatur"; Iohannis Calvini Commentarius in Epistolam Pauli ad Romanos, ed. T.H.L. Parker (Studies in the History of Christian Thought 22), Leiden 1981, 63, 82-85.
[25] CO 48 (CR 76), 402-423.
[26] CO 48 (CR 76), 412-413.
[27] CO 48 (CR 76), 417.

Unwissenheit, erörtert und sein eigenes Geschichtsbild zeigt. Die Worte bedeuten nach Calvin nicht, Gott strafe die Unwissenheit nicht, sondern fast umgekehrt, Gott habe die Menschheit „viertausend Jahre lang in der Finsternis gehen lassen" und erst durch Christus sei das Licht seiner Lehre angezündet. Das heißt also: Vom Anfang der Menschheitsgeschichte an, vom Sündenfall des ersten Menschen an, waren „die Menschen in Blindheit befangen", bis sich ihnen Gott offenbarte. Man kann schließen, daß das Geschichtsbild Calvins deutlich und einheitlich war. Abgesehen vom Volk Israel, über das er hier nicht spricht, herrschte über der ganzen Erde nur Finsternis, eine Finsternis, in der von Zeit zu Zeit in einzelnen Dichtern und Philosophen aus Kraft ihrer natürlichen Vernunft eine Funke der göttlichen Wahrheit aufblitzte, indem der Geist Gottes sie inspirierte – eine Wirkung des Geistes, die übrigens gar nichts mit seinem Heilswirken zu tun hatte. Sogar der Spruch über das eine Blut, aus dem alle Menschen geschaffen wurden, bekommt eine rein negative Deutung: Wenn trotz dieses gemeinsamen Ursprungs die Menschen dennoch in ihrer Religion zu einem solchen Zwiespalt gelangt waren, ergab sich schon daraus deutlich, sie seien aus dem ihrer Natur angemessenen Zustand gefallen. Dunkler als hier kann die Schilderung nicht sein. Menschliches natürliches Sein und menschliches natürliches Wissen sind Gott und seiner Welt diametral entgegengesetzt, eine Dauerverbindung zwischen diesen beiden Welten gibt es nicht, nur die ganz seltene Ausnahme des gelegentlichen Blitzes, der das Dunkel lediglich noch stärker verdunkelt.

3. Die natürliche Tugend[28]

Calvin hatte schon ausgesprochen, daß die natürliche Vernunft Fähigkeiten besitzt, die Anweisungen zu einem tüchtigen Leben zu formulieren, im Gegensatz zum Gebiet der Kenntnis Gottes und seiner Gnade, auf dem sie völlig blind ist. Wichtiger noch ist die Frage: Gibt es eine natürliche Tugend, natürliche Güte, oder aber ist der natürliche Mensch vollends außer Stande, etwas Gutes zu leisten? Eine heikle Frage! Die Überschrift von Institutio II,3, in der die Frage gestellt wird, lautet: „Ex corrupta hominis natura nihil nisi damnabile prodire". Damit ist die Antwort schon vorweggenommen. Aber andererseits: Wie jeder gebildete Mensch der Zeit hatte Calvin die vielen Beispiele tugendhaften Handelns in der Schule gelernt; die Bewunderung für den Mut, die Vaterlandsliebe, den Stolz der großen römischen Heldengestalten hatte er mit der Muttermilch eingesogen. Welche Lösung gibt Calvin? Die Fragestellung ist korrekt: „In allen Jahrhunderten gab es solche, die unter der Leitung der Natur in ihrem ganzen Leben sich auf die Tugend richteten." In ihrem ganzen Leben, tota vita! Damit hat Calvin sich die Möglichkeit abge-

---

[28] Institutio II,3,3-4; CO 2 (CR 30), 211-213 = OS 3, 274-276.

schnitten, den gleichen Kunstgriff anzuwenden, wie er es in Bezug auf die Kenntnis Gottes getan hatte. Er kann jetzt nicht mehr sagen, es gehe um vereinzelte tugendhafte Handlungen in einem untugendhaften Leben.

Eine erste Antwort liegt auf der Hand. Solche Beispiele, sagt Calvin, scheinen uns zu zeigen, daß wir die menschliche Natur nicht für völlig verderbt halten können. Aber wie sollen wir bedenken, daß es inmitten aller Verderbtheit der Natur doch noch einen gewissen Platz für die Gnade Gottes gibt, „nicht um die Verderbtheit zu reinigen, sondern um sie innerlich zu bändigen". Auf diese Weise bleibt eine menschliche Gesellschaft möglich. Mehr als das, denn es ist bemerkenswert, daß er das Wort „intus", innnerlich, benutzt: Auf diese Weise gibt es doch noch menschliches Leben, das diesen Ehrennamen verdient. Die Termini, die er verwendet – cohibere, coercere, refraenare – weisen alle daraufhin, daß Gott bändigt, unterdrückt.

Aber: „Das Rätsel ist damit noch nicht gelöst", erklärt Calvin offen. „Entweder wir sind uns darüber einig, daß es keinen Unterschied gibt zwischen Camillus und Catilina, oder wir haben in Camillus ein Beispiel, daß die Natur, wenn sie eifrig entwickelt wird, nicht ganz des Guten bar ist," Ein klares Dilemma. Das erste ist unmöglich: Man kann nicht im Ernst behaupten, es sei alles gleich gültig: der verächtliche Verräter und der zweite Gründer Roms. Entscheidet sich Calvin für die zweite Möglichkeit? Nein! Er erkennt zwar, daß es in Camillus ausgezeichnete Gaben, Geschenke Gottes gab, aber dann fährt er fort: „Wie sollen diese in ihm natürliche Rechtschaffenheit bezeugen? Soll man dann zum Herz zurückkehren (aus der Gesinnung folgern: ad animum redire) und diese Argumentation verfolgen: Wenn ein natürlicher Mensch sich durch eine solche Integrität der Lebensführung ausgezeichnet hat, mangelt es der Natur jedenfalls nicht an der Möglichkeit, die Tugend zu üben?" Aber was sagst du, wenn sein Herz (seine Gesinnung) verkehrt und verdreht war und sich eher allem andern als der Gerechtigkeit zuwandte? Und wenn du gestehst, er war ein natürlicher Mensch, unterliegt es keinem Zweifel, daß es (=sein Herz) so war. Welche Fähigkeit der menschlichen Natur zum Guten wirst du in der Hinsicht rühmen, wenn man befindet, daß diese in scheinbar höchster Integrität immer zum Verderben vorangetrieben wird? Du würdest einen Menschen nicht aufgrund seiner Tugend empfehlen, wenn seine Untugenden in scheinbarer Tugend hervorkommen. Dann sollst du auch dem menschlichen Willen nicht die Fähigkeit zusprechen, dem Guten nachzustreben, wenn er inzwischen seiner Verderbtheit verhaftet ist". Der Passus ist ziemlich schwierig, vielleicht soll man sagen: Calvins Argumentation ist ziemlich gezwungen. Wenn ich richtig interpretiere, ist der Gedankengang folgender: Es gibt Menschen, die sich in ihrem Leben als tugendhaft erweisen. Daraus kann man aber nicht folgern, daß offenbar die menschliche Natur im Stande ist, Gutes zu tun. Es handelt sich ja um natürliche Menschen, das heißt um Menschen, die nicht von Gottes Geist geführt werden. Bei solchen Menschen ist immer der animus, das Herz, verderbt, weil der animus zur

Natur gehört, die verderbt ist. Aus diesem Grund ist es unmöglich, daß diese tugendhaften Taten der Natur zu verdanken sind. Die Methode der Argumentation ist klar. Calvin nimmt seinen Ausgangspunkt in der Empirie: Es gibt tugendhafte Menschen. Die Schlußfolgerung, daß also die menschliche Natur die Möglichkeit habe, das Tugendhafte zu wählen, schneidet Calvin dadurch ab, daß er von der Empirie auf die Theorie überspringt und jetzt auf der anderen Seite anfängt: Sie waren natürliche Menschen, und das bedeutet, daß auch wenn ihre Taten tugendhaft waren, dennoch das Herz verderbt war, so daß diese Taten offensichtlich nicht aus der Natur hervorkommen. Mit dieser Argumentation hat Calvin die von ihm anerkannte Wirklichkeit – daß es tugendhafte Heiden gegeben hat – wegdiskutiert. Das aus der Theorie gewonnene Argument, das Herz sei verderbt, ist dadurch nicht mehr von der konkreten Wirklichkeit her angreifbar, sondern nur von der Theorie her. Calvin hat also die Problematik von der Ebene der verifizierbaren Fakten auf die Ebene der unverifizierbaren Theorie übertragen. Calvins dritte Bemerkung gibt dann, aufgrund des Vorhergehenden, seine eigene Antwort. Er sagt: Ich bevorzuge eine andere Lösung der Schwierigkeit, nämlich daß es sich hier nicht um allgemeine Gaben der Natur handelt, sondern um besondere Gnadengaben Gottes, die er besonders den Herrschern, aber auch wohl anderen Menschen bisweilen gibt. Die vorgeschlagene Lösung ist einfach, aber wenig befriedigend: Damit sind bestimmte tugendhafte Taten ganz der menschlichen Natur entzogen. Gott wirkt gelegentlich auf spezielle Weise in bestimmten Personen, die an sich nicht tugendhafter sind als andere. Calvin schließt mit zwei Bemerkungen. Die erste ist, daß gerade die vorzüglichsten Menschen immer durch Ehrgeiz getrieben wurden, zum anderen, daß der wichtigste Teil der rectitudo fehlt, wo der Mensch nicht eifert, die Ehre Gottes ans Licht zu bringen. Wenn wir die ganze Argumentation überblicken, wird klar, daß für Calvin der entscheidende Punkt darin liegt, daß die menschliche Natur, auch in ihrem höchsten Teil, dem animus, nach Zeugnis der Schrift nichts Gutes hat. Die Erfahrungstatsache der tugendhaften Heiden muß dieser Lehre weichen. Die rhetorische Anfangsfrage, ob es einerlei sei, Camillus und Catilina, wird stillschweigend damit beantwortet, daß abgesehen von ihren Taten doch ihre Gesinnung ähnlich war – sie waren ehrgeizig und ungläubig –, und zweitens, daß die tugendhaften Taten einer speziellen Gabe Gottes zugerechnet und damit dem allgemeinmenschlichen Bereich entzogen werden können.

IV. Zusammenfassende Charakteristik

Eine allgemeine Charakteristik kann kurz in zwei Punkten zusammengefaßt werden. 1. Calvin erkennt freizügig, daß alle Handwerke und Wissenschaften, kurz alle natürlichen Fähigkeiten des Menschen, ohne Ausnahme Gott zu verdanken sind und positiv geschätzt werden sollen, auch wenn sie von der Antike und also von Nicht-Christen herrühren. 2. Andererseits haben die Philosophen, die Dichter und die Heldengestalten der Antike weder in ihren Lehren von Gott und von den göttlichen Sachen die Wahrheit erfaßt noch in ihrem Leben wahrhaft frommer Gesinnung Ausdruck gegeben. Weder in ihren Worten noch in ihren Taten befanden sie sich in der Wirkungssphäre Gottes. Nur gab es inmitten der Finsternis gelegentliche Schimmer, die einer speziellen Wirkung des Geistes zu verdanken waren.

Bisher haben die Forscher ein sehr positives Bild von Calvin als Humanisten geschildert. Das hängt damit zusammen, daß sie immer den ersterwähnten Aspekt für die Beantwortung unserer Frage für den entscheidenden gehalten haben. Der zweite Aspekt kam immer aus anderer Perspektive zur Sprache, nämlich aus der Perspektive: Wie benutzt ein christlicher Theologe die klassische Philosophie? An sich ist das eine fruchtbare Fragestellung, wie besonders die Arbeiten von Bohatec und Partee gezeigt haben. Auf diese Weise bleibt jedoch eine nicht unwichtige Frage unerörtert, die der prinzipiellen Stellungnahme Calvins zur Antike, sowohl was ihre Religion wie ihre Lebensführung betrifft. Wenn man sich auf den ersten Aspekt beschränkt, ist die Antwort von vornherein klar. Überall in Calvins Werken ergibt sich, daß er die Künste, die Wissenschaften und die Handwerke geschätzt hat, selbst benutzt er auch die humanistischen exegetischen Methoden in seinen Bibelarbeiten. Wer dies angezeigt hat, hat damit bewiesen, daß Calvin ein moderner Mensch war, der seine Zeit und die wissenschaftlichen Methoden seiner Zeit kannte. Er hat aber keineswegs bewiesen, daß Calvin ein Humanist war, es sei denn, daß man den Begriff so weit spannt, daß er inhaltslos wird. Humanismus soll man inhaltlich deuten. Seine inhaltliche Bedeutung liegt nach den Auffassungen der anerkannten Leiter der Bewegung darin, daß auch die Antike mit ihrer Suche nach Gott und ihrem Streben nach einer edlen Lebensführung in irgendeiner Verbindung steht zu dem Gott, den die Humanisten, Christen wie sie waren, kannten. Daß man auf große Probleme stieß, sobald man diese Verbindung näher bestimmen wollte, ist klar. Wir haben schon gesehen, daß Erasmus positiver, großzügiger dachte als Budé. Es gab aber auch Humanisten, die noch viel weiter gingen als Erasmus, und die problemlos den christlichen Gott und die Antike zusammendachten, so problemlos, daß sich die Frage erhebt, ob bei ihnen Jupiter und Gott, der Vater Jesu Christi, nicht zwei Namen für eine Wirklichkeit waren.[29] Die diesbezüglichen Differenzen und Diskussionen bieten fesselndes Material, das wir natürlich nicht behandeln können. Calvin – und darum handelt es sich jetzt – steht außerhalb solcher Problematiken. Er betont, es gebe keinerlei Verbindung

---

[29] Erasmus nahm prinzipiell Stellung gegen derartige Tendenzen im Dialogus Ciceronianus, herausgegeben in Opera Omnia Desiderii Erasmi Roterodami, 11, 2, Amsterdam 1971, 581-710.

zwischen Frömmigkeit und Lebensführung der Helden der Antike einerseits und dem Gott der Bibel andererseits. Wenn man ihn dennoch einen Humanisten nennt, hat man das Wesentliche, den Kern des Humanismus, ausgeklammert.

Ich beabsichtige jetzt nicht, Calvins Stellungnahme mit der der anderen großen Reformatoren zu konfrontieren. Ich weise nur kurz hin auf zwei entgegengesetzte Beispiele aus dem reformatorischen Lager. Das erste ist weitbekannt: Zwingli und die *Christianae fidei expositio*, in der er Franz I. von Frankreich mit seinen Vorfahren in der himmlischen Glückseligkeit einen Platz gibt, zusammen mit Adam, Abraham usw. und mit Herkules, Sokrates, Camillus (!) und allen guten Menschen und heiligen Gemütern, die es von Anfang der Welt an gegeben hat.[30] Wichtiger als diese Äußerung ist vielleicht *De Providentia Dei*, eine Schrift, die zeigt, daß der Passus in der *Expositio* kein Fremdkörper war. Zwingli skizzierte in *De Providentia* die göttliche Vorsehung, die im Lauf der Geschichte der Menschheit das Reich Gottes realisiert, nicht erst seit der Geburt Christi, sondern von Anfang der Welt an, eine Geschichte, in der auch die Antike ihren Platz hat.[31] Das zweite Beispiel liefert Luther in seinem bekannten beißenden Brief an Amsdorf wider Erasmus 1534.[32] Weniger bekannt ist, daß eine der von ihm hier so herb kritisierten Schriften des Erasmus ein Brief war, den dieser schon 1522 als Füllsel in einer der Editionen seines Neuen Testaments, die nur die lateinische Übersetzung boten, hatte abdrucken lassen.[33] In diesem Brief habe er die Frage gestellt, was Christus überhaupt an Neuem gebracht habe nach allem, was sowohl in der Welt der Antike wie in der Geschichte des Volkes Israel sich vorgetan hatte. In seinem Brief an Amsdorf hat Luther dem Erasmus Unrecht getan, er hat ihn traktiert, als wäre für ihn Jesus nur eine der großen Menschheitsgestalten. Das alles beschäftigt uns jetzt nicht. Wichtig ist in diesem Zusammenhang, daß schon die Frage von Erasmus Luther zu einem derartigen Wutausbruch gebracht hat.

Das Vorhergehende führt zur Frage, welche Bedeutung die skizzierte negative Stellungnahme Calvins zu den Grundüberzeugungen der Humanisten im Ganzen seiner Gedankenwelt hat. Sie hat ihre Auswirkungen vornehmlich auf zwei für die Theologie überaus wichtigen Themen, die ich mit Hilfe der ge-

---

[30] Huldrici Zwinglii Opera, IV, Turici 1841, 65. Vgl. Rudolf Pfister, Die Seligkeit erwählter Heiden bei Zwingli. Eine Untersuchung zu seiner Theologie, Zürich 1952, bes. 85 f.

[31] Huldreich Zwingiis Sämtliche Werke, VI, III (CR 93, III), Zürich 1983, 1-230.

[32] M. Luther, Werke. Kritische Gesamtausgabe, Briefwechsel, 7, Weimar 1937, Nr. 2093.

[33] S. Opera Omnia Desiderii Erasmi Roterodami, IX, I, Amsterdam/Oxford 1982, 471 Anm. 785; vgl. C. Augustijn, „Erasmus und seine Theologie: Hatte Luther Recht?", in: Colloque Erasmien de Liège (Bibliothèque de la Faculté de Philosophie et Lettres de l'Université de Liège 247). Paris 1987, 49-68.

nannten Werke Zwinglis und Luthers erörtere. Ein erstes Thema ist das Geschichtsbild. Zwingli hat in *De Providentia Dei* ein Bild des historischen Prozesses entworfen, in dem Gott den Gang der Geschichte so lenkt, daß jede Phase des historischen Geschehens ihren eigenen Platz – wenn ich mir den Ausdruck erlauben darf: unmittelbar zu Gott – hat. Bei Calvin kann davon keine Rede sein. Ich habe schon seinen Ausspruch über die 4000 Jahre der Finsternis erwähnt, die es seit Adams Fall bis auf Christus gab. In der *Institutio* geht Calvin im Rahmen der Frage, die uns jetzt beschäftigt haben, auf die Worte Jesajas ein, daß Finsternis das Erdreich deckt und Dunkel die Völker, während der Herr für seine Kirche ein ewiges Licht sein wird. Er folgert: „Da der Herr bezeugt, daß das Licht nur in der Kirche aufgehen wird, läßt er außerhalb der Kirche nichts als Dunkel und Blindheit."[34] Es ist dieses Geschichtsbild, das die ganze Theologie Calvins beherrscht. Nur in Israel gibt es eine Vorbereitung auf die Gnade, die erst mit Christus anfängt, außerhalb Israels herrscht die Finsternis, die ihren Anfang im Fall Adams hat. Demgegenüber steht das Geschichtsbild der ganzen humanistischen Bewegung, nach dem Gott in der Antike zumindest eine Vorbereitung auf das in Christus kommende Reich Gottes gegeben hat, meistens aber die Antike einen eigenständigen Platz im Walten Gottes über die Welt empfängt.

Ein zweites Thema bildet das Verhältnis zwischen dem Allgemein-Menschlichen und dem Christlichen. Luther hat die Schalen seines Zorns über Erasmus ausgegossen, der offensichtlich nichts Neues in Christus und dessen Werk gesehen hatte: Das Eigentliche sei schon in der Antike geschehen.[35] Calvin denkt wie Luther: In Christus ist das völlig Neue gekommen. Der aus der Gnade lebende Mensch ist eine Neuschöpfung. Calvin läßt nicht ab, im Zusammenhang dieser Fragen zu betonen, daß der Gegensatz absolut ist: Im Menschen ist nichts anderes als Fleisch, auch die Seele als höchster Teil des Menschen, ist schlechthin Fleisch. Alles, was nicht aus dem Geist Gottes ist, ist fleischlich. Aber nur durch die Wiedergeburt sind wir am Geist beteiligt. In einem solchen Menschenbild ist es unmöglich, daß Gott auch außerhalb der Welt der Gläubigen etwas Gutes schafft, daß in den Menschen von Anfang an so an der Hand führt, daß dieser, obwohl er Nicht-Christ bleibt, dennoch etwas von Gott und von seinem Reich spürt und in seinem Leben zum Ausdruck bringt. Der Gedanke einer allgemeinen Offenbarung hilft dem nicht ab; Calvin wird nicht müde zu erklären, sie sei nur dazu dienlich, dem Menschen, jeden Vorwand der Unschuld zu nehmen. Eine positive Bedeutung erlangt sie bei ihm nicht. Demgegenüber steht der humanistische Gedankengang, daß in den Worten und Taten der Heiden etwas ans Tageslicht kommt, das dem christlichen Glauben nicht fern steht. In diesem Gedankengang stimmt der christliche Glaube voll mit der Anlage, mit der

---

[34] Institutio II,3,1; CO 2 (CR 30), 210 = OS 3, 272, 35-37.
[35] M. Luther, a.a.O., Nr. 2093, 142-162.

eigentlichen Natur des Menschen überein, entspricht das Evangelium dem Besten des Menschen, und ist es nicht von ungefähr, daß die Besten der Menschheit zu Worten und Taten fähig waren, die mit dem Evangelium in Einklang stehen. Bei Calvin ist das Evangelium Fremdkörper, der christliche Glaube ein Wunder, der wiedergeborene Mensch totaliter alius.

Ich lasse mich nicht auf die Frage ein, ob Calvins Ablehnung des Humanismus typisch reformatorisch ist. Man könnte sich denken, daß das katholische Denken eher die Brücke als den Bruch sieht. Nur will ich zum Schluß auf ein Datum hinweisen, das zeigt, daß auch der tridentinische Katholizismus eher den Bruch empfindet. Auf einer Konferenz des 'Centre d'Etudes Superieures de la Renaissance' in Tours im Juli 1986 hielt J. Ceard aus Paris ein Referat über eine Überarbeitung der *Adagia* des Erasmus, die man in Italien um 1550 vorgenommen hatte.[36] In den *Adagia* erklärt Erasmus bekanntlich allerlei Redensarten, Sprüche und Sprichworte des klassischen Altertums, er weist auf Parallelen hin, auch auf Parallelstellen in der Bibel und in den Kirchenvätern, und öfter dehnt seine Erklärung sich zu einer kürzeren oder längeren Abhandlung aus, wobei er anzeigt, daß ein ähnlicher Gedankengang die Jahrhunderte hindurch immer wieder auftaucht, in der Welt der Antike wie in der christlichen Welt. Es ist hochinteressant, daß der Bearbeiter-Korrektor überall da eingreift, wo die gedankliche Kontinuität zwischen Vorchristlichem und Christlichem als selbstverständliche Gegebenheit vorhanden ist. Alles Antike behält er dann bei, alles Christliche wird einfach gestrichen. Ist das nicht eine frappante Parallele?

---

[36] „La censure tridentine et l'édition florentine des Adages d'Erasme", in: Actes du Colloque International Erasme (Tours, juillet 1986), Genève, Droz, 1990.

MICHAEL BEINTKER

Calvins Denken in Relationen

1. Einige Vorüberlegungen zum Thema

Wo auch immer gedacht wird, werden Beziehungen und Verknüpfungen sichtbar gemacht und hergestellt. Das Denken setzt stets Relationsgeflechte voraus, innerhalb derer es sich bewegt und entfaltet. Es folgt den unterschiedlichsten Relationen zwischen Begriffen, Dingen oder Ereignissen. Ebenso kann das Denken solche Relationsgeflechte transformieren oder transzendieren, und es vermag neue Relationsgeflechte hervorzubringen. Der Umgang mit Relationen gehört zu den allgemeinen Merkmalen des Denkens: "Denken heißt überhaupt Beziehen", und zwar als Prozeß der "Vereinigung des zugleich Geschiedenen, Differenzierung des zugleich Geeinten" (Paul Natorp).[1]

Man drückt also anscheinend etwas ganz Selbstverständliches aus, wenn man von einem "Denken in Relationen" spricht. Das Interesse an Relationen ist so alt wie das philosophische Denken. Seit Aristoteles das πρός τι ("das, was in bezug auf etwas ist") als eine der grundlegenden Kategorien bzw. Prädikationen der Aussage entdeckt hat, beschäftigt sich vornehmlich die Logik mit den Relationen.[2] Im Laufe ihrer Geschichte, in der sich zugleich auch die allgemeine Geschichte des menschlichen Denkens widerspiegelt, manifestierte sich eine deutliche Tendenz zur Aufwertung von Relationen und relationalen Phänomenen. An der Wende vom 19. zum 20. Jahrhundert entstand sogar eine eigene Relationenlogik. Man kann das darauf zurückführen, "daß die antike Wissenschaft mehr auf die Einteilung der Gegenstände nach Art und Gattungen, die neuzeitliche Wissenschaft mehr auf die gesetzmäßigen Beziehungen zwischen Ereignissen gerichtet war".[3]

Wir werden uns im Folgenden allerdings nicht auf der abstrakten, mathematisierbaren Ebene der Relationenlogik bewegen. Denn das, was bei Calvin

---

[1] P. Natorp, Die logischen Grundlagen der exakten Wissenschaften, 1921², 67 sowie 26; vgl. Ch. von Wolzogen, Art. Relation IV. 20. Jahrhundert, HWP 8, 1992, (602-606) 603.

[2] Vgl. G. Patzig, Art. Relation, HPhG 4, 1973, 1220-1231; M. Erler, B. Mojsisch, M. Baum, Ch. von Wolzogen, H.-G. Steiner, Art. Relation, HWP 8, aaO 578-611; Ch. S. Peirce: "…relatives have, since Aristotle, been a recognized topic of logic" (Notes on Symbolic Logic and Mathematics [in: Ders., Collected Papers, Bd. III, hg. von Ch. Hartshorne und P. Weiss, Cambridge/MA 1960, 609-645], 643).

[3] Patzig, a.a.O. 1228.

unser Interesse herausfordert, läßt sich nicht einfach mit Hilfe formaler logischer Operationen klären. Im Gegenteil: So selbstverständlich es auf den ersten Blick erscheinen mochte, das Denken prinzipiell als ein Denken in Relationen zu bestimmen, so wenig selbstverständlich ist es bei genauerer Betrachtung, daß das Denken auch tatsächlich in Relationen verläuft.

Wenn wir nämlich sagen: Uns interessieren primär die realen Prozesse, in denen wir uns bewegen und von denen wir bewegt werden, die Interaktionen und Kommunikationen zwischen den Polen einer Relation, und uns interessiert die Frage, wie die Beschaffenheit dieser Pole auf eine zwischen ihnen waltende Relation zurückwirkt und wie umgekehrt eine Relation die jeweiligen Pole beeinflußt, dann können uns die logischen Theorien kaum weiterbringen. Denn diese formalisieren und abstrahieren, sie katalogisieren und fixieren, um zu logisch kohärenten und konsistenten Aussagen zu gelangen. Aber ein Denken in Relationen, das die Dynamik von Prozessen und lebendigen Interaktionen erfassen will, muß sich an Bewegungen orientieren und sich selber den Bewegungen aussetzen. Es verträgt keine Statik. Es bahnt sich seinen Weg nicht über die Entitäten des Seins, sondern in den Dynamiken von Prozeßabläufen. Es analysiert die Relationen nicht aus der beobachtenden Distanz, sondern es weiß sich durch eben jene Relationen engagiert, die es zu beschreiben versucht.

Ein bemerkenswertes Modell solchen Denkens hat der theologische Personalismus geliefert, der im 20. Jahrhundert vor allem durch die Ich-Du-Dialogik Martin Bubers inspiriert worden ist.[4] Mit der Ich-Du-Relation stößt das Denken des Glaubens auf die Basisrelation aller Wirklichkeit: die Relation zwischen dem Du Gottes und dem Ich des vom Du Gottes angeredeten Menschen bzw. – umgekehrt – dem Ich Gottes und dem Du seines menschlichen Gegenübers. Zwischen Ich und Du und erst recht zwischen *diesem* Ich und Du herrschen überaus ereignishafte, dynamische Relationen. Gerhard Gloege hat Subjektbezogenheit, Relation und Aktualität als die besonderen Kennzeichen dieses Personalismus sichtbar gemacht.[5] Und er hat prägnant den Wesenszug der *dialogisch qualifizierten Relation* verdeutlicht: "Personale Beziehung 'ist' nicht ruhende Korrelation, sondern ereignet sich in bewegter Korrespondenz."[6] Gloege attestierte der Theologie Martin Luthers eine auffällige Affinität zum personalen Denken. Angesichts der konkreten Anrede des Wortes, der *viva vox Evangelii*, stellt sich die theologische Unbrauchbarkeit des metaphysischen Seinsdenkens heraus, das die von Aristoteles geprägte Denktradition beherrscht.

---

[4] Vgl. M. Buber, Ich und Du, (1923) 1979[10].
[5] Vgl. G. Gloege, Der theologische Personalismus als dogmatisches Problem. Versuch einer Fragestellung (in: Ders., Heilsgeschehen und Welt. Theologische Traktate I, 1965, 53-76), bes. 65.
[6] Ebd.

Vermutlich haben wir es hier mit einer Eigenart der genuinen reformatorischen Theologie zu tun. Die dialogisch qualifizierte Relation, die nicht als ruhendes Verhältnis, sondern als "bewegte Korrespondenz" in Erscheinung tritt, taucht bei Calvin gleich am Anfang seines dogmatischen Hauptwerks auf. Die bekannte Zuordnung von Erkenntnis Gottes und menschlicher Selbsterkenntnis, die als Leitmotiv wie als Gliederungsprinzip der ganzen *Institutio christianae religionis* verstanden werden muß[7], fügt ja zwei Erkenntnisakte bzw. -prozesse ineinander, die zumeist auseinander fallen und in ihrem Auseinanderfallen das Elend des Menschen auslösen und kennzeichnen. Die *cognitio Dei* und die *cognitio nostri* "hängen vielfältig zusammen [multis inter se vinculis connexae sint]"[8], und sie sind wechselseitig miteinander verknüpft ("mutuo inter se nexu sint colligatae"[9]). Wie auch immer wir die Gotteserkenntnis und die menschliche Selbsterkenntnis entfalten – als Erkenntnis Gottes des Schöpfers *und* als Erkenntnis des Geschöpfs in seiner ursprünglichen Integrität einerseits und als Erkenntnis Gottes des Erlösers und als Erkenntnis des an die Sünde geketteten, der Erlösung bedürftigen Geschöpfs andererseits[10] –: wir haben es in jedem Fall mit einer höchst bewegten, zugleich dramatischen und heilvollen Dynamik zu tun. Gott und Mensch existieren in multiplen, interaktiven, lebendigen Relationen. Das muß sich immer auch auf das diese Relationen deutende und auslegende Denken auswirken. Hingegen muß die Ignoranz gegenüber der Prozeßqualität dieser Relationen unweigerlich zu Verzerrungen und Verzeichnungen des Gott-Mensch-Verhältnisses führen. Nach Calvin können Gott und Mensch nicht betrachtet werden "as statically irreconcilable entities or as unrelatable types of being. Rather, God and man are seen together in a continual story of the one's effort persuasively to relate himself to the other and of the other's growing self-knowledge and maturity as thesubject of his persuasive history"[11].

Calvins Denken wird also durch eine spezifische Dynamik geprägt. Relationen stellen die maßgeblichen Aktions- und Bindungselemente dieser Dynamik dar. Ein "Denken in Relationen" ist im Hinblick auf Calvin also als ein

---

[7] Vgl. dazu bes. G. Ebeling, Cognitio Dei et hominis (in: Ders., Lutherstudien, Bd. I, 1971, 221-272); E.A. Dowey, The Structure of CaSvin's Thought as Influenced by the Twofold Knowledge of God (in: W.H. Neuser [Flg.], Calvinus Ecclesiae Genevensis Custos. Die Referate des Internationalen Kongresses für Calvinforschung vom 6. bis 9. September 1982 in Genf, 1984, 135-148); K. Barth, Die Theologie Calvins, (1922) 1993, 214ff.

[8] J. Calvin, Opera selecta, 1926ff (im folgenden als OS), Bd. III, 31, Z. 8f (Institutio 1559, I, 1, 1).

[9] OS III, 34, Z. 1 (Institutio 1559, I, 1, 3).

[10] Zur doppelten *cognitio duplex* vgl. Institutio I, 1,1; I, 15, 1; II, 1,1.

[11] E.D. Willis, Rhetoric and Responsibility in Calvin's Theology (in: The Context of Contemporary Theology. Essays in Honor of Paul Lehmann, hg. von A.J. McKelway und E.D. Willis, Atlanta 1974, 48-64), 57f.

Denken zu erläutern, das von der Dynamik seines Gegenstandes erfaßt ist und der Bewegtheit seiner Themen in den Akten des Denkens zu entsprechen versucht.

2. Beobachtungen zum Gebrauch des Ausdrucks "Relation"

Calvin kann auf den Ausdruck *relatio* zurückgreifen, um die Mutualität und Reziprozität im Verhältnis zwischen Gott und Mensch zu verdeutlichen.

In der Interpretation des ersten Gebots bemerkt Calvin zu der Selbstprädikation Gottes "Ich bin der Herr dein Gott": Diese Aussage bezeichne "eine gegenseitige Beziehung [mutua relatio], wie sie in der Verheißung [in promissione] enthalten ist: 'Ich will ihr Gott sein und sie sollen mein Volk sein' [Jer 31,33]"[12]. In der Auslegung des Prologs des Johannesevangeliums erläutert er die Rolle des präexistenten und sich dann inkarnierenden Logos so: Das Wort, durch das Gott die Welt geschaffen habe, stehe in einer "duplex ... relatio: prior ad Deum, altera ad homines"[13]. Damit wird die konstitutive Bedeutung Jesu Christi – des Mittlers – für die Beziehung zwischen Gott und Mensch hervorgehoben.

So interessant die Verwendung des Relationsbegriffs an solchen, theologisch zentralen Stellen auch ist: es muß deutlich gesagt werden, daß er bei Calvin verhältnismäßig selten begegnet. Unsere Überlegungen können sich also nicht einfach auf Untersuchungen zum Begriffsgebrauch beschränken. Vielmehr müssen vor allem die relationalen Phänomene und Sachverhalte im Denken Calvins studiert werden, die eindeutig nicht an das formale Vorkommen des Ausdrucks *relatio* und seiner Derivate gebunden sind. Es ist aber durchaus instruktiv, zu beobachten, wie Calvin mit dem Ausdruck *relatio* umgeht, wie und wo er ihn einsetzt.

Unter den 14 Belegen in der Institutio von 1559 sind für unser Interesse zehn Fälle relevant.[14] Ein gewichtiges Beispiel wurde bereits genannt. Die

---

[12] Institutio 1559, II, 8, 14 (deutsche Übersetzung von O. Weber JJ. Calvin, Unterricht in der christlichen Religion, 1963²]; vgl. OS III, 355, Z. 19-21).

[13] J. Calvin, Opera quae supersunt omnia, 1863ff (im folgenden als CO), Bd. 47, 2 (Kommentar zu Joh 1,1).

[14] Als für unser Thema nicht charakteristisch bewerte ich die Verwendung des Ausdrucks in OS III, 235, Z. 14 (Institutio 1559, II, 1, 6) (es geht um die logische Beziehung zwischen Satzgliedern) und a.a.O. Z. 3f, wo die Adam-Christus-Typologie nach Rom 5,12ff als eine "relatio" charakterisiert wird. Auch hier wird übrigens relational gedacht, aber das erschließt sich nicht über die Terminologie! Ferner können wir die Rede von der "relatio" zwischen den irdischen und den himmlischen Dingen (vgl. OS III, 256, Z. 25f [Institutio 1559, II, 2, 13]) vernachläs-

übrigen Anwendungen verteilen sich auffälligerweise auf zwei thematische Schwerpunkte: (1.) die Relationen zwischen Wort und Glaube (drei Stellen), (2.) die Relationen zwischen Vater, Sohn und Heiligem Geist in der Trinität des *einen* Gottes (sechs Stellen).

(1.) Zwischen der Anrede des Wortes Gottes und dem Glauben des Menschen, der diese Anrede hört und erwidert, bestehen selbstverständlich lebendige, dynamische Beziehungen. Die Dynamik ist an die Voraussetzung geknüpft, daß sich der Mensch das Zeugnis der Schrift gesagt sein läßt und aus diesem Zeugnis lebt. Der Glaube existiert nur in ständiger Relation ("perpetua relatio") mit dem Wort, "er kann von ihm ebensowenig getrennt werden, wie die Strahlen von der Sonne, aus der sie hervorgehen"[15]. Ja, das Heil des Glaubenden folgt aus der "fidei ad verbum relatio"[16]. Die Dynamik in Calvins Schrifthermeneutik ist durch solche Äußerungen unmittelbar vorgezeichnet. Es ist kaum erstaunlich, daß Calvin an späterer Stelle dann resümiert: "…relationem constituimus inter fidem et Evangelium"[17]. Da sich der *lebendige, gegenwärtige* Gott durch das biblische Zeugnis an uns mitteilt, hören und lesen wir die Schrift im Horizont seiner *Gegenwart*, im Medium der existentiell präsenten Ich-Du-Beziehung. Aus diesem Grund weist die hermeneutische Relation auf eine intensive, überaus bewegte, spannungsreiche Kommunikation mit dem Wort.

(2.) Statistisch betrachtet, erreichen die Belege für den Ausdruck *relatio* in der Trinitätslehre Calvins die höchste Frequenz – fünf Stellen allein im einschlägigen Kapitel 13 des ersten Buches der Institutio[18], während ein weiterer charakteristischer Beleg in der Christologie auftaucht, als Calvin in einer Auseinandersetzung mit Servet an die trinitarischen Prämissen christologischer Reflexion anknüpft.[19] Calvin muß die "unica Dei essentia"[20] im Sinne des biblischen Zeugnisses differenzieren: einerseits darf die Einheit Gottes nicht verletzt werden, "und andererseits dürfen die besonderen Spezifika der drei göttlichen Seinsweisen nicht nivelliert werden.[21] Es ist bemerkenswert,

---

sigen. Unspezifisch ist auch die Verwendung in OS IV, 201, Z. 31 (Institutio 1559, III, 11,18).

[15] "Principio admonendi sumus, perpetuam esse fidei relationem cum verbo, nee ma-gis ab eo posse divelli, quam radios a sole, unde orkmtur … Tolle igitur verbum, et nulla iam restabit fides." (OS IV, 14, Z. 7-9.27-28 [Institutio 1559, III, 2, 6]; vgl. auch die Auslegung zu Rom 10, 17 im Kommentar zum Römerbrief, CO 49, 206f).

[16] OS IV, 40, Z. 28f (Institutio 1559, III, 2, 31).

[17] OS IV, 200, Z. 28f (Institutio 1559, III, 11,17: Calvin bezieht sich vor allem auf II, 9, 2 und III, 2, 16).

[18] OS III, 116, Z. 24; 133, Z. 19; 133, Z. 22; 134, Z. 7; 135, Z. 3.

[19] OS III, 469, Z. 3 (Institutio 1559, II, 14, 7).

[20] OS III, 108, Z. 20 (Institutio 1559, I, 13) u.ö.

[21] Vgl. dazu H.H. Esser, Hat Calvin eine "leise modalisierende Trinitätslehre"? (in: W.H. Neuser [Hg.], Calvinus Theologus. Die Referate des Europäischen Kon-

daß er diese Differenzierung im Wesen des *einen* Gottes in die besonderen göttlichen *subsistentiae* als Vater, Sohn und Geist über den relationalen Zugang erreicht.

Vater, Sohn und Geist sind in der *unitas essentiae*[22] vereint und haben ohne die geringste Einschränkung an ihr Anteil. Der einfache Gottesname ("simplex Dei nomen") läßt eine Relation nicht zu, deshalb kommt er dem Vater, dem Sohn und dem Heiligen Geist ununterscheidbar in gleicher Weise zu.[23] Sobald aber das Verhältnis zwischen Vater, Sohn und Geist beachtet wird, kann man über die jeweilige Relation zwischen ihnen ihre Unterscheidung in der Einheit erfassen. "Tritt neben den Vater der Sohn, dann kommt die Relation zum Vorschein: und so unterscheiden wir zwischen den Personen [der Trinität]."[24] Calvin steht damit in einer bewährten Tradition: Er kann sich für diese Rezeption des Ausdrucks *relatio* auf Augustinus berufen und erweist sich diesbezüglich als sein adäquater Schüler.

In der Kontroverse mit Peter Caroli, die eine wichtige Etappe auf dem Weg Calvins zu einer reifen immanenten Trinitätslehre darstellt, bezog sich Calvin auf Augustinus und auch auf den Relationsbegriff.[25] In der Institutio zitierte er unter anderem seit der Ausgabe von 1543 aus Augustinus' Auslegung des 68. Psalms[26]: "Christus wird an und für sich *Gott* genannt, in seinem Verhältnis zum Vater aber *Sohn*. Und andererseits: der Vater wird an und für sich *Gott* genannt, in seinem Verhältnis zum Sohn aber *Vater*. Wenn er also dem Sohn gegenüber Vater ist, so ist er eben nicht der Sohn, und wenn der Sohn gegenüber dem Vater Sohn heißt, so ist er eben nicht der Vater; der aber an und für sich Vater und der an und für sich Sohn genannt wird, der ist derselbe Gott!"[27] Sie unterscheiden sich gerade in ihrem jeweiligen Gegenüber von Ich und Du und sind doch immer Eines. Calvin schlußfolgert: Ohne Bezug auf den Vater können wir den Sohn sogar den einzigen Ursprung ("unicum principium") nennen, "wenn wir aber seine Relation zum Vater [relatio quae illi cum Patre est] beachten, so sagen wir mit Recht, daß der Vater der Ursprung des Sohnes [Filii principium] sei"[28]. Ausdrücklich beruft sich Calvin für diese – von ihm als unspekulativ bewertete[29] – Relationentheorie auf Augustinus'

---

gresses für Calvinforschung vom 16. bis 19. September 1974 in Amsterdam, 1976, 113-129).

[22] Vgl. OS III, 116, Z. 33 (Institutio 1559, I, 13, 6).

[23] Vgl. OS III, 134f passim (Institutio 1559, I, 13, 20).

[24] "...ubi autem adiungitur Filius Patri, tunc in medium venit relatio: atque ita distinguimus inter personas" (OS III, 134, Z. 6f [Institutio 1559, I, 13, 20]).

[25] Vgl. Adversus Petri Caroli calumnias (1545), CO 7, 323f.

[26] Vgl. CChr.SL 39, 905f (Auslegung zu Ps 68,5).

[27] Institutio 1559, I, 13, 19 (deutsche Übersetzung von O. Weber; vgl. OS III, 133, Z. 11-16).

[28] OS III, 133,2.16ff.

[29] Vgl. OS III, 133, Z. 23.

Ausführungen im V. Buch von "De trinitate".[30] Die trinitätstheologische Prägung des Ausdrucks *relatio* verdankt sich also der Schule des Augustinus. Calvin hat aus dessen Trinitätslehre reichlich geschöpft. Dennoch sollte man besser nicht sagen, daß "die Trinitätslehre Calvins jeglicher Originalität entbehrt"[31]. Es läßt sich nämlich auch zeigen, daß gerade das trinitarische Denken die dynamischen Potentiale von Calvins Theologie befruchtet und gefördert hat.[32] Wenn sich Calvin gegenüber der trinitarischen Denkweise nur rezeptiv verhalten hätte, wäre das kaum vorstellbar. Schon sein innovativer Beitrag zur Pneumatologie impliziert eine bestimmte trinitätstheologische Originalität, Man kann außerdem sagen, daß Augustinus nicht nur das begriffliche Instrumentarium zur Verfügung stellte, sondern auch Calvins Sensitivität für relationale Phänomene förderte.[33]

3. Dynamik und Relation in der Wirklichkeit Gottes

Ähnlich wie die anderen Reformatoren hat Calvin eine deutlich spürbare Aversion gegen die spekulative Reflexion der Wirklichkeit Gottes entwickelt. Die Absage an "frigidae speculationes"[34] gehört zum methodologischen Repertoire seiner Theologie. Sie taucht bevorzugt dort auf, wo unser Intellekt durch den Schwierigkeitsgrad des jeweiligen Themas zur Überschreitung seiner Grenzen regelrecht provoziert wird. Sei es die Frage nach der Beschaffenheit des göttlichen Wesens[35], sei es das trinitarische Problem[36], sei es das

---

[30] A.a.O. Z. 20-22; vgl. CChr. SL 50, 210ff.

[31] So F. Wendel, Calvin. Ursprung und Entwicklung seiner Theologie, 1968, 145.

[32] So mit guten Gründen Ph.W. Butin, Revelation, Redemption and Response. Calvin's Trinitarian Understanding of the Divine-Human Relationship, New York/Oxford 1995, bes. 51ff ("The Trinitarian Basis, Pattern, and Dynamic of the Divine-Human Relationship") und 76ff ("Human Response. The Trinity as the Dynamic of God's Relationship with Humanity").

[33] Die trinitätstheologische Aufwertung der Relation durch Augustinus begünstigte zweifellos eine Entwicklung, innerhalb derer die Relation aus dem Schatten der sie ständig abwertenden aristotelischen Prädikamentenlehre herausgeführt wurde. Markant ist die Fokussierung der trinitätstheologisch rezipierten Relation durch Boethius: "Ita igitur substantia continet unitatem, relatio multiplicat trinitatem" (A.M.S. Boethius, Quomodo trinitas unus deus ac non tres du, VI [in: ders., Die Theologischen Traktate, hg. von M. Elsässer, 1988, 2-27], 24, Z. 7-9; vgl. auch B. Mojsisch, Art. Relation IL Spätantike, Mittelalter und Renaissance, HOT 8 [s. Anm. 1], [586-595] 586f). – W. Pannenberg diagnostizierte hinter der trinitarischen Relation den Ursprung des Personbegriffs (in personalem Sinne): "Der Sache nach war schon die altkirchliche Christologie dahin gelangt, Person als Relation zu verstehen..." (W. Pannenberg, Art. Person, RGG³ V, [230-235] 231).

[34] OS III, 35, Z. 11 (Institutio 1559, I, 2, 2).

[35] Vgl. aaO Z. 1 lff; vgl. auch OS III, 53, Z. 20 (Institutio 1559, I, 5, 9).

Nachdenken über die Welt als Schöpfung[37], oder sei es die Kommentierung der biblischen Schöpfungsberichte[38]: regelmäßig werden die Erörterungen mit einer deutlichen Warnung vor fruchtlosen, abstrakten Theorieanstrengungen eingeleitet. In erster Linie sind die Reflexionsgebäude der scholastischen Theologie von dieser Kritik betroffen. Gegen sie wird eine vor allem aus den biblischen Quellen geschöpfte und am Wirken Gottes orientierte Betrachtungsweise gerückt. Calvin will – im Wissen um die Grenzen unseres Intellekts – die jede irdische Komplexität übersteigende und umgreifende Komplexität des dreieinen Gottes[39] respektieren. Er stellt die "Unermeßlichkeit" (immensitas) des göttlichen Wesens, dessen "im-mensa et spiritualis essentia", heraus[40] und läßt sich stets von dem im Genfer Katechismus aufgestellten Grundsatz leiten: "Neque enim essentiae eius capax est mens nostra."[41]

Calvin formuliert hier deutlich in antimetaphysischer Stoßrichtung. Er kann zwar ontologisch profilierte Ausdrücke wie *essentia* oder *substantia* unbefangen benutzen – z.B. in der Trinitätslehre –, aber zugleich dekonstruiert er die kognitiven Anmaßungen, die sie begleiten. Die menschliche Gotteserkenntnis ist auf die Initiativen und Aktionen *Gottes* angewiesen. Sie fußt auf seiner uns zugewandten Selbsterschließung in seinem Wirken und ist ganz davon abhängig, daß Gott sich uns mitteilt und öffnet. Wo dieser Fall eingetreten ist, hat Calvin keine" Scheu mehr, sehr direkt, sehr persönlich die Erkennbarkeit Gottes zu betonen und sogar davon zu reden, daß Gott sich in Christus *in sein Herz schauen läßt*.[42] Ist es nur ein Zufall daß er bei der ersten Auseinandersetzung mit der metaphysisch instruierten Theologie in der Institutio aus dem Stil der Darstellung unvermittelt in die Du-Anrede übergeht?

"Was hilft es..., einen Gott zu erkennen, mit dem wir nichts zu schaffen haben? Zweck und Ziel der Gotteserkenntnis soll doch vielmehr sein, daß wir lernen, Gott zu fürchten und zu ehren, ferner: daß wir unter ihrer Leitung alles von ihm erbitten und ihm alles in Dankbarkeit zuschreiben lernen. *Wie sollte denn der Gedanke an Gott anders in deinem Herzen Raum gewinnen, ah daß du sogleich bedächtest: Du bist sein Gebild [figmentum illius sis]..., dein*

---

[36] Vgl. OS III, 108, Z. 23ff (Institutio 1559, I, 13, 1).

[37] Vgl. OS III, 152f, 154ff (Institutio 1559, I, 14,1.3).

[38] Vgl. CO 23, 7ff (Kommentar zur Genesis, Einleitung).

[39] So heißt es etwa in der Auslegung des Vaterunsers: Die Wendung "in den Himmeln" bezeichne einen göttlichen Vater, von dem gesagt werden müsse, daß er "Universum orbem complecti et continere, suaque potentia moderari" (OS IV, 350, Z. 4f [Institutio 1559, III, 20, 40]).

[40] OS III, 108, Z. 32 sowie Z. 23 (Institutio 1559, 1, 13, 1).

[41] OS II, 77, Z. 25 (Genfer Katechismus 1545, Frage 25).

[42] Vgl. den Genesiskommentar: "Christus enim imago est, in qua non modo pectus suum nobis Deus conspicuum reddit, sed manus quoque et pedes" (Einleitung, CO 23, 11-12). Oder: "sciamus in evangelio nos habere quasi apertum Dei pectus" (CO 47, 20 [Kommentar zu Joh 1,18]).

Leben verdankst du ihm, all dein Tun und Planen soll sich nach ihm ausrichten? …"[43] Die ontologische Distanz wird durch den existentiellen Bezug auf das Du aufgebrochen, hier das Du des Lesers, der sich vor dem Du Gottes erfassen soll.

Wenn es um die Eigenschaften (attributiones) Gottes geht, bemerkt man die gleiche Tendenz.[44] Die sogenannten Majestätsattribute wie Aseität (αυτοσια), Ewigkeit, Macht (potentia), Heiligkeit und Wahrheit werden nicht mittels einer Kombination von theologischen und philosophischen Denkbewegungen gewonnen, sondern direkt aus der Schrift abgeleitet. Zugleich werden die Attribute der Zuwendung zum Menschen (der Relation also!) wie Barmherzigkeit, Gnade, Geduld, Freundlichkeit, Gerechtigkeit deutlich in den dominanten Vordergrund gerückt. Gott wird über die Attribute der Relation *erkannt* – wir brauchen uns nicht damit zu beschäftigen, "wie er in sich selber ist, sondern wie er sich uns zuwendet [non quis sit apud se, sed qualis erga nos]"[45]. Auffällig ist es auch, daß Calvin die einzelnen Eigenschaften Gottes nicht schematisch katalogisiert, sondern ineinander verschränkt und dialektisch aufeinander bezieht (z.B. mit Jer 9,23 Gottes Barmherzigkeit, Recht und Gerechtigkeit[46]).

Natürlich konnte sich Calvin nicht an allen Punkten vom Erbe der metaphysischen Gotteslehre lösen. In mancher Hinsicht blieb er ihm auch verhaftet. So fällt es etwa mehrfach auf, daß er gewisse Schwierigkeiten damit hat, das Wesen (essentia) Gottes und die Möglichkeit einer Veränderung in Gott miteinander zu vereinbaren. "Gott bleibt sich immer gleich"[47]; seine Natur kann nicht der Veränderlichkeit (mutatio) oder gar der Leidenschaft (passio) unterworfen sein.[48] Ihn kann nichts reuen.[49] Wenn in der Bibel berichtet wird, daß Gott gelegentlich seine Beschlüsse ändert – wie z. B: angesichts der Buße der Leute von Ninive –, so ist das als eine metaphorische Redewendung zu betrachten ("Mutatio figurate traditur"[50]), unabhängig davon ("absque figura") gelte Gottes "immutabilitas".[51]

---

[43] Institutio 1559,1, 2, 2 (deutsche Übersetzung von O. Weber, kursiv vom Vf.; vgl. OS III, 35, Z. 16ff). - Formal wird der Wechsel zur Du~Anrede wohl durch den Rückgriff auf die Institutio-Ausgabe von 1539 ausgelöst. Aber wichtig ist: Calvin hatte keine Probleme, unvermittelt in den – überraschenden – Dialog mit dem Leser überzugehen.

[44] Zum Folgenden vgl. OS III, 86f (Institutio 1559,1, 10, 2 passim).

[45] OS III, 86, Z. 17f (Institutio 1559, I, 10, 2).

[46] A.a.O. 86f.

[47] Institutio 1559, I, 4, 3 (deutsche Übersetzung von O. Weber; vgl. OS III, 42, Z. 29f: "Deum vero ipsum semper sui similem manere").

[48] Vgl. OS III, 181, Z. 13f (Institutio 1559, I, 15, 5).

[49] Vgl. OS III, 216f (Institutio 1559, I, 17, 12 passim).

[50] OS III, 217, Z. 21.

[51] A.a.O. Z. 24f.

Solche Schwierigkeiten mit der konsequenten Überwindung des metaphysischen Theismus sollte man nicht dramatisieren. Es handelt sich bekanntlich um ein zeitübergreifendes Grundproblem der christlichen Gotteslehre. Wenn man genauer hinsieht, kann man sogar entdecken, daß Calvin nach solchen metaphysischen Eierschalen greift, um Gottes Beständigkeit und Treue auszudrücken. Eine Einzelanalyse wird nachweisen können, daß das relationale Denken Calvins eine spürbare Erosion der metaphysischen Traditionselemente bewirken *mußte*. Untersuchungen zum Verständnis des Ausdrucks "Ewigkeit" können zu dem Resultat gelangen, daß Calvin die Ewigkeitsvorstellung biblisch konzipierte und demgemäß von dem ontologischen Status des Ewigen (Neutrum), wie er von Parmenides von Elea formuliert worden war, abzugrenzen vermochte.[52]

Schon Joseph Bohatec hat gezeigt, daß Calvin die Ewigkeit nicht als ein starres Sein aufgefaßt habe und sich in dieser Hinsicht seines Gegensatzes zur griechischen Antike bewußt gewesen sei.[53] Aus Calvins Deutung gehe klar hervor, "daß nach ihm die Ewigkeit nicht bloß ein ontischer, sondern ein dynamischer Begriff ist"[54]. Indem die Ewigkeit Gottes sich nicht allein auf sein transzendentes Wesen bezieht, sondern auf das providentielle Wirken Gottes, gehöre auch sie "in die Reihe der weltbezogenen Eigenschaften [Gottes]".[55]

Den eindrucksvollsten Beleg für die relationale Transformation des metaphysischen Erbes in der Gotteslehre bietet die Providenzlehre Calvins. Zwar polemisiert er prima vista gegen die Religionsphilosophie der Renaissance, wenn er sich von der Vorstellung des *Deus otiosus* abgrenzt, "der die Sorge für die Welt von sich wirft und sich nur an der Muße erbaut"[56]. Faktisch ist aber von dieser Kritik auch die Aristotelische Denktradition getroffen, die Gott in der reinen Selbstbezogenheit des *actus purus* angesiedelt hatte und daher Schwierigkeiten bekam, konkrete Interaktionen zwischen dem Schöpfer und der Welt der Geschöpfe auszusagen. Gegen das apersonale Gottesbild der Philosophie, für dessen Fragwürdigkeit er einen scharfen Blick hatte, setzte Calvin den unermüdlich aktiven *gubernator* bzw. *moderator mundi*.[57]

Ihm geht es um die *Gegenwart* des Schöpfers. Wir blicken nicht auf einen vergangenen Anfang zurück, sondern schauen auf die kreative Dynamik

---

[52] Das kann man getrost geltend machen – trotz der zu vermutenden Reverenz für Platon in Institutio I, 5, 6: "Iam ipsa potentia nos ad cogitandam eius [Dei] aeternitatem deducit: quia aeternum esse, et a seipso principium habere necesse est unde omnia trahunt originem" (OS III, 51, Z. 21-23).

[53] Vgl. J. Bohatec, Bude und Calvin. Studien zur Gedankenwelt des französischen Frühhumanismus, 1950, 309.

[54] Ebd.

[55] A.a.O. 310.

[56] OS III, 35, Z. 14f (Institutio 1559, I, 2, 2).

[57] Darin besteht ein Charakteristikum des kompletten Kapitels I, 5 der Institutio.

seines Wirkens im Hier und Heute. Die *Providentia Dei* realisiert das multirelationale Spektrum *aller* Beziehungen zwischen Gott und der Welt seiner Geschöpfe. Aus diesem Grunde traktiert Calvin die Lehre von der Erschaffung der Welt eher sparsam und beiläufig.[58] Aber er bietet seine ganze theologische Leidenschaft auf, um gleich in drei großen Kapiteln über die göttliche *gubernatio mundi* nachzudenken und den Leser der dynamisch agierenden Allgegenwart und Allwirksamkeit Gottes zu vergewissern: "Der Artikel von der Schöpfung steht dominierend im Zeichen der *Vorsehung*."[59] Ähnlich wie im Genfer Katechismus[60] hebt Calvin die *Gegenwart* der Dynamik Gottes ("praesentia divinae virtutis"[61]) hervor: "Gott zu einem Schöpfer für den Augenblick zu machen [momentaneum creatorem], der sein Werk ein für allemal hinter sich gebracht hätte [absolverit], wäre eine kalte und unfruchtbare Sache; und wir sollen uns gerade *darin* von den Weltmenschen unterscheiden, daß uns die Gegenwart der Kraft Gottes im fortdauernden Bestehen der Welt ebenso hell entgegenleuchtet, wie in ihrem Ursprung [ut non minus in perpetuo mundi statu quam prima eius origine praesentia divinae virtutis nobis illuceat]."[62] Die *providentia* ist als aktives Wirken zu interpretieren – ein Wirken "in actu"[63], und zwar "in continuo actu"[64], nicht in müßiger, träger Zurückhaltung, sondern äußerst "vigilis, efficax, operosa"[65]. Der lebendige Gott sorgt für alles Geschaffene – er agiert gleichsam als die aller Wirklichkeit zugrundeliegende spirituelle Energie. Selbst die unscheinbarsten Kleinigkeiten – und sei es auch nur der Regentropfen[66] – werden von ihm bewegt und gelenkt.

Das Wirklichkeitsverständnis Calvins ist also weit von der Unbeweglichkeit ontologischer Strukturen entfernt. Hier dominiert vielmehr die Bewegung. Genauer: Es sind Bewegungen, Aktionen und Interaktionen, die – im

---

[58] Genaugenommen nur in fünf Unterabschnitten von Institutio I, 14, nämlich in I, 14, 1-2 und 20-22; dazwischen finden wir die Angelologie und die Dämonologie. Die Beschäftigung mit der Erschaffung des menschlichen Geschöpfs in I, 15 ist Ausgangspunkt vorrangig anthropologischer Klärungen.

[59] Ch. Link, Schöpfung. Schöpfungstheologie in reformatorischer Tradition, Bd. 1 (HST 7), 1991, 22, vgl. 157ff. – Zur Providenzlehre Calvins siehe auch: E. Saxer, Vorsehung und Verheißung, Vier theologische Modelle (Calvin, Schleiermacher, Barth, Solle) und ein systematischer Versuch, 1980, 25ff.

[60] Vgl. OS II, 78 (Frage 27).

[61] OS III, 187, Z. 14 (Institutio 1559, I, 16, 1).

[62] Institutio 1559, I, 16, 1 (deutsche Übersetzung von O. Weber; vgl. OS III, 187, Z. 10-14).

[63] "Undesequitur, providentiam in actu locari..." (OS III, 192, Z.20f [Institutio 1559, I, 16, 4]).

[64] OS III, 190, Z. 16f (Institutio 1559, I, 16, 3).

[65] A.a.O. Z.16.

[66] OS III, 195, Z.25f (Institutio 1559, I, 16, 5): "...certum est non cadere pluviae guttam nisi certo Dei mandato".

Positiven wie im Negativen – aus ihren lebendigen Relationen zu Gott verstanden werden müssen – zum Creator und Gubernator, den Calvin gerne als Quelle aller Realität, als "fons omnium bonorum"[67], bezeichnet hat.

4. Der Horizont der Pneumatologie

Dynamik und Relation in der Wirklichkeit Gottes lassen sich bei Calvin noch in einer anderen Perspektive nachzeichnen: in der Perspektive der Pneumatologie. Ja, unsere bisherigen Ausführungen blieben unvollständig und darin fehlerhaft, wenn wir diesen Aspekt übergehen würden. Gottes Aktualität, seine Präsenz, sein Wirken in allen Dingen sind für Calvin trinitätstheologisch identifizierbar – sie tragen den Namen des Heiligen Geistes. Alles, was Gott wirkt, und alles, was mit diesem Wirken im Zusammenhang steht, ereignet sich in der Gegenwart des Heiligen Geistes. Wenn wir die Relationen im strengen Sinne *theologisch* verstehen wollen, müssen wir sie als pneumatologische Kategorien begreifen.

Geist bedeutet für Calvin immer: *Gott in Aktion*, in Wirkung, in dichtester, intensivster Nähe, aber ebenso auch in anonymer, verborgen bleibender Vitalität. Man muß sich vergegenwärtigen, wie Calvin in der Trinitätslehre die Spezifika der drei Seinsweisen Gottes bestimmt hat: Dem Vater wird der Anfang des Handelns ("principium agendi") zugeschrieben; er ist aller Dinge Quelle und Brunnen ("fons et scaturigo").[68] Dem ewigen Sohne eignen Weisheit, Rat und "in rebus agendis dispensatio"[69]. Dem Geist aber werden Kraft und Wirksamkeit im Handeln zugeordnet: "…at Spiritui virtus et efficacia assignatur actionis."[70] *Virtus* und *efficacia* dessen, was der *eine* Gott als der Vater und als der Sohn tut, bezeichnen die Eigenart des Heiligen Geistes im Geheimnis der Trinität. Gottes Geist wird von Calvin also als diejenige Seinsweise des dreieinen Gottes charakterisiert, in welcher das göttliche Planen und Handeln zur aktuellen Wirkung gelangt. Der Geist tut gegenüber dem Tun des Vaters und dem Tun des Sohnes nichts Eigenes, er präsentiert kein neues *Thema*, das ergänzend zu den großen Themen von Schöpfung und Erlösung hinzuträte. Das Eigene des Geistes – so Werner Krusche – ist gerade das, "daß er nichts Eigenes tut, sondern das Tun des Vaters und des Sohnes

---

[67] OS III, 34, Z. 29 (Institutio 1559,1, 2, 1); vgl. OS III, 121, Z. 20f (Institutio 1559,1, 13, 9); OS III, 132, Z. 9 (Institutio 1559,1, 13, 18); CO 47, 16 (Kommentar zu Joh 1,16); CO 23, 39 (Kommentar zu Gen 2, 9). Calvin hat Gott sehr gerne als "Quelle/fons" bezeichnet.

[68] OS III, 132, Z. 9 (Institutio 1559, I, 13, 18).

[69] A.a.O. Z. 10f.

[70] A.a.O. Z. 11.

verwirklicht"[71]. Im Geist kommen das Handeln des Vaters und des Sohnes zur *Wirkung*.

In seiner großartigen Monographie zu Calvins Pneumatologie hat Krusche Calvins pneumatische Präzisierung des göttlichen Wirkens kongenial erfaßt und beschrieben:

Gott ist für Calvm Heiliger Geist "als der wirksam Handelnde und der handelnd zur Wirkung Gelangende"[72]. Darin bringt Gott als Heiliger Geist "das Wirken des *Vaters* und des *Sohnes* zum Ziel"[73]. "Alles, was Gott wirkt – und er wirkt alles und wirkt immer! –, ist in seiner *Wirkung* Wirken des Heiligen Geistes. Es gibt schlechterdings kein Handeln des Vaters und des Sohnes, das wirksam würde ohne das Wirken des Geistes. Alles göttliche Wirken ist in seiner Spitze pneumatisch. Der Geist ist die Dei manus, qua suam poteatiam exercet.[74] Und es gilt auch die Kehrseite: wo Gott seinen Geist entzieht oder vorenthält, beläßt er sein Wirken in der Negativität, benimmt er ihm seine Wirksamkeit. Im Kreaturbereich heißt das: Aufhören der Lebendigkeit – also: Tod; im Heilsbereich: das große 'frustra' über dem gesamten Heilsgeschehen – und also: Verwerfung."[75]

Calvins Pneumatologie entfaltete sich folgerichtig in zwei Dimensionen – die der Schöpfung und Erhaltung und die der Neuschöpfung und Erlösung. Da alles göttliche Wirken in seiner Spitze pneumatisch ist, sind *creatio* und *gubernatio* der Welt als *aktuelle* Relationszusammenhänge *immer* pneumatisch gewirkt. Die Pneumatologie bildet hier die trinitarische Brücke zur Providenzlehre, denn Gottes Geist ist selbstverständlich der *effector providentiae*.[76] Mit seiner allgemein wirkenden Kraft ("virtus generalis"), "wie sie an der Menschheit und auch an der ganzen übrigen Kreatur in Erscheinung tritt, belebt und erhält" er uns.[77] Damit ist das Wirklichkeitsverständnis Calvins gleichsam pneumatisch grundiert.

Von noch viel größerer Bedeutung ist natürlich das Wirken des Geistes als *effector salutis* und darin als *effector electionis* und als *effector sanctificationis*.[78] Denn die durch die Sünde des Menschen dem Tod und dem Verderben

---

[71] W. Krusche, Das Wirken des Heiligen Geistes nach Calvin, 1957, 11.

[72] A.a.O. 11.

[73] Ebd.

[74] Zitat aus OS IV, 4, Z. 21 (Institutio 1559, III, 1,3).

[75] Krusche (s. Anm. 71). 11f.

[76] Vgl. a.a.O. 17, 122. – Zur kosmischen und geschichtlichen Entgrenzung der Pneumatologie durch Calvin siehe auch Link (s. Anm. 59), 125f, 131f, sowie M. Beintker, Creator Spiritus. Zu einem unerledigten Problem der Pneumatologie (EvTh 46, 1986, 12-26), zu Calvin 20ff.

[77] Institutio 1559, III, 1,2 (deutsche Übersetzung von O. Weber; vgl. OS IV, 2, Z. 12-14).

[78] Wir gehen hier nicht auf die christologische Reichweite der Pneumatologie ein. Natürlich hat Calvin dem Wirken des Geistes auch eine Funktion in der Christologie

ausgelieferte Welt hat nur eine Hoffnung, wenn Gottes Geist Menschen aus ihrem Elend befreit und sie in den Stand der Kinder Gottes versetzt.[79] Als "Wurzel und Samen des himmlischen Lebens in uns" heißt er "Spiritus sanctificationis".[80] Von ihm erfaßt, wird der Mensch zum Glauben erweckt und dem neuen Leben geschenkt. In ihm kommen der Vater und der Sohn zu uns, um uns zu sich zu ziehen.

Auf diese Weise wirkt der Geist des Pfingstfestes die direkteste, intimste Nähe, die zwischen Gott und den Menschen denkbar und – lebbar ist. "Der Heilige Geist ist das Band, durch das uns Christus mit sich wirksam und ganz fest verbindet [Spiritum sanctum vinculum esse, quo nos sibi efficaciter devincit Christus]."[81] Gottes Geist bringt das Heilshandeln des Vaters und des Sohnes zur Wirkung. Er erzeugt Relationen, wo völlige Beziehungslosigkeit herrschte. Aber nicht nur das: Wenn der Geist als das "Band" bezeichnet werden kann, durch das sich Christus mit uns "zusammenbindet", dann stellt er nicht nur Relationen her – dann ist er vielmehr in seinem spezifischen Wirken die Relation, die er herstellt: *Gottes Geist ist Gott in Relation und als Relation*. Als Geist *sind* der Vater und der Sohn die Relationen, von denen die ganze Wirklichkeit gehalten und getragen wü'd und durch die ihr das Licht der Erlösung aufleuchtet. Nach Calvin muß jedenfalls eine theologisch begründete Relationenlehre pneu-matologisch einsetzen, pneumatologisch akzentuieren und pneumatologisch -schließen.

5. Der soteriologische Horizont

Daß gerade die Soteriologie von den Relationen zwischen Gott und Mensch beherrscht ist und hier ihre spannendsten Seiten offenbart, setzen wir als bekannt voraus. Man muß allerdings ein wenig schwindelfrei sein, um hier nicht zu kapitulieren. Die Antithesen von Gnade und Sünde, von Fleisch und Geist, von Leben und Tod, von Heil und Verdammnis verlangen nach einem Denken, das auf Bewegungen und Kontraste eingestellt ist, und verweigern sich jeder linearen, undialektischen Denkweise. Auch den anders gelagerten Dualen von Rechtfertigung und Heiligung, von Glaube und Ethos, von Zeit und Ewigkeit oder von Zukunft und Gegenwart des Reiches Gottes werden

---

zuerkannt: Gottes Gegenwart im irdischen Jesus läßt sich ebenfalls pneumatologisch erfassen und darstellen (vgl. etwa Institutio 1559, II, 15, 2; oder vgl. die Rede von der "virtus" des Heiligen Geistes in der "persona Mediatoris" in OS IV, 2, Z. 3Sf [Institutio 1559, III, 1, 2]).

[79] Vgl. hierzu pars pro toto die eindrückliche und dichte Auslegung von Rom 8 im Kommentar zum Römerbrief (CO 49, 136-168).

[80] OS IV, 2, Z. 11.14 (Institutio 1559, III, 1, 2).

[81] A.a.O. Z. 5f (Institutio 1559, III, 1, 1).

wir nur gerecht werden, wenn wir uns in der anspruchsvollen Kunst üben, mehrdimensional zu denken, d.h. die diversen Dimensionen und Perspektiven solcher und ähnlicher Phänomene zu erkennen, sie in Bewegung zu halten und sie ständig aufeinander zu beziehen. Calvin hatte diese Aufgabe klar erkannt. Wir können sagen, daß seine Beiträge zu ihrer Lösung bis heute als vorbildlich gelten müssen.

Im Folgenden kann es nur darum gehen, einige besonders signifikante Beispiele herauszugreifen. Wir konzentrieren uns auf drei Punkte: (1.) die Christus-Relation des Christen, die als die tragende Achse aller soteriologischen Themen zu beachten ist, (2.) die unter dem Kreuz gelebte "vita hominis Christian"[82] und (3.) die Frage, ob und in welchem Ausmaß in Calvins Soteriologie Entwicklungen, Prozeßdynamiken und Fortschritte anzutreffen sind.

(1.) Nachdem der in die Sünde geratene Mensch jede Möglichkeit verloren hat, von sich aus in eine Beziehung zu Gott zu treten, kann eine Beziehung zwischen Gott und ihm nur von Gott her gebildet werden. Die Rechtfertigung des Sünders eröffnet eine neue, Leben gebende Beziehung, die *solo Christo* exklusiv aus Gnade geschenkt und im Glauben ergriffen wird. Im Blick auf seinen Grund und auf sein personales Gegenüber hat Calvin den Glauben als lebendige Christusgemeinschaft beschrieben. Auch wenn – pneumatologisch betrachtet – Christus diese Gemeinschaft durch den Geist herstellt[83], handelt es sich nichtsdestoweniger um die dichteste, tiefste, innigste Gemeinschaft *mit Christus*. An ihrer Authentizität darf nicht gezweifelt werden. Die *unio* bzw. *coniunctio cum Christo*, nach Emil Brunner "die Mitte des ganzen calvinischen Denkens"[84], schmilzt uns mit ihm zusammen. Indem wir mit ihm zusammenwachsen ("cum ipso in unum coalescimus"[85]), teilt er uns durch die Kraft seines Geistes sein Leben und alle ihm vom Vater geschenkten Güter mit.[86] Solange wir mit Christus verbunden sind, droht uns keine Gefahr der Verdammnis[87], aber ohne ihn würden wir hoffnungslos dem ewigen Tod verfallen.[88]

In der Christus-Einung wird die Ich-Du-Relation so verdichtet, daß sich die Unterschiede von *Extra* und *Intra* auflösen. Calvin kann sagen, daß "Christus … nicht außer uns [non extra nos]" ist, wenn wir fest an ihn glauben, sondern "in uns wohnt [in nobis habitat], er bindet uns nicht nur durch ein unzerreiß-

---

[82] So in der Kapitelüberschrift von Institutio III, 6 (OS IV, 146, Z. 12).

[83] Vgl. OS IV, 5, Z. 10-12 (Institutio 1559, III, 1, 3): Christus "solo autem Spiritu unit se nobiscum. Eiusdem Spiritus gratia et virtute efficimur ülius membra, ut nos sub se contineat, vicissimque illum possideamus".

[84] E.Brunner, Vom Werk des Heiligen Geistes, 1935, 38. Vgl. auch Krusche (s. Anm. 71), 266, der sich Brunner ohne Vorbehalte anschließt.

[85] OS IV, 1, Z. 18f (Institutio 1559, III, 1, 1).

[86] Vgl. CO 47, 387 (Kommentar zu Joh 17,21).

[87] Vgl. CO 49,136 (Kommentar zu Rom 8,1).

[88] Vgl. OS IV, 222, Z. 31ff (Institutio 1559, III, 14, 4).

bares Band der Gemeinschaft an sich, sondern wächst durch eine wundersame Gemeinschaft [mirabili quadam communione] von Tag zu Tag mehr mit uns zu einem Leibe zusammen [in unum corpus nobiscum coalescit], bis er ganz mit uns eins wird [donec unum penitus nobiscum fiat]"[89]. Es ist der Geist, der das "extra nos" überwindet, damit wir mit dem gegenwärtigen Jesus Christus über alle Distanzen hinweg zusammenwachsen.[90]

(2.) In der Christus-Einung sind wir getröstet und vergewissert; wir wissen, daß uns das Heil geschenkt ist. Der Mensch, der sich in Christus verankert, muß das Gericht Gottes nicht fürchten, sein Gewissen erfährt "friedliche Ruhe und heitere Gelassenheit [serena tranquillitas]"[91]. Dennoch oder gerade deshalb wird der Christ in die härtesten Konflikte verwickelt. Seine Existenz wird nun zum Kampfplatz des unversöhnlichen Streits zwischen Gnade und Sünde. Auch wenn er Christus gehört und in der Wiedergeburt das neue Leben geschenkt bekam, streiten in ihm die "Reste des Fleisches [reliquiae carnis]" gegen das Gebot Gottes.[92] Es gibt in den menschlichen Angelegenheiten keinen schärferen Konflikt als den zwischen Geist und Fleisch.[93] Und dieser Konflikt läßt sich weder versöhnen noch überbrücken, sein Antagonismus muß ausgehalten und ertragen werden. Er *kann* ertragen werden, indem wir uns durch Jesus Christus heiligen lassen. Durch die Kraft seines Geistes werden wir zur wahren Reinheit des Lebens geführt und sterben der alten Existenz des Fleisches immer mehr ab.[94]

Aber noch auf einer anderen Ebene wird der Christ in Konflikte gestürzt: in den Zerreißproben der Anfechtung, des Leidens, der Bedrängnis in der Kreuzesnachfolge. Es wird oft übersehen, daß Calvin den damit verbundenen existentiellen Nöten nicht weniger Aufmerksamkeit zugewendet hat als der Frage nach der – stärker ethisch orientierten – Heiligung des Menschen.[95] Das Tragen des Kreuzes ("tolerantia crucis") ist fester Bestandteil der Christusgemeinschaft. Auch in ihm erprobt und bewährt sich die Selbstverleugnung des Christen.[96]

---

[89] Institutio 1559, III, 2, 24 (deutsche Übersetzung von O. Weber; vgl. OS IV, 35, Z. 7-11).

[90] Vgl. OS IV, 5, Z. 1ff (Institutio 1559, III, 1, 3). Siehe auch OS IV, 26, Z. 29-32 (Institutio 1559, III, 2, 16): "Hic praecipuus fidei cardo vertitur, ne quas Dominus offert misericordiae promissiones, extra nos tantum veras esse arbitremur, in nobis minime: sed ut potms eas intus complectendo nostras faciamus."

[91] OS IV, 215, Z. 22f (Institutio 1559, III, 13, 1).

[92] CO 49, 128 (Kommentar zu Rom 7, 14).

[93] Vgl. ebd.

[94] Vgl. OS IV, 228, Z. 5ff (Institutio 1559, III, 14, 9).

[95] In der Institutio handelt es sich vor allem um die Kapitel III, 6-10, in denen es in mehreren Schritten der Konkretion vornehmlich um die seelsorgerlichen Aspekte des neuen Lebens, seine Bewährung im Leiden und in der "tolerantia crucis" geht.

[96] Vgl. OS IV, 161, Z. 17ff (Institutio 1559, III, 8, 1).

41

Für moderne protestantische Ohren formulierte Calvin wenig einladend, wenn er Jesu Wort vom Kreuztragen (Mt 16,24) so kommentierte: "...wen der Herr zum Kind angenommen und der Gemeinschaft mit den Seinen gewürdigt hat, der muß sich auf ein hartes, mühseliges, unruhiges Leben gefaßt machen, das von gar vielen und vielerlei Übeln erfüllt ist."[97] Daraus ergibt sich aber mit Rom 8,29 ein "hervorragender Trost": Wenn es uns nämlich hart und rauh ergeht und wir meinen, Unglück und Böses zu erleben, haben wir eigentlich Anteil an Christi Leiden ("nos Christi passionibus communicare"[98]). Die hier in Erscheinung tretende Simultaneität von Leidenmüssen und Getröstetsein läßt sich nur in antithetischer Gedankenführung, also dialektisch, ausdrücken: "Die Schrift nämlich erteilt den Heiligen das Lob der Geduld [tolerantiae laudem] dann, wenn sie von der Härte der Not angefochten werden [afflictantur] und doch darüber nicht zerbrechen und zu Boden fallen, wenn die Bitterkeit sie quält und sie dennoch von geistlicher Freude [spirituali gaudio] erfüllt sind, wenn die Angst sie bedrückt, und sie dennoch aufatmen, weif Gottes Trost sie fröhlich macht [Dei consolatione exhilarati respirent]."[99]

In der Anfechtung des Leidens lernen wir es, uns zu Christus zu flüchten und alle stolze Selbstbehauptung fallen zu lassen. Die Schule des Leidens ist keine Spezialerfahrung der verfolgten Protestanten im Frankreich des 16. Jahrhunderts (obwohl Calvin sicher auch deren Situation vor Augen hatte, als er solche Sätze niederschrieb), sie gehört essentiell in die Christusrelation des Glaubens hinein und wird, wenn sie bestanden wird, die Gemeinschaft mit Christus in *dieser* Zeit vertiefen, um sich dann als eschatologische Gemeinschaft in *jener* "Zeit" des Reiches Gottes zu vollenden.

(3.) Die Frage nach einem Fortschreiten (progressus) im Glauben und in der Existenz im Glauben läßt sich klar bejahen. Calvin kann sogar in einer Kapitelüberschrift vom "initium iustificationis" und von einem kontinuierlichen Fortschreiten auf der Basis der Rechtfertigung sprechen.[100] Der Glaube ist nichts Starres. Er wächst und entwickelt sich. Das Fortschreiten in der Einung mit Christus ist mit einem Wachstum in der Erkenntnis des Glaubens verbunden: Wir werden – gezogen vom Heiligen Geist – "nach Verstand und Herz weit über das erhoben, was wir aus uns selber erfassen können"[101]. Im Leiden in der Christusbindung werden wir zu tieferer Selbsterkenntnis ge-

---

[97] Institutio 1559, III, 8, 1 (deutsche Übersetzung von O. Weber; vgl. OS IV, 161, Z. 21-23).
[98] OS IV, 161f (Institutio 1559, III, 8, 1).
[99] Institutio 1559, III, 8, 10 (deutsche Übersetzung von O. Weber; vgl. OS IV, 168, Z. 29-33).
[100] OS IV, 220, Z. 27 (Institutio III, 14): "Quale initium iustificationis et continui progressus."
[101] OS IV, 45, Z. 21f (Institutio 1559, III, 2, 34): "...ita ubi [Spiritu Dei] trahimur, mente et animo evehimur supra nostram ipsorum intelligentiam."

führt[102], aber unser Glaube kann auch wieder ermatten und in den Konfrontationen mit dem Zweifel ermüden.[103] Wenn wir dann aber fortschreiten – Calvin beeilt sich, sofort hinzuzufügen: "...nos assidue proficere decet" –, dann kommen wir im Weitergehen ("progressu") "mehr und mehr zu einem näheren und deshalb auch gewisseren Schauen seines Angesichts: so wird es uns gerade im Vorwärtsschreiten immer vertrauter"[104].

Und auch das im Glauben gelebte neue Leben wächst und entwickelt sich. Wer durch die Wiedergeburt geführt worden ist, wird verändert. Calvin hat das dialektische Arrangement mit der Sünde, das fromme Treten auf der Stelle, entschieden abgelehnt. Die Einung mit Christus führt auch zu einem von ihm gewirkten Fortschreiten in der Heiligung. Das ist niemals unser Verdienst! Aber der Dynamik unserer Erneuerung, der schrittweisen Abtötung des alten Menschen und der schrittweisen *vivificatio* seines neuen Seins, sollen wir nicht widerstreben. Wenn wir Christus gehören, hat die Sünde ihre Vormachtstellung über uns verloren – auch wenn wir weiterhin von ihr geplagt werden, hat sie doch aufgehört, über uns zu herrschen ("sed regnare tantum non etiam habitare desinit"[105]).

Calvin redet den Leser des Römerbriefkommentars direkt an: "Wenn du ein Christ bist, dann muß an dir das Zeichen deiner Gemeinschaft mit dem Tod Christi sichtbar werden, deren Frucht es ist, daß dein Fleisch mit allen seinen Begierden gekreuzigt wird. Im übrigen ist diese Gemeinschaft nicht deshalb als nicht vorhanden anzusehen, weil du spürst, daß sich die Reste des Fleisches in dir regen. Im Gegenteil: Es ist ständig auf ihr Wachstum zu achten, bis man das Ziel erreicht hat."[106]

Christ sein ist ein Weg zu einem Ziel. Wer diesen Weg beschreibt – und darin besteht eine wesentliche Aufgabe der Theologie –, muß den Schritten und Bewegungen, die auf diesem Weg vollzogen werden, folgen. Es ist oft darüber nachgedacht worden, weshalb sich Calvins Soteriologie so schwer systematisieren läßt. Rechtfertigung und Heiligung erscheinen bei ihm bekanntlich nicht in einer einfachen Ursache-Folge-Struktur. Man kann Rechtfertigung und Heiligung eher mit zwei sich gegenseitig stützenden und fördernden Strategien vergleichen, die Gott wählt, um uns zu seinen Kindern und zu Teilhabern an seiner Herrlichkeit zu machen.[107] Den orthodoxen *ordo*

---

[102] Vgl. OS IV, 162, 35f (Institutio 1559, III, 8, 2).

[103] Vgl. etwa Institutio 1559, III, 2, 4 und III, 2, 15.

[104] Institutio 1559, III, 2, 19 (deutsche Übersetzung von O. Weber; vgl. OS IV, 29, Z. 31-34).

[105] OS IV, 66, Z. 26f (Institutio 1559, III, 3, 11).

[106] CO 49, 108 (Kommentar zu Röm 6,7).

[107] Sehr klar bemerkt F. Wendel, daß zwischen Rechtfertigung und Heiligung bei Calvin weder eine kausale noch eine finale Verbindung bestehe: "Die Heiligung ist nicht das Ziel der Rechtfertigung. Sie entspringt derselben Quelle, bleibt aber unabhängig oder, genauer gesagt, logisch unterschieden von der Rechtfertigung. Calvin

salutis, der dem intellektuellen Bedürfnis nach einer logischen Zuordnung der Stufen der Heilsapplikation entsprang, finden wir bei Calvin nicht.[108] Aus diesem Grund dürfen auch Worte wie "Wachstum" und "Prozeß" nicht naiv mit der Vorstellung einer kontinuierlichen Entwicklung verbunden werden. Denn bei *diesem* Prozeß kann es sehr abrupt zugehen, kommt es zu Turbulenzen und Sprüngen, kann man immer wieder auf die Anfänge zurückgeworfen werden. Deshalb kann man nicht scharf genug die Vollkommenheit der Rechtfertigung betonen: Deus "iustificat ... non ex parte"[109]. Die Dynamiken geistlichen Wachstums lassen sich keinesfalls mit sanft ansteigenden Kurven vergleichen. Eher haben wir es mit konzentrischen Wellenbewegungen zu tun, die auf die *unio cum Christo* zentriert sind und von dieser Mitte her pulsieren.

6. Schlußbetrachtung

Calvin hat ein *spezifisches* Denken in Relationen praktiziert. Es ist ein Denken, das von der lebendigen Dynamik seines Gegenstandes erfaßt ist und dieser Dynamik in den Akten des Denkens unmittelbar gerecht zu werden versucht. Der eigentliche "Gegenstand" dieses Denkens – und hier wird zugleich die Tauglichkeit des Wortes "Gegenstand" zum Problem ~ ist der dreieine Gott, der in Jesus Christus den von ihm entfremdeten Menschen für sich zu gewinnen sucht. Das Denken engagiert sich für die Erkenntnis des dreieinen Gottes und für die unlöslich mit ihr verbundene Selbsterkenntnis des Menschen. Es gewinnt seine Einsichten im Dialog mit dem Zeugnis der Bibel, der sich als ein Dialog mit dem sich uns hier und jetzt zuwendenden Du Gottes herausstellt. Dieses Denken fixiert sich nicht auf "Standpunkte". Es involviert sich in Bewegungsabläufe. Es verharrt nicht in Strukturen, sondern bewegt sich in Relationen.

---

hat des öfteren großes Gewicht auf das Vorhandensein und die Art der Verbindung gelegt, die diese beiden aus der Einigung mit Christus hervorgehenden Wohltaten miteinander verknüpft ... In der Tat kann die Heiligung in diesem Leben nur einen Anfang machen; die Gläubigen bleiben trotz aller Fortschritte doch Sünder bis in den Tod. Die Rechtfertigung dagegen ist von Anfang an vollkommen, wie die Gerechtigkeit Christi vollkommen ist, mit der sie uns bekleidet. Im übrigen ist vom Standpunkt der Theologiegeschichte nicht diese Unterscheidung am interessantesten, sondern die Tatsache, daß für Calvin Rechtfertigung und Heiligung zwei gleichwertige Gnadengaben sind." (Wendel [s. Anm. 31], 225f).
[108] Vgl. C. Graafland, Hat Calvin einen Ordo salutis gelehrt? (in: W.H. Neuser [Hg.], Calvinus Ecclesiae Genevensis Custos [s. Anm. 7], 221-244).
[109] OS IV, 193, Z. 36 (Institutio 1559, III, 11,11).

Wilhelm Neuser hebt hervor, daß für Calvins Menschenbild eine "dynamische Betrachtungsweise" kennzeichnend sei[110], und fügt hinzu: "Die ontologische Darstellung der Scholastik sucht er durch akthafte Beschreibung zu überwinden."[111] In der Tat läßt sich gerade an der Anthropologie Calvins ablesen, daß das ontologische Denken versagt, wenn wir konsequent die radikale Erlösungsbedürftigkeit des Menschen und dann auch die innere Dramatik des Kampfes zwischen Gnade und Sünde zur Geltung bringen möchten. Ich habe zu zeigen versucht, daß die akthafte Beschreibung auch bei anderen zentralen Themen Calvins zum Vorschein kommt. Sie kommt um so deutlicher zum Vorschein, je stärker sich das Denken durch die Relationen bewegt weiß, die es gerade zu erläutern und zu interpretieren hat.

Die Affinität zu einem solchen Denken hat viele Ursachen. Für Calvin war es auf alle Fälle von Vorteil, daß er seine Theologie relativ unbeeinflußt von den Denkgewohnheiten und Fragestellungen der Scholastik entwickeln konnte. Er brauchte auf die Paradigmen dieser hochentwickelten Denktechnik keine Rücksicht zu nehmen und konnte daher deren Schwächen illusionslos erfassen. Eine andere Frage ist es, ob Calvin ein angemessenes Verständnis für die intellektuelle Kapazität des scholastischen Denkens entwickeln konnte.

Unter den Autoritäten, die Calvins Bereitschaft zum relationalen Denken mindestens anregten, ist gewiß Augustinus zu nennen. Aber der entscheidende Impuls kam sicher aus der Schriftgebundenheit der Calvinschen Theologie. Seine Theologie basierte nicht auf a priori konzipierten Konstruktionsprinzipien, sondern auf Grundeinsichten, die im ständigen Gespräch mit biblischen Texten gewonnen wurden. Biblischen Texten eignet eine relationale Tiefengrammatik. Nicht jedes Denken (und ganz sicher auch nicht jede Hermeneutik) vermag diese Tiefengrammatik zu neuem Leben zu erwecken. Calvins Theologie war zweifellos dazu in der Lage. Die entscheidenden Relationen im Denken Calvins reproduzieren relationale Geflechte, wie sie durch die Textwelten der Bibel hindurchscheinen.

Der Calvin-Forschung hat es Calvin auf diese Weise nicht gerade leichtgemacht. Unser wissenschaftliches Verlangen nach logischer Folgerichtigkeit und systematischer Geschlossenheit wird durch den Stil seiner Theologie immer wieder irritiert und gestört. Man denke nur an die große Kontroverse um den kognitiven Status der Theologia naturalis bei Calvin. Man kann zeigen, daß er sie braucht. Man kann ebenso zeigen, daß er sie verwirft. Ähnliche Probleme entstehen, wenn man versucht, die Zuordnung von Rechtfertigung und Heiligung zu systematisieren, oder fragt, ob und wie der Sünder als

---

[110] W. Neuser, Dogma und Bekenntnis in der Reformation: Von Zwingli und Calvin bis zur Synode von Westminster (in: C. Andresen, A.M. Ritter, Handbuch der Dogmen- und Theologiegeschichte, Bd. II, 1998², 167-352), 250.
[111] Ebd.

imago Dei zu bestimmen ist, oder ergründen will, wie Gottes Allwirksamkeit mit der Verantwortungsfähigkeit des menschlichen Geschöpfs zu verbinden ist.[112]

Calvins Denken in Relationen folgt den Dynamiken, die durch die Ich-Du-Relation zwischen Gott und dem Menschen erzeugt werden. Um ein Bild zu gebrauchen: Dieses Denken in Relationen agiert wie ein Maler, der den Vogel im Flug zeichnen soll.[113] Der Zeichenstift folgt der Flugbewegung des Vogels. Aber eigentlich kann der Vogel im Flug nicht gezeichnet werden, man erhält allenfalls Momentaufnahmen einer Flugbewegung. Tatsächlich muß man die Bewegung des Vogels stoppen, um ihn zeichen zu können. Man kann allerdings mehrere Punkte aus der Fluglinie herausgreifen, aber auch dann bekommt man bestenfalls eine Serie von Momentaufnahmen, die einzelne Flugpositionen wiedergeben. Die einzelnen Bilder, die bei diesem Verfahren entstehen, können zu widersprüchlichen Deutungen führen, und sie können – für sich betrachtet – einander sogar widersprechen. Vor einer analogen Schwierigkeit steht unser Denken. Wenn es Bewegungen folgt und einen Eindruck von ihrer Relationalität zu vermitteln versucht, muß es jeweils die Bewegung anhalten, um etwas über sie aussagen zu können. Es "stellt fest", will sagen: es hält einen Prozeß an, um ihn zu beschreiben. Sowohl das systematisch-ordnende Denken als auch das relationale Denken haben mit diesem Problem zu kämpfen. Auch das relationale Denken kommt ja über einzelne Bilder nicht hinaus. Aber es ist dem systematisch-ordnenden Denken darin überlegen, daß es seine Systematik nicht für den einzigen Schlüssel zu

---

[112] F. Wendel hat eine ganze Liste von – wie er sagt – "Paradoxen Calvins" benannt und damit einen an wesentlichen Punkten noch längst nicht eingelösten Forschungskatalog aufgestellt: Vor allem handele es sich "um die Einheit .und Verschiedenheit der zwei Naturen in Christus …, um die gleichbleibende Liebe Gottes zu seinen Geschöpfen und seinen Zorn über die gefallene Menschheit, um die Rechtfertigung, die den Menschen auch weiterhin Sünder bleiben läßt, um die vollkommene und unmittelbare Zurechnung der Gerechtigkeit Christi und die langsame und stets unvollkommene Erneuerung, um die Größe des Menschen und sein Elend, um die Abschaffung und die bleibende Gültigkeit des Gesetzes, um den Wert der irdischen Güter und ihre Verachtung, um die zugleich sichtbare und unvollkommene und unsichtbare und vollkommene Kirche, um die Gegenwart Christi im Sakrament und sein Sitzen zur Rechten Gottes. Die Reihe könnte ohne Mühe fortgesetzt werden" (Wendel [s. Anm. 31], 317). – Ob es gelingt, mit Hilfe eines bipolaren Verständnisses von Dialektik über solche "Paradoxe" hinauszukommen, erscheint mir fraglich, denn auch damit könnten vorschnell unbewegliche Strukturen fixiert werden (vgl. dazu die – kontroversen – Voten von A. Ganoczy, Le jeune Calvin. Genese et evolution de sa vocation reformatrice, Wiesbaden 1966, 196ff; Dowey [s. Anm. 7], 146ff; Butin [s.Anm.32], 15ff).

[113] Die Anregung zu diesem Bild verdanke ich einem Passus in der ersten Auflage von Barths Römerbriefkommentar: vgl. K. Barth, Der Römerbrief (Erste Fassung) 1919, hg. von H. Schmidt, 1985, 384. 391.

seinen Themen halten muß. Fasziniert von der Bewegung des Vogels im Fluge, nimmt es auch Widersprüche und Spannungen in Kauf. Es wäre übertrieben, wenn wir Calvin attestieren würden, daß er das immer beachtet habe. Gelegentlich hat wohl auch er etwas zuviel geordnet. Aber er war immerhin in der Lage, den Relationen in der Gott-Mensch-Beziehung den Vorrang vor ihrer systematischen Auflösung in lauter unbewegliche Einzelbilder einzuräumen.

Summary

Calvin's theology is filled with the fughly emotional dynamics of the relations between God and man. Relationships are the fundamental elements which activate and unke these dynamics. They are the determining factors in Calvin's theology and the understanding of reality connected to this. The author of this article shows that the dynamic way of looking at things in the horizons of Calvin's pneumatology and soteriology are of special significance.

HANS-JOACHIM KRAUS

Vom Leben und Tod in den Psalmen

Eine Studie zu Calvins Psalmen-Kommentar

Die Forderung konsequenter Diesseitigkeit, die für das Denken unserer Zeit bestimmend sein will, wird heute vielerorts auch in der Theologie erhoben. In dieser Situation könnte das Alte Testament eine eminente Bedeutung erlangen. Denn wo werden Leben und Tod des Menschen so realistisch und so welthaft gesehen wie in den Schriften des Alten Bundes?! Bezeichnend für die altorientalische Umwelt Israels ist das Überschreiten der menschlichen Grenzen in die Sphären des Mythischen hinein, ist der Durchbruch durch die Schranken des Todes im Kult der sterbenden und wiederauferstehenden Götter.[1] Wie ein erratischer Block liegt das Alte Testament in diesen religiösen Strömungen und Bewegungen der benachbarten Völker; es spricht seine eigene Sprache und weist auf neue Voraussetzungen und Zusammenhänge des Verstehens hin. – Zahlreiche Versuche sind in der alttestamentlichen Wissenschaft unternommen worden, dieses spezifisch alttestamentliche Verständnis des Lebens und des Todes zu erarbeiten.[2] Von diesen Forschungen soll hier nicht berichtet werden. Nur das Buch „Die Errettung vom Tode in den individuellen Klage- und Dankliedern des Alten Testaments" (1947) von Christoph Barth sei erwähnt. Diese Untersuchung, die sich im wesentlichen mit den Psalmen befaßt, hat in eindrucksvoller Weise gezeigt, wie sich unter dem Thema „Errettung vom Tode" jene entscheidende Schnittstelle öffnet, von der aus sowohl die Probleme des alttestamentlichen Lebensverständnisses wie auch die Fragen nach der Sicht des Todes aufgerollt werden können. Auf Chr. Barths Monographie werden wir zurückkommen.

Einen Beitrag zur Auslegungsgeschichte will die hier vorliegende Studie zu Calvins Psalmen-Kommentar[3] leisten. Das Thema „Leben und Tod in den

---

[1] Vgl. J.G. Frazer, Adonis, Attis, Osiris, ^{3}1914; W. Graf Baudissin, Adonis und Esmun, 1911; J. Leipoldt, Sterbende und auferstehende Götter, 1923; F. Nötscher, Altorientalischer und alttestamentlicher Auferstehungsglaube, 1926; A.T. Nikolainen, Der Auferstehungsglaube in der Bibel und ihrer Umwelt I, 1944; W. Schmidt, Baals Tod und Auferstehung: ZRGG XV, 1, 1965, S. 1-13.

[2] Vgl. das Literaturverzeichnis in: Chr. Barth, Die Errettung vom Tode in den individuellen Klage- und Dankliedern des Alten Testaments, 1947, S. 7 f.

[3] Ioannis Calvini Opera ed. G. Baum, E. Cunitz, E. Reuß, 1887 = CR 59 und 60. Zu den Editionen des 1557 erschienenen Kommentars vgl. CR 59, 11 f. – Im fol-

Psalmen" soll im Blick auf die Interpretationen des Reformators abgehandelt werden. Ein solches Unternehmen verspricht in doppelter Hinsicht interessant und lehrreich zu sein: Unter den Reformatoren war Calvin der Exeget, der am eindringlichsten und konsequentesten nach dem consilium auctoris, nach dem sensus verus et genuinus der Heiligen Schrift fragte und strikt jene Allegorisierungen und Vergeistigungen ablehnte, die sich auch Luther noch – bei aller erklärten Zuwendung zum sensus grammaticus scripturae sacrae – de facto erlaubt hat.[4] Dann aber müßte es höchst aufschlußreich sein, die Frage zu verfolgen, wie die reformatorische Bibelauslegung der Diesseitigkeit alttestamentlicher Aussagen über Leben und Tod gerecht zu werden sich bemüht hat. Dabei bedeutet die Beschränkung auf einen Psalmen-Kommentar zugleich eine Konzentration der Nachforschungen. Doch nicht ohne fortgesetzte kritische Überprüfungen wird eine solche Untersuchung durchgeführt werden können. Es wird zu fragen sein: 1.) Hat Calvin den sensus genuinus der Psalmenaussagen über Leben, Tod und Errettung vom Tode wirklich sachgemäß, textgemäß erfaßt und erklärt? Die neueren Forschungen, insbesondere die erwähnte Monographie von Chr. Barth, treten unter dieser Frage ins exegetische „Gespräch" ein. 2.) Welche Intentionen sind in den Erläuterungen des Reformators erkennbar? 3.) Unter welchen Voraussetzungen und in welchen Zusammenhängen sind die Intentionen zu verstehen? – Alle diese Fragen rühren mit ihrem historischen, auslegungsgeschichtlichen Interesse unmittelbar an jene theologischen Gegenwartsprobleme, auf die eingangs hingewiesen wurde.

I. Das Leben

Wie sieht und wie deutet Calvin in seinem Psalmen-Kommentar das Leben des Menschen? Angesichts dieser Frage könnten sich sogleich einige grundsätzliche Bedenken melden: Wird nicht zu erwarten sein, daß in der „Anthropologie" des Reformators jene Elemente des Platonismus zur Geltung kommen, die man in der Forschung so oft notiert und mit Recht moniert hat? Muß man sich nicht darauf vorbereiten, einem traditionellen anima-Verständnis zu begegnen, in dem dann alle Erklärungen ihre bestimmende Mitte haben? Wer z.B. die Erklärung zu Ps. 3,3 betrachtet, könnte meinen, diese Bedenken bestätigt zu finden. Dort heißt es: „...anima sedem affectuum mihi significat."[5]

---

genden werden die für das Verständnis der Erklärungen Calvins wichtigen Texte im lateinischen Wortlaut zitiert, andere Zitate aber auch übersetzt.

[4] Die Psalmenauslegungen Luthers werden im folgenden zum Vergleich häufiger herangezogen werden. Es wird sich zeigen, wie stark Luther in seiner Exegese des Alten Testaments der herkömmlichen Praxis folgte.

[5] CR 59, 53.

Hier denkt Calvin fraglös in anthropologischen Kategorien der Tradition: Die Seele als „Sitz der Affekte". Mit derartigen überkommenen Vorstellungs- und Ausdrucksformen muß im Psalmenkommentar des Reformators immer wieder gerechnet werden.

Aber der Exeget Calvin, dem die Forschung noch lange nicht die gebührende Aufmerksamkeit zugewandt hat, hält viele Überraschungen bereit. Dort, wo er den Sinn hebräischer Begriffe im Anschluß an die großen jüdischen Schriftausleger des Mittelalters[6] zu erfassen sucht, wird in erstaunlichem Maße dem sensus genuinus des Textes entsprochen. So wird das hebräische Wort *näphäsch* in Ps 16,10 folgendermaßen erklärt: „*näphäsch* autem, licet latine Anima vertamus, Hebraeis nihil aliud est quam vitalis spiritus, vel ipsa vita"[7]. Das ist eine bemerkenswerte Interpretation, die zunächst erkennen läßt, wie unangemessen die lateinische Übersetzung von *näphäsch* mit dem üblichen Terminus „anima" ist. Was aber ist *näphäsch*? Calvin gibt zwei Deutungen: *näphäsch* ist „vitalis spiritus" oder „ipsa vita". Damit werden zwei Aspekte eröffnet, die auch heute in der alttestamentlichen Wissenschaft nachweisbar sind. G. v. Rad bestimmt näphäsch als „das Vitale am Menschen"[8]. Zugleich wird in den Kommentaren immer wieder darauf aufmerksam gemacht, daß *näphäsch* das „Leben selbst", das „Ich" des Menschen bezeichnen kann. So erkennen wir schon bei dieser ersten semasiologischen Beobachtung, wie sorgfältig der Reformator dem sensus verus nachspürt. Die platonischen Kategorien zerbrechen an der „hebraica veritas" (Oekolampad).

Die exegetische Sorgfalt ist auch dort festzustellen, wo Calvin um eine genaue Erfassung der „loquendi forma" bemüht ist. In Ps 13,4 bittet der Psalmbeter: „Erleuchte meine Augen!" Zu dieser Redewendung wird die Erläuterung gegeben: „Illumrnare oculos, Hebraeis tantundem valet ac dare spiritum vitalem, vitae enirn praecipuus vigor in oculis apparet."[9] In der Begründung wird auf 1Sam 14,27.29 hingewiesen. Hunger, Leid und Krankheit machen die Augen trübe (Ps 6,8; 38,11); kehren spiritus vitalis und vitae vigor zurück, dann werden sie wieder hell. Die realistische Denk- und Redeweise der Hebräer, die Leben und Lebenskraft „an den Augen abliest"[10], wird ohne Spiritualisierungen oder Allegorisierungen von Calvin dargelegt. Noch deutlicher kommt dieser Zug der Exegese im Kommentar zu Ps 27,13 zum Ausdruck. Welche Bedeutung hat die Phrase „die Güte des Herrn schauen im

---

[6] Zu nennen sind hier vor allem Rabbi Juda Chajug, David Kimchi, Abraham Ibn Esra und Rabbi Salomo Jizchaki (Raschi). Die Bibelauslegungen dieser jüdischen Gelehrten des 11. und 12. Jahrhunderts waren größtenteils von Nikolaus von Lyra in den „Postillae perpetuae" (1293-1359) rezipiert worden.
[7] CR 59, 157.
[8] G. v. Rad, Theologie des Alten Testaments I, [4]1962, S. 166.
[9] CR 59, 153.
[10] Vgl. H.J. Kraus, Hören und Sehen in der althebräischen Tradition: Studium Generale 19, 2, 1966, S. 115-123.

Land der Lebendigen"? Calvin macht darauf aufmerksam, daß die meisten Ausleger an das „himmlische Erbe" denken. Luther spricht in seiner Psalmen-Vorlesung von 1513/15 von den „Gütern des Herrn, die geistlich und ewig sind"[11]. Das Urteil Calvins zu diesen Exegesen lautet: „coactum est, atque etiam ab usu scripturae dissidet"[12]. Dem usus Scripturae entsprechend muß die Erklärung erfolgen. Unter Hinweis auf Jes 38,11 kann darum zu Ps 37,13 nur die Deutung möglich sein: „praesentem vitam haud dubie designat..."[13] Hier kommt es an den Tag: Calvin versteht *chajim* in den Psalmen zuerst als „gegenwärtiges Leben", als Leben in dieser Welt. Er verbietet sich jede Überhöhung, jedes Hineindeuten von „Geistlichem" und „Ewigem", wie es z. B. auch für Luthers Psalmen-Auslegungen charakteristisch ist. „Im Licht der Lebendigen wandeln" (Ps 56,14) heißt „nichts anderes, als das Sonnenlicht genießen und leben"[14] und ist nicht etwa – wie Luther erklärt – auf das „Licht der ewigen Herrlichkeit"[15] zu beziehen. Erst wenn diese irdischen Gegebenheiten scharf umrissen sind, muß eine „Unterscheidung notiert" werden,

Calvin schreibt zu Ps 56,14 in der unmittelbaren Fortsetzung der soeben zitierten Erläuterung: „Sed particula interposita, *coram Deo*, discrimen notat inter fideles, quibus propositum est vitam suam referre ad Deum: et profanos homines, qui velut fugitivi licentiose oberrant: non quod fugiant Dei oculos, sed quia tergum ei obvertunt."[16] Das also ist die mitten durch das Leben hindurchgehende Scheidung: Die Glaubenden beziehen ihr Leben auf Gott, während die profani homines unstet und flüchtig (wie Kain) umherirren, weil sie Gott den Rücken kehren – obwohl sie doch seinen Augen nicht entrinnen können. Es wird zu zeigen sein, wie Calvin in seinem Psalmen-Kommentar über die absolute Abhängigkeit alles Lebens von Gott denkt und wie er das Nicht-abhängig-sein-Wollen der Gottabgewandten sieht.

Ein erstes Beispiel gibt die Erklärung zu Ps 36,10 („Bei dir ist die Quelle des Lebens"). Während Luther im Anschluß an diesen Vers christologische Spekulationen unternimmt („die Quelle des Lebens" d.i. „der Sohn", „bei dir" d.i. „der Vater" vgl. Joh 1,1)[17], geht Calvin von der Feststellung aus: Die Ungläubigen erkennen es nicht an, daß sie in Gott leben, weben und sind – sie bilden sich ein, durch eigene Kraft bestehen zu können. Er fährt dann fort: „...so versichert David sich hier im Sinne der Frommen und gleichsam in ihrem Namen, daß in Gott die Quelle des Lebens ist. Damit gibt er eben zu verstehen, daß wir außer ihm auch nicht das geringste Leben finden können,

---

[11] WA 3,150 (Psalmen-Vorlesung 1515/15).
[12] CR 59, 279.
[13] A.a.O., CR 59, 279.
[14] „Ambulare in luce vivorum, nihil aliud est quam vitali solis luce frui", CR 59, 554.
[15] WA 3, 313.
[16] CR 59, 554.
[17] WA 3, 200.

denn alles Leben fließt aus seiner Gnade."[18] Leben ist Gnade; es ist gewährtes, von Gott geschenktes Leben, das von der „Quelle" in jedem Augenblick abhängig ist. Im Licht dieser Eröffnung liegt das gegenwärtige, weltliche Leben. Die vita steht im Zeichen der gratia. Der Schöpfer erweist sich als „pater familias", wenn es in Ps 145,16 heißt: „Du tust deine Hand auf und erfüllest alles, was lebt, mit Wohlgefallen." Wir lesen zu diesem Vers: „...Deum porrecta manu cibum animalibus distribuentem inducit David. In terra, unde victus nobis provenit, et naturalibus mediis perperam subsistimus. Hunc igitur errorem ut corrigat David, apertam Dei manum ante oculos nostros pingit, ac si in os cibum suggereret."[19] Die geöffnete Hand Gottes, die der Psalmsänger demonstrativ vor die Augen stellt, beseitigt die irrige Auffassung, die sich mit dem Genuß der „Naturalmittel" verbindet. Diese media sind nicht die Quelle des Lebens, allein die „geöffnete Hand Gottes" ernährt alle Geschöpfe. Calvin betont jedoch, es genüge nicht, daran festzuhalten, daß unser Unterhalt uns von Gott wie von einem „pater familias" dargereicht wird: „Alii tamen referre ad Deum malunt, quod mera gratia et liberalitate pascat animalia: quia non sufficeret tenere, suppeditari nobis victum divinitus, nisi accederet hoc secundum membrum, Deum gratis esse liberalem nee ulla causa extrinseca moveri ut tam benigne eunetis animantibus prospiciat. Ita causa hic posita erit pro effectu. Alimenta enim sunt huius beneplaciti, sicut *charismata tēs charitos.*"[20] Stets weist der Reformator auf die gratia vitae hin. Die Gnadengaben (*charismata*) des Vaters und Schöpfers sind Wirkungen seiner *charis*. Von dieser Voraussetzung her ist das Leben in seiner Diesseitigkeit allein zu sehen und zu verstehen. Als prophetae erkennen die Psalmsänger Quelle und Grund alles Seins. Als prophetae verkündigen und lehren sie im Hinweis auf die Wirksamkeit des Schöpfers die tragende Wirklichkeit des Lebens.

Aber das Leben hat seine Zeit und seine weltliche Gestalt. Was bedeutet es, wenn in den Psalmen von einem „langen Leben" die Rede ist? Die Vertrauensäußerung in Ps 12,8 bekennt im Blick auf die Knechte (den Knecht) Gottes: „Du, Herr, wirst sie bewahren und ihn behüten vor diesem Geschlecht *lᵉōlām*." Die Erklärung dieser Stelle durch Calvin ist ein Modellfall exakter Exegese. In der Vulgata wird *lᵉōlām* mit „in aeternum" wiedergegeben. So verwundert es denn nicht, wenn die traditionelle Erklärung den Gedanken an ein ewiges Leben in den Text einführt. Calvin aber beobachtet, daß „dieses Geschlecht" (hebr. *dōr*) sich auf Menschen bezieht, „qui eodem saeculo vi-

---

[18] „Ergo quum mininae agnoscant increduli se in Deo moveri, vivere, et esse, quin propria virtute stare imaginentur: hic ex sensu piorum et quasi in eorum persona affirmat David, fontem vitae esse in Deo: quo significat nullam vitae guttam extra ipsum posse inveniri, et quae non fluat ex eius gratia", CR 59, 363.
[19] CR 60, 417.
[20] CR 60, 417.

vunt".[21] Deshalb kann *l^eōlām* nicht „in aeternum" übersetzt werden. Wie aber dann? Im Psalmen-Kommentar lesen wir: „Nam ideo additur *ōlām*, ut fiduciam nostram procul extendere discamus."[22] Mit den beiden Worten „procul extendere" trifft Calvin ein wesentliches Bedeutungsmoment, das auch in der neueren alttestamentlichen Forschung erarbeitet worden ist.[23] Aber dieses extensive Lebensverständnis bereitet dem Christen nicht geringe Schwierigkeiten.[24] Solange es sich um die fiducia handelt, die des Schutzes und der Führung Gottes angesichts akuter Bedrohungen jederzeit gewiß ist, sind die alttestamentlichen Vertrauensäußerungen rezipierbar. Wie aber können absolute Verheißungen, die ein langes Leben zusagen, vom christlichen Glauben aufgenommen werden? In Ps 91,16 wird verheißen: „Ich will ihn sättigen mit langem Leben..." Calvin faßt die Probleme sogleich beherzt an, indem er folgende Überlegungen anstellt: „Dies scheint unpassend geredet, weil ja sehr oft glaubende Menschen besonders schnell die Welt verlassen müssen. Aber wenn auch Gottes Segnungen, die sich auf dies hinfällige Leben erstrecken, uns nicht immer und ununterbrochen zufließen, so bedeutet für die Glaubenden ein kurzes Leben auf jeden Fall eine tiefere Sättigung als für den Ungläubigen zehn Jahrzehnte. So wird es keinem gottlosen Menschen gelten, daß er mit langem Leben gesättigt wird. Denn auch dann, wenn er tausend Jahre lebt, wird er nicht satt. Er schlingt sein Leben herunter und kennt in keinem Augenblick den Genuß der Güte Gottes, die allein das Leben stillt. Darum teilt der Prophet nicht zu Unrecht den Gläubigen das unvergleichliche Vorrecht zu, mit ihrem Leben gesättigt zu werden..."[25] Bemerkenswert ist in diesen Überlegungen die deutlich wahrnehmbare Akzentverlagerung. Der Ton fällt auf das Verb „sättigen". „Langes" Leben ist im Tiefsten gesättigtes Leben. An die Stelle des extensiven tritt ein intensives Lebensverständnis; die Quantität wird durch die Qualität ersetzt.

Zweifellos entspricht diese Auffassung nicht dem consilium auctoris, dem Selbstverständnis des Textes. Die im Sinne des Neuen Testaments, aber auch unter Anleitung von Ps 84,11, von Calvin vorgenommene Transformation zeichnet sich jedoch dadurch aus, daß sie nicht unversehens eine Sprengung des zeitlichen Lebens zugunsten eines Ewigkeitsaspektes herbeiführt, sondern die besagte Akzentverlagerung im Kontext vornimmt. Demgegenüber zögert

---

[21] CR 59, 131.
[22] CR 59, 131.
[23] E. Jenni, Das Wort *'olam* im Alten Testament: ZAW 1952/53.
[24] Zu Ps 27,4 schreibt Calvin: „Etsi autem fateor longe nos a patribus differre..." (CR 59, 274). In Israel waltete ein „externus ordo", in dem die Väter „terrenis rudimentis ad se deducit". Darum sind grundlegende Unterschiede stets zu beachten. Vgl. H.H. Wolf, Die Einheit des Bundes, ²1958, S. 72 ff.
[25] CR 60, 9.

Luther keinen Augenblick, vom „ewigen Leben, bei dem keine Nächte mehr sein werden" zu sprechen.[26]

Nicht immer vermag Calvin diese doch wenigstens dem Kontext gemäße Erklärungsweise durchzuführen. Die „messianischen Psalmen" wurden in der Auslegung der Kirche christologisch interpretiert. Und obwohl Calvin nicht geringe Bedenken gegen diese exegetische Tradition ins Feld führt – er erklärt einmal, die christliche Kirche müsse sich mit ihren gekünstelten christologischen Demonstrationen vor den Juden schämen –, kann er sich doch der Macht der Überlieferung nicht entziehen.[27] Das wird in der Kommentierung zu Ps 21,5 deutlich. Der König – so heißt es dort – „bittet Leben von dir; so gibst du ihm langes Leben immer und ewig". Und dies ist die Auslegung: „...Psalmum hunc ad unius hominis personam minime restringi. Quamvis enim prorogata fuerit Davidis vita usquedum senio conflectus et satur dierum e terra migraret: brevius tamen fuit eius curriculum, quam ut ad istam dierum longitudinem accesserit, quae pluribus saeculis constare dicitur. Imo si tempus a primordio regni Davidis ad exsilium babylonicum supputes, non reperietur haec longitudo in Davidis successoribus. Quare non dubium est quin regem aeternum hic comprehendat David."[28] Diesmal ist es nun doch wieder die longitudo, die für die Exegese ausschlaggebend wird. Und recht gezwungen ist die Reflexion, in der im Grunde ja schon die aeternitas in der longitudo vorausgesetzt wird. Das messianisch-christologische Vorverständnis, durch die exegetische Tradition vermittelt, hat die Erklärungen geleitet. Aber jetzt ist eine interessante Rückwendung zu beobachten. Calvin ist nur selten bedacht, das Messianische als reines vaticinium, als in die Zukunft gerichtete Ankündigung des Christus zu deuten. Die Psalmbeter sind betende, klagende und lobende Menschen. Was immer in ihren Wrorten über sie selbst hinausweist und auf die Erfüllungswirklichkeit des Messias zu beziehen ist, fließt wieder zu ihnen zurück: „iam vero ad nos quoque pertinet ista successio, quia Christum non in se modo, sed in suis membris usque ad finem mundi vivere oportet..."[29] Die Beter der Psalmen und alle, die die Psalmen nachbeten und mitbeten, denken, reden und existieren im Leben Christi, werden von ihm in ihren Worten getragen und bestimmt.[30] Das Neue Testament hat das die alttestamentlichen Beter und alle Beter umschließende Geheimnis der Erfüllungswirklichkeit Christi erschlossen. Christus ist unser Leben – dieser Glaube allein lehrt die Psalmen in ihrem tiefsten Sinn verstehen. Die Intentionen dieser Exegese des Alten Testaments sind bemerkenswert: Die Prophe-

---

[26] WA 4, 64.
[27] Das wird vor allem in der Auslegung der heute als „Königspsalmen" bezeichneten Lieder des Psalters deutlich.
[28] CR 59, 214.
[29] CR 59, 585.
[30] Vgl. vor allem die Auslegung zu Ps 22 in CR 59, 219 ff.

ten, zu denen auch die Psalmisten gerechnet werden, weisen nicht nur verheißend, ankündigend in die Zukunft, sie bezeugen zugleich das gegenwärtige Leben Christi in seinem Volk, die gewährte Partizipation an dem, in dem alles erfüllt ist. Die gratia vitae empfängt von hier aus ihre wesentliche Bestimmung.

Ein Leben, das ohne die Beziehung auf Gott und seine in Christus offenbar gewordene Gnade sich glaubt verstehen zu können, ist nach Calvin ein „geblendetes Leben", das blind ist für alles, was seinen Bestand ausmacht. Zu Ps 63,4 („Deine Güte ist besser als Leben") erklärt der Reformator: „Unser eigenes Sein blendet unsere Augen derartig, daß wir gar nicht mehr sehen, wie allein Gottes Gnade uns aufrecht erhält. Während die Menschen also gemeinhin in ihrem Vertrauen auf irdische Hilfsmittel Gott vergessen, erklärt David hier, daß es besser sei, mitten im Sterben sich auf Gottes Barmherzigkeit zu stützen, als voller Selbstvertrauen im Schein des Lebens zu wandeln. Der Sinn ist also nicht einfach der, daß das Leben ein kostbares, Gottes Barmherzigkeit und Güte aber ein noch kostbareres Gut seien. Vielmehr müssen wir den Gegensatz zwischen einem unversehrten Lebensstand, mit dem Menschen sich begnügen, und Gottes Barmherzigkeit im Auge behalten, welche bereits gleitende und fast in den Abgrund stürzende Menschen greift und hält und welche allein ausreicht, allen Mangel auszufüllen."[31] So kann der Skopus der Psalmenaussage in der Form eines Bekenntnisses formuliert werden: „Mögen andere im Überfluß des Reichtums und aller Hilfsmittel sitzen, mag ihr Leben auf alle Weise gesichert und geschützt sein, so ist dies alles nichts. Denn es ist besser, allein von Gottes Barmherzigkeit abhängen, als in seinem eigenen Wesen sich auf scheinbar feste Stützen zu gründen."[32] Unverkennbar ist in diesen Sätzen das Bestreben Calvins, die Allwirksamkeit der gratia Dei als den entscheidenden Lebensgrund zu bezeugen. Die ganze Diesseitigkeit sieht er umfangen und durchdrungen vom gnädigen Handeln Gottes.

Selbstverständlich können in unserer Studie nur einige wenige Grundlinien der Interpretationen Calvins zum Thema „Leben und Tod in den Psalmen" nachgezeichnet werden. Eines aber zeigt sich im ersten Anlauf schon deut-

---

[31] „Denique nostrum esse, ut ita loquar, perstringit nobis oculos, ne cernamus sola Dei gratia nos subsistere. Quia ergo terrenis subsidiis suffulti Deum fere obliviscimur, hic asserit David, melius nobis esse in ipsa morte subniti Dei misericordia, quam in vitae apparentia confidere. Frigidius ac dilutius alii exponunt, vitam nostram, quamvis pretiosa sit, postponi Dei misericordiae: ac si diceret, omnibus hoc unum merito praeferri, quum Deus nobis est propitius. Atqui tenenda est antithesis inter incolumem statum, in quem recumbunt homines: et Dei misericordiam, quae labentibus et mox perituris subvenit, et quae ad supplendos (ut ita loquar) omnes defectus unicum remedium est", CR 59, 595.

[32] „...nihil esse si affluant homines Omnibus bonis, si opibus floreant, omnibus denique modis ad vitae securitatem mumti sint: quia praestat a sola Dei misericordia pendere, quam in essentia nostra, omnibusque eius fulturis fundari", CR 59, 595.

lich: Auch wenn die reformatorische Exegese im Geist der Schriftharmonie tätig war und das Alte Testament im Licht des Neuen zu sehen und zu verstehen suchte – der Psalmen-Kommentar Calvins will in der Erforschung des sensus verus et genuinus den irdischen und diesseitigen Gegebenheiten gerecht werden.

II. Der Tod

Wir haben beobachtet, wie Calvin die Bitte „Erleuchte meine Augen!" (Ps 13,4) dem alttestamentlichen Schriftgebrauch entsprechend erklärt hat. In Ps 38,11 aber heißt es nun: „Das Licht meiner Augen ist nicht bei mir ..." Allegorisierende und spiritualisierende Erläuterungen zu dieser „loquendi forma" findet Calvin in den Kommentaren vor. Er geht einen anderen Weg: „Simplicior tamen sensus erit, ablatum ei fuisse vitale lumen quia illic praecipuus se exserit animae vigor."[33] Die Lebensminderung tut sich in einem Erlöschen des „vitale lumen" kund, die Lebenskraft weicht. So wirft der Tod seine Schatten auf den Menschen. „Mein Leben hat abgenommen..." ruft der Beter in Ps 31,11 aus. Leben und Zeit schwinden dahin. Calvin sieht in den Worten des Psalmisten kein Zeichen von Weichlichkeit, sondern einen Ausdruck der „Bitterkeit seiner Leiden".[34] Ähnlich kommentiert Luther: „Denn mein Leben hat abgenommen, d.h. es ist gemindert, verkürzt, verzehrt und ans Ende gekommen vor Betrübnis, und meine vergangenen Jahre haben abgenommen und sind zu Ende gekommen vor Seufzen..."[35] Mit diesen Sätzen verbindet Luther sogleich einen Hinweis auf das Neue Testament: „...denn Christi Leben war lauter tödlicher Schmerz und Seufzen." Bei Calvin kommen – wie schon angedeutet wurde – solche christologischen Bezugsetzungen verhältnismäßig selten und eigentlich nur bei der Auslegung „messianischer Psalmen" zu Wort. Bezeichnend für die Verstehensweise beider Reformatoren aber ist die Reduktion der Lebensminderung auf die *innere* „Bitterkeit" bzw. „Betrübnis", auf die Gewalt der tentatio. Daß diese Erklärung nicht ausreicht, die alttestamentlichen Vorstellungen und Sachverhalte zu erfassen, hat Chr. Barth in seiner Monographie gezeigt.[36] Erst eine weit ausgespannte Erforschung der altorientalischen Lebensauffassung konnte die Voraussetzung zur Erkenntnis der hebräischen Denkweise vermitteln. Was wir heute von dem Eindringen der „Macht der Scheol" in den Bereich des Lebens und von der Reaktion des Menschen auf dieses Ergriffensein von der „Sphäre des Todes"

---

[33] CR 59, 391.
[34] CR 59, 306.
[35] WA 3, 164 f.
[36] Vgl. Chr. Barth, Die Errettung vom Tode..., S. 11 ff.

wissen[37], konnten die Reformatoren in den diesen Ereignissen und Wirkungen eigenen Vorstellungsgehalten nur von ferne ertasten. Nur die Analogie des eigenen Geworfenseins in die tentatio und das abgründige Leiden des Christus vermochten die fremde Welt der hebräischen Aussagen zu erreichen. Das wird besonders deutlich, wenn das „Sein in der Scheol" interpretiert werden muß.

Luther und Calvin stimmen überein in der Auffassung, die Todesklagen der Psalmenbeter seien ein Ausdruck der Gottverlassenheit (Ps 22,2). „Ubi totam hominum mentem occupat talis anxietas, demergit in profunda incrudelitate..."[38] schreibt Calvin zu Ps 22,2. Die Todesschatten manifestieren sich in „doloris vehementia" und „carnis infirmitas"[39] – wobei zu beachten ist, daß „Fleisch" im Sinne von Jes 40,6 („Alles Fleisch ist wie Gras...") verstanden wird. Der Leser und Beter der Psalmen sieht in einen Spiegel. Er wird konfrontiert mit Enthüllungen, die ihm sagen, wer und was er wirklich ist. In der Praefatio seines Psalmen-Kommentars nennt Calvin die Psalmen eine „Anatomie aller Teile der Seele"[40]. Das Innerste des Menschen wird bloßgelegt, die feinsten Falten seiner Lüge und Heuchelei werden entdeckt. „Imo omnes hic dolores, tristitias, metus, dubitationes, spes, curas, anxietates, turbulentes denique motus, quibus iactari solent humanae mentes, spiritus sanctus ad vivum repraesentavit."[41] Die Todeswirklichkeit aber wird der mens bzw. der anima angezeigt. Man könnte diese „existentielle Verinnerlichung" eine „Entmythologisierung" des auf die Scheol gerichteten hebräischen Sphärendenkens nennen. Doch zugleich wird auch die Frage nach der Nähe oder Ferne des Menschen im Verhältnis zu dem lebendigen Gott das entscheidende Kriterium der Auslegung.

In einem „kollektiven Klagelied" vernehmen wir in Ps 79,11 den Bittruf: „Laß vor dich kommen das Seufzen der Gefangenen; mit deinem gewaltigen Arm erhalte die Kinder des Todes!" Calvin erklärt: „Filios autem mortis nominat, quasi addictos vel destinatos morti, captivitatis respectu."[42] Bezeichnend ist in diesem Satz die Partikel „quasi". Die Redeweise wird als „hyperbolice" aufgefaßt. Ihr generalisierender Chiffrencharakter wird approximativ erläutert. Das ist in der Interpretation zu Ps 79,11 immerhin noch möglich, zumal der Parallelismus Membrorum zu einem solchen Verständnis Anlaß gibt. Schwieriger werden die Dinge, wenn ein Psalmbeter sagt, er befinde sich bereits in der Scheol. Ein Beispiel bietet der Ps 88, den Calvin im

---

[37] Vgl. Chr. Barth, a.a.O., S. 76 ff., 118, 159.
[38] CR 59, 220.
[39] CR 59, 221. Vgl. auch in der Praefatio: CR 59, 17.
[40] „Librum hunc non abs re vocare soleo *anatomēm* omnium animae partium...", CR 59, 15.
[41] CR 59, 41.
[42] CR 59, 752.

einleitenden Abschnitt „Argumentum" hinsichtlich der in ihm geschilderten Notsituation des Beters zunächst folgendermaßen umreißt: „Dieser Psalm enthält schwere Klagen eines tiefbetrübten, beinahe verzweifelten Menschen..."[43] Das ist sehr allgemein gesprochen. Denn das harte Problem birgt der Vers 6. In der Vulgata wird dieser Vers übersetzt: „Inter mortuos liber: sicut vulnerati dormientes in sepulcris, quorum non es memor amplius: et ipsi de manu tua repulsi sunt." Zu diesem Text ist in aller Kürze zu bemerken, daß das mit „liber" übertragene hebräische Wort nicht gesichert ist. Heutzutage wird in beinahe allen Kommentaren an dieser Stelle eine textkritische Operation vorgenommen. Zu tiefsinnigen Spekulationen gab die Version der Vulgata von jeher Anlaß. Augustin meinte, der „Freie" unter den Toten sei allein Christus. Calvin lehnt diese Auslegung ab. „Frei unter den Toten" versteht er im Sinne von „untüchtig zu allen Geschäften des Lebens und sozusagen aus der Welt herausgerissen"[44]. Aber die eigentliche Frage ist diese: Was bedeutet es, wenn der Beter sagt, er liege im Grab, unter Toten? Calvin antwortet: „Der Prophet will darlegen, daß das, was ihm zugestoßen, mehr und schwerer sei als ein gewöhnlicher Tod."[45] Mit den Komparativen (plus und gravius) sucht der Reformator die geheimnisvolle Aussage zu erreichen. Damit kommt er in die Nähe dessen, was man in der Psalmen-Exegese heute den „bösen Tod", das qualifiziert „unheilvolle Todesschicksal" nennt[46], dem sich die Leidenden ausgesetzt sehen. Aber eine gewisse Psychologisierung ist/unverkennbar, wenn es weiter heißt: „Potius enim dicit propheta se praesentis vitae militia perfunctum, nullam animo curam amplius suspicere, quia sensum omnem mala abstulerint." Oder in der Fortsetzung: „...paulatim ad mortem descenderet."[47] Luther hingegen spricht in der Psalmen-Vorlesung von 1515/15 einfach von der Hölle: „Mein Leben ist nahe bei der Hölle, d. h. ist betrübt bis in den Tod." Und zu V. 7: „Sie haben mich in die unterste Grube gelegt, d. h. ins Grab oder in die Hölle, in die Finsternis, d. h. ins Grab und Todesschatten, hebr. in die Tiefe..."[48]

Setzt Luther die Scheol mit der Hölle gleich, so ist festzustellen, daß Calvin bei der Erklärung des hebräischen Wortes vorsichtiger vorgeht. Meist stellt er Scheol und Grab gleich. Wo er jedoch genötigt ist, Scheol genauer zu definieren, tut er es mit den Worten: „gurges qui omnia consumit."[49] Diese Definition ist am usus scripturae orientiert und bezieht sich zweifellos auf Num 16,51 ff. bzw. Jes 5,14. Leider wird die sehr treffende Beobachtung nicht konse-

---

[43] CR 59, 805.
[44] CR 59, 806.
[45] „Plus quiddam et gravius vulgari morte exprimere voluit propheta", CR 59, 806.
[46] Vgl. Chr. Barth, a.a.O., S. 152 f.
[47] CR 59, 807.
[48] WA 4, 52 ff.
[49] CR 59, 157 zu Ps 16,10.

quent ausgewertet. In den meisten Fällen wird die Scheol als sepulcrum gedeutet. Und stets sekundiert die psychologisierende Erklärung, so z. B. zu Ps 22,16 („...du legst mich in des Todes Staub"). Calvin kommentiert: „Postea dicit se addictum sepulcro esse, significans omnem sibi spem virae ablatam."[50] Die „signifikative" Bedeutung wird durch den Ausleger erhoben. Da nun aber Ps 22 zu den „messianischen Psalmen" gehört, vermag die hyperbolische Aussageweise einen letzten Aspekt zu vermitteln: „Hyperbolice autem de se loquutus est David, ut nos longius deducerat: quia horribile Christi cum morte certamen..."[51] Hier treffen die Auslegungen Calvins und Luthers zusammen. Das Überindividuelle, Transzendierende der Leid- und Todesschilderungen ist allein in Christi Kreuzestod dechiffriert, die im Alten Testament unausgefüllte Weite und Komplexität der Aussagen durch ihn gefüllt und in ihm erfüllt.

Die dargestellten Auslegungen des Lebens- und Todesverständnisses in den Psalmen drängen nun zu einer letzten und entscheidenden Frage: Wie wird die Errettung vom Tode, die einige Psalmsänger bezeugen, zu erklären sein? Ist sie diesseitig oder eschatologisch, d.h. im Blick auf die Auferstehung Jesu Christi zu deuten? Unter dieser Frage muß es sich erweisen, ob und wie der sensus genuinus der alttestamentlichen Aussagen wirklich aufgenommen und erfaßt worden ist.

III. Die Errettung vom Tode

In den Psalmen wird auf die verschiedenste Weise bekannt und ausgerufen: „Du hast mein Leben aus dem Tode errettet!" Von den Schilderungen der Todesnot und den Erklärungen Calvins zu diesen Stellen war die Rede. Charakteristisch ist ein erläuternder Satz zu Ps 18,5: „Als ‚Bande des Todes' werden alle Gefahren bezeichnet, in die ein Mensch derartig verwickelt wird, daß ihm Untergang und Verderben drohen."[52] Man ahnt schon, daß Errettung vom Tode dasselbe bedeuten muß wie Errettung aus tödlichen Gefahren. Tatsächlich stellt Calvin zu Ps 41,3 eine in vielen Psalmen bestimmende „antithesis inter diem malum et liberationis gratiam"[53] fest. So würde also jeweils an eine „restitutio in vitam" und eine „felicitas in terra"[54] zu denken sein. Dieser an das Grundsätzliche rührende Hinweis des Reformators wird uns leiten können. Aber Calvin besteht doch sogleich darauf, daß die Aus-

---

[50] CR 59, 228. Calvin weist auf 2Kor 1,9 hin.
[51] CR 59, 228.
[52] CR 59, 172.
[53] CR 59, 419.
[54] In Ps 41,3 betont der Reter ausdrücklich, daß er am Leben bleiben und noch besondere Gnadenzeichen seines Gottes erfahren wird. Vgl. CR 59, 419.

sagen der Beter, sie seien „vom Tode errettet" worden, in diesem irdisch-diesseitigen Verständnis nicht beschlossen bleiben: „...quibus verbis spem melioris vitae minime excludit."[55]

In den Kommentierungen zu einigen Psalmen-Texten muß nun kritisch geprüft werden, wie Calvin im Einzelfall sich entscheidet und auf Welche Weise er die alttestamentlichen Aussagen deutet. Zu Ps 9,14 („der du mich erhebst aus den Toren des Todes") wird zunächst darauf zu achten sein, was der Schriftausleger zu den „Pforten des Todes" zu sagen hat: „Portas enim mortis metaphorice appellat ultima discrimia quae interitum minantur, imo iam apertum sepulcrum ostentant."[56] Hyperbolisch oder metaphorisch wird demnach die Formulierung aufgenommen. Die Gefahr ist so groß, als sei das Grab schon geöffnet. Aus dieser tödlichen Tiefe kann Gott „emporheben" – so bekennt es der Beter. „Damit stärkt er zunächst seinen Glauben durch die Erfahrung, daß der Herr ihn oft aus den äußersten Gefahren gerissen hatte. Danach verspricht er sich die Erlösung auch aus dem Rachen des Todes..."[57] Man erkennt, wie hier stufenweise argumentiert wird. Die Erfahrung weiß um eine Errettung aus den äußersten Gefahren, um eine „restitutio in vitam". Aus dieser Erfahrung erwächst dann eine „letzte Gewißheit": Ich werde (auch) aus dem Rachen des Todes erlöst werden. Calvin nimmt also im Text auch eine Ausrichtung auf die „melior vita" an.

Anders geht die Interpretation zu Ps 13,4 vor. Der Psalmbeter bittet: „Erleuchte meine Augen, daß ich nicht im Tode entschlafe!" David bekennt hier, „daß, wenn Gott ihm nicht das Licht des Lebens spende, die Finsternis des Todes ihn bedecken werde und daß es mit ihm schon so weit gekommen sei, daß er sterben müsse, wenn Gott ihm nicht Lebenskraft einflöße. Unser Lebensvertrauen gründet sich darauf, daß, wenn die Welt uns auch von tausend Seiten mit dem Tode bedroht, die Erhaltung des Lebens dennoch in Gottes Hand steht"[58]. Es ist ja eine Errettung vor dem Tode, eine Erhaltung *angesichts* des drohenden Todes, von der der Psalmist spricht. „Rettung" kann hier also nur bedeuten: „vigorem inspirare" bzw. vor todbringenden Feinden schützen. Dieser Akzent der Interpretation findet einen noch deutlicheren Ausdruck im Kommentar zu Ps 27,1 („Der Herr ist mein Licht und mein Heil; vor wem sollte ich mich fürchten? Der Herr ist meines Lebens Kraft"): „Er nennt den Herrn nicht nur sein Licht, sondern auch sein Heil, ferner die Kraft, genauer: den Fels oder die Schutzwehr seines Lebens. Erhält den ver-

---

[55] CR 59, 419.
[56] CR 59, 104.
[57] CR 59, 104.
[58] „...nisi a Deo affulgeat lux vitae, se mortis tenebris statim iri abratum: ac se iam esse quasi exanimem, nisi Dominus vigorem inspiret. Hinc vero nobis vitae fiducia, quod licet mille mortes nobis intentet mundus, tarnen est in manu Dei vitae nostrae instauratio", CR 59, 133 f.

schiedenen Ängsten diesen dreifachen Schild entgegen, der imstande ist, sie abzuhalten. Als ‚Licht' wird bekanntlich der Inbegriff eines innerlich fröhlichen und glücklichen Lebens bezeichnet... Allein Gottes Hilfe reicht aus, um uns zu sichern und unser Leben vor den Schrecken des Todes zu bewahren."[59]

Die Schrecken des Todes drohen in den Psalmen nicht nur von den Feinden, sondern auch von gefährlichen Krankheiten. Calvin weigert sich, die zu seiner Zeit von vielen Auslegern vorgetragene Erklärung, es handle sich wirklich um eine physische Krankheit, anzunehmen. Sowohl für die Krankheitsklagen wie auch für die Bekenntnisse der Heilung will er ein umfassenderes Verständnis offenhalten. Wenn darum der Beter in Ps 30,4 sagt: „Da ich zu dir schrie, heiltest du mich", wird erläutert: „Da das Wort (heilen) bei allen möglichen Wiederherstellungen gebraucht wird (vgl. Ps 60,1), dürfen wir es auch hier allgemein auf die Errettung aus Todesgefahr deuten ... David fühlte sich gleichsam ins Leben zurückversetzt, als ihn der Herr aus schweren und äußersten Gefahren riß."[60] Diese generalisierende Auslegung geht nicht nur davon aus, daß in der historia Davidis die Anhaltspunkte fehlen würden, wenn in den Davids-Psalmen, die von einer Heilung sprechen, stets eine Krankheit des Königs vorausgesetzt werden müßte; sie will vor allem dem komplexen usus loquendi der Psalmisten entsprechen und dürfte angesichts der Tatsache, daß mannigfache Leidaussagen mitunter aufgehäuft erscheinen, auch ein gewisses Recht haben.

Die Errettung vor dem Tode kann in den Psalmen bisweilen von den Bildern und Zügen des Wunderbaren begleitet sein. So heißt es in Ps 18,17: „Er streckte seine Hand aus der Höhe und holte mich heraus, zog mich aus großen Wassern." Dies ist der Kommentar Calvins: „Mag die Hilfe, die ihm vom Himmel gesandt wurde, nun so oder so gewesen sein, so versichert David mit Recht, daß Gott ihm von der Höhe aus seine Hand (zur Errettung) entgegengestreckt habe. Denn dadurch will er zum Ausdruck bringen, daß diese Wohltat alle anderen, gewöhnlichen, als eine besondere, weit übertreffe. Diese ungewöhnliche Offenbarung der göttlichen Macht steht hier im Gegensatz zu den gewöhnlichen Mitteln, durch die Gott täglich hilft."[61] Die anschauliche

---

[59] „Quod Deum non modo lucem suam norninat, sed salutem quoque et vitae suae rupem vel robur. Nam hunc quasi triplicem clypeum variis terroribus opponere voluit, qui ad eos excipiendos sufficeret. Cucis autem nomine iucunditatem et beatae vitae summam notari tiitum est ... quia scilicet Dei ope tutus sit, et immunis servatur a mortis tenebris, inde certe metus orrmes oriri deprendemus, quod nimis cara sit nobis vita: eius vero non agnoseimus Deum custodem", CR 59, 271.

[60] „...quod Davidi reddita fuerit vita, quoties eum Dominus e gravi summoque aliquo discrimine eripuit", CR 59, 293.

[61] „Caeterum licet a coelo proficiscatur quodvis auxilii genus, non immerito David manum sibi ab excelso fuisse porrectam affirmat, ut beneficium hoc incredibile aliis magis communibus kat' exochen praeferat, est enim tacita comparatio inter

(metaphorische) Schilderung läßt Calvin auf sich beruhen, er glaubt, daß der Heilige Geist die Zeugen zu besonders eindrücklichen und bildreichen Demonstrationen befähigt habe, die sich auch nüchterner und knapper mitteilen ließen.[62] Doch das Faktum ist entscheidend: Gott kann auf wunderbare Weise „vom Himmel her" die Seinen aus tödlicher Gefahr erretten. Ähnlich Luther zu Ps 57,4: „Er sendet seine Kraft oder veranstaltet eine Sendung vom Himmel oder seiner höchsten Gottheit und hilft mir von Tod und Leiden"[63] – wobei freilich bedacht werden muß, daß diese Erklärung sich nicht nur auf das zeitliche Leben bezieht, sondern in einem totalen Sinne verstanden sein will.

Es wurden einige Abschnitte vorgeführt, die von der Errettung *vor* dem Tode handeln. Sie erläuterten die Sicht der „restitutio in vitam" und sind bedeutsam für den gesamten Themenbereich. Nun sollen jene Texte und Erklärungen folgen, die von der Errettung vom Tode oder aus dem Tode sprechen.

„Du hast meine Seele aus der Unterwelt geführt" (Ps 30,4). Welche Bedeutung hat diese Aussage, in der *näphäsch* eigentlich nicht mit „anima", sondern – nach Calvin – im Sinne von „vita ipsa" übersetzt werden müßte. Wir finden im Psalmen-Kommentar folgende Erläuterung: „Neque enim gratiae magnitudinem se verbis assequi putavit, nisi sepulcro et foveae conferret illius temporis caliginem, quo se in fugam trepido coniicere coactus est, ut latebris vitam suam protegeret, donec sedata esset tumutus flamma: ergo tanquam redivivus, se mirabiliter a praesenti morte extractum fuisse praedicat. Et certe quanta rerum omnium desperatio misere eum urgeret, ex sacra historia patet."[64] Warum die „Errettung vom Tode" an dieser Stelle metaphorisch verstanden wird, ist klar: Die historia Davidis, auf die Calvin den Psalm bezieht, ermöglicht eine Veranschaulichung der „praesens mors", aus der der König herausgerissen wurde. Die Unterwelt (Calvin nennt sie „sepulcro et fovea") ist ein Bild für die Gefahren des Aufstandes und der Flucht. Auf jeden Fall ist beim Reden vom Todesbereich an die „praesens mors" zu denken. Das ist wichtig und trifft, sieht man von der historisierenden Interpretation Calvins ab, durchaus den alttestamentlichen Sachverhalt. „Errettung vom Tode" – so schreibt Chr. Barth – ist „ein Vorgang, der sich zu Lebzeiten des

---

hanc virtutem insolitam et alios vulgaris ac quotidianos iuvandi modos", CR 59,178. – Vgl. auch CR 59, 556.

[62] Zu Ps 18,5 heißt es im Psalmen-Kommentar Calvins: „Non mirum est, poetice et splendide verborum ornatu amplificari quae simplicius, et aequabili stylo describi poterant: nam Spiritus sanctus cum malignis et pravis hominum ingeniis certare volens, Davidem hic quasi hyperbolica facundia instruxit, quae ad consideranda Dei beneficia mundum expergefaceret", CR 59, 172.

[63] WA 3, 516 (Psalmen-Vorlesung 1513/15).

[64] CR 59, 293.

einzelnen abspielt"[65]. „‚Vom Tode erretten' heißt vom bösen Tod erretten."[66] Im Unterschied jedoch zu diesen neueren Erklärungen bleiben bei Calvin – bei aller Annäherung an die hebräische Denkweise – letztlich nicht ganz scharfe Konturen. So z.B., wenn zu Ps 56,14 („Du hast meine Seele errettet") exegesiert wird: „Er gibt also deutlich zu, daß er sein Leben dem Herrn allein verdankt, das. Leben, das er verloren hätte, wenn er nicht auf wunderbare Weise erhalten worden wäre."[67] Der Potentialis erweicht die Umrisse. Deutlicher ist wieder der Kommentar zu Ps 68,21 („Gott der Herr hat Ausgänge aus dem Tod"). Auch zu dieser Stelle wird an die „praesens mors" gedacht: „…miras esse et varias et absconditas rationes Deo, quibus suos a morte in vitam excitet. Definit enim quomodo suorum mortem ipsam, sed quia ubi passus est quodanimodo absorberi, repente dat mirabiles exitus."[68] Mitten im todbedrohten Leben schenkt Gott „mirabiles exitus", die „a morte in vitam" führen. Und diese Rettung geschieht jetzt, in diesem Leben. Calvin zieht aus den Psalmworten eine Lehre: „Idque eo magis notandum est, ut discamus eins auxilium non metiri sensu proprio, sed in abyssos demersi, ad Dei manum spes nostras referamus, cuius proprium est viam per invia patefacere."[69] Eine ähnliche Lehre wird dem Vers 33 in Ps 19 entnommen: „…quin potius e sepulcro spem sursum attolunt, quia Deus in hunc finem esuire suos ad tempus patitur, ut postea satiet: mortisque tenebras offundit, ut vitae lucem reddat. Imo tunc denum fiduciam nostram solide in eo locare incipimus, ubi mors ante oculis nostris versare coepit, quia mundi subsidia, donec suae vanitatis experimentum dederint, sensus nostros tenent implicitos, sibique addictos."[70]

Die Errettung vom Tode, von der die Psalmsänger sprechen, kann von Calvin auch als resurrectio bezeichnet werden – als „Auferstehung" mitten im todbedrohten, so oft vom Tode verschlungenen Leben. So heißt es zu Ps 71,20 („…du machst mich wieder lebendig, holst mich aus der Tiefe der Erde heraus"): „Si prospera fortuna semper aequaliter usus esset, erat cur sibi gratuletur: sed non sensisset quid sit incredibili Dei virtute eripi ab interitu. Nam ad mortem usque descendere necesse est ut Deus appareat redemptor. Quia enim nascimur sini sensu et intelligentia, prima vitae nostrae origo non satis clare autorem ipsum nobis demonstrat: sed ubi in desperatione succurrit Deus, resurrectio ipsa nobis illustre est gratiae eius speculum."[71] Dies ist ein aufschlußreicher Passus. Calvin meint also, daß der Mensch erst dann Gott als

---

[65] Chr. Barth, Die Errettung vom Tode…, S. 152.
[66] A.a.O., S. 152.
[67] „Confirmat…, se vitam suam Deo acceptam ferre, quia perierat, nisi mirabiliter servatus foret", CR 59, 553.
[68] CR 59, 629.
[69] CR 59, 629.
[70] CR 59, 333.
[71] CR 59, 662.

den redemptor kennenlernt, wenn er mitten im Leben in die Tiefen des Todes herabsteigen muß und in solcher Not die Auferstehungsmacht der ihm zugewandten Hilfe Gottes erfährt. Dieses Geschehen wird zum Spiegel der göttlichen Gnade.

So stellen wir fest, daß Calvin im Unterschied zur traditionellen Auslegung, die auch von den meisten seiner Zeitgenossen aufgenommen wurde, die Errettung vom Tode in den Psalmen als eine Auferstehung aus der „praesens mors" versteht.

Es sollen zum Schluß noch einige schwierige Textauslegungen, behandelt werden, die zugleich neue Aspekte eröffnen. Ein besonderes Problem bot seit alter Zeit die Auslegung von Ps 6,6 („Denn im Tode gedenkt man dein nicht; wer wird dir im Grabe danken?"). Den Sinngehalt der Aussage beschreibt Calvin zunächst allgemein: „Er will sagen, daß er dankbar die Gnade des Herrn rühmen werde, falls sie ihn vom Tode errettet; dagegen werde ihm dazu die Gelegenheit fehlen, wenn er hinweggerafft werde und nicht weiter unter den Menschen weilen könne, um Gottes Namen zu preisen."[72] So weit, so gut! Doch schnell stellt sich die Frage ein: „Cur David mortem tantopere exhorruerit, quasi extra mundum nihil spei residuum foret."[73] Ja, warum fürchtet David den Tod so sehr? Calvin zählt eine Reihe von Antworten auf, die in den Kommentaren bisher gegeben worden sind: 1. Solange die Gnade Gottes durch das Kommen Christi noch nicht offenbar geworden war, gaben die Verheißungen Gottes den Glaubenden nur einen geringen Vorgeschmack vom zukünftigen Leben. 2. Das gegenwärtige Leben, in dem die Glaubenden Gottes väterliche Güte erfahren, ist an und für sich etwas Wünschenswertes. 3. Die Väter waren besorgt, daß nach ihrem Dahinscheiden eine Veränderung in der religio eintreten könnte. Alle diese Erklärungen lehnt Calvin ab. Er ist der Auffassung, daß David in diesem Psalm den Tod als Gericht verstand, ihn also aus diesem Grunde fürchtete und in eine fast besinnungslose Angst verfiel, die ihm jede Hoffnung raubte.[74] Das ist eine kaum haltbare Interpretation, die zu erkennen gibt, wie sehr Calvin daran gelegen ist, eine auch über den Tod hinausreichende Hoffnung den alttestamentlichen Retem nicht abzusprechen. Als Beweis sei sogleich die Erklärung zu Ps 16,10 („Du wirst meine Seele nicht in der Unterwelt lassen, noch zugeben, daß dein Heiliger verwese") zitiert: „Porro notandum est, Davidem non de certa aliqua specie liberationis restricte loqui…, sed aeternae salutis fiduciam certo concipere, quae anxietate et metu eum liberat: ac si dixisset paratum sibi semper fore exitum e sepulcro, ne in corruptione maneret. Nam Deus suos ab aliquo discrimine liberans, non nisi ad breve tempus vitam illis prorogat. Quantula vero et quam ieiuna consolatio haec esset, paulisper respirare, donec mors tandem

---

[72] CR 59, 76.
[73] CR 59, 76.
[74] CR 59, 76.

sine spe salutis nos absorbeat."[75] – Entscheidend ist in diesem. Abschnitt der Satz: „Er weiß, daß ihm jederzeit der Ausgang aus dem Grab offensteht." Hier kommt zur Geltung und zur Auswirkung, was zu Beginn dieses Abschnitts angedeutet wurde. Über die „restitutio in vitam" hinaus soll die „spes melioris vitae" in den Psalmen erkannt werden. Tritt die „aeternae salutis fiducia" aber so deutlich ins Bild wie in Ps 16,10, dann sieht sich Calvin sogar genötigt, die Errettung vor dem Tode und die Errettung *aus* der „praesens mors" als „geringe und dürftige Tröstung" zu bezeichnen. Im Licht der letzten Hoffnung werden alle diesseitigen Rettungstaten Gottes relativiert. Chr. Barth urteilt: „Solche Bagatellisierung der Bewahrung vor unzeitigem Tode hat sich Calvin bei der Auslegung anderer Stellen (z.B. Ps 30,4) nicht geleistet."[76] Das stimmt. Und doch ist diese Herabwertung alles dessen, was an anderen Stellen so eindrucksvoll zur Errettung vom diesseitigen Tode ausgeführt wird, zu verstehen. Calvin kann Ps 16,10 nur von Apg 2,24 ff. her deuten. Die Sonne der Auferstehung Jesu Christi bringt alle Lichter des Alten Testaments zum Erlöschen. Darum sind die diesseitigen Tröstungen „gering und dürftig".

Gewiß, man kann bemängeln, daß Calvin die beiden Aussagenkreise theologisch nicht schärfer durchdacht und aufeinander bezogen hat. Aber es wird zu bedenken sein, daß es überhaupt schon eine große exegetische Leistung war, den genuinen Sinn jener Aussagen zu ermitteln und zu erfassen, die von der Errettung aus der „praesens mors" sprechen. Selbst zu einer Stelle, an der die heutige Exegese eine der wenigen Durchbrechungen der Todesschranken im Alten Testament anzunehmen geneigt ist[77], nämlich zu Ps 73,24 („Du nimmst mich endlich mit Ehren an"), vertritt Calvin die kühne Auffassung: „Das soll man nicht mit einigen Auslegern auf das ewige Leben beschränken, sondern es faßt unser Wohlergehen in seinem ganzen Verlauf in sich – von seinem jetzigen, irdischen Anfang bis zu dem himmlischen Ziel, auf das wir hoffen. David verspricht sich als von der freien Gnade Gottes die ewige Herrlichkeit, schließt dabei aber die Segnungen nicht aus, die Gott auf Erden schon den Seinen nachfolgen läßt, damit sie bereits einen Teil der Glückseligkeit kosten."[78] Hier ist nun wieder beides beieinander: die „vita in terra" und die „spes in coelo". Und erneut zeigt es sich, wie Calvin der Diesseitigkeit des alttestamentlichen Lebens- und Todesverständnisses gerecht zu werden vermag.

---

[75] CR 59, 156.

[76] Chr. Barth, Die Errettung vom Tode..., S. 154.

[77] Vgl. H.J. Kraus, Psalmen I, ³1966, S. 510.

[78] „Meo iudicio, ad aeternam vitam restringi non debet, sicuti faciunt quidam: sed totum felicitatis nostrae cursum complectitur, a principio quod nunc cernitur in terra: usque ad finem, quem speramus in coelo. Sibi ergo aeternam gloriam a gratuito Dei favore promittit David, non tamen excludit benedictiones quibus in terra suos prosequitur, ut aliquam felicitatis partem iam delibent". CR 59, 687.

HERMAN J. SELDERHUIS

Singende Asylanten

Calvins Theologie der Psalmen

Die Rezeption des Genfer Psalters ist ohne Kenntnis der Theologie von Calvins Psalmenkommentar nur schwer verständlich. Die Einfuhrung des Psalters und die Liebe zu den Psalmen bei den niederländischen wie bei den französischen Glaubensflüchtlingen wurden von einem Flüchtling initiiert: von Johannes Calvin. Diese Verbindung zwischen Flüchtlingen und Psalmen ist nachvollziehbar, denn gerade in diesem Buch der Bibel geht es um Exil und Bedrängnis, um Not und Hoffnung, um die Gottesfrage und die Frage nach der Provenienz. David und Israel, Calvin und die Reformierten des 16. Jahrhunderts machten die gleichen Erfahrungen: Der Glaube an Gott führt zum Exil, das Exil vertieft den Glauben an Gott. Christ sein heißt Asylant sein. Der Erfolg des Psalters ist darauf zurückzuführen, daß sich die Reformierten in der beschriebenen Situation Davids und Israels wiedererkannten. Inneres Erleben und äußere Umstände des alttestamentlichen Bundesvolkes waren identisch mit denen der Gläubigen im 16. Jahrhundert. Und Calvin sorgte mit seinen Predigten und seinem Kommentar zu den Psalmen dafür, daß die reformierten Gläubigen sich dieser Analogie auch bewußt wurden.

1. Calvins Herz

„In den Psalmen blicken wir den Gläubigen ins Herz", so wird gewöhnlich Martin Luthers Psalter-Auslegung zusammengefaßt.[1] Bei dem Wittenberger Reformator ist keine Aussage zu finden wie: „In ihrem Psalmenkommentar blicken wir den Theologen ins Herz", aber die Intensität, mit der Calvin sich mit der Auslegung der Psalmen beschäftigt hat, rechtfertigt eine Unter-

---

[1] „Zu dem thut der Psalter noch mehr, das er nicht schlechte gemeine rede der heiligen vns furbildet, sondern die aller besten, so sie mit grossem ernst ynn den aller trefflichsten Sachen mit Gott selber gered haben, Damit er nicht allein yhr wort vber yhr werck, sondern auch yhr hertz vnd gründlichen schätz yhrer seelen vns furlegt, das wir ynn den grund vnd quelle yhrer wort vnd werck, das ist ynn ihr hertz, sehen können [...]." Martin Luther, Vorrede auf den Psalter, in: D. Martin Luthers Werke. Kritische Gesamtausgabe, Abt. 3, Die Deutsche Bibel, Bd. 10/1, Weimar 1956, 98-105, hier 100.

suchung der Frage, ob eine solche Aussage über Calvin nicht zutreffend wäre. Die Frage ist: Sehen wir Calvin ins Herz, wenn wir seine Auslegung der Psalmen lesen? Eine Überlegung, die dabei notwendig vorangeht, ist, ob Calvin überhaupt ein Herz gehabt hat. Kein Reformator ist so oft als herzlos porträtiert worden wie dieser Franzose.[2] Hart und herzlos, das ist das Bild, das schon zu seinen Lebzeiten mit Calvin, aber auch mit dem Calvinismus insgesamt verbunden wurde und immer noch wird.

Eine solches Zerrbild resultierte sowohl aus der weit verbreiteten Unkenntnis des Werkes und der Person Calvins als auch aus einer merkwürdigen Einseitigkeit in der Calvinforschung. Was die Unkenntnis betrifft: Calvins herzloser Charakter wurde vor allem anhand seiner Rolle im Prozeß gegen Michel Servet diagnostiziert, einer Rolle, deren Entmythologisierung offenbar noch nicht weit genug in das Bewußtsein der Allgemeinheit vorgedrungen ist.[3] Was die Einseitigkeit in der Forschung betrifft: Die Calvinforschung hat sich überwiegend auf ein Buch konzentriert, nämlich die *Institutio*, als ob darin der ganze Calvin und alles von Calvin hätte gefunden werden können, ein Ansatz, der vergleichbar ist mit der Beurteilung des touristischen Wertes einer Stadt aufgrund des Studiums des Stadtplans. Glücklicherweise hat sich die Forschung zu Calvins Theologie inzwischen immer mehr dessen Predigten, Briefen und Kommentaren zugewandt[4], aber auffälligerweise hat der Psalmenkommentar noch keine große Aufmerksamkeit gewinnen können[5],

---

[2] Vgl. zur Herkunft und Widerlegung dieses Calvinbildes: Richard Stauffer, L'humanité de Calvin, Neuchâtel 1964. Vgl. auch: Olivier Millet, L'humanité de Calvin, in: La Revue reformee 191 (1996/5), 9-24, und die dort angeführte Literatur.

[3] Zu einer ausgewogenen Darstellung der Rolle Calvins im Fall Servet vgl. Ernst Pfisterer, Calvins Wirken in Genf, Neukirchen 1957.

[4] Einen Überblick über den Stand der Calvinforschung bietet: Richard C. Gamble, Current Trends in Calvin Research, 1982-1990, in: Wilhelm H. Neuser (Hg.), Calvinus Sacrae Scripturae Professor, Grand Rapids 1994, 91-112.

[5] Die Monographie von John Walchenbach behandelt nicht den Psalmenkommentar, sondern den Einfluß Davids und der Psalmen auf Calvin: John R. Walchenbach, The Influence of David and the Psalms on the Life and Thought of John Calvin, Pittsburgh 1969 (ungedruckte Dissertation). Die übrige Literatur widmet sich in kleineren Studien fast ausschließlich Teilaspekten des Psalmenkommentars. In bezug auf das Verhältnis von Calvin zu David beschränkt sich die bisherige Forschung im wesentlichen auf die *Praefatio* des Psalmenkommentars. K. Bakker, Opmerkingen over Kalvijn's voorrede bij den commentaar op de psalmen, Amsterdam o.J.; Willem Balke, Calvijn over de geschapen werkelijkheid in zijn Psalmencommentaar, in: Wegen en gestalten in het gereformeerd protestantisme (Afscheidsbundel S. von der Linde), Amsterdam 1976, 89-104; E. Blaser, Vom Gesetz in Calvins Predigten über den 119. Psalm, in: Das Wort sie sollen lassen stahn, Festschrift für A. Schädelin, Bern 1950; Edward A. Gosselin, The King's Progress to Jerusalem. Some Interpretations of David during the Reformation Period and their Patristic and Medieval Background, Malibu 1976; James A. de Jong, „An Anatoray

auch wenn er einer der meistübersetzten und am weitesten verbreiteten Kommentare aus Calvins gesamtem Bibelwerk ist.

Calvins Vorliebe für dieses Buch der Bibel hat nach Erwin Mühlhaupt drei Gründe. Zunächst einmal sind die Psalmen für Calvin persönlich von großer Bedeutung gewesen. In David erkannte er viel von sich selbst wieder, und in schwierigen Zeiten fand er Trost und Kraft in den Psalmen. Zweitens sind die Psalmen das einzige alttestamentliche Buch der Bibel, aus dem Calvin sonntags predigte. Von seiner Regel, sonntags über das Neue Testament zu predigen und das Alte Testament für Werktage zu reservieren, bildet das Buch der Psalmen die einzige Ausnahme. Zum dritten führt Mühlhaupt an, daß es Calvin gewesen sei, der wie kein zweiter das Singen der Psalmen im Gottesdienst propagiert habe.[6]

Außerdem ist das Buch der Psalmen für Calvin in seiner theologischen Entwicklung immer wichtiger geworden. In der ersten Ausgabe der *Institutio* (1536) sind die Psalmen das am wenigsten zitierte, in der letzten Ausgabe das bis auf den Römerbrief am häufigsten zitierte biblische Buch.

2. Der Psalmenkornmentar im historischen Kontext

Calvins besondere Wertschätzung für die Psalmen geht schon aus der Vorrede für die französische Übersetzung des Psalters hervor, die Louis Bude 1551

---

of all Parts of the Soul". Insights into Calvin's Spirituality frora his Psalms Commentary, in: Neuser (Hg.), Calvinus Professor (s. Anm. 4), 1-14; Hans Joachim Kraus, Vom Leben und Tod in den Psalmen. Eine Studie zu Calvins Psalmen-Kommentar, in: ders., Biblisch-theologische Aufsätze, Neukirchen 1972, 258-277; Robert Martin-Achard, Calvin et les Psaumes, in: Approche des Psaumes, Paris 1969, 9-17; James Luther Mays, Calvin as an Exegete of the Psalms, in: John H. Leim / W. S. Johnson (Hg.), Calvin Studies TV, Presented at the Colloquium on Calvin Studies at Davidson College and Davidson College Presyterian Church, Davidson (North Carolina), 1988, 95-104; Peter Opitz, „Asperges me Domine hyssopo, et mundabor." Beobachtungen zu Sadolets und Calvins Exegesen von Psalm 51 als Frage nach dem „proprium" reformierter Schriftauslegung, in: Heiko A. Oberman u. a. (Hg.), Das reformierte Erbe (Festschrift für Gottfried W. Locher zu seinem 80. Geburtstag), Teil 2, Zürich 1993, 297-313; Barbara Pitkin, Imitation of David: David as Paradigm for Faith in Calvin's Exegesis of the Psalms, in: Sixteenth Century Journal 24 (1993), 843-863; S. H. Russell, Calvin and the Messianic Interpretation of the Psalms, in: Scottish Journal of Theology 21 (1968), 37-47; Heribert Schützeichel, Ein Grundkurs des Glaubens: Calvins Auslegung des 51. Psalms, in: Catholica 44 (1990), 203-237; Herman J. Selderhuis, David, Calvijn en ik, Barneveld 1996.

[6] Johannes Calvin, Psalmpredigten, Passions-, Oster- und Pfingstpredigten, hg. von Erwin Mühlhaupt (Supplementa Calviniana 7), Keukirchen-Vluyn 1981, XXIV-XXVII.

herausgab.⁷ Nach Calvin kommt die Güte Gottes und der Ansporn, ihm dafür zu danken, nirgendwo besser zum Ausdruck als in diesem biblischen Buch: Mit David habe Gott uns einen Spiegel gegeben, in dem wir sehen könnten, was uns zu Gebet und zur Lobpreis Gottes anregen solle. In dieser Vorrede gebraucht Calvin eine Formulierung, die er in der Vorrede des Psalmenkommentars wiederholen wird, nämlich daß die Psalmen eigentlich „eine Anatomie aller Empfindungen der Seele" enthalten.⁸ All die Gefühle, die in einem Herzen sein können – Freude, Wut, Anfechtung und Kummer –, seien hier zu finden. Damit sagt Calvin genauso wie Luther, daß man in den Psalmen den Gläubigen ins Herz schaue. Dann beginnt Calvin mit einer langen Aufzählung dessen, was ein Mensch beim Lesen der Psalmen alles lernen könne: Die Psalmen enthüllten Sünden, die sonst verborgen blieben. Sie lehrten bei aller Feindschaft, die uns entgegengebracht werde, Gottes Hilfe anzurufen. Sie zeigten auch, daß Satan der größte Feind sei und wie berechtigt es sei, daß Gott die Sünden strafe. Das Lesen der Psalmen vermittle die Einsicht, nicht nur an die eigene Not zu denken, sondern für den Nächsten und das Ganze der Kirche zu beten. Durch die Psalmen lerne der Geist, inmitten aller Mühen auf Gottes Güte gerichtet zu bleiben. Calvin schließt: „Wer in Gottes Schule weiterkommen will, hat die Psalmen nötig."⁹

Der Kommentar zu den Psalmen erschien 1557¹⁰, also in der letzten Phase von Calvins Leben. Er hat die Ernte seines theologischen Denkens in diese Publikation einbringen können. Der Kommentar ist aus dem Unterricht für Studenten hervorgegangen: 1552 begann Calvin, Vorlesungen über die Psalmen zu halten; ein Jahr später nahm er die Abfassung des Kommentars in Angriff. Seine intensive Beschäftigung mit den Psalmen datiert freilich schon einige Jahre früher, denn ab 1549 predigte er beinahe ununterbrochen jeden Sonntagmittag über die Psalmen, bis er 1554 auch den letzten Psalm ausge-

---

⁷ Der Text der Vorrede bei Rudolphe Peter, Calvin et la traduction des Pseaumes de Louis Bude, in: Revue d'histoire et de Philosophie religieuses 42 (1962), 175-192.

⁸ „[...] les Pseaumes contiennent corame une anatomie de toutes les affections de l'âme [...]", ebd., 186. m der Vorrede zum Psalmenkommentar schreibt Calvin: „Librum hunc non abs re vocare soleo anatomen omnium animae partium [...]" (CO 31, 15).

⁹ „Teiles et si grandes utilites nous monstrent assez en quelle recommandation nous devons avoir le Psautier, si nous desirons de profiter en l'eschole de Dieu", Peter, Calvin et la traduction (s. Anm. 7), 188.

¹⁰ Für bibliographische Angaben vgl. Rodolphe Peter / Jean-Francois Gilmont, Bibliotheca Calviniana. Les OEuvres de Jean Calvin publiees au XVIᵉ siècle, Genève 1994, II, 627-632. Eine französische Übersetzung des Kommentars erscheint ein Jahr später, 1558 dann eine gekürzte Ausgabe: Le Psaultier declare par annotations extraites des commsntaires de M. Jean Calvin. Vgl. Peter/Gilmont, 682-683.

legt hatte.[11] Auch danach blieb er dabei, am Sonntagmittag oft über die Psalmen zu predigen. Außerdem behandelte Calvin in diesen Jahren die Psalmen in den *Congrégations*, den freitäglichen öffentlichen Bibelstudien mit Predigerkollegen.[12]

Es war eine Zeit großer Veränderungen für Genf: Um 1550 zählte die Stadt ungefähr 13.000 Einwohner. Als Folge der Immigration protestantischer Flüchtlinge – vor allem aus Frankreich und Italien – stieg die Einwohnerzahl bis 1560 auf mehr als 21.000 an.[13] Die Gemeinde, für die Calvin predigte und die er seelsorgerisch begleitete, bestand also in zunehmendem Maße aus Flüchtlingen. Darüber hinaus hatte er in allen seinen Publikationen stets auch die verfolgten Gläubigen in seinem Vaterland Frankreich vor Augen.

In politischer und kirchlicher Hinsicht vollzog sich in dem Zeitraum, als Calvin an seinem Psalmenkommentar arbeitete, der Übergang vom heftigen Streiten zum ruhigen Arbeiten an einem geordneten kirchlichen Leben. Nach den scharfen internen Konflikten der Jahre 1553 und 1554 beschloß der Rat – auch zu Calvins Überraschung – im Januar 1555, daß die Kirchenordnung von 1541 aufrechterhalten werden müsse. Zudem fielen die Wahlen, die im Februar desselben Jahres abgehalten wurden, sehr günstig für Calvin aus, ein Umstand, der bei der Beurteilung seiner Exegese miteinbezogen werden muß.

3. Biographische Aspekte

Calvin hat seine Lebensdevise in einem persönlichen Emblem zum Ausdruck gebracht. Dieses Emblem zeigt eine ausgestreckte Hand mit einem großen Herzen darin, wobei deutlich wird, daß die Hand das Herz darbietet: *Cor meum tibi offero, prompte et sincere*. Eine Frage, mit der sich die Forschung schon lange beschäftigt, lautet: Was befindet sich nun in diesem Herzen Calvins? Was geht in diesem Menschen vor, der nicht gerne über sich selber spricht?[14] Es ist die Frage nach Calvins Spiritualität.

Viel ist über sein Leben und Arbeiten bekannt, aber der Mensch dahinter ist zu einem großen Teil verborgen geblieben.[15] Doch erzählt Calvin mehr über sich selbst, als es auf den ersten Blick scheint. Gerade sein Ausspruch, daß er nicht gern über sich selbst rede, weist der Forschung den Weg zu seiner spiri-

---

[11] Eine chronologische Übersicht zu Calvins Predigt bei: Thomas H. L. Parker, Calvin's Preaching, Edinburgh 1992, 150-152.
[12] Von 1555 bis August 1559 hat Calvin hier die Psalmen behandelt. Vgl. Thomas H.L. Parker, Calvin's Old Testament Commentaries, Edinburgh 1993, 15, 29-31.
[13] William G. Naphy, Calvin and the Consolidation of the Genevan Reformation, Manchester 1994, 140.
[14] „De me non libenter loquor", Calvin in seiner Antwort an Sadoleto, CO 5, 389.
[15] Eine ausführliche Studie zu diesem Thema: Fritz Büsser, Calvins Urteil über sich selbst, Zürich 1950.

tuellen Biographie. Man schien manchmal davon auszugehen, daß der Reformator gar nichts über sich selbst gesagt habe, während er tatsächlich nur sagte, daß er nicht gern über sich spreche.[16] Eine genaue Lektüre seiner Schriften ergibt, daß er zwischen den Zeilen viel von sich selbst verrät.[17]

Abgesehen von den sparsamen Anmerkungen in seinen Briefen oder den Informationen, die wir von Zeitgenossen erhalten, haben wir eine reiche Quelle in seinem Psalterkommentar: Aus der Darstellung Davids lassen sich Rückschlüsse auf Calvins Persönlichkeit ziehen. Im Vorwort dieses Kommentars spricht er darüber, daß die Psalmen uns alle Regungen des Herzens offenbaren.[18] Diese kurze Passage verdeutlicht, daß Calvin zuallererst und am allermeisten über sich selbst spricht.

Der hier eröffnete Einblick in Calvins Herz vermittelt ein anderes Bild des Reformators als das eines gefühllosen Dogmatikers. So heißt es im Vorwort: „Ich muß erkennen, daß ich von Natur nicht viel Mut habe, schüchtern, ängstlich und schwach bin."[19] Angesichts dessen, was Calvin im Laufe seines

---

[16] Die Bedeutung dieser Aussage wird von Oberman so formuliert: „[...] gerade das Nachdenken über diese fünf kurzen Wörter ‚De rae non libenter loquor' erweist sich als lohnend, denn von hier aus läßt sich eine Linie zu Calvins Persönlichkeit, seiner Berufung und vor allem zum lange gesuchten Zentrum seiner Theologie ziehen", Heiko A. Oberman, De erfenis van Calvijn, Kampen 1988, 15-16.

[17] Vgl. dazu Bouwsma: „Nevertheless I think that Calvin reveals a great deal about himself to those who have learned his oblique modes of communication", William J. Bouwsma, John Calvin. A Sixteenth Century Portrait, New York / Oxford 1988. Oberman hat durch eine detaillierte Analyse einiger autobiographischer Bemerkungen Calvins die Bedeutung der „Bekehrung" Calvins und die Kontextualität von Calvins Theologie erhellt. Vgl. Heiko A. Oberman, „Subita conversio". The „conversion" of John Calvin, in: ders., (Hg.) Das reformierte Erbe (s. Anm. 5), 279-295, und ders., Initia Calvini. The Matrix of Calvin's Reformation, in: Neuser (Hg.), Calvinus Professor (s. Anm. 4), 113-154.

[18] Alexandre Ganoczy, Le jeune Calvin. Genese et evolution de sa vocation reformatrice (Veröffentlichungen des Instituts für Europäische Geschichte Mainz 40), Wiesbaden 1966, 295-304. Ganoczy unternimmt im Rahmen seiner Untersuchung zum jungen Calvin eine Analyse der *Praefatio* und kommt zu dem Schluß, daß es sich nicht um ein autobiographisches Dokument handelt. Nach Ganoczy will Calvin hier zum Beispiel nicht davon berichten, wie und wann er zur Bekehrung gekommen ist, sondern er will an seinem eigenen Beispiel demonstrieren, wieviel stärker als der menschliche Widerstand die Gnade Gottes ist. Millet schließt sich Ganoczys Interpretation an und versteht den Charakter des Vorworts nicht als biographisch, sondern als typologisch, wenn er auch anerkennt, daß der Text biographische Aspekte bietet: „A cette perspective, non pas biographique mais typologique [...]", Olivier Millet, Calvin et la dynamique de la parole (Etüde de rhetorique reformee), Paris 1992, 522. Meiner Meinung nach schließt der typologische Charakter das Autobiographische eher mit ein als aus. Von der Typologie lassen deutliche Linien zu Calvins Person ziehen.

[19] Die biographische Färbung der *Praefatio* steht in einer langen Tradition von ähnlichen Selbstaussagen bei anderen Psalmenexegeten. Millet, Calvin et la dyna-

Lebens durchgemacht hat, verwundert es nicht, daß die Psalmen ihn ansprachen. Das Kind, das Calvin und seine Frau Idelette van Buren miteinander bekommen, stirbt kurz nach der Geburt. Idelette selbst stirbt nach nur achtjähriger Ehe. Calvin leidet aufgrund einer außerordentlich schwachen Gesundheit andauernd unter allerlei Übeln, ständigen Schmerzen und Müdigkeit.[20] Hinzu kommen die Anschläge auf sein Leben, der fortwährende Rufmord, das unaufhörlich harte Arbeiten, die politischen Verwicklungen und, nicht zu vergessen, das unausgesetzte Heimweh.[21] Seine Gefühlslage offenbart Calvin dadurch, daß er nur negative Emotionen aufzählt, als es darum geht, aufzuzeigen, daß die Psalmen alle menschlichen Gefühle widerspiegeln: „Schmerz, Niedergeschlagenheit, Furcht, Zweifel, Hoffnung, Sorgen, Ängste, Verwirrung, kurzum, all die Gefühle, durch die ein Mensch innerlich hin und her geschleudert wird."[22] Diese Aussage ist bezeichnend, enthält der Psalter doch auch viele Empfindungen von Freude, Geborgenheit und Dankbarkeit. Der von vielen Reformierten als „Riese von Noyon"[23] Verehrte – um mit dem Titel eines Buches über Calvin zu sprechen – ähnelt im Psalmenkommentar eher dem Däumling.

Von Bedeutung für die Exegese ist die Entstehungszeit des Kommentars. In einem Brief an Bullinger vom 27. März 1557 merkt de Bèze an, daß Calvin viel Unrecht zu erdulden habe und Trost in der Arbeit am Kommentar zu den Psalmen suche.[24] Calvin glaubte, in den Psalmen eigene Erfahrungen wiederzufinden. Weil er die Geschehnisse in seinem Leben dann von den Psalmen her betrachtete, erhielten diese Ereignisse eine Deutung, die nicht immer mit den historischen Fakten übereinstimmte.[25] Das Bewußtsein von Identifikation wird dadurch verstärkt, daß Calvin die Welt, in der er lebt, als regelrechtes Chaos erfährt, als eine Welt, in der alles auf den Kopf gestellt wird und in der nichts sicher ist[26], eine Welt, in der eine große Verwirrung

---

mique de la parole (s. Anm. 18), 523, nennt als weitere Beispiele Athanasius, Cassiodorus, Luther und Bugenhagen.

[20] Zu Calvins (schwacher) Gesundheit; Thomas H.L. Parker, John Calvin. A biography, Philadelphia 1975, 150-155.

[21] Oberman, Initia Calvini (s. Anm. 17), 154, n. 152, verweist hierzu auch auf folgende Texte: „[...] et scimus hoc est durius, ubi quis longe abstrahitur a patria", Jer. 22, 28 (CO 38, 399); „Scimus enim durum est exilium", Klagelieder 1, 3 (CO 39, 511).

[22] Praefatio (CO 31, 15). Vgl. dazu: Büsser, Urteil (s. Anm. 15), 83-89.

[23] Piet Adriaan de Rover, Calvijn, de reus van Noyon, Den Haag 1962.

[24] „Calvin que est très injustement accablé comme tu le sais, se console en ecrivant des cornmentaires sur les Pseaumes" (Correspondance de Théodore de Bèze, Geneve 1996, II, 58).

[25] Für Vorbilder aus den Psalmen vgl. Naphy, Consolidation (s. Anm. 13), 84-120.

[26] „in rota volvatur mundus", Ps. 18, 8 (CO 31, 216); „hac caduca vita", Ps. 23, 6 (CO 31, 242).

herrscht.[27] Namentlich Christen trifft dieses Chaos, da sie als Schafe inmitten von Wölfen leben[28] und eigentlich auf dieser Erde nur umherirren.[29] Es vergehe kein Tag ohne Schmerz und Mühe, sagt Calvin.[30] So kann es nicht verwundern, daß seine eigenen Erfahrungen die Auslegung mit geformt haben:

Übrigens, wenn die Arbeit, die ich für diesen Kommentar aufgewendet habe, den Lesern von Nutzen ist, müssen sie wohl erkennen, daß die Erfahrungen, die Gott mich, wenn es auch begrenzt war, im Kampf hat erleiden lassen, mir mehr als gewöhnlich geholfen haben, nicht nur alle Lehrstücke, die ich gefunden habe, für das Heute anwendbar zu machen, sondern auch besser die Absicht des Schreibers jedes Psalms zu begreifen.[31]

Die humanistische Auslegung von Texten setzt die innerliche Beteiligung des Auslegers voraus. Der Exeget ist mehr als nur jemand, der die Bedeutung eines Textes weitergibt. Er ist nicht der *trait d'union* zwischen dem Text und dem Leser der Auslegung, sondern er versucht, die Bedeutung so wirkungsvoll wie möglich weiterzugeben, indem er sich selbst in den Inhalt des Textes einbezieht.[32] Es besteht folglich eine Art Kommunikation zwischen Ausleger und Text und zwischen Ausleger und Leser. Es ist vor allem Calvins eigenen Erfahrungen zu danken, wenn der Leser aus dessen Kommentaren einen Nutzen zieht. Weil er weiß, daß sein – zu einem bedeutenden Teil aus Flüchtlingen bestehendes – Publikum in Genf und die Leser in Frankreich dieselben Schwierigkeiten haben, spricht er stets von *uns* und *wir*, womit er gleichzeitig der rhetorischen Regel folgt, auf diese Weise eine Beziehung zu den Lesern herzustellen.[33] Und da er von seinen eigenen Erlebnissen ausgeht, geht es bei dem *uns* und *wir*[34] also zuallererst um *mich* und *ich*, d.h. das *ich* des Satzes: „Ich spreche nicht gern über mich selbst."[35] Wer darum viele Stellen, wo *wir* steht, liest, als ob dort *ich* stehen würde, findet eine Menge über den Men-

---

[27] „confusa perturbatio", Ps. 25, 13 (CO 31,238).
[28] „in medio luporum", Ps. 34, 8 (CO 31: 338).
[29] Calvin spricht von „vagari", Ps. 37,9 (CO 31, 371).
[30] „Conditio nostra, fateor, tot miseriis in hoc mundo implicita est, tantaque varietate agitatur, ut nullus fere dies sine molestia et dolore praetereat, deinde inter tot dubios eventus fieri nonpotest quinassidue anxii simus actrepidi", Ps. 30, 6 (CO 31, 294-295).
[31] CO 31, 19.
[32] Millet, Calvin et la dynamique de la parole (s. Anm. 18), 523.
[33] Zu Calvins Verwendung der Rhetorik: Serene Jones, Calvin and the Rhetoric of Piety, Louisville 1995.
[34] Zu Calvins Gebrauch des Pronomens „uns" auch: Millet, Calvin et la dynamique de la parole (s. Anm. 18), 532-537; Wilhelmus Th.H. Moehn, God roept ons tot Zijn dienst. Een homiletisch onderzoek naar de verhouding tussen God en hoorder in Calvijns preken over Handelingen 4:1-6:7, Kampen 1996.
[35] Dies versteht sich nicht als Korrektur, sondern als Ergänzung der Ausführungen von Büsser, der sich auf die „ich-Äußerungen" Calvins beschränkt hat. Büsser, Urteil (s. Anm. 15).

schen Calvin heraus.[36] Nach Calvin ist die Bibel eine Brille, die ein Mensch aufsetzen muß, um Gottes Hand in der Schöpfung wahrnehmen zu können.[37] Bei der Auslegung der Psalmen trägt Calvin selbst auch eine Brille, eine dunkle Brille: die Brille seiner eigenen Lebenserfahrungen.

4. David und Calvin

Die Lektüre des Psalmenkommentars macht schnell deutlich, daß Calvin sich selbst in David wiedererkannt hat.[38] Dieses Wiedererkennen entstand durch die von Calvin betonte Parallele zwischen der Situation Israels und der Genfer Kirche[39], aber mehr noch durch die Vergleichbarkeit von Davids Situation mit seiner eigenen. Wenn Calvin die Psalmen liest, ist es, als ob er seine eigene Lebensgeschichte lese: „als ob ich in einem Spiegel sowohl den Beginn meiner eigenen Berufung, als auch den weiteren Verlauf meines Werkes sehen könnte".[40] Die Kirche von Genf und Israel befinden sich in einer beinahe identischen Situation. Die Klage über die Existenz von Heuchlern innerhalb und Feinden außerhalb, über die Sünden des Götzendienstes und des unbiblischen Lebenswandels findet man sowohl in den Psalmen als auch in Calvins Briefen. Eine Analogie besteht auch im Verhältnis von Thron und Altar, von Rathaus und Tempel. Calvin wollte in Genf sein Ideal einer christlichen Gesellschaft nach dem Vorbild Israels verwirklichen.[41]

---

[36] Millet verweist auf Passagen aus anderen Werken Calvins, in denen er von „uns" spricht und vor allem „ich" meint. (Millet, Calvin et la dynamique de la parole [s. Anm. 18], 532-537, hat seinen Abschnitt treffend überschrieben mit: „Du ‚nous' au ‚je'".) Calvin spricht von „uns", um sich nicht ausdrücklich zu nennen, aber mit einzuschließen.' Nach Mülhaupt gilt dasselbe von den Psalmpredigten: „Wenn irgendwo in seiner Predigt die Herztöne seines Christentums vernehmbar sind, dann ist dies in seinen Psalmpredigten zu erwarten", vgl. Mühlhaupt, Psalmpredigten (s. Anm. 6), XXVIII.

[37] Inst. I. 6. 1.

[38] Dowey formuliert, daß David für Calvin „his own nearest counterpart in the Bible" ist. Edward A. Dowey jr., The Knowledge of God in Calvin's Theology, Grand Rapids 31994, 194.

[39] Vgl. u.a. Calvins Einleitung zur Auslegung von Psalm 10: „descriptio vivam publici status corrupti et perversi imaginem quasi in speculo repraesentat", (CO 31, 108); ebenso: „si eadem sit sua conditio, quae olim fuit Davidis", Ps. 12, 1 (CO 31, 126); vgl. auch Ps. 118, 19 (CO 32, 207-208). Nach Gosselin, Progress (s. Anm. 5), 70, findet sich das Gefühl einer Analogie zu Davids Situation auch bei anderen Reformatoren wie Bucer und Melanchthon: „as they were caught up in what they believed were parallel crises, duties and feelings".

[40] Praefatio (C0 31,21).

[41] Calvin bezeichnet das Verhältnis zwischen Königtum und Priestertum in Israel als „sacrum vinculum", Ps. 20, 3 (CO 31, 208).

Calvin schreibt eine große Anzahl Psalmen David zu, wenn auch nicht alle diese Psalmen die Überschrift *Von David* tragen. Als Begründung für dieses Vorgehen führt er oftmals an, daß die in den Psalmen beschriebene Situation am besten zu David passe. Das kann auch für einen Psalm gelten, wo beispielsweise Asaf als Autor angegeben wird.[42] Mit diesem Argument kann andererseits aber auch Davids Autorschaft für einen Psalm in Frage gestellt werden.[43]

Calvin bewundert die Konstanz von Davids Glauben[44], und Davids Vorbild an Mut, Treue und Entschlossenheit hat Calvin in schwierigen Jahren gestärkt und aufrecht erhalten.[45] Auch Calvin sah sich von kriegslüsternen Philistern und einheimischen Verrätern bekämpft, wollte aber wie David diese Situation erfolgreich durchstehen. Vor allem die Angriffe auf seine Person haben ihn getroffen, die Verdächtigungen und Schmähungen, besonders aus dem Kreise derer, die sich zunächst als Freunde und Brüder ausgaben. Calvin beschreibt Davids bedrängte Lage so lebendig, als hätte er sie selbst durchlebt[46], und wenn er sagt, daß Schmähung und falsche Beschuldigungen mehr Schmerz bereiteten als ein hundertfältiger Tod, wird er es zweifellos selbst so erfahren haben.[47] Kurzum, dieselbe Art von Schwierigkeiten durch dieselbe Art von Menschen wie die, mit denen David kämpfte, begegnete auch Calvin in Genf:[48] „Wenn ich mich nicht irre, werden die Leser doch merken, daß ich, wo ich die intimsten Gefühle von David und anderen auslege, eigentlich über die Dinge spreche, die ich selbst persönlich erlebt habe."[49]

Calvin geht hier detaillierter als der Bibeltext auf die Schmähung ein, die David von denen über sich ergehen lassen muß, die seinen guten Namen beschmutzen wollen. David widersetzt sich diesen Menschen heftig, freilich nicht um seines Namens, sondern um des Wohls Israels willen.[50] Der Leser des Kommentars soll zugleich begreifen und billigen, daß Calvin sich in Genf so verhält wie David einst in Israel.

Es ist nach Calvins oben zitierter Bemerkung nicht verwunderlich, daß diese biographischen Informationen vor allen in der Auslegung der Psalmen Davids zu finden sind. Wenn es zum Beispiel in Psalm 2 um die Feindschaft

---

[42] Ps. 73, 1 (CO 31, 673).
[43] Ps. 44,1 (CO 31, 436).
[44] „pietatis constantiae", Ps. 116, 14 (CO 32, 199).
[45] Ps. 88, 1 (CO 31, 806). Selbst auf dem Sterbebett diente ihm Davids Vorbild noch als Stärkung, vgl. Beza, Vita Calvini (CO 21, 165).
[46] „ut petulantius vexarent miserum et profugum hominem, quem videbant omni auxilio destitui", Ps. 64, 4 (CO 31, 600).
[47] Ps. 69, 5 (CO 31, 639).
[48] Vgl. u.a. Ps. 26, 1 (CO 31, 264); Ps. 31, 12 (CO 31, 307).
[49] Praefatio (CO 31,33).
[50] „Haec ratio est cur tam soüicite et vehementer contendat David in asserenda causae suae iustitia", Ps. 18,21 (CO 31, 181).

geht, die David zu erdulden hat, spricht Calvin sehr ausführlich über Angst, Anfechtungen und menschliche Gefühle.[51] Seine innere Beteiligung bei den davidischen Psalmen fällt um so mehr auf, als in der Auslegung der anderen Psalmen eine sichere Distanz zu bemerken ist. Calvins Wiedererkennen seiner selbst in David kommt fast einer Identifikation mit diesem *Gesalbten des Herrn* gleich, einer Identifikation, die sich vor allem dann zeigt, wenn Davids herausragende Position thematisiert wird. Calvin betont, daß David durch den Herrn berufen und damit rechtmäßig König sei und daß David aufgrund dieser besonderen Position das Recht habe, sich gegen Angriffe zu wehren und sich eine bestimmte Weise des Vorgehens zu erlauben.[52] Calvin hat seine Situation ähnlich verstanden, um so mehr, da er sich wie David aus der Anonymität zu dem hohen Amt des Dieners Gottes berufen fühlte. Sowohl die analoge Laufbahn als auch das Bewußtsein, berufen zu sein, wogen für Calvin sehr schwer. Es klingt wie eine Apologie des eigenen Vorgehens, wenn er darauf hinweist, daß David nicht selbst den Weg zu seinem hohen Amt gesucht habe, weil dies ein Zeichen von „hochmütiger Unbesonnenheit" gewesen wäre.[53]

Das Berufensein ist für Calvin die Legitimation zur Verteidigung der Kirche und ihrer Lehre. Wenn Calvin im Anschluß an dieses Berufongsbewußtsein darauf hinweist, die *vocatio Dei* impliziere, daß, wer sich gegen David auflehne, sich gegen den Gesalbten des Herrn und also gegen den Herrn selbst auflehne[54], dann liegt darin eine Erklärung für Calvins Vorgehensweise in Genf. Was Calvin an David faszinierte, war, wie unerwartet sich die Erwählung Davids zum König vollzog.[55] Wahrscheinlich ist in dieser Parallele die Erklärung für Calvins *subita conversio* zu suchen. Calvins Bekehrung erfolgte nicht plötzlich, wie die von Paulus, aber unerwartet.[56] Calvin fühlte sich darin David verbunden. Die Verbundenheit zeigt sich in Calvins Bemerkung, daß David nach seiner Erwählung durch Gott mit besonderen Gaben ausgestattet worden sei, um seine Aufgabe zu erfüllen, und daß Gott das auch bei den Aposteln getan habe und noch heute bei seinen Dienern tue.[57]

---

[51] „Nec verum dubium est quin anxie cum gravissimis tentationibus ei luctandum fuerit", Ps. 2, 1 (CO 31,41f.).

[52] Vgl. vor allem die Auslegung von Psalm 2 (CO 31, 41-52); ebenso Ps. 18, 1 (CO 31, 169f), Ps. 106, 16 (CO 32, 122f.), Ps. 106, 31 (CO 32, 128).

[53] Ps. 101,1 (CO 31, 56).

[54] „Sed notanda est fiduciae ratio quod scilicet non temere vel privato motu se ingesserit ad regnandum, sed tantum Dei vocationem sequutus sit. Unde colligit in sua persona Deum impeti", Ps. 2, 1 (CO 31, 42); vgl. auch 4, 3; 60.

[55] Ps. 89, 20f. (CO 31, 8181); vgl. Ps. 118, 22 (CO 32, 208f.).

[56] Dazu weiter: Oberman, „Subita Conversio" (s. Anm. 17), 279-295, der „subito" ebenfalls als „unerwartet" versteht.

[57] „Et eandem hodie Spiritus gratiam in suis ministris exserit", Ps. 89, 20 (CO 31, 818).

Die Identifikation führt auch zu einer Neuinterpretation der Situation Davids. Wenn in Psalm 2 über die Feindschaft gesprochen wird, die David erfuhr, behauptet Calvin, daß diese Feindschaft sich auch darin äußerte, daß Davids Widersacher mit Neuigkeiten („res novas") kamen, obwohl im Text davon nicht die Rede ist. Dasselbe gilt für die Bemerkung, daß David beschuldigt worden sei, seine Machtgier („regnandi cupiditas") sei die eigentliche Ursache des Konflikts mit Saul, ein Vorwurf, der ähnlich auch gegen Calvin erhoben wurde.[58] Und spricht Calvin nicht aus einer Selbsterkenntnis heraus und also über sich selbst, wenn er sagt, daß wir die Widersacher oft erst durch unseren Mangel an Selbstbeherrschung provozieren?[59]

Allerdings führte die Identifizierung mit David nicht zu einer Idealisierung oder gar Ideologisierung Davids. Dies stünde nicht nur im Widerspruch zu Calvins Abscheu gegen den Götzendienst, es entspräche auch nicht seinem Menschenbild. Oft stellt er den Lesern David als Vorbild hin, und die Wortwahl belegt, daß David für ihn tatsächlich ein bewunderungswürdiges Vorbild ist, von dem alle Gläubigen viel lernen können.[60] Doch spart Calvin bisweilen auch nicht mit Kritik, wenn David in seinen Worten und Werken von dem abweicht, was Gott den Menschen gebietet.[61] Kritisch klingt auch Calvins Anmerkung zu Psalm 42, in dem David darüber klagt, daß er nicht mehr in den Tempel könne. Calvin merkt dazu an, daß Menschen, die von Kind an mit Problemen zu tun haben, gegenüber derartigen Situationen abgehärtet seien und nicht so schnell klagten.[62] Daß dies nicht für David gilt, ist eine Schlußfolgerung, die der Leser selbst ziehen kann.

Die Weise, auf die Calvin Davids sündige Abweichungen beschreibt, gibt uns Informationen darüber, wie Calvin mit seinen eigenen Fehlern gerungen hat[63] und wie sehr auch hier die Identifikation Auswirkungen auf die Auslegung der Psalmen gehabt hat. Das zeigt sich etwa, wenn es bei der Auslegung von Psalm 18 heißt, daß Gott David zum Königsamt berufen habe, David selbst aber lieber bei den Schafen und in der sicheren Nähe seines Vaters geblieben wäre[64], während der Text überhaupt nichts darüber sagt. Von Calvin ist allerdings bekannt, daß er lieber im ruhigen Schafstall des Studierzimmers geblieben wäre – er projiziert seine eigenen Gefühle in die Psalmen hinein. Beim Psalm 101, 2 lehnt Calvin die von vielen Exegeten vertretene Auffassung ab, daß David hier einen Seufzer – „Wann kommst Du zu mir" –

---

[58] Ps. 7, 4 (CO 31, 80).
[59] Ps. 7, 4 (CO 31, 81).
[60] Ps. 25, 17 (CO 31, 261); Ps. 26, 1 (CO 31, 264); Ps. 34, 7 (CO 31, 338).
[61] Ps. 30, 6 (CO 31, 295); Ps. 34, 1 (CO 31, 335); „vitioso excessu", Ps. 39, 5 (CO 31, 339).
[62] „Seimus, qui a prima pueritia malis sunt assueti, callum contrahere et ipsa malorum assiduitas generat in nobis quandam duritiem", Ps. 42, 5 (CO 31, 428).
[63] Ps.7,4(CO 31,80f.); Ps.26, 1 (CO 31, 264); Ps. 39, 2 (CO 31, 397).
[64] Ps. 18, 19 (CO 31, 179).

ausspreche. Es sei kein Seufzer, sondern eine Feststellung: „bis daß Du zu mir kommst". Calvin merkt freilich zugleich an, daß David durchaus Grund zu einem solchen Seufzer gehabt hätte, denn als er noch ein unbekannter Schafhirte war, ging es ihm besser als zu der Zeit, da er aus seinem Vaterland vertrieben wurde und unter Schmähung und Haß leben mußte.[65] Was Calvin im Kommentar an die Leser weitergibt, ist so durch seine eigenen Erfahrungen geprägt, daß eine gewisse Einseitigkeit nicht zu übersehen ist. Calvin zählt vor allem negative Gefühle wie Schmerz, Zweifel und Einsamkeit auf. Das bedeutet, daß das, was an Auslegung über das Glaubensleben aus diesem Kommentar in die Tradition des Calvinismus eingegangen ist, an einigen Stellen mehr auf Calvins eigener Erfahrung als auf Gottes Offenbarung beruht.

5. Das Asyl-Motiv

Es gibt vor allem eine Parallele zwischen David und Calvin, die das Verhältnis zwischen Calvins Biographie und seiner Theologie verständlicher macht und die besonders wichtig ist, um den Erfolg des Genfer Psalters zu erklären. Es geht um das, was man das *Asyl-Motiv* nennen könnte. Einige der Psalmen, die von Davids Hand stammen, entstanden, als er aus Jerusalem vertrieben worden war, zunächst wegen der Todesdrohung durch Saul, danach durch Absaloms Revolution. Laut Calvin ist das Schlimmste, was einem Menschen widerfahren kann, in Verbannung zu leben.[66] Vor allem bei diesem Thema fühlte Calvin sich – genau wie die Psalmen singenden reformierten Exulanten – persönlich angesprochen. Es sind gerade diese Worte, die seine „Regungen des Herzens" zum Ausdruck bringen. Die Übereinstimmung, die Calvin zwischen seinem und Davids Exil sah, bestimmt die Darstellung von Davids Schicksal: Dieser ist aus seinem Vaterland verbannt, seiner Frau beraubt, getrennt von seiner Familie und ohne finanzielle Mittel.[67] Deutlich wird hier die Situation Davids aus der Perspektive Calvins dargestellt. Calvin hat sich in Genf immer als ein Fremdling gefühlt.[68] Er mußte aus Frankreich fliehen und befand sich wider Willen in Genf. Auch von dort wurde er vertrieben, aber fühlte sich genötigt[69], doch wieder zurückzukehren, als sich die Möglichkeit ergab. In den drei Jahren zwischen seiner Abreise aus Genf und sei-

---

[65] Ps. 101, 2 (CO 31,57).
[66] „Nam sicuti nihil tunc miserias fbit quam m exsilio degere", Ps. 126, 2 (CO 32, 318).
[67] „Quum patria extorris, uxore spoliatus, cognatis orbatus, cunctis dettique opibus privatus foret", Ps.27, 4 (CO 31, 273).
[68] Büsser, Urteil (s. Anm. 15), 80f.
[69] „quanto tarnen cum moerore quantis lacrymis et quanta anxietate, Dominus mihi optimus testisest", CO 31, 27.

ner Rückkehr fand er Asyl in Straßburg, wo er Prediger der französischsprachigen Gemeinde wurde. Es war eine Gemeinde von französischen Protestanten, die ihr Land um ihres Glaubens willen hatten verlassen müssen und Zuflucht in Straßburg gesucht hatten, dem damals größten Zentrum von Asylanten in Europa.[70] So wurde Calvin – selbst ein Asylant – ein Prediger der Asylanten. Dasselbe wurde er auch wieder in Genf, denn auch dort bestand seine Zuhörerschaft zu einem großen Teil aus geflüchteten französischen Gläubigen, die um ihrer reformatorischen Überzeugung willen beinahe alles verloren und nun, nach ihrer Flucht, Asyl in Genf gefunden hatten. Es sind diese biographischen Fakten, die Calvin mit David verbinden. Daher kann es nicht verwundern, daß der Begriff *asylum* im Psalmenkommentar oft Verwendung findet. In der Auslegung der Psalmen kommt dieser Begriff 24mal vor[71], während er zum Beispiel in der Vulgata an diesen Stellen nicht verwendet wird. Dort, wo in der Vulgata an zweien dieser 24 Stellen von *refugium*[72] die Rede ist, spricht Calvin über *asylum*, ein juristischer Begriff, der Calvin nicht nur in der Bibel[73], sondern zweifellos auch in seinen Rechtsstudien begegnet sein wird. Sowohl im kanonischen Recht als auch in den Gesetzen der christlichen Kaiser war das Recht auf Asyl festgehalten.[74] Das kanonische Recht bestimmt, daß der Schutz, den das Asyl bietet, nur gilt, solange der Flüchtling am Asylort bleibt – in den meisten Fällen die Kirche. Die Linie, die von dieser Bestimmung aus zum Asylsuchen bei Gott gezogen werden kann, ist evident. Calvin inkorporiert ein juristisches Prinzip in seine Theologie. Schutz vor Strafverfolgung und Strafe gebe es nur, solange jemand bei Gott Zuflucht suche.

6. Die Parallele: David–Volk Gottes

Es geht Calvin freilich nicht nur um die Schicksalsgemeinschaft zwischen David und ihm selbst, sondern auch um die zwischen David und all den anderen reformierten Flüchtlingen, die zu Unrecht vertrieben waren. Auch für sie ist David das Vorbild.[75] Calvin fühlte sich ihnen verbunden und sprach deshalb von *wir* und *uns*. Er ist in seiner Verbannung eins mit seinen verbannten

---

[70] Vgl. u.a. Christian Wolff, „Strasbourg, cité du Refuge", in: Strasbourg au coeur religieux du XVIe siècle (Hommage à Lucien Febvre), Strasbourg 1977, 321-330.
[71] Ps. 7, 9; 10, 6; 11, 4; 25, 11; 27, 5; 31, 5; 32, 1; 32, 6; 42, 7.
[72] Ps. 31, 5 (Vulgata 30, 4) und 32, 6 (Vulgata 31, 7).
[73] U.a. Ex. 21, 13f.; Num. 35, 9-34.
[74] Zu Inhalt und Geschichte des Asylrechts vgl. Hans Wissmann / Zeev W. Falk / Peter Landau, Art. Asylrecht, in: Theologische Realenzyklopädie 4, Berlin/New York 1979, 315-327.
[75] Ps. 39, 2 (CO 31, 397). In Ps. 34, 4-7 (CO 31, 3371) wird David viermal als „exemplum" bezeichnet.

Brüdern und Schwestern, der Asylant auf der Kanzel und auf dem Katheder ist eins mit den Asylanten in der Kirche und auf den Bänken des Hörsaals. Deutlich zeigt sich dies bei Calvins Auslegung von Psalm 94, 21, in der er die Aussagen über Recht, das zu Unrecht wird, stark auf eine Obrigkeit bezieht, die die Gläubigen unterdrückt. Calvin wird hier speziell an die Obrigkeit in Frankreich gedacht haben, wenn er die These aufstellt, daß der Rechtsapparat zu einer verbrecherischen Verschwörung entartet ist, deren Ziel es ist, Unschuldige zu verurteilen.[76] Was sowohl David als auch Calvin und seine Gemeindeglieder traf, ist und bleibt das Los des Volkes Gottes, immer und überall.[77] David ist das Muster („specimen"), an dem alle Gläubigen sehen können, wie Gottes Gunst sie leitet.[78] Gerade anhand des Psalms, in dem David zu Gott ruft, daß ihm wegen Feinden und Mühen das Wasser bis zum Halse stehe, stellt Calvin die These auf, daß David als Vertreter der ganzen Kirche spreche und er hier das Los aller Gläubigen beschreibe.[79] David gebrauche mit Absicht allgemeine Ausdrücke, um so den Gläubigen zu zeigen, daß Gott sie so behandle, wie er mit David umgehe.[80] David sei der Mund Christi und aller, die zu Christus gehören.[81] Calvin nennt ihn den Lehrmeister der ganzen Kirche.[82]

Diese Gleichsetzung von David und der Gesamtheit der Kirche dient als Trost und Ermutigung. Wenn selbst dieser Mann manchmal voller Ängste gewesen sei, so brauchten sich Gläubige auch jetzt nicht ihrer Ängste zu schämen.[83] Wenn solch ein aufrichtiger Mann übler Nachrede ausgesetzt sei, brauche es nicht zu erstaunen, daß *wir*, die in der Heiligung hinter ihm zurückbleiben, das auch zu erdulden hätten.[84] Davids Fehler dienen stets auch Calvin selbst zur Beruhigung, denn wenn sich aus Psalm 39, 2 ergibt, daß ein Mann wie David schon Mühe hatte, seine Zunge im Zaum zu halten, dann ist es nicht verwunderlich, daß auch *wir* oft Mühe haben, uns zu bezähmen.[85] David sei das Vorbild für jeden, der richterliches Unrecht erleide und dies

---

[76] Ps. 94, 23 (CO 32, 28).
[77] Ps. 2, 2 (CO 31, 43-44); Einleitung zu Ps. 18 (CO 31, 169); „Porro sub hoc typo sciamus invictam regni Christi statum fbisse adumbratum", Ps. 18, 38 (CO 31, 188).
[78] Ps. 116, 16 (CO 32, 200).
[79] „in quo nobis proponitur communis piorum omnium conditio", Ps. 69, 1 (CO 31, 637). Vgl. Ps. 116, 11 (CO 32, 197).
[80] „Ac generalem sententiam (ut dix) proferre maluit", Ps. 30, 6 (CO 31, 294).
[81] „Iam quum loquutus fuerit David quasi ex ore Christi et ex ore piorum omnium, quatenus sunt Christi membra", Ps. 69, 4 (CO 31, 638).
[82] „toti ecclesiae [...] magister et doctor", Ps. 37, 1 (CO 31, 386), Vgl. Ps. 42, 1 (CO 31, 425); „Communis erat totius ecclesiae doctor et insigne spiritus organon".
[83] Ps. 25, 17 (CO 31, 261).
[84] Ps. 64, 4 (CO 31, 600); vgl. Ps. 119, 22 (CO 32, 224).
[85] Ps. 39, 2 (CO 31, 397).

doch im Glauben zu tragen wisse.[86] Der Verweis darauf, daß David eben nicht zu den Waffen griff, dient als Botschaft an bestimmte reformatorische Gruppen.[87] Neben der Ermutigung schließt der Vergleich auch eine Ermahnung ein: Auch in der Verbannung müsse man sich an Gottes Gesetz halten, so wie David außerhalb seines Vaterlandes nicht aufhörte, Gottes Gesetz zu befolgen, und selbst in der Verbannung Freude an diesem Gesetz fand.[88]

Von noch größerer Bedeutung als diese biographischen und psychologischen Aspekte ist das theologische Element, das mit der historischen Situation verbunden ist.

7. Die theologischen Aspekte

Wie bereits bemerkt wurde, steht die Ausarbeitung des Psalmenkommentars am Ende von Calvins Laufbahn. Alles, was Calvin auf dem Wege von Studium und Diskussion an theologischer Erkenntnis gewonnen hat, hat er in diesem Kommentar verarbeiten können. Weil in den Psalmen nicht alle theologischen *loci* gleich ausführlich zur Sprache kommen, wird man in diesem Werk nicht genügend finden, um das Ganze, aber mehr als genug, um das Wesentliche von Calvins Theologie wiederzugeben.

Immer wieder hat man sich in der Calvinforschung mit der Suche nach einem zentralen Thema in der Theologie dieses Reformators beschäftigt.[89] Das Problem dieser Herangehensweise ist, daß ein solches Thema so strukturiert sein muß, daß andere Themen aus Calvins Theologie nicht vernachlässigt werden. Das Studium des Psalmenkommentars hat zum Ergebnis – wie bereits gesagt –, daß Calvins Theologie nichts anderes als Theologie sein will, in dem Sinne, daß es um eine Darlegung und zugleich Verteidigung des Gott-Seins Gottes geht. Die in der Vergangenheit aufgestellte These, daß das zentrale Thema zum Beispiel die Souveränität Gottes sei, greift meines Erachtens zu kurz, weil darin das grundsätzliche Anderssein Gottes nicht genügend zum Ausdruck kommt. Souveränität gibt wohl den graduellen, aber nicht den wesentlichen Unterschied zwischen Gott und Mensch wieder.

Schon am Anfang der *Institutio* weist Calvin daraufhin, daß es in der Theologie um die Kenntnis Gottes und die Kenntnis unserer selbst geht. Es ist für Calvin unmöglich, den Menschen getrennt von seiner Beziehung zu Gott und

---

[86] „discamus non solum iniustam violentiam aequo animo ferre, sed indignas etiam calumnias quibus praeter meritum gravamur", Ps. 94, 21 (CO 32, 28).

[87] Vgl. Ps. 140, 5 (CO 32, 388): „Itaque eius exemplo, quties insolenter hostes nostri se efferent, discamus ad Deum confiigere".

[88] Ps. 119, 54 (CO 32, 238).

[89] Hermann Bauke, Die Probleme der Theologie Calvins, Leipzig 1922; Ernst Saxer, Hauptprobleme der Calvinforschung – Forschungsbericht 1974-1982, in: Calvinus Ecclesiae Genevensis Custos, Frankfurt a. M. 1984, 93-111.

Gott frei von seiner Verbundenheit mit dem Menschen zu beschreiben. Weil es in den Psalmen um nichts anderes geht als um die Beziehung zwischen Gott und Mensch, findet Calvin gerade in den Psalmen das zum Ausdruck gebracht, was Anliegen seiner Theologie ist. Seine *Institutio* beginnt mit dem Bekenntnis: „All unsere Weisheit, sofern sie wirklich den Namen Weisheit verdient und wahr und zuverlässig ist, umfaßt im Grunde eigentlich zweierlei: Die Erkenntnis Gottes und unsere Selbsterkenntnis."[90]

Dieselbe Verbindung von Gotteskenntnis und Menschenkenntnis beschreibt der Psalmenkommentar. Insofern ist er die praktische Ausarbeitung der *Institutio*. Alles, was in der *Institutio* systematisch als biblische Lehre entfaltet ist, wird im Kommentar noch einmal anhand der Psalmen konkretisiert. Die Aufmerksamkeit Calvins gilt der Frage, was das Gott-Sein Gottes konkret für den Menschen bedeutet. Einerseits gehe es um die Erhaltung des Menschen. Gott sei kraft seines Wesens imstande und bereit, auf dem Wege der Gerechtigkeit Gnade zu bewirken[91], die Geschichte nach seinem Plan und zu seinem Ziel zu lenken[92] und inmitten des Chaos dieser Welt seine Kirche sicher und garantiert zu beschützen. Immer wieder weist Calvin darauf hin, daß Gott nicht untätig sei.[93] Andererseits ist das Gott-Sein Gottes auch die Ursache von Glaubenskämpfen. Dieses Ringen könne durch eigene Sünden, die Gottes Zorn erregen[94], entstehen oder durch Anfechtungen des Wegs, den der unergründliche Gott mit Menschen gehe[95], aus Mühsal als Folge des gerechten Strafens Gottes.[96]

Das Beruhigende des Gott-Seins Gottes überwiege jedoch. Die Güte fehle hingegen in dem Bild von Gott, das die römische Kirche den Menschen vermittle. Laut Calvin mache Rom dem Menschen Angst vor Gott, indem es das Heil zum Teil von der Anstrengung des Menschen abhängig mache, mit der Folge, daß große Zweifel darüber aufkommen, ob man als Mensch genügend getan habe. Gott werde hauptsächlich als strenger Richter dargestellt. In den Psalmen freilich werde uns der wahre Gott gezeigt, ein Gott nämlich, der durch seine Größe imstande ist, „umsonst Vergebung der Sünde"[97] zu gewähren. So stellt Calvin die These auf, „daß uns in diesem Buch das Wichtigste angeboten wird, was ein Mensch sich nur wünschen kann, nämlich nicht nur, daß wir ganz vertraulich mit Gott umgehen können, sondern auch, daß wir ihm die Schwächen, die wir aus Scham vor den Menschen verborgen halten,

---

[90] Inst. I. 1. 1 (Übersetzung Otto Weber).
[91] Ps. 32, 1 (CO 31, 314-315).
[92] Ps. 37,34 (CO 31, 384).
[93] U.a. Ps.9,9 (CO 31, 100);Ps. 10, 12 (CO 31, 115).
[94] Ps. 6, 6 (CO 31, 76).
[95] Ps. 11, 6 (CO 31, 125); Ps. 37,19 (CO 31, 375).
[96] Ps. 6, 6 (CO 31, 76).
[97] Ps. 32,1 (CO 31, 316).

offen und bloß erzählen dürfen".[98] Das Anderssein Gottes kommt nicht nur in seiner überirdischen Heiligkeit zum Vorschein, sondern auch in seiner Güte und Barmherzigkeit.

Calvins Sicht auf das Gott-Sein Gottes führt ihn, genauso wie seinen Lehrmeister und Kollegen Luther, dazu, eine ganz eigene Theologie des Kreuzes zu entwickeln.[99] Gott sei in seinem Vorgehen oft unerklärlich, und seine Art zu handeln mute uns oft unverständlich und widersprüchlich an. So glaubten wir, daß Gott täglich Ordnung in das Chaos bringe, während davon scheinbar kaum etwas zu sehen sei.[100] Praktisch bedeutet die Calvinsche *theologia crucis*, das Leben des Gläubigen als ein Leben im Zeichen des Kreuzes zu sehen.[101] Die so betonte Gemeinschaft mit Christus[102] impliziert auch die Gemeinschaft mit dem gekreuzigten Christus. Das Kreuz spielt nicht allein in der Rechtfertigung eine Rolle, sondern gerade auch in der Heiligung. Das Leben eines Christen sei ein Leben des Absterbens und ein Leben, in dem Gott uns manchmal ein Kreuz auflege, um uns im Glauben und in Geduld zu üben[103], in dem Gott uns in Dunkelheit führe, um uns zum Licht zu bringen[104], in dem Gottes Hand uns niederschlage, um uns zu zeigen, daß uns allein seine Hand wieder aufrichten kann.[105]

Calvin spricht in diesem Zusammenhang viel über die Verborgenheit Gottes[106], wenn auch nicht immer mit einheitlicher Bedeutung. Manchmal meint Gottes Verborgenheit, daß Gott sich vor uns verborgen hält, manchmal, daß Gott uns verborgen scheint. So vergleicht Calvin Gott mit einem Wurm, der unterirdisch und also unsichtbar arbeitet[107], gelegentlich heißt es aber auch, daß Gott seine Macht manchmal vor uns verberge.[108] Hier begegnet uns wie-

---

[98] Praefatio (CO 31, 19).

[99] Walter von Loewenich, Luthers Theologia crucis [1929], Bielefeld ^{6}1982. Zu Luthers theologia crucis auch: Bernhard Lohse, Luthers Theologie in ihrer historischen Entwicklung und in ihrem systematischen Zusammenhang, Göttingen 1995, 49-52.

[100] Ps. 7, 12 (CO 31, 85).

[101] Ps. 30, 6 (CO 31, 294).

[102] Vgl. hierzu: Willem van 't Spijker, „Extra nos" en „In nobis" bij Calvijn in pneumatologisch licht, in: Comelis Augustijn / Wilhelm H. Neuser / Herraan J. Selderhuis (Hg.), Geest, Woord en Kerk, Kampen 1991, 114-132.

[103] „nos Deus cruce exercit", Ps. 23,4 (CO 31, 240); Ps. 9, 9 (CO 31, 100).

[104] Ps. 30, 8 (CO 31, 297).

[105] Ps. 44, 10 (CO 31, 441).

[106] Dieses Thema verdient weitere Untersuchung. Vgl. die Aussage von Gerrish: „Surprisingly, however, there is no such body of literature on what Calvin thought about God's hiddenness", Brian A. Gerrish, „To the unknown God", Luther and Calvin on the Hiddenness of God, in: The Old Protestantism and the New (Essays on the Reformation Heritage), Edinburgh 1982, 141.

[107] Ps. 39, 11 (CO 31, 403).

[108] Ps. 18, 47 (CO 31, 192).

der Calvins *theologia crucis*, wenn er sagt, daß Gott sich bisweilen in Dunkelheit hüllt, damit unsere Augen erhellt werden.[109]

Auch die dauernde Betonung von Gottes Vorsehung ist nicht getrennt von der historischen Situation zu sehen. In einer Zeit von Chaos, Unrecht und Leiden finde ein Mensch nur Sicherheit und Ruhe in dem Bewußtsein, daß Gott regiert. So müßten alle Geschehnisse stets auf Gott bezogen werden, denn das bewahre im Glück vor Hochmut und im Unglück vor Verzweiflung.[110]

Calvin betont nicht so sehr den Abstand als vielmehr den Unterschied zwischen Gott und Mensch. Es ist natürlich ein Abstand vorhanden, aber der werde durch Gott überbrückt, indem Gott sich in seinem Sprechen und Handeln den Menschen anpasse.

All dies sind Vorstellungen, die charakteristisch geworden sind für die Spiritualität der Reformierten, eine Spiritualität die jahrhundertelang und weltweit im Genfer Psalter ihren ureigensten Ausdruck fand.

---

[109] Ps. 30, 8 (CO 31, 297).
[110] Ps. 9, 4 (CO 31, 97-98).

GERD BOCKWOLDT

Das Menschenbild Calvins

I. Philosophische und theologische Anthropologie

Das Selbstverständnis des Menschen ist nach Calvin stets Ausdruck geistigen Bemühens gewesen. Sich selbst und seine Stellung im Mikro- und Makrokosmos zu erkennen, war Grund und Ziel auch der ältesten Philosophie. Im γνωτι σεαυτον wie im *cognosce te ipsum* offenbart sich ihm der sich regende, nach Erkenntnis drängende menschliche Geist. Was die einzelnen Denker und Schulen zu den verschiedensten Zeiten entdeckt haben, bemerkt Calvin kritisch, war aber immer mehr ein Postulat als ein an der "Wirklichkeit gewonnenes Ergebnis, weil sie im Grunde von der vorgefaßten Meinung ausgingen, der Mensch müsse "sich seiner Würde und bevorzugten Stellung bewußt" sein. Indem sie von vornherein derart das "Ziel ihrer Bemühungen" bestimmten, waren sie in ihrer Forschung, in ihrem Denken weitgehend befangen, wurden ihre Ergebnisse einseitig und falsch. Letztlich galt der Mensch "dann gar wohl erforscht, wenn er im Vertrauen auf seinen Verstand und seine Unverdorbenheit kühn wird, sich dem Dienste der Tugend hingibt, den Lastern den Kampf ansagt und so versucht, mit vollem Eifer dem Schönen und Ehrbaren nachzustreben". So einleuchtend und wirklichkeitsnah derartige Aussagen menschlicher Philosophie auch erscheinen mögen, sie basieren auf falschen Voraussetzungen und sind nicht Ausdruck von Selbsterkenntnis, sondern von "übelster Selbst-Unkenntnis".[1]

Wenn Calvin derart grundsätzlich die philosophische Anthropologie wegen ihrer Voreingenommenheit kritisiert, so liegt der Schluß nahe, daß er demgegenüber eine Anthropologie entfaltet, die von Voraussetzungen frei ist. Nach Calvin gibt es jedoch keine Selbsterkenntnis des Menschen an sich. Der Mensch ist ihm nie und nimmer eine *tabula rasa*, die man beliebig beschriften könnte, er ist bereits definiert. Richtige Selbsterkenntnis ist stets verbunden mit der Gotteserkenntnis. Weil der natürliche Mensch eine natürliche

---

[1] CO 2, 175: Non sine causa proverbio veteri tantopere homini commendata semper fuit cognitio sui ipsius..., finem simul proponunt, ne dignitatem excellentiamque suam nesciat. – ibd. 177: Tunc enim homo ... probe sibi exploratus videtur, quum et intelligentia et integritate sua confisus audaciam sumit, ac sese incitat ad virtutis officia, et indicto vitiis bello ad id quod pulchrum et honestum est, toto studio incumbere conatur..., proficiet ... in pessimam ignorationem.

Gotteserkenntnis hat[2], muß eine Anthropologie, die dem Wesen und der Stellung des Menschen gerecht werden will, eben stets das Verhältnis von Gott und Mensch beachten. Insofern kann das, was Calvin über den Menschen aussagt, schlechthin keine voraussetzungsfreie, sondern, ob sie nun den Heiden oder Christen meint, nur eine *theologische Anthropologie* sein. Letztere aus dem Werk Calvins herauszuarbeiten, soll im Folgenden an den Begriffen *Sünde, Seele, Gewissen* und *Willensfreiheit* versucht werden, weil sich an ihnen im besonderen die Geister der Zeit schieden.

"Gottes- und Selbsterkenntnis sind fest miteinander verbunden"[3]. Da erstere allein durch die Heilige Schrift gegeben ist, kann auch die Selbsterkenntnis des Menschen letztlich nur dort ihren Grund haben. Wie er geartet und wozu er bestimmt sei, das erfahrt der Mensch mit letzter Gültigkeit nur aus den Worten der Bibel, woraus nun keineswegs die Meinung zu resultieren braucht, daß damit aller Empirie der Boden entzogen sei. Vielmehr spiegelt ja auch die Schrift mit ihren vielfältigen Büchern die verschiedensten religiösen, historischen, politischen und nicht zuletzt psychologischen Erfahrungen der Menschen wider. Und andererseits fällt gerade in Fragen der Anthropologie der empirischen Forschung die Aufgabe zu, die theologischen Aussagen der Bibel über den Menschen zu überprüfen und zu verifizieren. Mit anderen Worten: theologische und empirische Anthropologie brauchen nicht zu einander widersprechenden, ja kontradiktorischen Ergebnissen zu kommen.

II. Die Sündhaftigkeit der menschlichen Existenz

Aus der Schrift, dem Alten wie dem Neuen Testament, erfuhr nun Calvin, daß alles Dichten und Trachten des Menschen von Jugend auf böse sei und daß zu keiner Zeit ein Mensch gelebt habe, noch in Zukunft leben werde, der ohne Schuld sei. Daß der Mensch Böses tat, wußte auch die heidnische Philosophie, der Mensch hatte ja ein Gewissen, das ihm sagte, daß dieses gut und jenes böse sei. Doch lag es danach in des Menschen Macht, sein schuldhaftes Tun zu korrigieren, indem er gute Werke vollbrachte. Wenn er vorher nur richtig belehrt wurde, vermochte er sich auf seine Tugenden zu besinnen und entsprechend zu handeln. Sein böses Tun war also nur eine vorübergehende Mangelerscheinung, etwas Akzidentielles. Dieses Verständnis hat Calvin unter Berufung auf die Heilige Schrift ungeheuer vertieft. Für ihn unterliegt der Mensch nicht nur zeitweise dem Bösen und ist nicht nur auf Grund einzelner Vergehen und Übertretungen schuldig, sondern der Mensch in seinem Denken und Handeln ist schlechthin sündig. Er ist, wie Paulus (Rom. 7, 14)

---

[2] Vgl. CO 26, 644 f.; 2,36 f. – Vgl. zum Ganzen G. Gloede, Theologia naturalis bei Calvin, Stuttgart 1935.

[3] CO 2, 33: Dei nostrique notitia mutuo inter se nexu sint colligatae.

sagt, unter die Sünde verkauft. Sünde ist etwas Habituelles und meint die Grundhaltung des Menschen, die darin besteht, daß dieser nicht *in*, auch nicht *ohne* Gott, sondern im Aufruhr *gegen* ihn lebt.[4] Dieser Abfall von Gott geschah am Anfang alles menschlichen Lebens, wie die Geschichte vom Sündenfall berichtet. Adam beging die Ursünde, das *peccatum originale*, die seitdem als Erbsünde allen Menschen eignet. "Durch eines Menschen Ungehorsam sind alle verlorengegangen", steht das "Menschengeschlecht unter einem allgemeinen umfassenden Fluch". Seitdem wird Gottes Wort verachtet, sind Frevel, Anmaßung und Hochmut die hervorragendsten Eigenschaften des Menschen Gott gegenüber. Dem Argument seiner Kritiker, daß damit doch besagte Sündhaftigkeit des Menschen auf ein "*fremdes* Vergehen" zurückgehe und deswegen in dem Sinne keine persönliche Schuld sei und außerhalb der persönlichen Verantwortung stehe, hält Calvin entgegen, daß die "Erbsünde als erbliche Zerrüttung und Verderbnis unserer Natur" gesehen werden müsse und damit "eines jeden *eigene* Sünde" sei.[5] Die Person Adams hatte keine Bedeutung an und für sich, sondern stand stellvertretend für das ganze Menschengeschlecht. Wenn dann die naturalistische Erklärung, daß die Erbsünde eine Art physischer Erbkrankheit sei, beiseite getan wird und auch die moralistische Deutung[6], wonach die Sünde des ersten Menschen zur Nachahmung reizt, nicht den Skopus trifft, so bleibt das Problem ein *mysterium logicum*: "...weil wir alle nach dem Willen Gottes in seiner (sc. Adams) Person waren. Man darf hier keinesfalls mit natürlichen Vernunftgründen arbeiten, um zu erfahren, ob es so ist oder nicht; vielmehr müssen wir erkennen, daß dies der Wille Gottes gewesen ist, unserem Stammvater das zu schenken, was wir nach seinem Willen haben sollten, und als es ihm genommen wurde, waren wir mit ihm in dem gleichen Verderben und der gleichen Verwirrtheit ... Trauen wir nicht unserem Verstand und unserer Phantasie"[7]. Weil die Erbsünde nicht nur ein "Mangel an Urgerechtigkeit" ist, sondern ständig neu in jedem Menschen entsprechende "Früchte" hervorbringt und

---

[4] Vgl. W. Kolfhaus, Vom christlichen Leben nach Johannes Calvin, Neukirchen 1949, S. 60 f.

[5] CO 2, 178: ...unius hominis inobedientia omnes fuisse perditos. – CO 36,284: ...universalem maledictionem, generis humani ... sumamus. – CO 2, 182: Neque ista est alieni delicti obligatio. – ibd.: ...peccatum originale haereditaria naturae nostrae pravitas et corruptio ... – ibd. 183: ...peccatum ... simul tarnen et proprium unicuique asserit.

[6] Vgl. CO 31, 514; 2, 179 f. – Vgl W. Niesel, a.a.O., S. 78 ff.

[7] CO 33, 661: Pource que nous estions tous enclos en sa personne, selon la volonté de Dieu. Il ne faut point ici disputer par raisons naturelles, pour savoir si ainsi est, au non: il nous faut cognoistre que telle a esté la volonté de Dieu, de donner à nostre premier pere ce qu'il vouioit que nous eussions: et quand il lui a esté osté, nous avons esté en une mesme ruine et confusion avec lui, ...ne croyons point à nostre sens et fantasie.

damit ihre "Kraft und Wirksamkeit" offenbart, wird nach Calvin die Sünde stets neu gesetzt.[8] Der Mensch tut das Böse, nicht weil er es müßte, sondern weil er die Sünde liebt.

Ist das nicht, auf den ersten Blick betrachtet, ein düsteres Bild vom Menschen? Ist das Dogma von der Erbsünde nicht, wie H. Leisegang meinte, "erzieherisch so verhängnisvoll", daß daraus "nichts anderes" resultiere "als die ständige Erregung des Minderwertigkeitsgefühls in seiner deprimierendsten Form"[9]? Gibt es für die Erziehung nicht doch irgendwelche Anknüpfungspunkte im Menschen?

Calvin selbst hat so hoch vom Menschen gedacht und gesprochen, daß es zunächst den Anschein hat, als habe er einmal diese, dann jene Auffassung vertreten und sei inkonsequent. Kann seine Auskunft, daß der Mensch vor Sünde blind und völlig verloren sei, noch gültig sein, wenn er andererseits verkündet: "Gott *schafft* niemals einen Menschen, dem er nicht sein Bild aufprägte"[10]? Wie ungeheuerlich diese Aussage – dazu noch im Präsens formuliert – ist, mag auch noch dadurch erhellen, daß Calvin die altkirchliche Unterscheidung von *imago* und *similitudo* verwirft.[11] Danach war zwar durch den Sündenfall die similitudo verlorengegangen, die imago jedoch erhalten geblieben. Für Calvin jedoch sind beide Ausdrücke synonym, sie bezeichnen die Gottes-Ebenbildlichkeit des Menschen schlechthin. Hieß es dort, daß die Ebenbildlichkeit nach dem Fall nur noch eine "grausige Entstellung" war, so kann er hier sogar gegenüber dem, der von ihr sagte, sie sei zerstört, von einer "leichten Lösung" des Problems sprechen: "Es bleibt ein solcher Rest, daß der Mensch sich durch eine nicht geringe Würde auszeichnet".[12]

Kann man diesen Rest genauer bestimmen? Gibt es nach Calvin trotz des für ihn verbindlichen Erbsündendogmas nun doch etwas im Menschen, das nicht von der Sünde ergriffen und infolgedessen ansprechbar, also der bessere Teil des Menschen ist?

---

[8] CO 2,183: ...peccatum originale definierunt carentiam iustitiae originalis ..., non tamen satis ... vim atque energiam ipsius expresserunt ..., sed novos assidue fructus parit.

[9] H. Leisegang, Dialektische Theologie und Pädagogik, in: Philosophie und Schule, Bd. II, Berlin 1930/31, S. 60-70, z. St. S. 63, 67.

[10] CO 33, 512: ...que Dieu ne crée jamais un nomine, qu'il ne lui imprime son image.

[11] Vgl. CO 2, 137 f.

[12] CO 2, 138: ...horrenda sit deformitas. – CO 23, 147: Si quis obiiciat imaginem illam deletam esse: solutio facilis est, manere adhuc aliquid residuum, ut praestet non parva dignitate homo.

III. Die unsterbliche Seele

Es scheint in der Tat, als habe Calvin mit seinem Verständnis von der *Unsterblichkeit der Seele* Zugeständnisse an die griechische Philosophie gemacht. Das Hohelied der Seele findet sich im "Phaidon" des Platon, von dem Calvin ausdrücklich sagt, daß außer ihm keiner der Philosophen die Seele als "unsterbliches Wesen" anerkenne.[13] Dort lehrt Platon und läßt am Sterben des Sokrates offenbar werden, daß die Seele das höchste und köstlichste Gut des Menschen ist. Ohne Zaudern nimmt der große Philosoph den Giftbecher, weil er fest daran glaubt, daß nur der Körper zerstörbar sei, daß die Seele, die vom Körper wie in einem Gefängnis gehalten wurde, nunmehr durch den Tod befreit werde und zu ihrem Ursprung zurückkehren könne. Dem Tode ist damit die Grausamkeit genommen, sein Erscheinen ist natürlich, er erlöst die Seele und vernichtet, was wertlos ist und ihr vorher stets widerstrebte, den Körper. Die paulinische und genuin-christliche Vorstellung, daß der Tod der Sünde Sold und der letzte Feind des Menschen sei, ist mit dem Unsterblichkeitsgedanken unvereinbar. Der Tod nach Platon hat nichts Bedrückendes.[14]

Calvins Aussagen muten zunächst an, als habe er jene dualistische Auffassung vom Menschen, wie sie der griechischen Philosophie eigen war, übernommen, versteht er doch unter "Seele ein unsterbliches Wesen, das des Menschen edlerer Teil ist". Sie besitzt ein "eigenes Wesen", und wenn der Mensch stirbt, wird sie "aus dem Sklavenhaus des Fleisches erlöst". – "Wenn", so fragt Calvin, "der Körper der Seele Kerker ist, wenn ihre irdische Wohnung eine Fessel ist, was geschieht mit ihr, nachdem sie aus diesem Kerker befreit und ihrer Fesseln ledig ist: kehrt und findet sie dann nicht zu sich selbst zurück"[15]?

So griechisch und humanistisch diese Ausführungen auch klingen mögen, in der Antwort auf seine eigens aufgeworfene Frage sehen wir bereits deutlich, wie Calvin verstanden werden will. Gewiß, "die Seele des Menschen geht im Tode nicht zugrunde, sie ist nicht ausgelöscht", doch müssen wir beachten, daß die Seele das alles nicht "aus eigener Natur" vermag. "Diese Lebenskraft ist ihr nicht eingeschlossen, sondern ist ein ihr aufgeprägtes Gut,

---

[13] CO 2, 140: ...quorum nemo fere, excepto Platone, substantiam immortalem solide asseruit.

[14] Vgl. O. Cullmann, Unsterblichkeit der Seele oder Auferstehung der Toten? 2. Aufl., Stuttgart 1963, S. 23 f.u.ö.

[15] CO 2, 135: Atque animae nomine essentiam immortalem ... intelligo, quae nobilior eius pars est. – ibd.: ... animam ... sequitur, essentia praeditam esse ..., soluta est a carnis ergastulo anima. – CO 5,196: Si corpus animae est carcer, si terrena habitatio, compedes sunt: quid anima soluta hoc carcere, exuta his vinculis? nonne sibi redditur, et quasi se colligit?

das von anderswoher kommt"[16]. Calvin lehnt also eine Entelechie der menschlichen Seele ab. Sie hat kein Eigenleben. Woher aber stammt sie, wohin geht sie nach dem Tode des Menschen? "Mit Sicherheit ist festzustellen, daß die Seelen geschaffen sind. Schöpfung aber ist kein Ausfluß (sc. göttlichen Wesens), sondern der Anfang eines Wesens aus dem Nichts"[17]. Es ist Gott, der dem Menschen dieses kostbare Gut mit der Geburt verleiht, und weil die Seele nach dem Tode heimkehrt zu Gott, ist sie im Gegensatz zum Körper unsterblich; "Die Seelen leben, indem sie von den Körpern getrennt sind, bei Gott…, die Engel Gottes selber nehmen unsere Seelen auf, um sie in guter und sicherer Hut zu halten, bis wir auferstehen in himmlischem Glänze".[18]

Gerade durch diese letzte Aussage wird deutlich, daß Calvin nicht wie andere das "15. Kapitel des 1. Korintherbriefes dem "Phaidon" geopfert hat". Wie aber ist das Verhältnis von christlicher Auferstehung und griechischer Unsterblichkeit zu bestimmen, wenn man ihm nicht doch "eines der größten Mißverständnisse des Christentums" unterstellen will[19]? Offenbar muß Calvin noch etwas weiter darüber befragt werden, wie nach seinem Verständnis die Seele des Menschen geartet ist.

Nannte Calvin anfangs die Seele den "hervorragendsten Teil" des Menschen, so heißt es nun, daß die "Seele in ihrem ganzen Umfang von der Sünde mit Beschlag belegt" sei insofern, als "schändliche Gottlosigkeit die Seele bis ins Tiefste in Besitz genommen hat". Entfremdung von Gott bedeutet den "Untergang der Seele"[20]. Bereits jetzt erhellt, daß Seele offensichtlich gleichbedeutend ist mit *Mensch*, wie denn auch Calvin jenen Schriftstellern zustimmt, die "der Seele den Namen Mensch geben"[21]. Seele meint also mehr als nur einen Teil des Menschen unter mehreren. Dadurch, daß der Mensch eine Seele hat, zeichnet er sich gegenüber aller anderen Kreatur aus, die Seele

---

[16] CO 53, 92: L'ame de l'homme aussi ne perit point en la mort, elle n'est pas esteinte: mais cependant si nous regardons comme nos ames sont immortelles cela n'est point de leur propre nature, ceste vertu de vie n'y est pas enclose, mais c'est un bien emprunté et qui procede d'ailleurs.

[17] CO 2, 140: Animas … creatas …, certo statuendum est. Creatio autem non transfusio est, sed essentiae ex nihilo exordium.

[18] CO 55, 184: … animas postquam a corporibus sunt separatae, vivere tarnen apud Deum. – CO 34,160: Les Anges de Dieu mesmes … recevront nos ames pour les mettre en ceste garde boane et seure, iusques à ce que nous ressuscitions en la gloire celeste.

[19] O. Cullmann, a.a.O., S. 12, 19.

[20] CO 2, 136: …praecipuam esse partem indicant … – ibd. 183: Dixi cunctas animae partes a peccato fuisse possessas . . ., arcem ipsam mentis occupavit nefanda impietas, – ibd. 179: Alienatio ab eo fuit animae internus.

[21] CO 2, 136: … animam … hominis nomen ad eam transferendo.

macht ihn erst zum Menschen. Und zwar "wohnen der Menschenseele zwei Vermögen inne…, nämlich Verstand und Wille"[22].

Wenn Calvin nun so deutlich erklärt, daß die Seele des Menschen ganz und gar von der Sünde befleckt sei, dann heißt das eben – und das macht diesen Gedanken so unerträglich und gegenüber aller Vernunft so widersinnig –, daß das Höchste und Edelste, was der Mensch überhaupt besitzt, korrumpiert ist. Der Sitz des Bösen ist nicht, wie die griechische und damit alle idealistische Philosophie meinte, der Körper, aus dessen Sinne Schranken sich die Seele kraft ihrer göttlichen Heimat und Bestimmung befreien müsse, sondern eben diese selbst. "Denn unsere Hände und Füße, Augen und Ohren sündigen nicht aus eigenem Antrieb", sondern nur insoweit, als sie von "bösen Gedanken und Wünschen geleitet und erregt werden". Die Körper sind "nur Werkzeuge", die Seele indessen der "wahre Sitz des Bösen und der Satansherrschaft"[23]. Calvin hat beides verkündet: die Unsterblichkeit der Seele und die Auferstehung des Fleisches. Doch schließen wohlgemerkt beide Aussagen einander nicht aus. Wie schon Paulus begreift er unter Fleisch den ganzen Menschen: "Als ob Paulus nur einen Teil der Seele gemeint habe und nicht die ganze Natur, wenn er das Fleisch und die übernatürliche Gnade einander gegenüberstellt"[24]. Fleisch mit der *concupiscentia* zu identifizieren, war einer der verhängnisvollsten Irrtümer der Alten Kirche. Weil eben Fleisch die Ichhaftigkeit und Persönlichkeit des Menschen bezeichnet, gibt es eine Auferstehung des Leibes. Durch Christus ist der *ganze* Mensch erlöst: "Der Geist Gottes mahnt uns in der Schrift immer wieder zur Hoffnung auf die Auferstehung unseres Fleisches"[25]. Vor Spekulationen über das Wie und Wann der Auferstehung hat Calvin jedoch eindringlich gewarnt.

Mag man auch vom Standpunkt der kritischen Nachwelt von Calvin eine bessere terminologische Klarheit und Eindeutigkeit wünschen, in der Sache ist Calvins Haltung durchaus einhellig. Es wäre ebenso falsch, ihn auf eine dualistische Auffassung von Seele und Körper festlegen zu wollen, wie ihm zu unterstellen, daß er zumindest in seinem Verständnis geschwankt habe. Gerade seine Äußerungen über das Leben der Seele bei Gott und ihr Warten auf die Auferstehung machen deutlich, daß seine Auffassung von der Unsterblichkeit mit dem philosophischen Lehrsatz eigentlich nur den Namen ge-

---

[22] CO 2, 142: … subesse duas humanae animae partes …, intellectum et voluntatem.

[23] CO 28, 401: Car nos mains et nos pieds, nos yeux et nos aureilles ne pechent point de leur propre mouvement, c'est d'autant qu'ils sont conduits et incitez par les méschantes pensees et affections …, les corps qui n'ont esté qu'istrumens…, des ames, ausquelles est le vray siège du mal et du regne de Satan.

[24] CO 2, 183: Quasi vero tantum partem animae designet Paulus, ac non totam naturam quae supernaturali gratiae opponitur.

[25] CO 2, 738: Nos … Spiritus Dei ad sperandam carnis nostrae resurrectionem in scriptura passim hortatur.

mein hat. Calvins Gedanken sind in diesem Punkte ganz und gar *eschatologisch*. Damit ist aber zugleich die eingangs gestellte Frage beantwortet, ob es nicht trotz des Erbsündendogmas doch im Menschenbild Calvins einige positivere Züge gäbe, die der Pädagogik Raum lassen. Die Eschatologie gehört in den Bereich der Theologie oder Religion und hat mit der Erziehungswissenschaft nichts zu schaffen.

In Calvins Auffassung vom seelischen Vermögen des Menschen, das er ja als Verstand und *Willen* begreift, liegt bereits die Antwort auf die Frage nach der Freiheit des Willens insofern begründet, als er die Seele als total von der Sünde verdorben erkennt. Calvin hat sich jedoch so ausführlich und nachdrücklich in seinen Schriften mit diesem Problem beschäftigt, daß es sein Verständnis verkürzen hieße, wollte man ihn lediglich per definitionem die Willensfreiheit leugnen lassen.

IV. Die Willensfreiheit

Die Frage, ob der Mensch einen freien Willen habe oder nicht und was dieser gegebenenfalls vermöge, ist schon in der frühchristlichen Kirche lebhaft diskutiert worden. In der Auseinandersetzung mit *Pelagius*, der die Freiheit des menschlichen Willens insofern lehrte, als man zwischen Gut und Böse wählen und sich für das eine oder andere entscheiden könne, betonte *Augustin* hingegen die völlige sittliche Unfreiheit des Menschen, der restlos auf die Gnade Gottes angewiesen sei. Damit war ein Problem aufgeworfen, das seitdem in der Kirchen- und Dogmengeschichte zum Kriterium dafür wird, in welchem Verhältnis Gott und Mensch zueinander stehen. Daß diese Problematik im Grunde zeitlos ist, mag auch aus der neuerlichen Kontroverse zwischen K. Barth und Fr. W. Foerster hervorgehen, in der letzterer glaubte, sich ausdrücklich als Pelagianer interpretieren und für die Geistesrichtung des Pelagianismus eintreten zu müssen.[26]

In der Reformation stellte sich die Frage, ob der Mensch über einen freien oder geknechteten Willen verfüge, besonders eindringlich. Darin, wie sie beantwortet wurde, schieden sich die großen Geister der Zeit. Da *Erasmus* den freien Willen verteidigte, gilt er einer aufklärerischen Pädagogik weit mehr als Luther, der in Anlehnung an Augustin nur den geknechteten Willen des Menschen kannte.[27] Augustins Bild vom menschlichen Willen als Pferd, das entweder Gott oder der Teufel reitet, ist durch Luthers Neufassung berühmt geworden: "So findet sich der menschliche Wille in der Mitte wie ein

---

[26] Vgl. Fr.W. Foerster, Meine Stellung zu Karl Barth, in: Neuwerk 1923/24, S. 152 bis 159.
[27] Zur neueren Literatur vgl. E.-W. Kohls, Die Theologie des Erasmus, Bd. II, Basel 1966, S. 141 ff.

Reittier, das, wenn Gott es reitet, will und geht, wohin Gott will..., wenn der Satan es reitet, will und geht, wohin der Satan will. Es ist nicht in sein Entscheiden gestellt, sich zum Reiter zu begeben oder ihn sich auszusuchen, sondern die Reiter selbst kämpfen um seinen (sc. des Pferdes) Gewinn und Besitz"[28]. Der Mensch kann weder der Gnade noch dem Bösen widerstehen. Er ist, um ein anderes Bild Luthers aufzugreifen, wie eine "Säge oder ein Beil in der Hand des Zimmermanns"[29]. Diese schroffe Auffassung versteht sich nicht nur als Reaktion auf die Diatribe des Erasmus (De libero arbitrio, 1524), in der dieser die Existenz des freien Willens nicht zuletzt unter Hinweis auf deutliche Belege in der Schrift (u.a. Sir. 15, 14-18) als unumstößlich und unleugbar erklärt hatte. Sie muß unweigerlich aus Luthers Gnadenverständnis folgen. Erasmus hatte den freien menschlichen Willen als eine Gabe Gottes und als eine Kraft definiert, mittels der man sich dem, was zum ewigen Heil führt, anpassen oder davon abwenden kann. Das prädestinatianische 9. Kapitel des Römerbriefes spreche nur scheinbar gegen die Willensfreiheit insofern, als die Bestimmung zum Guten oder Bösen darin bestehe, daß Gott lediglich *voraussehe*, was kommen werde, der Mensch sich aber aus eigener Initiative und Kraft entscheiden könne. Gewiß, das Heil vermag der Mensch ohne Gottes gnädige Zuwendung nicht zu erlangen. Aber eben dieser entgegenkommenden Gnade Gottes muß und kann der Mensch in seiner Willensanstrengung begegnen. Sie ergänzen einander.

Diese Diskussion, von der wir nur einige Teilaspekte skizziert haben, war vorausgegangen, als Calvin sich ähnlichen, an die Wurzeln des christlichen Glaubens rüttelnden Problemen konfrontiert sah. Nach der bisherigen Kenntnis seiner Anschauung unterliegt es keinem Zweifel, wessen Partei er ergriff. Wenn er auch oft die philologische Leistung des Erasmus hinsichtlich der griechischen Edition des Neuen Testaments lobte, so gab es doch gerade in der Frage der Willensfreiheit für ihn keinen Kompromiß. Wer "nach philosophischer und weltlicher Art die Verderbnis des Menschengeschlechts erörtert" und entsprechend dem Menschen einen freien Willen zuspricht, der "raubt der Gnade Christi nicht nur die Kraft, sondern zerstört sie fast völlig". Deswegen sei "Erasmus umso weniger entschuldbar, der sich allzugroße Mühe gebe, um solch einen offenbaren Wahnsinn zu verzeihen"[30]. Wenn trotzdem behauptet worden ist, daß Erasmus "in seinen religiösen Schriften

---

[28] WA 18, 600 ff., z. St. 635: Sic humana voluntas in medio posita est, ceu iumentum, si insederit Deus, vult et vadit, quo vult Deus ... Si insederit Satan, vult et vadit, quo vult Satan, nec est in eius arbitrio, ad utrum sessorum currere aut eum quaerere, sed ipsi sessores certant ob ipsum obtinendum et possidendum.

[29] WA 18, 699: ...quemadmodum serra aut securis a fabro agitur.

[30] CO 49, 97: Nam et philosophice profaneque disputat de humani generis corruptelis, et gratiam Christi non modo enervat, sed totam fere delet. Quo minus excusabilis est Erasmus, qui in excusando tam crasso delirio nimium laborat.

… absolut kein Interesse an dem liberum arbitrium" bekunde, dann ist darin nur der Versuch zu sehen, Erasmus und Calvin einander anzugleichen und offenbare Gegensätze zu verwischen.[31]

Und doch darf unser Urteil über Calvin nicht allein aus der Gegenüberstellung von Luther und Erasmus resultieren. Es ist zu fragen, welch ein Verständnis von der Willensfreiheit Calvin selbst hatte. Denn nur um den freien *Willen* geht es allein, nicht um die *Freiheit* an sich oder sonst eine besondere Bestimmung derselben. Nicht die Freiheit bestimmt Calvin, sondern den Willen. Dieser ist "entweder frei oder unfrei, spontan oder gezwungen"[32]. Doch sind mit dieser Definition, die Calvin aus der Scholastik übernimmt, nicht vier Positionen gekennzeichnet, sondern nur zwei, und zwar die beiden ersten. Denn "frei steht für spontan", es handelt sich also um Synonyma, und einen "gezwungenen Willen" gibt es nicht. Zwang hebt den Willen auf. Eine solche Aussage wäre eine contradictio in adiecto.[33] Bleibt die Unterscheidung von freiem und unfreiem Willen. Doch ist diese Bestimmung lediglich formaler Art, da nach dem Sündenfall der menschliche Wille zwar noch zwischen Gut und Böse unterscheiden, aber nicht mehr wählen kann.

V. Das Gewissen

Obwohl es "keinen noch so wilden und barbarischen Menschen" gibt, "der nicht unterscheiden könnte, um das Böse zu verurteilen und das Gute zu billigen", ist sein Gewissen ein "unlebendiges Ding"[34]. Calvin fragt nach der Etymologie des Wortes und entnimmt dem lateinischen *con-scientia* daß es sich bei diesem "Empfinden" um etwas handelt, das "gewissermaßen mitten zwischen Gott und dem Menschen steht"[35]. Wie Gott weiß der Mensch damit um seine Schuld. Er ist zum Mitwisser geworden und kann sich in keiner Weise herausreden.

Ist damit nicht schon im Grunde das ausgesagt, was später Goethe so klassisch formulierte: "Ganz leise spricht ein *Gott* in unsrer Brust, / ganz leise, ganz vernehmlich, zeigt uns an, / was zu ergreifen ist und was zu fliehn"?

---

[31] M. Schulze, Calvins Jenseits-Christentum in seinem Verhältnis zu den religiösen Schriften des Erasmus, Görlitz 1902.
[32] CO 6, 280: …voluntatem aut liberam esse, aut servam, aut spontaneam, aut coactam.
[33] CO 6, 313: …libere pro sponte positum. – ibd. 279 f.: Coactioni opponitur libertas; coacta voluntas nulla esse potest.
[34] CO 35, 6: Nous ne trouverons iamais homme si rude ne si barbare…, qui n'ait quelque discretion pour condaraner le mal et approuver le bien. – CO 40, 335: Est enim … frigida illa cognitio.
[35] CO 2, 623: Definitio … ex etymo vocis petenda est … Sensus … est enim quiddam inter Deum et hominem medium.

Deckt sich diese Auffassung Calvins nicht mit der Kants, der das Gewissen als das "Bewußtsein eines inneren Gerichtshofes im Menschen" verstand, oder der Fichtes, der vom Gewissen als dem "inneren Richter in uns" sprach? So sehr diese Formulierungen einander auch auf den ersten Blick ähneln mögen, sie sind durch eine Welt voneinander getrennt. Nach Goethe, Kant und Fichte ist das Gewissen ein Ausdruck der autonomen Existenz des Menschen. Es ist eine dem Menschen innewohnende Instanz, an die er sich stets wenden kann, die ihm unverbrüchlich die Wahrheit kündet. Gewissen in dieser idealistischen Sicht ist die "Stimme des Heiligsten", ist das "unmittelbare Bewußtseyn unseres reinen ursprünglichen Ich, über welches kein anderes Bewußtseyn hinausgeht", ist schließlich das, "woran kein Edler zweifeln mag. / Wirst keine Regel da vermissen: / Denn das *selbständige* Gewissen / ist Sonne deinem Sittentag".[36]

Ganz anders sieht Calvin die Dinge. Gewissen ist für ihn eine dem Menschen bei der Schöpfung verliehene Anlage, deren Gott sich bedient, um den Menschen anzusprechen, von der der Mensch aber irrtümlich annimmt, sie sei ein von Gott unabhängiges, in jeder Hinsicht selbständiges, ihn verpflichtendes Regulativ. Ein *ruhiges* Gewissen zu haben, bedeutet noch längst nicht, daß man ein guter Mensch sei. "Es ist töricht, zu meinen, die Menschen hätten ein gutes Gewissen, bevor sie glaubten"[37]. Was der Mensch idealistischer Prägung als letzte appellable Instanz ansieht, entpuppt sich dem Theologen Calvin als ein *irrendes* "Gewissen, das jedes klare Urteil verwirrt, so daß es die Begriffe Laster und Tugend verwechselt ... Auf die Hölle baut, wer auf sein (schwankendes) Gewissen baut". Das Gewissen ist nur dann dem Menschen nützlich und erfüllt seinen eigentlichen Zweck, wenn der Mensch erkennt, daß es sich "auf Gott bezieht"[38]. Mag es gemeinhin auch heißen: "Ein gut Gewissen ist das beste Ruhekissen", so "klingt das zwar sehr schön, doch wird sich niemand an seinem reinen Gewissen aufrechthalten können, wenn er sich nicht zu Gott flüchtet"[39].

---

[36] Goethes Werke, Hamburger Ausg. Bd. V, 118; I, 370. – E. Kant, Metaphysik der Sitten, hrsg. v. K. Vorländer, 1922, S. 289 (= Phil. Bibliothek Bd. 42, Hamburg 1954). – J.G. Fichte, Gesamtausgabe d. Bayer. Akad. d. Wiss., hrsg. v. R. Lauth u. H. Jacob, Bd. I, 1, Stuttgart 1964, S. 219; Werke, hrsg. v. F. Medicus, Bd. I, Leipzig 1911, S. 48; Sämtliche Werke, hrsg. v. J.H. Fichte, 4. Bd., Leipzig o.J., S. 174. – Vgl. a. W. Kolfhaus, a.a.O., S. 56 f.

[37] CO 47, 68: Perperam vero et inscite inferet aliquis, homines ante fidem sibi esse bene conscios.

[38] CO 47, 6: Sed qui tandem inde fructus emergunt, nisi quod religio in mille superstitionum portenta degenerat, conscientia autem iudicium omne pervertit, ut vitium cum virtute confundat? – CO 49, 433: Dici solet, eos in gehennam aedificare qui aedificant in conscientiam. – CO 2, 624: Conscientia ad Deum refertur.

[39] CO 31, 351: Nullum pulcrius theatrum esse bona conscientia: magnifice quidem in eo loquuti sunt, sed fieri non potest ut quempiam sustineat conscientiae

Der menschliche Wille ist sündig, er ist "mit härtesten Fesseln" gebunden, aber er ist nicht verlorengegangen. Was der Mensch verloren hat, ist vielmehr die "Freiheit des Willens"[40]. Wenn der Mensch das Böse tut, dann handelt er nicht gezwungenermaßen, sondern willentlich. Er stimmt dem Bösen zu, er tut es gern, er tut es "freiwillig"[41], wie Calvin formulieren kann, um damit dem Menschen zugleich Verantwortung für sein Tun zuzusprechen.

Die Paradoxie dieser Aussagen wird niemand leugnen können. Aber gerade diese Tiefe der genuin reformatorischen Gedanken gilt es auszuloten, um Calvins Menschenbild voll zu erfassen. Die Unfreiheit des menschlichen Willens findet auch Calvin, da ihm, wie er sagt, "nichts Besseres" einfalle, recht einleuchtend mit jenem Gleichnis Augustins ausgedrückt, wo "Gott und der Teufel die Reiter sind"[42].

VI. Prädestination und Erwählung

Dieser negativen Aussage vom geknechteten Willen entspricht bei Calvin eine positive, die aber gerade von einer aufklärerischen Pädagogik häufig kritisiert und ebenfalls als negative Bestimmung gewertet wird. Gemeint ist Calvins Lehre von der *Prädestination*. Für den unbefangenen Betrachter folgt diese Vorstellung, wonach die einen zum Heil, die anderen Menschen zum Verderben vorherbestimmt sind, unweigerlich aus dem bisherigen Verständnis von der Unfreiheit des menschlichen Willens, den entweder Gott oder der Teufel "reitet", wie es im Bilde heißt. Indem dieses Besitzergreifen vom Menschen in die göttliche Vorherbestimmung hineinverlegt wird, steigert sich nach dieser Meinung die Negation doch aufs höchste.

So erklärt die katholische Real-Encyclopädie des Erziehungs- und Unterrichtswesens, "daß da, wo das ganze Volk sich in eine nichterwählte Masse einerseits und anderseits in Auserwählte scheidet, alle Erziehung aufhört"[43]. Wolle man dennoch von Erziehung sprechen, so nur in dem Sinne, daß diese die "Individualität zu unterdrücken ... habe, damit ... die Gnade den Menschen wie ein unfreies Werkzeug lenken und bestimmen könne"[44]. Wenn aber

puritas nisi ad Deum confugiat.

[40] CO 2, 208: Voluntatem ... arctissimis vinculis constringi necesse est. – ibd. 213: Non voluntate privatus est homo, ... sed voluntatis sanitate.

[41] CO 2, 191: Male voluntate agit, non coactione. – CO 6, 303, 313 ... voluntario motu in malum feratur ..., nemo peccet, nisi libere volens.

[42] CO 2, 224: Augustinus humanam voluntatem equo comparat sessoris nutum expectanti, Deum ac diabolum, sessoribus ..., melior non occurrit.

[43] H. Rolfus/A. Pfister (Hgg.), Real-Encyclopädie des Erziehungs- und Unterrichtswesens nach katholischen Principien, Bd. I, 2. Aufl., Mainz 1872, S. 354.

[44] J. v.d. Driesch/J. Esterhues, Geschichte der Erziehung und Bildung, Bd. I, Paderborn 1951, S. 243.

gar protestantische, ja auch reformierte Theologen[45] erklären, daß der "*moderne* Ethiker mit dieser Lehre nichts anfangen" könne, Calvins Ethik "keine pädagogische Ethik" sei, dann ist doch sehr zu fragen, ob nicht die modernen Ethiker und Pädagogen unterschätzt und Calvins Lehre von der Prädestination falsch verstanden wurde.

Die Alte Kirche hatte dem Begriff der Prädestination den der *Präscienz* an die Seite gestellt.[46] Gott entschied über den Menschen, nachdem er dessen mehr oder weniger großes Verdienst vorausgesehen hatte. Eine Prädestination erfolgte also *post praevisa merita*. Dadurch war aber, wie Calvin feststellte, der Gedanke der Prädestination erweicht und verfälscht worden. Auf Grund eindeutiger Aussagen der Schrift war es ihm unverständlich, wie man behaupten konnte: "Nichts hindert (zu glauben), daß die Erwählung Gottes die Menschen doch nach dem Verdienst der Werke unterscheidet, da Gott aus den zukünftigen Werken voraussieht, ob sie seiner Gnade wert oder unwürdig sein werden". Es ging Calvin um das *sola gratia*, das ihn alle Vorstellungen, die das menschliche Vermögen in Fragen des Heils aufwerten, verurteilen ließ. Der Gedanke der Präscienz mußte ihm als eine Ausgeburt menschlichen Hochmuts erscheinen, der eben Gott doch nicht ganz die Ehre geben will. Eindeutig heißt es: "Das Zuvorerkennen Gottes (von dem Paulus spricht) ist nie ein bloßes Vorherwissen, wie es einige törichterweise behaupten, sondern ein Willensentschluß, mit dem er seine Kinder für immer von den Verworfenen getrennt hat"[47]. Danach ist zweifellos jedes menschliche Wollen und Vermögen ausgeschaltet, ebenso ist aber deutlich, daß es eine doppelte Prädestination, eine *praedestinatio gemina*, gibt. Das Böse, das die Verworfenen tun und das Grund ihres Verderbens ist, ist nicht etwa nur von Gott zugelassen, sondern von ihm ursächlich gewirkt. Gottes Handeln vollzieht sich eben auch *sub contrario*: "Alle äußeren Geschehnisse, die zur Verhärtung der Verworfenen dienen, sind Werkzeuge seines Zorns." Ja, "selbst Satan ist sein Diener und vermag ohne seinen Befehl nichts"[48]. Wer verworfen ist, dem hat Gott gleichsam "diese Rolle zuerteilt ... zu dem Zweck, um ein umso größeres Beispiel seiner Macht zu geben". Die *gloria Dei* ist das Ziel der Ver-

---

[45] W. Kolfhaus, a.a.O., S. 47, 496.

[46] Vgl. zu diesem Gedankenkomplex K.H. Schelkle, Paulus, Lehrer der Väter. Die altkirchliche Auslegung von Römer 1-11, Düsseldorf 1956.

[47] CO 49, 178: ...nihil impedire quominus secundum operum merita electio Dei inter homines discernat, quia Deus ex futuris operibus praevidet, qui gratia sua digni vel indigni futuri sint. – ibd. 160: Dei autem praecognitio, cuius hic Paulus meminit, non nuda est praescientia, ut stulte fingunt quidam imperiti: sed adoptio, qua filios suos a reprobis semper discrevit.

[48] CO 49, 184: Res omnes externae, quae ad excaecationem reproborum faciunt, illius irae sunt instrumenta. Satan autem ipse ... ita est eius minister, ut non nisi eius imperio agat.

werfung[49]. "Die Reprobation ist nur der das Licht der Erwählung begleitende Schatten, und die gloria besteht darin, daß durch den Schatten das Licht umsomehr als Licht erscheint"[50]. Wenn durch das Verderben "Gottes Güte gegenüber den Erwählten umso deutlicher bestätigt wird", dann arbeitet Calvin offenbar "mit dem stoischen Hilfsgedanken, daß zur Erkenntnis des Guten das Böse notwendig sei: Die Erwählten würden ohne die Verworfenen nicht erkennen, daß sie erwählt sind"[51].

Diese Aussagen bestätigen einmal den philologischen Befund bei Calvin, daß nämlich die Begriffe praedestinatio und *electio* "oft willkürlich füreinander gebraucht" sind.[52] Und auch inhaltlich interpretiert die Erwählung die Vorherbestimmung. Schwerlich wird man in diesem Zusammenhang F. Kattenbusch zustimmen können, daß "Calvins Gott kein Herz" habe.[53] Und auch das Urteil, daß Calvin den "Ansatz Luthers ..., daß die ewige Prädestination in der Begegnung Christi Ereignis wird ..., wieder auf die Fragestellungen der Scholastik zurückbezogen" und "im entscheidenden Punkt die Prädestination ... wieder als Kausalvorgang verstanden" habe, scheint Calvins Verständnis nicht gerecht zu werden.[54] Unleugbar steht für Calvin fest, "daß wir gerade an dem Haupt der Kirche einen hell leuchtenden Spiegel der gnädigen Erwählung vor uns haben". Gott hat den Seinen eine "gute ... Beglaubigung ihrer Erwählung gegeben, die müssen sie in unserm Herrn Jesus Christus anschauen"[55]. Dieser Gedanke ist von großer Bedeutung, weil nur in ihm der Schlüssel zum Verständnis dafür liegt, warum denn Calvin von der Prädestination als der "süßesten Frucht" reden kann, warum er denjenigen, die diese Lehre umstürzen wollen, unterstellt: „sie rauben den Kindern Gottes die wahre Freude, sie quälen die Gemüter mit elender Ungewißheit und machen aus dieser Welt eine Hölle"[56].

---

[49] CO 49, 184: ...eique hanc impositam esse personam. – ibd. 183: ...et quidem in eum finem ut documentum suae potentiae illustrius statueret. – ibd. 188: ...ratio, quae gloriam Dei in reproborum interim manifestat.
[50] H. Otten, Calvins theologische Anschauung von der Prädestination, München 1938, S.72.
[51] W. Koehler, Dogmengeschichte als Geschichte des christlichen Selbstbewußtseins II: Das Zeitalter der Reformation, Zürich 1951, S. 167.
[52] P. Jacobs, Prädestination und Verantwortlichkeit bei Calvin, Neukirchen 1937, S. 73.
[53] Zitiert nach W. Koehler, a.a.O., S. 165.
[54] W. Pannenberg, Der Einfluß der Anfechtungserfahrung auf den Prädestinationsbegriff Luthers, in: Kerygma und Dogma 3 (1957), S. 109-139, z. St. S. 131.
[55] CO 2, 688: ...in ipso ecclesiae capite lucidissimum esse gratuitae electionis speculum. – CO 33, 535: Dieu leur a donné une bonne copie de leur election, et faut qu'ils la contemplent en nostre Seigneur Iesus Christ.
[56] CO 2, 679: ...suavissimus quoque fructus se profert ... – CO 32, 144: Qui hanc doctrinae partem evertere conantur, filios Dei vero gaudio privantes, misera inquietudine torquent animos, et ipsis inferos in hoc mundo fabricant.

Was die Frage der Erwählungsgewißheit angeht, so hatte Calvin davor gewarnt, die Prädestination dahingehend mißzuverstehen, daß man nach positiven oder negativen Zeichen an sich oder seinen Mitmenschen forscht. Zwar kann Calvin gelegentlich so von ungefähr den Glauben und das reine Leben als "Zeichen der Erwählung" ansehen, wie er andererseits das Kennzeichen des Verworfenen darin erblickt, daß dieser die Wahrheit hartnäckig leugnet[57]; doch ist das nicht sein letztes Wort in dieser Frage. Theologische Tiefe gewinnen seine Aussagen dort, wo er davor warnt, nach eindeutigen Zeichen bei sich und anderen zu forschen, eben weil Gottes Weisheit "nicht begriffen, sondern angebetet" sein will.[58] Was der Mensch unter Verwerfung verstände, wäre nur Ausdruck seines endlichen Geistes, wäre nur an seinem Verstand gemessen. In Gottes Urteil können die Dinge ganz anders aussehen. Elend braucht kein Zeichen von Verdammnis zu sein, und wo Frömmigkeit nicht ohne weiteres offenbar ist, da ist es immerhin möglich, daß "unter Gottes Siegel das Heil ... verschlossen liegt: ... Wir kennen nicht die Schar der Erwählten, wir kennen nicht diejenigen, die noch verworfen sind. Wir wissen nicht, warum Gott dieses oder jenes tut"[59]. Jedem statischen Verständnis von der Prädestination will Calvin dadurch wehren, daß er den Menschen davon abhält, sich selbst und seinen Nächsten zu analysieren. Prädestination, als Erwählung begriffen, bietet dem Gläubigen die "herrliche Frucht des Trostes". Was im Römerbrief "von den Erwählten gesagt wird, möge ein jeder der Gläubigen nach dem Beispiel des Paulus auf sich beziehen"[60]. Statisch wäre auch die Deutung der Prädestination zu nennen, die auf der Maxime beruht: "Lasset uns unbekümmert leben, wie es uns gefällt; denn unmöglich können wir zugrunde gehen, wenn wir erwählt sind"[61]. Wer so denkt und spricht, verkennt, daß er als Mensch und nicht als "Holzstumpf oder Stern" geschaffen ist. Dagegen eignet dem Gedanken der Prädestination ein immanent dynamisches Element, d. h. "der Herr will nicht, daß wir Klotzen gleichen oder

---

[57] CO 49, 206: ...ubicunque est fides, Deum illic electionis suae signum ... prodidisse. – CO 55, 450: Vitae puritas non immerito electionis specimen ac documentum vocatur. – ibd. 351: Hoc reprobi hominis signum est, quum pertinaciter ab eo reiicitur veritas.

[58] CO 2, 680: ...sapientiae sublimitatem (quam adorari et non apprehendi voluit...).

[59] CO 49, 161: ...ne miserae nostrae amplius maledictionis signa sint. – ibd. 214: ...pietas ... non apparet..., sub Dei tamen sigillo manere inclusam ... salutem. – CO 33, 535: Nous ne cognoissons pas la compagnie des esleus, nous ne cognoissons pas ceux qui sont reprouvez encores: nous ne savons point pourquoy Dieu fait ceci ou cela.

[60] CO 2, 715: ...eximium inde referunt consolationis fructum. – CO 49, 164: Quod ergo ... de electis dicitur, unusquisque piorum, exemplo Pauli, ad se trahat.

[61] CO 51, 148: ...vivamus secure ut libuerit: nam impossibile est nos perire si electi sumus.

auf der faulen Haut liegen". Es liegt nicht in seinem Sinn, "die Menschen träge zu machen, daß sie ihr ganzes Leben nichts mehr denken, statt dessen untätig sind und sich in Nichtstun ergehen"[62]. Wer sich, um seine Sünde oder auch nur sein Nichtstun zu entschuldigen, auf die Prädestination beruft, belügt sein Gewissen, befindet sich auf der Flucht vor sich selbst: "Es ist höllisch, Faulheit und Trägheit mit Gottes Vorsehung zu verdecken"[63]. Damit kommen nun aber nicht die in der Auseinandersetzung um die Rechtfertigung als Heilsweg ausgeschalteten *guten Werke* wieder zur Hintertür herein. Ihre Stellung ist ein für allemal dadurch bestimmt, daß ein Glaube ohne folgende Werke tot ist: "Wir aber, die wir freilich den Werken kein Verdienst zuerkennen und dennoch lehren, daß ihnen Lohn zukomme, regen das sittliche Streben der Menschen durch den besten und schärfsten Stachel an"[64]. Diese Aufforderung zu rastloser Tätigkeit entspringt nicht der Angst vor einem drohenden Unheil, das es abzuwehren gilt, oder einer Gerichtsdrohung, der man unter allen Umständen entgehen müsse. Das hieße ja in jüdische oder auch römische Gesetzesfrömmigkeit zurückfallen. Calvin weiß, daß Angst ein schlechter Lehrmeister ist.[65] Seine Aufforderung: "Eifert, mit der Tat zu bezeugen, daß ihr nicht vergeblich berufen, ja, erwählt seid"[66], atmet den freien Geist des Sich-bewähren-dürfens und -könnens. Hierin liegt die Wurzel für die "straffe erzieherische Tendenz" im Calvinismus, für die "Erziehung der Individuen zu sittlich und praktisch fruchtbarer Frömmigkeit".[67]

Damit ist auch die Frage beantwortet, inwieweit Calvins Prädestinationslehre in der modernen Ethik und Pädagogik mißverstanden wurde. Wer wie W. Dilthey darunter ein starres logisches Schema begriff, dem mußte diese Gedankenwelt letztlich ein "Rätsel" bleiben[68], der konnte nicht wie Chr. Palmer sagen, daß es "verkehrt ... wäre, von der calvinischen Lehre zu wähnen, daß sie durch die absolute Prädestination die Erziehung ausschließe, sofern diese an dem zur Seligkeit oder zur Verdamnis bestimmten Individu-

---

[62] CO 33, 93: Si nous estions comme un tronc de bois ou une pierre, il n'y auroit nulle vertu en nous. – CO 32, 321: Neque enim Dominus vult nos similes esse truncis vel ignavos iacere ... – ibd. 323: Consilium non est, homines ad ignaviarn traducere, ut tota vita nihil cogitent, sed torpeant ac indulgeant suae inertiae.

[63] CO 24, 22: ...sed perverse obtenditur Dei providentia cessationi et ignaviae.

[64] CO 48, 227: Nos vero, etsi meritum operibus detrahimus, tarnen ubi docemus repositam esse illis mercedem, optimo et accerimo stimulo incitamus ad recte vivendi Studium homines.

[65] Vgl. CO 24, 115: ...timorem ... non esse diuturni officii magistrum.

[66] CO 55, 449: Studete ut re ipsa testatum fiat, vos non frustra vocatos esse, imo electos.

[67] R. Seeberg, Lehrbuch der Dogmengeschichte IV, 2, 4. Aufl., Darmstadt 1954, S. 625, 628.

[68] W. Dilthey, Weltanschauung und Analyse des Menschen seit Renaissance und Reformation (= Gesammelte Schriften II. Bd.), Leipzig/Berlin 1929, S. 235 ff.

um nichts mehr ändern könne"[69]. Es entspricht der historischen Wahrheit, in Calvins Vorstellung von der Prädestination das Movens des ethischen Handelns zu sehen. Daß der Sinn des Menschen an seinen Früchten zu erkennen sei, hat Calvin immer wieder behaupte.[70] Daß die Ethik aber für ihn nicht der Schlüssel zum Heil sein konnte, ist ebenso deutlich: Es sind "Sophisten und Heuchler", die der Welt "glauben machen wollen, wir könnten das Paradies durch unsere Tugenden erlangen". Das Paradies, das Reich Gottes, liegt im Eschaton, dessen der Mensch nur durch Gottes Gnade teilhaftig werden kann. Es ist Gottes ureigenstes Werk, den Menschen neu zu gebären, ihn zu einer neuen Kreatur zu machen. Die Erlösung des Menschen, die nur von Gott gewirkt werden kann, hat ihr Ziel darin, daß der Mensch Gott ähnlich wird.[71]

Soviel aber hat sich gezeigt, daß man dort, wo man die Prädestinationslehre aus pädagogischen Gründen glaubt ablehnen zu müssen, einer Fehlinterpretation derselben zum Opfer fällt. Entweder werden theologische und pädagogische Vorstellungen derart miteinander vermengt, daß man wegen der soteriologischen Bedeutung der Prädestination Calvin eine Unterbewertung des ethischen Vermögens beim Menschen glaubt vorwerfen zu müssen, weil eben doch das sola gratia des Menschen Wollen und Können bestimme. Man hat also nicht unterschieden zwischen dem, was nach Calvin Gott am Menschen wirkt und was der Mensch von sich aus vermag und in seiner Geschöpflichkeit tun muß. Oder man ist in der Trennung beider Begriffe so weit gegangen, daß der erste überbewertet wird und der zweite gar nicht mehr ins Gewicht fällt. Am Ende haben beide Betrachtungsweisen dasselbe Ergebnis: die so verstandene Prädestination wird zu einem wesentlichen Kriterium in der Beurteilung des Menschenbildes bei Calvin. Und das ist falsch. Wie eingangs festgestellt wurde, ist Calvins Anthropologie eine theologische zu nennen, insofern als er von dem Axiom des von Gott geschaffenen Menschen ausgeht. Sie wird aber notwendigerweise verzerrt, wenn eschatologisch-soteriologische Begriffe den Weg der Forschung bestimmen.

Calvins Interpretation von Sünde, Seele, Gewissen und Willensfreiheit hat das Material geliefert, ein dem Reformator gerechtes Menschenbild zu zeichnen. Sein Verständnis des menschlichen Seins zeigt eine Divergenz, die dadurch bestimmt ist, daß der Mensch einmal ein vernunftbegabtes Wesen, zum andern aber seiner göttlichen Bestimmung entartet ist. Die dadurch hervorgerufene Spannung läßt kein harmonisches Menschenbild entstehen in dem Sinne, als könnte ein theologischer Aspekt durchaus in einer humanistisch-

---

[69] Chr. Palmer, Evangelische Pädagogik, Stuttgart 1853, S. 163.
[70] CO 50, 255 u.ö.: ...nam fructus ... unde patefiat qualis sit cuiusque animus.
[71] CO 33, 520: Les sophistes et les caphars ... font à croire que nous pouvons acquerir paradis par nos vertus. – CO 48, 258: Proprium enim opus Dei est refingere ac regignere homines, ut novae creaturae esse incipiant. – CO 52, 121: ...quis finis sit regenerationis nostrae, hoc est, ut Deo reddamur similes.

rational geprägten Lehre vom Menschen Platz finden. Der Versuch von R.W. Battenhouse, Calvins Anthropologie in Abhängigkeit von platonischen oder gar pelagianischen Vorstellungen zu sehen, stellt die Dinge auf den Kopf, ganz zu schweigen von dem gewaltsamen Vorhaben W.E. Stuermanns und K. Geocaris', Calvins Menschenbild mit dem Siegmund Freuds in Übereinstimmung zu bringen.[72] Nach Calvin gibt es keine reine Humanität an sich, sie ist stets gebrochen. Diese offensichtliche Spannung ist allerdings für den aufgehoben, der daran glaubt, daß Christus *wahrer Mensch* und damit unser Urbild geworden ist. Nur in Christus offenbart sich wahre Humanität. "Nicht von einem Allgemeinen her, das angeblich die menschliche Wirklichkeit wäre, ist dieser eine besondere Mensch Jesus Christus zu sehen und zu beurteilen, sondern von diesem einen, besonderen Menschen her das, was jeder Mensch, der wirkliche Mensch im allgemeinen ist"[73].

VII. Anthropologie des Kindes

Calvins Menschenbild muß noch um einen wesentlichen Aspekt erweitert werden, nicht etwa um einer modernen Fragestellung genügen zu wollen. Das Ergebnis wäre recht ungenügend. Das 16. Jahrhundert war noch nicht das *Jahrhundert des Kindes*. Es kann nicht genug davor gewarnt werden, die Problematik der Moderne ins ausgehende Mittelalter zu reprojizieren oder gar wertend zu vergleichen.

Das Sein des *Kindes* ist es, das Calvin in einer besonderen Weise ausgedrückt hat. Der Reformator Calvin, dem selbst eigene Kinder versagt blieben – das einzige Kind starb wenige Tage nach der Geburt –, zeigt sich hier von einer ganz eigentümlichen, ungewohnten Seite. In liebevollem Umgang mit Kindern befreundeter, aber auch fremder Menschen fand Calvin bestätigt, was schon die Schrift ihm verkündet hatte: Solcher ist das Himmelreich (Mt. 19, 14). Im Kinde sah er das "Bild der Demut" verkörpert, hatte doch Christus selbst die Kinder seinen Jüngern als Vorbild hingestellt, weil sie "eben noch nicht darum wissen, was es heißt, einander vorziehen und um den Vorrang streiten ..., weil im Kindesalter noch eine solche Einfalt herrscht, daß sie von Ehrenstellen und irgendwelchem Zündstoff des Hochmuts keine Ahnung haben"[74]. Dem unbeschwerten Spiel der Kinder, das doch so frei ist von allem

---

[72] R.W. Battenhouse, The Doctrine of Man in Calvin and in Renaissance Platonism, in: Journal of the History of Ideas IX (1948), S, 447-471. – W.E. Stuermann/K. Geocaris, The Image of Man. The Perspectives of Calvin and Freud, in: Interpretation, a Journal of Bible and Theology XIV (1960), S. 28-42.

[73] K. Barth, Humanismus (= Theologische Studien 28), Zürich 1950, S. 7.

[74] CO 45, 500: Typum humilitatis in puero infante proponit..., quia nondum tenent infantes, quid sit aliis praeferri, ut de primatu certent... Quia ergo tanta adhuc in aetate infantulorum regnat simplicitas, ut honorum gradus et quaevis superbiae

Gesetz und Zwang[75], war zu entnehmen, daß sie "in ihrem Alter noch nicht zwischen Gut und Böse unterscheiden" können[76]. Unbefangen und ohne Hintergedanken ist ihr Leben. Von der zersetzenden Kraft menschlichen Geistes, von der Bosheit der Herzen wissen sie noch nichts, ihr Alter faßt noch nicht, "was neiden, schaden usw. heißt". Das Leben der Kinder "entspricht dem unschuldigen Stande der Natur"[77]. Von da ist es nur noch ein kurzer Schritt, daß Calvin die Kinder selbst unschuldig nennt. "Wenn er davon spricht, daß sie nicht nur "zart", sondern auch "an sich unschuldig" sind, daß man an "kleinen Kindern nur Unschuld" sieht[78], dann will es scheinen, als werde durch diese Aussagen sein Dogma von der Erbsünde einigermaßen eingeschränkt, als erfahre durch diese Auskunft Calvins Menschenbild nachträglich eine wesentliche Korrektur. Es ist zu fragen, ob Calvin im Kinde nicht etwas von dem Abglanz göttlicher Reinheit, ein Unterpfand des Paradieses erblickte, das zu verlieren schmerzlich ist. Ergreifend ist seine Klage über den Tod eines Knaben, den er "wie einen Sohn geliebt" hatte, dessen frühes Ende ihn "so im Herzen erschreckte und bedrückte", als sei er nicht mehr er selbst.[79] Grausam und unmenschlich ist es, Kinder zu töten. "Was haben sie", die der sinnfällige Ausdruck der Unschuld sind, "denn schließlich verbrochen"[80]?

Aus dem Knaben aber wird ein Mann, und es ist die Schuld des Menschen, daß damit die Sünde aufbricht und die Reinheit kindlicher Gedanken und Gefühle für immer verloren ist. Ja, das Erscheinungsbild des Kindes war trügerisch. "Die Verdorbenheit", auch wenn sie "noch nicht gleich Früchte in Gestalt tatsächlicher Vergehen aufweist, fehlt keineswegs". Auch schon die

---

fomenta ignorent, eos merito et apte Christus in exemplum proponit. – Vgl. a. CO 32, 341.

[75] Vgl. CO 49, 740: Les enfans n'ont point de loy qui les induise à garder une telle egualité: il n'y a point de necessité qui les y contraigne: c'est seulement un ieu de petis enfans...

[76] CO 25, 207: ...ad parvulos..., qui nondum per aetatem discemere poterant inter bonum et malum.

[77] CO 55, 232: Infantes, nondum per aetatem capiunt quid sit invidere, nocere, et similia..., consentanea innoxiae naturae.

[78] CO 32, 371; 24, 21 u.ö.: ...teneros foetus. – CO 42, 551: Innoxii erant infants ... Infantes per se innoxii erant. – CO 33, 438: ...aux petis enfans, là où on ne voyoit qu' innocence.

[79] CO 11, 188 f.: Je me trouvay tellement tout esperdu et confus en mon esprit..., il me sembloit que ie nestois point moy mesme... Voire celuy que iaimois comme sil eust este mon fils.

[80] CO 25, 479 f.: Durum quidem, immane et barbarum videtur, teneros pueros qui extra culpam erant, ad crudele supplicium rapi..., sunt infantes et parvuli, ideo tanquam indigne occisos deflemus, quia nulla eorum culpa apparet. – CO 24, 284: Foeda enim barbaries est, foetus insontes exuri. – CO 39, 513: ...adversus innoxios? Quid enim peccaverunt miseri infames?

"kleinen Kinder" haben Teil an der Ursünde und "sind nicht vom Zorn und der Verdammung Gottes ausgenommen"[81]. Bis zu dem "Wendepunkt", wo das Kind "Einsicht und Urteil" gewinnt, bleibt die "Erbanlage..., das Gift, verborgen". Dann aber zeigt sich die "wahre Natur" des Menschen.[82] Calvin kann sogar so weit gehen, das noch ungeborene Kind sündig zu nennen: "Noch bevor das Kind aus dem Mutterschoß ans Licht tritt, ist es bereits verdorben"[83]. Fällt es schon Christen nicht leicht, diesem Gedanken zu folgen, so muß er Heiden umso unverständlicher bleiben. Sie, die diese Vorstellung "absonderlich" finden, müssen allerdings auch diesen Bruch im menschlichen Leben bemerken. Kraft der ihnen eigenen Vernunft "erkennen" auch sie "das Elend des irdischen Lebens"[84]. Weil sie aber nicht um die Schuld des Menschen und seine Gottesferne wissen, muß ihnen das Geschehen rätselhaft bleiben. Ihre Existenz ist letztlich tragisch, weil sie ihrem Leben keinen Sinn abgewinnen können. Für sie kann der "Tag der Geburt kein Fest der Freude, sondern muß vielmehr ein solches der Trauer sein..., da das menschliche Dasein (schon) mit Tränen beginnt. Ein Geschöpf, das voll von Schändlichkeit ist, wie man es sich elender und gemeiner gar nicht vorstellen kann"[85]. So wirklichkeitsnah auch diese Welt- und Menschenkenntnis der Heiden ist, als Christ muß man energisch einer Auffassung widersprechen, die darin gipfelt: "es wäre besser, niemals geboren zu werden". Nur im Glauben daran, daß die "Güte Gottes alles übertrifft", können solche "Anfechtungen" überwunden werden.[86] Das Leben ist ein Geschenk Gottes. Und obwohl nach der Kindheit mit Einsicht und Urteilsvermögen gleichzeitig Bosheit und Sünde offenbar werden, so ist das Lebensalter des Jugendlichen, das Calvin eine Zeit der

---

[81] CO 25, 207: Corruptio..., quamvis non statira fructus suos in peccatis actualibus proferat, non ideo nulla est. – CO 26, 262: Les petis enfans ne sont point exernptez de l'ire et de la malediction de Dieu.

[82] CO 36, 158: ...significat metam et tempus..., idque ad veritatem naturae magis comprobandam facit. Intelligentiam ergo et iudicium slgnificat. – CO 26, 262: Ils ont une semence cachee. – CO 51, 363: Il y a là un venin cache.

[83] CO 40, 441: Nam antequam foetus in lucem prodeat ex utero matris, iam corruptus est.

[84] CO 51, 363: Les Payens trouveront cela estrange que les petis enfans ... soyent pecheurs et damnez ... – CO 33, 143: ...des Payens ... cognoissans les miseres de la vie terrestre.

[85] CO 33, 143: ...que le iour de la naissance ne doit point estre une feste de ioye, mais plustost de dueil, pource que ... la creature humaine commence par pleurs. Voila une creature qui est pleine de toute turpitude, la plus vile, et la plus miserable qu'il est possible de penser.

[86] CO 51, 791: On dira qu'il vaudroit mieux ne sortir iamais du ventre de la mere ... Mais quand nous aurons tout conté et rabatu, si trouverons nous que la bonté de Dieu surmonte tous les chastimens.

"Leidenschaft"[87] nannte, für ihn aber auch die "Blüte des Lebens"[88]; hat doch der junge Mensch zu dieser Zeit die Aufgabe und Möglichkeit, sich seine Zukunft zu wählen. Die Zeit des Aufbruchs und der Lebensgestaltung fordert ihn in die Entscheidung, er steht am "Scheidewege".[89]

Wir stellen fest, daß Calvin zunächst einmal recht realistisch den allgemeinen menschlichen Befund aufzeigt, indem er auf das sorgenfreie und unschuldige Leben des Kindes hinweist und dagegen die Zwiespältigkeit und die Schuld des Erwachsenen absetzt. Dabei verfällt er nicht dem Irrtum, in der Kindheit das Reine und die Unschuld an sich zu sehen, wie er andererseits auch jeder einseitig pessimistischen Deutung des Erwachsenenlebens entgegentritt. Weil der Erwachsene der letztgültige Ausdruck des Menschen ist, kann vom Kindsein her das Menschenbild nicht korrigiert werden. Calvins Worte über das Kind integrieren in seine Auffassung vom Menschen schlechthin.

Damit rundet sich das Bild von Calvins Verständnis, das in seiner Geschlossenheit den modernen Fragestellungen der pädagogischen Anthropologie vielleicht weniger genügen mag, deswegen aber nicht weniger wahr zu sein braucht.

---

[87] Vgl. CO 55, 161; 38, 675; 52, 373 u.ö.
[88] CO 55, 317: ...in aetatis flore et statu. – Vgl. a. CO 42, 400; 51, 186 u.ö.
[89] Vgl. CO 32, 218, ...adolescentia homines locet in bivio, ut certum genus vitae sibi deligant.

ANDREAS LINDEMANN

„Decretum horribile". Die Lehre von Gottes Gnadenwahl bei Johannes Calvin und im Römerbrief des Apostels Paulus

Der Gedanke der doppelten Prädestination, also die Lehre von Gottes souveräner Erwählung von Menschen zu ewigem Heil und von ihrer Verwerfung zu ewiger Verdammnis, wirft für den christlichen Glauben kaum lösbare Probleme auf; denn er steht offensichtlich im Widerspruch zur Rede von Gottes Barmherzigkeit und Gnade. Johannes Calvin hat denn auch eingeräumt, die Aussage, Gott habe in der Verwerfung Adams alle Menschen dem ewigen Tode übergeben, sei ein *decretum horribile*; gleichwohl müsse gelten, daß Gott bei der Erschaffung des Menschen Adams Fall nicht nur vorhergewußt, sondern auch vorherbestimmt habe.[1] Calvin beruft sich für seine Ausführungen durchgehend auf biblische Aussagen, teils eher pauschal[2], meist aber in detaillierter Textexegese. Im folgenden soll deshalb in Abschnitt I. danach gefragt werden, welche Funktion die Exegesen der von Calvin in der Regel beigezogenen Texte des Römerbriefes für die Entfaltung seines Verständnisses der Prädestinationslehre haben; in Abschnitt II. folgt eine eigene Auslegung derselben Texte, mit dem Ziel (Abschnitt III.), die gewonnenen Ergebnisse in knapper Form aufeinander zu beziehen.

1.

Calvin unterscheidet in der *Institutio* von 1559 (III 21-24) die *praedestinatio* ausdrücklich von der *Providentia*[3] und natürlich auch von der *praescientia*. Er

---

[1] J. Calvin, Institutio Christianae Religionis (1559) III 23,7: *Decretum quidem horribile, fateor: inficiari tamen nemo poterit quin praesciverit Deus, quem exitum esset habiturus homo, antequam ipsum conderet, et ideo praesciverit, quia decreto suo sic ordinarat.*
[2] So heißt es im Zusammenhang der in Anm. 1 zitierten Aussage: *scriptum clamat.*
[3] Das war in den früheren Ausgaben nicht der Fall gewesen. Vgl. W. Neuser, Dogma und Bekenntnis in der Reformation: Von Zwingli und Calvin bis zur Synode von Westminster, in: HDThG II, 1980, 167-352, hier: 253. Zu den diesbezüglichen Unterschieden in den Ausgaben der Institutio s. auch P. Barth, Die biblische Grund-

definiert in III 21,5 folgendermaßen: „Vorherbestimmung nennen wir die ewige Verfügung Gottes, durch die er bei sich selbst beschlossen hat, was hinsichtlich jedes einzelnen Menschen geschehen solle. Es werden nämlich nicht alle unter der gleichen Bedingung geschaffen: Sondern den einen wird das ewige Leben, den anderen die ewige Verwerfung zuvor zugeordnet."[4] Und weiter: „Deshalb, wie der einzelne zu dem einen oder zu dem anderen Zweck/Ziel geschaffen ist, so – sagen wir – ist er zum Leben oder zum Tod vorherbestimmt."[5] Wenig später heißt es dann (III 21,7): „Was also die Schrift klar zeigt, sagen wir: Gott hat in seinem ewigen und unveränderlichen Ratschluß einmal festgestellt, welche [Menschen] er einst zum Heil annehmen und welche er wiederum dem Untergang preisgeben will."[6] Calvin wehrt sich dabei (III 23,2) gegen den Gedanken, Gott handele womöglich nach einer *absoluta potentia*, also willkürlich: „Wir erfinden keinen außerhalb des Gesetzes stehenden Gott, da er doch sich selbst das/ein Gesetz ist."[7] Begründet wird dies mit dem Hinweis auf die These Platos, Gesetze seien dazu da, die Begierden der Menschen zu bekämpfen; da Gott ja von solchen völlig frei sei, könne gesagt werden, daß Gott „höchste Richtschnur der Vollkommenheit" ist, „auch das Gesetz aller Gesetze."[8]

In einer anläßlich einer „Zusammenkunft in der Kirche zu Genf, in welcher das Thema der Ewigen Erwählung Gottes verhandelt wurde" im Dezember 1551 gehaltenen Predigt[9] stellt Calvin eingangs die Frage, ob Gottes Gnade ein Gemeingut aller Menschen ist oder nicht, und er behauptet, die Schrift lehre, daß dies nicht der Fall sei. Als ersten Textbeleg dafür nennt er Eph 1,3-14: Aus Eph 1,4 sei zu folgern, daß wir nicht nur davon überzeugt sein sollen,

---

lage der Prädestinationslehre bei Calvin, EvTh 5 (1938) 159-182, hier: 163-376. Vgl. ferner E. Buess, Prädestination und Kirche in Calvins Institutio, ThZ 12 (1956) 347-361.

[4] *Praedestinationem vocamus aeternum Dei decretum, quo apud se constitutum habuit, quid de unoquoque nomine fieri vellet. Non enim pari conditione creantur omnes: sed aliis vita aeterno, aliis damnatio aeterna praeordinatur* (Johannis Calvini Opera Selecta, ed. P. Barth/G. Niesel, Band IV, 1931,374, 11-15).

[5] *Itaque prout in alterutrum finem quisque conditus est, ita vel ad vitam vel ad mortem praedestinatum dicimus* (Calvini Opera Selecta IV, 374, 15-17).

[6] *Quod ergo Scriptura clare ostendit, dicimus, aeterno et immutabili consilio Deum semel constituisse, quos olim semel assumere vellet in salutem, quos rursum exitio devovere* (Calvini Opera Selecta IV, 378,31-34).

[7] *Non fingimus Deum exlegem, qui sibi ipsi lex est* (Calvini Opera Selecta IV, 396,18-19).

[8] *Summa perfectionis regula, etiam legum omnium lex est* (Calvini Opera Selecta IV, 396,21-22).

[9] Congregation faite en l'Eglise de Geneve, en laquelle a esté traittée la mauere de l'election eternelle de Dieu in: Ioannis Calvini Opera Quae Supersunt Omnia VIII (= CR 35), 1870, 93-118. Der zitierte deutsche Text folgt der Übersetzung von Chr. Link, die in Band 4 der Calvin-Studienausgabe erscheinen wird.

Gott habe uns den Glauben verliehen; wir sehen vielmehr, „daß er ihn uns gerade deshalb verliehen hat, weil er uns vor der Erschaffung der Welt durch seinen Willen erwählt hat".[10] Warum Gott diese Entscheidung traf, bleibt uns unerkennbar: Wir „müssen uns jetzt mit dem begnügen, was wir begreifen können, das heißt mit dem, was uns Paulus in aller Form auseinandersetzt: Gott hat uns nach dem Vorsatz erwählt, den er bei sich selbst erwogen hatte". Paulus habe den Eindruck zurückweisen wollen, daß sich Gott womöglich von außen zu seinem Tun anregen ließ, und das werde durch das in Eph 1,4 betonte 'in Christo' noch unterstrichen.[11] Auch der Glaube selber sei von der göttlichen Erwählung abhängig; denn in der finalen Bestimmung in Eph 1,4b sei der Glaube mit enthalten.[12]

Der zweite von Calvin in jener Predigt beigezogene Textbeleg ist Rom 8,28-30. Hier zeige Paulus, daß die Liebe zu Gott ihrerseits auf den göttlichen Vorsatz selber zurückgehe; unsinnig sei die Annahme, daß Gott vorausgesehen habe, diejenigen, die er erwählen wollte, würden von seiner Gnade den rechten Gebrauch machen. Das Subjekt in der Gotteserkenntnis des Menschen sei Gott selber: „Da sie erkannt sind, sind sie von ihm berufen, und diese Berufung tritt ans Licht, wenn Gott uns den Glauben schenkt."[13] Die Erwählung hat den Vorrang, der Glaube folgt.

Calvin verweist dann auf Joh 6,44f. und 10,28f., um zu zeigen, daß die Lehre von der Gnadenwahl von Jesus selber vertreten wird. Von größter Klarheit aber sei das, was Paulus in Rom 9 dazu sage; dort zeige er am Beispiel der Söhne Abrahams und insbesondere am Beispiel der Söhne Isaaks, daß das erwählende Handeln ausschließlich bei Gott liegt und keinesfalls beim Menschen. Zwar sei beim Propheten Maleachi, auf dessen Zeugnis sich Paulus dabei berufe, vom Land Kanaan und dem Gebirge Seir die Rede, doch sei Kanaan als „Gleichnis und Abbild des himmlischen Erbes" zu verstehen.[14]

---

[10] Ainsi donc, nous voyons comment la grace de Dieu sera pleinement cognue de nous, c'est assavoir, non seulement quand nous serons persuadez et resolus qu'il nous a donné la foy, raais qu'il nous l'a donnée, d'autant qu'il nous avoit choisis devant la creation du monde, par sa volonte (CR 35, 94).

[11] Calvin a.a.O., 95; En nous-mesmes nous sommes hays et dignes que Dieu nous ait en abomination; mais il nous regarde en son Fils, et lors il nous aime. „Denn in uns selbst sind wir hassenswert, wert, daß Gott uns verabscheut; aber in seinem Sohn blickt er uns freundlich an, und deshalb liebt er uns."

[12] Calvin beruft sich dafür auf Apg 15,9. Näheres zu Calvins Auslegung des Epheserbriefes im Zusammenhang des Themas Prädestination hoffe ich an anderer Stelle ausführen zu können.

[13] Gott sage: Vous estes des miens. Or ceux-là estans cognus, sont appelez de luy; et ceste vocation est quand Dieu nous donne la foy (a.a.O., 97). Calvin beruft sich dabei auf Gal 4,9 und auf Jes 65,1.

[14] Calvin a.a.O., 102: Mais la terre de Canaan n'estoit-elle pas une figure et une image de l'heritage celeste?

Wenn Paulus sage, daß Esau verworfen, Jakob aber erwählt sei; dann betone er damit, daß dies „nicht das Ergebnis irgendwelcher Werke [ist], sondern es kommt, sagt er, von Gottes Berufung".[15]

In der *Institutio* spricht Calvin zu Beginn seiner Darlegungen (III 21,1) von der „Dunkelheit" (*caligo*), von der diese Lehre umgeben sei; aber, so fahrt er fort: Ohne sie gibt es keine Erkenntnis des Heils; „niemals werden wir so klar, wie es sich ziemt, zu der Überzeugung kommen, daß unser Heil aus der Quelle der unverdienten Barmherzigkeit Gottes fließt, bevor uns nicht seine ewige Erwählung kundgeworden ist."[16] Calvin warnt davor, in die heiligen Geheimnisse (*adyta*) der göttlichen Weisheit eigenmächtig eindringen zu wollen; „Es ist nämlich nicht angemessen, daß das, was der Herr in sich selber verborgen halten wollte, ein Mensch ungestraft durchforscht."[17] Calvin rückt hier die *praedestinatio* und die *electio* zunächst ganz nahe aneinander; gegen Ende des Abschnitts betont er dann jedoch (III 23,1), man dürfe keinesfalls behaupten, der Erwählung stehe keine Verwerfung gegenüber: Die Erwählung habe gar keinen Bestand, wenn es nicht auch ihr Gegenteil gebe.[18]

Auch in der *Institutio* belegt Calvin seine Aussagen über die Prädestination von den schon erwähnten biblischen Texten her. In III 22,1.2 geht er ähnlich ausführlich wie in der Ansprache vom Dezember 1551 auf Eph 1,4 ein; in III 22,4-6 folgt eine breite Explikation des paulinischen Gedankengangs in Rom 9-11; und in III 23,12 verweist Calvin erneut auf Eph 1,4, um den Gedanken abzuweisen, die Lehre von der Prädestination lasse das Streben nach Heiligung überflüssig werden. Schließlich zitiert er am Ende seiner Darlegungen zu dieser Thematik (III 24,17) nochmals Sätze aus Rom 9 (V. 24) und aus Rom 11 (V. 32) sowie das von ihm auch sonst oft für seine Argumentation beigezogene Wort Rom 9,20: „O Mensch, wer bist du, der du rechtest mit Gott?"[19]

In seinem Kommentar zum Römerbrief (1539) legt Calvin zunächst Rom 8,28-30 und dann natürlich Rom 9-11 zumindest *auch* unter dem dogmatischen Gesichtspunkt aus, daß es hier um die Prädestinationslehre gehe. Im folgenden sollen nicht Calvins exegetische Ergebnisse im einzelnen darge-

---

[15] Calvin a.a.O., 103: Et ainsi donc, nous voyons quelle est l'intention de sainct Paul en ce 9. des Romains, quand il deduit qu'Esau a esté reietté, et que Iacob a esté esleu, que cela n'est point venu des oeuvres, mais de Dieu qui appele, dit-il.

[16] *Nunquam liquido ut decet persuasi erimus, salutem nostram ex fonte gratuitae misericordiae Dei fluere, donec innotuerit nobis aeterna eius electio* (Calvini Opera Selecta IV, 369,10-12).

[17] *Neque enim aequum est, ut quae in se ipso abscondita esse voluit Dominus, impune homo excutiat* (Calvini Opera Selecta IV, 370,24).

[18] *Ipsa electio nisi reprobationi opposita non staret* (Calvini Opera Selecta IV, 394,3).

[19] *O homo, tu quis es qui litigas cum Deo?* (Calvini Opera Selecta IV, 432,6)

stellt werden, sondern nur diejenigen Aussagen, die Calvins systematisch-theologische „Auswertung" der biblischen Aussagen erkennen lassen.

Der erste Hinweis auf eine paulinische 'Prädestinationslehre' findet sich im Römerbriefkommentar erwartungsgemäß im Zusammenhang der Exegese von 8,28-30, vor allem V. 30 (ους δε προωρισεν, τουτους και εκαλεσεν· και ους εκαλεσεν, τουτους και εδικαιωσεν· ους δε εδικαιωσεν, τουτουσ και εδοξασεν „die er aber zuvorbestimmt hat, die hat er auch berufen, und die er berufen hat, die hat er auch gerechtfertigt; die er aber gerechtfertigt hat, die hat er auch verherrlicht"). Calvin deutet die Wendung προωρισεν nicht im generellen Sinne der Erwählung (*electio*), sondern bezieht sie auf Gottes „Rat und Beschluß, wodurch er den Seinen das Kreuz zu tragen auferlegte".[20] Aus der Abfolge von προωρισεν und εκαλεσεν leitet er den Gedanken ab, daß Gott seinen Ratschluß über die Erwählten nicht verborgen gehalten, sondern kundgemacht habe: „Die Berufung wird hier nämlich von der verborgenen Erwählung unterschieden, und gleichsam nachgeordnet. Damit also niemand sagen könne, man wisse ja gar nicht, welches Schicksal Gott einem jeden zugewiesen habe, sagt der Apostel, Gott habe durch seine Berufung öffentlich von seinem verborgenen Ratschluß Kunde gegeben."[21] Calvin geht sogar so weit, mit Blick auf die Schlußaussage εδοξασεν, in der das Verb δοξαζειν ungewöhnlicherweise im Aorist verwendet ist[22], davon zu sprechen, daß wir – freilich: in Christus – schon jetzt unsere Herrlichkeit sehen: „Aus seiner Herrlichkeit erwächst für uns die Sicherheit unserer Herrlichkeit, so daß unsere Hoffnung gleichgeachtet werden kann einem gegenwärtigen Besitz.[23] Hier hat die Berufung also die Funktion, die Erwählung sichtbar und erfahrbar zu machen – man könnte das geradezu als einen *syllogismus practicus* bezeichnen, freilich von ganz ungewöhnlicher Art. 3.2 In der Exegese von Rom 9-11 legt Calvin den ersten für unsere Fragestellung bedeutsamen Abschnitt 9,6-9 im Grunde nicht „dogmatisch", sondern „historisch" aus: Die grundsätzliche Aussage laute in V. 6b, daß „nicht alle aus Israel in Wahrheit Israel sind" (ου γαρ παντες οι εξ Ισραηλ); in V. 7-9 zeige Paulus dann, daß dies in besonderem Maße für die erste Generation gelte, also für die beiden unmittelbaren

---

[20] *propositum vel decretum, quo suis crucem ordinavit ferendam* (Ioannis Calvini Commentarius in Epistolam Pauli ad Romanos, ed. T.H.L. Parker, SHCT 22, 1981, 183).

[21] Calvin Comm in Rom 183: *Vocatio enim hic ab arcana electione distinguitur tanquam inferior, Nequis ergo exciperet, quam cuique sortem Deus attribuerit, minime sibi constare: dicit Apostolus Deum sua vocatione palam testari de arcano suo consilio.*

[22] Calvin weist darauf hin, Paulus spreche hier *secundum linguae hebraicae* in der Vergangenheit.

[23] Calvin Comm in Rom, 184: *gloria eius tantam gloriae nostrae securitatem nobis affert, ut praesenti possessioni merito aequiparetur spes nostra.*

Nachkommen Abrahams, denen der Bund Gottes durchaus nicht in gleicher Weise zugesprochen worden sei.

Der zweite Abschnitt, Rom 9,10-13, wird von Calvin in einer theologisch grundsätzlichen Weise ausgewertet: Aus der Jakob und Esau betreffenden Aussage 9,11 folgert Calvin, daß Gott nicht nur Israel aus den Völkern erwählt, sondern daß er auch zwischen den einzelnen Menschen innerhalb des Volkes unterschieden habe, „indem er die einen zum Heil bestimmt, die anderen zur ewigen Verdammnis"[24], was über das im Text unmittelbar Gesagte natürlich hinausgeht. Für Calvin besagt die paulinische Aussage überdies, daß Gott nicht etwa lediglich vorhergewußt habe, wer von den beiden möglicherweise „gute Werke" werde aufweisen können; vielmehr seien beide, Jakob und Esau, als Nachkommen Adams von Natur aus Sünder gewesen, und beide hätten zu ihrer Gerechtigkeit gar nichts beizutragen vermocht.

Noch stärker vom dogmatisch-prinzipiellen Interesse geprägt ist Calvins Auslegung des dritten Abschnitts, Rom 9,14-18: Hier wird der Begriff *praedestinatio* gleich zu Beginn eingeführt; man gewinnt den Eindruck, daß Calvin annimmt, Paulus handele spätestens von dieser Stelle an bewußt vom Lehrstück de *praedestinatione*.[25] Wenn Paulus nach dem einleitenden Τι ουν ερουμεν; die Frage stelle: μη αδικια; und wenn er diese Frage dann mit με γενοιτο beantworte, mache er deutlich, daß es bei Gott eine *iniustitia* keinesfalls geben könne. Seine Aussage in 9,18 bezeuge vielmehr eindeutig, daß die Ursache für die Erwählung der einen und die Verwerfung der anderen allein in Gottes Vorsatz gesucht werden dürfe.[26] In der Auslegung von 9,18 stellt Calvin überdies fest, man müsse sich mit den kleinen Sätzen des Paulus (ον θελει...ον θελει *Cuius vult, et Quem vult*) abfinden, da es uns nicht erlaubt sei, darüber hinauszugehen (*ultra quas procedere nobis non permittit*); im übrigen zeige das Verb σκληρυνει (*indurat*), daß Paulus nicht an eine bloße Zulassung (*permissio*) der Verwerfung durch Gott denke, sondern an ein aktives Handeln des göttlichen Zorns (*ira*).[27]

Der vierte Abschnitt 9,19-23 wird von Calvin ganz auf die Souveränität Gottes hin ausgelegt: In der rhetorischen Frage des Paulus in V. 20 findet Calvin den Gedanken ausgesagt, daß es eine höhere *causa* als Gottes *arbitrium* nicht gibt. In V. 21, wo Paulus von dem Töpfer spricht, der über sein

---

[24] Calvin Comm in Rom, 202: *[dum] alios ad salutem praedestinat, alios ad aeternam damnationem.*

[25] Calvin Comin in Rom, 204 setzt mit der Bemerkung ein, daß der Mensch sogleich Widerspruch anmelde, wenn der Apostel ein besonderes *mysterium* abhandle: *Praesertim vero ubi de praedestinatione audiunt homines id quod tradit Scriptum, multis tricis impediuntur*, Es zeige sich, daß es völlig unsachgemäß wäre, wollte man von dieser Lehre schweigen.

[26] Calvin Comm in Rom, 205: *quod alios eligit Deus, alios reprobat, causam non alibi quam in eius proposito quaerendam esse.*

[27] Calvin Comm in Rom, 209.

Werk eine uneingeschränkte *potestas* hat, findet Calvin durchaus nicht eine schrankenlose Willkür Gottes ausgesprochen; der Apostel weise Gott vielmehr „mit höchstem Recht diese Möglichkeit zu. Er will nämlich Gott nicht eine ordnungslose Macht zusprechen, sondern ein ihm zustehendes Recht."[28] Calvin hebt hervor, daß Paulus die Frage, warum es überhaupt 'Gefäße *in contumeliam*' gebe, gar nicht stellt, geschweige denn beantwortet; erstaunlich sei dies freilich nicht, denn nach allem zuvor Gesagten sei klar, daß die Ursache in dem ewigen und unausforschlichen Ratschluß Gottes liege[29]: Gottes Gerechtigkeit sollen wir anbeten, und wir sollen nicht versuchen, sie zu durchschauen.

Auf das Problem der Verstockung und ihrer Ursache kommt Calvin, durchaus textgemäß, nochmals in der Auslegung von Rom 11,7 zu sprechen. Nach der an der Elia-Erzählung 1 Kön 19 orientierten Erwähnung des 'heiligen Rests' spricht Paulus dort davon, daß die εκλογη (Vulgata: *electio*) das Heil erlangt habe, die übrigen hingegen „verhärtet" worden seien (επωρωθησαν, *excaecati sunt*). Auch hier betont Calvin, daß die Ursache dafür uns verborgen ist und daß uns nur übrig bleibt, das *incomprehensibile Dei consilium* zu bewundern.

Aus den referierten Bobachtungen zu Calvins biblischer Fundierimg der Prädestinationslehre ergibt sich, daß Calvin durchaus nicht nur schon dogmatisch für ihn Feststehendes in den biblischen Texten 'wiederfindet'. Vielmehr läßt er sich vielfach vom Text her in eine Gedankenbewegung hineinnehmen.

2.

Wie verhält sich Calvins Interpretation der paulinischen „Prädestinationslehre" zu den Aussagen des Apostels in Rom 8,28-30 und Rom 9-11, wie sie nach dem Maßstab des gegenwärtig exegetisch zu Verantwortenden verstanden werden können?[30] Klar ist von vornherein, daß Paulus keine 'Lehre' (*doctrina*) vermitteln und daß er schon gar nicht einen dogmatischen *locus* (*De praedestinatione*) entfalten will. Insofern stellt die Frage nach dem Verständnis der Prädestination bei Paulus theologiegeschichtlich gesehen natürlich einen Anachronismus dar. Gleichwohl ist es zweifellos zulässig, wenn wir diese biblischen Texte nach dem Grad unserer exegetischen Einsicht mit

---

[28] Calvin Comm in Rom, 212: *optimo iure hanc facultatem ei competere. Neque enim vult Deo asserere potestatem aliquam inordinatam: sed quae merito illi sit deferenda.*
[29] Calvin Comm in Rom, 213: *causam in aeterno ac inexplicabili Dei consilio absconditam esse.*
[30] Eine Berücksichtigung der exegetischen Literatur zum Römerbrief kann aus Raumgründen nur in sehr begrenztem Umfang erfolgen.

Blick auf das dogmatische Thema Prädestination befragen und dabei prüfen, ob Calvin sie nach unserem Urteil zu Recht für seine *doctrina* in Anspruch nimmt oder nicht.

Die Aussagen in Rom 8.28-30 bilden den Abschluß des größeren Abschnitts 8,18-30, der seinerseits zu der großen Texteinheit Rom 8,2-39 gehört. In einer Art Überschrift hatte Paulus in 8,18 festgestellt, die gegenwärtigen Leiden seien gegenüber der μελλουσα δοξα völlig unbedeutend. Der Gedanke, daß gerade die Leiden auf die künftige Herrlichkeit vorausverweisen, wird von ihm dann in drei kurzen Durchgängen (V. 19-22. 23-25. 26-27) näher expliziert. Dann folgt in V. 28-30, eingeleitet durch οιδαμεν, ein weisheitlich-formelhafter Hinweis auf das dem Menschen zugutekommende Heilshandeln Gottes, mit der These, daß denen, die Gott lieben (οι αγαπωντες)[31], 'alles' (παντα) zum Guten ausschlägt. Der Nachsatz V. 28b (τοις κατα προθεσιν κλητοις ουσιν) macht klar, daß das αγαπαν nicht etwa eine eigene Leistung oder auch nur eine „Tat" des Menschen ist, sondern Folge der κλησις?[32], deren Urheber natürlich Gott ist[33]; Wenn die Gottesbeziehung in Ordnung ist, dann schlägt dem Menschen *alles* zum Guten aus, insbesondere auch und gerade die zuvor eingehend erwähnten παθηματα. Damit ist natürlich nicht gemeint daß es den 'Frommen' auf die Dauer immer 'gut' gehen werde. vielmehr ist das αγαθον von Gott her gedacht: Paulus denkt an das eschatologisch Gute. In aller Not und Bedrängnis wissen die Gott Liebenden um Gottes Güte. Der Apostel spricht an dieser Stelle ausdrücklich von der προθεσις, was er sonst nur noch einmal nämlich ein wenig später in 9,11, tut[34]; daran wird noch einmal deutlich, daß Gottes Handeln für die κλητοι οντες nicht etwa eine *Reaktion* Gottes auf mögliche Vorleistungen der Menschen ist, sondern im Gegenteil allein Gottes souveräne *Aktion*. Man kann dies durchaus als *praedestinatio* bezeichnen, freilich allein im Sinne der *electio*, ohne daß *Nicht*-Erwählte überhaupt in den Blick kämen.

---

[31] Die Wendung „Gott lieben" erinnert natürlich an das 'Sch^ema Israel' in Dtn 6,5 (LXX: και αγαπησεις κυριον τον θεον σου κτλ).

[32] Man kann fragen, ob V. 28b ein paulinischer Nachsatz zu einer vorgegebenen und von Paulus zitierten Tradition ist (vgl. U. Wilckens, Der Brief an die Römer. 2. Teilband. Röm 6-11, EKK VI/2, 1980, 151); aber das mag an dieser Stelle offen bleiben.

[33] H. Hübner, Art. Prädestination III. Neues Testament, TRE 27, 1997, 105-110, hier: 107 meint, die Aussage in Röm 8,28-30 sei aus dem biblischen Erwählungsgedanken abzuleiten (vgl. Dtn 7,7 in der LXX-Fassung: ουχ οτι πολυπληθειτε παρα παντα τα εθνη, προειλατο κυριος υμας και εξελεξατο υμας – υμεις γαρ εστε ολιγοστοι παρα παντα τα εθνη – αλλα παρα το αγαπαν κυριον υμας και διατηρων τον ορκον, ον ωμοσεν τοις πατρασιν υμων).

[34] προθεσις im Corpus Paulinum in ähnlicher Bedeutung in Eph 1,11 und 2 Tim 1,19, darüber hinaus in Eph 3,11 und 2 Tim 3,10 in anderer Bedeutung.

Mit ους προεγνω nimmt Paulus in V. 29a offensichtlich die vorangegangene Bestimmung κατα προθεσιν auf: In der dem eigentlichen Berufungsgeschehen vorausgehenden προθεσις wird ein entsprechendes „zuvor Erkennen" wirksam. In V. 29.30 liegt ein „Kettenschluß" vor, wobei auf die einzelnen, für Paulus weithin sehr ungewöhnlichen Formulierungen hier nicht weiter einzugehen ist.[35] Wichtig ist das in V. 30 ausgesprochene Ziel: Auf das vorherbestimmende Handeln Gottes folgte die Berufung (ους δε προωρισεν, τουτουσ και εκαλεσεν), d.h. das εκαλεσεν kann als geschichtliche Konkretion bzw. Verwirklichung des vorzeitlichen προωρισεν gedeutet werden; und darauf folgte die Rechtfertigung (και ους εκαλεσεν, τουτους και εδικαιωσεν), die – so wird man sachlich ergänzen dürfen, ohne daß Paulus es an dieser Stelle sagt – im Glauben von den Glaubenden wahrgenommen werden kann. Ob das abschließende εδοξασεν im strikten Sinne gemeint ist (Gott „*hat uns verherrlicht*", Aorist), oder ob wir es mit einer proleptischen Aussage zu tun haben, die nochmals auf die nach V. 18 ja noch ausstehende *künftige* δοξα verweist, ist in der Exegese umstritten. Nach E. Käsemann zitiert Paulus hier eine enthusiastische Tauftradition, wie sie sich später auch in Eph 2,5f. finde[36]; W. Schmithals sieht in dem εδοξασεν den „Ausdruck höchster Hoffnungsgewißheit"[37], während K. Haacker von der für Paulus „unverbrüchlichen *Gewißheit* der (künftigen) Herrlichkeit" spricht.[38] Am nächsten liegt m.E. tatsächlich die auch von Calvin vertretene Annahme, daß Paulus hier faktisch doch in die Zukunft blickt, daß er dabei aber gerade die Gewißheit der künftigen Verherrlichung zum Ausdruck bringen will und deshalb den Aorist verwendet. Für diese Auslegung spricht auch die Fortsetzung 8,31-39, die einerseits sehr wohl Gegenwart und Zukunft voneinander unterscheidet, dabei aber andererseits mit großer Eindringlichkeit zugleich die Gewißheit ausspricht, daß in der kommenden Zukunft mit Blick auf die Gottesbeziehung wirklich *Neues* nicht zu erwarten ist.

Das Thema von Rom 9,1-11,36 ist die Beziehung Gottes zu Israel. Wenn das in Rom 8 am Ende Gesagte – daß nämlich *nichts* uns scheiden kann von

---

[35] Vgl. H. Paulsen, Überlieferung und Auslegung in Römer 8, WMANT 43, 1974, 152-161.

[36] E. Käsemann, An die Römer, HNT 8a, [4]1980, 235f. Vgl. Wilckens, Römerbrief II, 165. Ob in Eph 2,5f. tatsächlich „Tauftradition" vorliegt, ist eine andere Frage, auf die hier nicht näher einzugehen ist.

[37] W. Schmithals, Der Römerbrief. Ein Kommentar, 1988, 302: „In unerhörtem Vorgriff auf die Vollendung definiert er den gegenwärtigen Stand der Kinder Gottes als den der Verherrlichung und die zukünftige Herrlichkeit als gegenwärtige, wenn auch noch nicht öffentlich offenbare (V. 18-19) Daseinswirklichkeit der Glaubenden."

[38] K. Haacker, Der Brief des Paulus an die Römer, ThHK 6, 1999, 171. Der Gebrauch des Aorist geschehe „unter Vernachlässigung des normalen temporalen Aspekts".

der Liebe Gottes in Christus – wirklich gilt, dann muß der Israelit Paulus sich selber die Frage stellen, was die eben erst ausgesprochene Gewißheit für die an Gott, nicht aber an Christus glaubenden Israeliten bedeutet. In Rom 9-11 liegt weder eine Geschichtsspekulation vor noch eine besondere Israel-Lehre; vielmehr spricht Paulus davon, wie das Handeln Gottes – der ja *nota bene* der *Gott Israels* ist – in Bezug auf eben dieses Israel theologisch einzuordnen ist. Um das Ergebnis vorwegzunehmen: Nicht zufällig spricht Paulus am Ende vom μυστηριον (11,25) und bekennt er, daß Gottes Wege „unausforschlich" sind. Aber um auch dies gleich zu sagen: Zwischen 9,1-5 und 11,25-36 liegt ein breites Feld paulinischer Aussagen, die im Detail gern übersehen werden, wenn – wie es zumal im Kontext kirchlicher Verlautbarungen nicht selten geschieht – pauschal auf 'Römer 9-11' verwiesen wird.

Entgegen einer beliebten Auslegung hebt Paulus im Eingangsabschnitt Rom 9,1-5 auch in V. 4.5 nicht einfach die „Vorzüge Israels" so hervor, als beschreibe er eine ungebrochene Einheit Israels mit Gott; in diesem Fall wären ja die Eingangssätze 9,1-3, wo Paulus von seiner λυπη und sogar von der Möglichkeit einer Selbstverfluchung spricht, sinnlos gewesen. Vielmehr steht hinter V. 5 die Frage, wie es um die genannten Vorzüge Israels gegenwärtig steht. Daß V. 5 in eine solche – unausgesprochene – Frage mündet, zeigt V. 6a; denn die Aussage Ουχ οιον δε οτι εκπεπτωκεν ο λογος του θεου ist ja als eine Antwort zu lesen.[39] Ob ο λογος του θεου dabei das Wort der biblischen Verheißung ist, das unverändert in Geltung steht[40], oder ob – wie es dem paulinischen Sprachgebrauch eigentlich eher entspricht – an die christliche Verkündigung zu denken ist, die trotz des 'Nein' der Israeliten nicht „hingefallen" ist[41], mag an dieser Stelle offen bleiben. Entscheidend ist die Begründung, die Paulus in V. 6b für seine in V. 6a ausgesprochene 'Antwort' gibt: ου γαρ παντες οι εξ Ισραηλ ουτοι Ισραηλ.[42] Die so knapp und nüchtern getroffene Feststellung, daß 'Israel' keine einheitliche Größe ist, wird in V. 7-9 am Beispiel des σπερμα Αβρααμ näher entfaltet: Nur Isaak, das Kind aus Sarah ist wirklich σπερμα, das andere Kind, dessen Name ebensowenig wie

---

[39] Nach Schmithals, Römerbrief 338 steht hinter V. 6a „ein Vorwurf aus der Synagoge", die Paulus den Einwand entgegengehalten habe, daß – wenn sein universalistisches Evangelium wahr sei – das Israel anvertraute Wort Gottes hinfällig geworden sein müsse. Diese Auslegung beruht auf Schmithals' These, Paulus werbe im Römerbrief um die der Synagoge nahestehenden Gottesfürchtigen, indem er sie in die gesetzesfreie Kirche einlade; dem halte die Synagoge entgegen, daß damit Gottes Wort aufgehoben werde, denn „außerhalb des empirischen Israels gebe es kein Heil" (342). Diese historische Hypothese läßt sich aus dem Text kaum belegen.

[40] So die gängige Auslegung.

[41] So P.-G. Klumbies, Israels Vorzüge und das Evangelium von der Gottesgerechtigkeit in Römer 9-11, WuD 18 (1985) 135-157, hier: 141-143.

[42] Das begründende bzw. jedenfalls explikative γαρ in V. 6b darf nicht übersehen werden.

der seiner Mutter genannt wird, ist es nicht. Die Feststellung von V, 8, nicht die Kinder des Fleisches seien Kinder Gottes, sondern (nur) die Kinder der Verheißung würden als 'Same' gewertet (…τα τεκνα της εθαγγελιας λογιζεται εις σπερμα), enthält eine scharfe Zuspitzung des in der biblischen Überlieferung Gesagten: Isaak, so behauptet Paulus eigentlich, wurde ausschließlich aufgrund der επαγγελια geboren, ohne Beteiligung der σαρξ; die sarkische Verbindung mit Abraham erweist sich als letztlich bedeutungslos, denn alles hängt allein von der επαγγελια Gottes ab.

Damit macht Paulus eine Aussage, die tatsächlich als „prädestinationstheologisch" bezeichnet werden kann[43]: Nicht einmal die eigene Geburt ist ein Beitrag des Menschen zu dem, was hier 'Berufung' genannt wird; vielmehr hängt die Existenz des Menschen als des von Gott Berufenen einzig und allein von Gott ab. Möglicherweise hat Calvin dies im Blick, wenn er davon spricht, die auf die Nachkommenschaft bezogene Erwählung werde also schon in der ersten Generation zerbrochen. Dabei scheint es Paulus durchaus darauf anzukommen, daß seine Argumentation 'schriftgemäß' ist, auch wenn, im Unterschied zum folgenden Abschnitt, eine Wendung wie καθως γεγραπται o.ä. nicht vorkommt. Die Aussage in V. 9 (κατα τον καιρον τουτον ελευσομαι και εσται τη Σαρρα υιος) wird als επαγγελιας λογος bezeichnet[44]; aber Paulus zitiert nicht eigentlich einen biblischen Satz, sondern es scheint ihm möglicherweise bewußt darauf anzukommen, daß das Verheißungswort gleichsam 'direkt', ohne Umweg über eine Zitatformel o.ä., den Lesern des Briefes übermittelt wird.[45]

---

[43] Vgl. E. Dinkler, Prädestination bei Paulus. Exegetische Bemerkungen zum Römerbrief, in: Ders., Signum Crucis. Aufsätze zum Neuen Testament und zur Christlichen Archäologie, 1967, 241-269, hier: 254; In Rom 9,7ff. liegt zweifellos der Gedanke der *praedestinatio gemina* vor. Ganz anders Schmithals, Römerbrief 341: Die 'Kinder der Verheißung' seien entsprechend Gal 4,21-31 „die universale christliche Gemeinde aus *Juden und Heiden*", jedenfalls nicht allein die Judenchristen. Zwar lasse Paulus in 9,6-9 zunächst offen, wer diese 'Kinder' sind; doch gebe er die Antwort dann in V. 24-29, während in V. 10-21(23) ein „Nebengedanke" eingeschoben sei. In V. 6-9.24-29 begegne „der Gedanke der Prädestination" gar nicht. Aber zumindest die Argumentation in V. 10-13 gehört unmittelbar noch zu derjenigen in V. 6-9 und kann von ihr keinesfalls abgetrennt werden.

[44] V. 9 kann als eine Mischung aus Gen 18,10 und 18,14 LXX angesehen werden, ohne daß eine direkte Vorlage zitiert wäre (vgl. D.-A. Koch, Die Schrift als Zeuge des Evangeliums. Untersuchungen zur Verwendung und zum Verständnis der Schrift bei Paulus, BHTh 69, 1986, 141f. und 171f).

[45] Auch in V. 7b fehlt eine *formuta quotationis*, d.h. der Zitatcharakter ist zwar vorausgesetzt, schon durch die Verwendung der 2. Pers. Plur., aber er ist jedenfalls nicht betont.

In V. 10-13 fuhrt Paulus ein zweites Beispiel für die in V. 6b formulierte These an.[46] Gegenüber V. 7-9 ist die Aussage weiter verschärft; Waren es bei Abraham noch zwei Kinder aus unterschiedlichen Verbindungen, zwischen denen so strikt geschieden wurde, so ist jetzt von zwei sogar demselben Zeugungsakt entstammenden Söhnen die Rede (V. 10). Ziel der paulinischen Argumentation ist das durch καθωος γεγραπται ausdrücklich markierte Schriftzitat in V. 13 (τον Ιακωβ ηγαπησα, τον δε Ησαυ εμισησα[47]), auf das Paulus in V. 11.12 in sehr geschickter Weise hinführt; Da Gottes εκλογην προθεσις unverändert in Geltung bleiben sollte, wurde der Mutter schon vor der Geburt beider von Gott gesagt (ερρεθη), daß ο μειζων δουλευσει τω ελασσονι[48], womit klar sei, daß Gottes Entscheidung allein auf seiner Souveränität beruht und nicht etwa aufgrund der (guten oder bösen[49]) Werke des Menschen ergeht (ουκ εξ εργων αλλ' εκ του καλουντος). Der ganze Argumentationsgang in V. 10-13 ist so formuliert, daß schon rein sprachlich der betonte Vorrang der göttlichen προθεσις zum Ausdruck gebracht werden soll. Berücksichtigt man, daß in der rabbinischen Exegese die unmittelbar vorangehende Aussage Gen 25,22[50] auf vorgeburtliche Angriffe Esaus gegen Jakob gedeutet wurde[51] und daß dies möglicherweise sogar schon die Erzählintention des ursprünglichen biblischen Textes gewesen war[52], dann wird deutlich,

---

[46] Die Aussage wird bewußt steigernd eingeleitet durch ου μονον δε – αλλα και.

[47] Es handelt sich um ein praktisch wörtliches Zitat von Mal 1b-3a LXX: Ηγαπησα υμας, λεγει κυριος. και ειπατε Εν τινι ηγαπησας υμας ουκ αδελφος ην Ησαυ του Ιακωβ λεγει κυριος και ηγαπησα τον Ιακωβ, τον δε Ησαυ εμισησα και εταξα τα ορια αυτου εις αφανισμον και την κληρονομιαν αυτου εις δοματα ερημου. Das Prophetenwort ist von Hause aus nicht auf Gottes vorzeitige Gnadenwahl bezogen; es betrifft geschichtlich die Völker Edom und Israel, nicht den einzelnen (vgl. H. Graf Reventlow, Die Propheten Haggai, Sacharja und Maleachi, ATD 25,2, 1993, 134f).

[48] Gen 25,23fin LXX wörtlich, im biblischen Text freilich schon auf die Völker bezogen.

[49] Vgl. V. 11a: μηπω γαρ γεννηθεντων μηδε πραξαντων τι αγαθον η φαυλον.

[50] Gen 25,22 hebr. Text: Als aber die Kinder sich stießen in ihrem Leibe, da sprach sie: Wenn dem so, wozu bin ich dies? Und sie ging, um den Ewigen zu befragen [Übers. L. Zuntz]. LXX: εσκιρτων δε τα παιδια εν αυτη, ειπεν δε Ει ουτως μοι μελλει γινεσθαι, ινα τι μοι τουτο; επορευθη δε πυθεσθαι παρα κυριου.

[51] Belege bei P. Billerbeck, Kommentar zum Neuen Testament aus Talmud und Midrasch, II 528f.

[52] H.J. Boecker, 1. Mose 25,12-37,1. Isaak und Jakob, ZBK.AT 1.3, 18: Wenn es heißt, der Ältere werde dem Jüngeren dienen, „so ist das nur in einem verhältnismäßig kurzen Zeitabschnitt der Fall gewesen, nämlich in der Zeit des davidisch-salomonischen Reiches, vgl. besonders 2. Sam. 8,13-14".

wie Paulus die Entscheidung Gottes zugunsten Jakobs gegen Esau aufgefaßt wissen will. Es ist offenbar kein Zufall, daß Paulus zunächst in V. 12b eine futurisch formulierte, in V. 13 dann aber eine im Aorist formulierte Aussage zitiert und daß dabei das zweite Zitat gleichsam als Beleg für das erste fungiert; Weil immer schon galt, daß Jakob von Gott geliebt, Esau dagegen von Gott gehaßt wurde, konnte der Mutter von Gott gesagt werden, was künftig geschehen werde.

Daß hinter diesem Argumentationsgang ein als prädestinationstheologisch zu bezeichnendes Denken steht, scheint mir keine Frage zu sein; dabei wird vor allem in V. I2a der für die paulinische Theologie wesentliche systematische Kontext deutlich erkennbar: Der berufende Gott und die (menschlichen) Werke stehen einander diametral entgegengesetzt gegenüber[53] – Gott handelt aus freier Souveränität heraus, und zwar sowohl in seinem Erwählen (ηγαπησα) als auch in seinem hier nun explizit erwähnten Verwerfen (εμισησα). Indem Paulus ein biblisches Gotteswort im „Ich"-Stil zitiert, zeigt er, daß er von der Struktur des göttlichen Handelns spricht, daß er also gleichsam „aus der Perspektive Gottes" formuliert. Es geht ihm nicht um das spekulative Nachdenken des Menschen über die Frage, ob er oder sie von Gott erwählt („geliebt") sei oder nicht („gehaßt"); wohl aber spricht Paulus erkennbar von der Gottesbeziehung des einzelnen Menschen, nicht von einem pauschal auf ganze Gruppen bezogenen Gottesverhältnis.[54]

Im anschließenden Argumentationsgang (V. 14-18) macht Paulus zunächst in V. 14 sich selber einen Einwand, und zwar in Form einer Frage, die er negativ beantwortet.[55] Die Frage μη αδικια παρα τω θεω; setzt eine implizit vorangehende Feststellung voraus, nämlich die Annahme, man könne oder müsse aus den beiden Schilderungen in V. 6-9 und V. 10-13 das Urteil 'Gott ist ungerecht' ableiten. Paulus setzt dem sein μη γενοιτο entgegen, und er begründet dies abermals mit Schriftzitaten. Das erste dieser Zitate in V. 15, mit dem explizierenden γαρ angeschlossen und wiederum entsprechend der zitierten Vorlage als Gottesrede im Ich-Stil formuliert, entspricht wörtlich Ex 33,19b LXX[56]: Gott verspricht dem Mose als Antwort auf dessen entsprechende Bitte (Ex 33,18), er werde an ihm in seiner δοξα vorübergehen

---

[53] Der Hinweis auf die εργα zeigt, daß die Terminologie und damit auch die Sache der Rechtfertigungstheologie durchaus im Blick ist, obwohl die δικαιο-Begrifflichkeit in Rom 9 zunächst nicht begegnet (dann aber sehr häufig in 9,30-10,10).
[54] Anders Schmithals, Römerbrief (s. Anm. 37), 346: Es gehe nicht um Individuen, sondern um Völker, nämlich Israel und die Heiden. Ausgangspunkt ist die oben Anm. 39 referierte historische These, wonach Paulus sich hier auf einen innersynagogalen Dialog einlasse.
[55] Dasselbe Verfahren der Argumentation wendet Paulus in Röm 6,1.2a an.
[56] Der LXX-Text von Ex 33,19 lautet: και ειθεν Εγω παρελευσομαι προτερος σου τη δοξη μου και καλεσω επι τω ονοματι μου Κυριον εναντιον σου, και ελεησω ον αν ελεω, και οικτιρησω ον αν οικτιρω.

(33,19a[57]), und dies wird dann in 33,19b betont als ein Akt der freien Gnade Gottes gedeutet.[58] Paulus zitiert nur Ex 33,19b, ohne den ursprünglichen Kontext zu beachten, und er verweist anschließend (V. 16) auf die Souveränität des Erbarmungshandelns Gottes, der sich um das τρεχειν και θελειν des Menschen nicht kümmere. Das in V. 17 folgende zweite Zitat enthält die Gegenaussage: Wiederum zitiert Paulus eine Gottesrede im Ich-Stil, nennt dabei als Subjekt aber eigenartigerweise 'die Schrift'.[59] Zitiert ist jetzt Ex 9,16, aber mit einer wichtigen Änderung: Statt der biblischen Formulierung και ενεκεν τουτου διετηρηθης („und deshalb bist du erhalten geblieben"[60], nämlich nach sechs Piagen), heißt es bei Paulus εξηγειρα „ich habe dich erweckt": Gott hat den Pharao überhaupt nur dazu zum Leben erweckt, d.h. ihn erschaffen, damit er an ihm seine Macht (Paulus verwendet δυναμις statt des LXX-Begriffs ισχυς) erweise.[61] Der Kommentar in V. 18 (αρα ουν) betont abschließend durch das zweifache θελει nochmals, daß Gott souverän handelt; dabei ist θελει möglicherweise eine bewußte Wiederaufnahme der Terminologie in V. 16: Das Wollen des Menschen ist bedeutungslos, das Wollen Gottes dagegen ist identisch mit dem tatsächlich Geschehenden. Dies gilt sowohl für Gottes Erbarmen (ελεειν, wie in V. 15.16) als auch – und an dieser Stelle wird nicht nur ein neuer Begriff eingeführt, sondern auch ein neuer Sachverhalt – für sein Verstecken (σκληρυνειν[62]). Die ganze Formulierung zeigt im übrigen, daß Paulus bei seinen Adressaten in Rom die Kenntnis der biblischen Erzählung voraussetzt.[63]

---

[57] Der hebr. Text lautet אֲנִי אַעֲבִיר כָּל־טוּבִי עַל־פָּנֶיךָ „Ich werde vorüberführen all meine Güte an deinem Angesicht" (Übers. L. Zuntz).

[58] Möglicherweise ist Ex 33,19 schon ursprünglich nicht nur kontextbezogen, sondern theologisch grundsätzlich gemeint. Vgl. M. Noth, Das zweite Buch Mose. Exodus, ATD 5, ³1965, 212.

[59] Gott selber wird bei Paulus niemals explizit als Sprecher eines biblischen Textes eingeführt.

[60] Ex 9,16 hebr. Text: (Deswegen) habe ich dich bestehen lassen, um dir zu zeigen meine Stärke (Übers. L. Zuntz). Koch, Schrift 112 hält es für möglich, daß die Verwendung der 2. Pers. Sing. als Objekt zu εξηγειρα auf eine dem hebräischen Text angeglichene LXX-Vorlage (διετηρησα σε) zurückgeht.

[61] Vgl. dazu Koch, Schrift (s. Anm. 44) 112: Die Änderung gegenüber dem biblischen Text entspricht „der Absicht des Paulus, mit diesem Zitat Gottes aktives Handeln zu beschreiben". Vgl. a.a.O., 150.

[62] Dies Verb verwendet Paulus nur an dieser Stelle. In Ex 4,21 wird es gebraucht im Zusammenhang der Ankündigung Gottes an Mose, er werde Pharaos Herz verstocken; es begegnet dann noch öfter in den Plagetexten, beispielsweise Ex 9,12 LXX. Vgl. K,L- Schmidt/M.A. Schmidt, ThWNT V, 1030f.

[63] Nach Schmithals, Römerbrief (s. Anm. 37) 351 werden Mose und Pharao auch in V. 15-18 nicht als Einzelpersonen gesehen, „sondern als Repräsentanten des Volkes Israel einerseits, der Feinde Israels andererseits"; um das Thema der Prädestination gehe es auch in V. 14-21 „höchstens sekundär".

Inwiefern ist mit dem antithetischen Beispiel Mose / Pharao[64] die Frage von V. 14 in der Sache *begründet* beantwortet? Zum einen könnte gesagt werden, die Frage sei überhaupt nicht beantwortet, denn der αδικια-Vorwurf ist ja nicht aus der Welt geschafft. Andererseits aber kann V. 18 durchaus als eine Antwort gewertet werden: Beides, sowohl der gegen Gott gerichtete Vorwurf der αδικια als auch jeder Versuch, Gott gegen diesen Vorwurf zu verteidigen, würde nämlich gleichermaßen bedeuten, daß der Gottesgedanke nicht ernst genommen wird. Denn in beiden Fällen würde Gott der menschlichen Rechtsnorm angepaßt, und das kann selbstverständlich nicht in Frage kommen.

Der mit V. 19 beginnende nächste Gedankenschritt zeigt, daß Paulus die offene Flanke seiner bisherigen Argumentation durchaus sieht: Wenn es Gott selber ist, der verstockt, wie kann er dann „tadeln", d.h. inwiefern kann dann noch von Gott als dem Richter gesprochen werden? Daß Paulus den wieder als Frage formulierten Einwand jetzt in der 2. Person Sing, einfuhrt (ερεις μοι ουν), bedeutet nicht, daß er jetzt einen konkreten Gesprächspartner zu Wort kommen läßt[65]; vielmehr ergibt sich der vorgetragene Einwand zwangsläufig und unmittelbar aus dem bisher Gesagten: Die bewußt das gnomische Perfekt verwendende Formulierung der Frage (τω γαρ βουλματι αυτου τις ανθεστηκεν) zielt auf eine im Grund zeitlose Aussage: Der Mensch *kann* dem Willen Gottes nicht widerstehen, wenn Gott tatsächlich Gott ist. Aber eben darin steckt ja gerade die kritische Anfrage: Wenn der Mensch auch beim – im wahrsten Sinne des Wortes – *besten* Willen nicht so zu handeln vermag, daß er dem Tadel Gottes entgeht, eben weil Gott selbst ja das negative Handeln des Menschen verfugt hat, dann ist ja im Grunde nicht der Mensch verstockt, sondern Gott ist es, der den Menschen verstockt hat, indem er ihm seinen (und sei es: guten) Willen geraubt hat. Paulus antwortet abermals unter Rückgriff auf die Schrift, freilich so, daß der Schriftbezug nicht klar erkennbar wird. Die als erste Reaktion auf den Einwand von V. 19 formulierte rhetorische Eingangsfrage V. 20a (ω ανθρωπε, μενουγε συ τις ει ο ανταποκρινομενος τω θεω) betont den unendlichen Abstand zwischen Gott und Mensch: Ein menschliches ανταποκρινεσθαι Gott gegenüber ist völlig undenkbar.[66] Das 'o Mensch' ist wohl nicht einfach als emphatische Form der

---

[64] Nach Käsemann. Römer (s. Anm. 36) 258 bilden V. 15f. und 17f. „einen antithetischen Parallelismus, in welchem auf die Zitate die gleiche grundsätzliche Einsicht geradezu in Gestalt eines dogmatischen Urteils folgt".

[65] Anders wieder Schmithals, Römerbrief 353: „Der Einwand von V. 19 kommt wie der Einwand von V. 14 aus dem Munde heidnischer Sympathisanten der Synagoge: Kann der gerechte Gott nur Israel erwählen und trotzdem die Heiden richten?" Paulus habe weiterhin das innersynagogale Gespräch zwischen Juden und Heiden im Auge.

[66] Das zweifache Kompositum ανταποκρινεσθαι im NT nur hier und in Lk 14,6.

Anrede aufzufassen, sondern es geht tatsächlich um den *Menschen* in seinem Gegenüber zu *Gott*. Wie groß der Abstand tatsächlich ist, zeigt das in V. 20b folgende Bild, das deutlich an Jes 29,16 anknüpft, ohne diesen Text wirklich zu zitieren: μη ερει το πλασμα τω πλασαντι· τι με εποιησας ουτως; In der biblischen Überlieferung ist vom Volk die Rede, das Gott mißachtet, was genauso absurd ist, als würde der Ton den Töpfer mißaehten[67]; auffallend ist freilich die von Paulus vorgenommene Textänderung: Das nicht der Vorlage entsprechende ουτως zeigt an, daß es nicht um das Geschaffensein als solches geht, nicht um Sein oder Nichtsein, sondern um die Beschaffenheit dessen, was der Töpfer geformt hat.[68] Behauptet wird die vollkommene Souveränität des Schöpfers seinem Geschöpf gegenüber, wie dann auch in V. 21 durch die rhetorische Frage η ουκ εχει εξουσιαν ο κεραμευς του πηλου εκ του αυτου φυραματος ποιησαι mit der daran anknüpfenden Näherbestimmung ο μεν εις τιμην σκευος ο δε εις ατιμιαν gezeigt wird.[69]

Von größter Bedeutung ist nun die Fortsetzung: Paulus stellt in V. 22.23 in Form eines Bedingungssatzes eine Frage, auf die er am Ende keine Antwort gibt: „Wenn aber Gott, der das Gericht erweisen und seine Macht kundtun wollte, in großer Geduld ertragen hat Gefäße des Zorns, die bereitet sind zum Verderben, damit er auch kundtäte den Reichtum seiner Herrlichkeit über Gefäßen der Barmherzigkeit, die er zuvor bereitet hatte zur Herrlichkeit – „der Satz bricht an dieser Stelle ab, d.h. auf die sehr lange Protasis des Bedingungssatzes folgt keine Apodosis, sondern der Satz endet als Anakoluth.[70] Das ist kein Zufall, sondern es entspricht im Gegenteil genau dem, was in-

---

[67] Jes 29,16 LXX: ουχ ως ο πηλος του κεραμεως λογισθησεσθε; μη ερει το πλασμα τε πλασαντι Ου συ με επλασας η το ποιημα τω ποιησαντι Ου συνετως με εποιησας.

[68] Hier besteht, trotz des Einwandes von Koch, Schrift 144, eine deutliche Nähe zu Jes 45,9 (LXX-Text: Ποιοι Βελτιον κατεσκευασα ως πηλον κεραμεως; μη ο αποτριων αποτριασει την γην ολην την ημεραν; μη ερει ο πηλος τε κεραμει Τι ποιεις οτι ουκ εργαζη ουδε εχεις χειρας). Der hebr. Text lautet in Übersetzung: „Wehe dem, der mit seinem Bildner hadert, er, ein Scherben unter den Scherben des Erdbodens. Spricht denn der Ton zu seinem Bildner: Was machst du?" (Übers. L. Zuntz) Eine Verwendung des Bildes vom Ton und vom Töpfer findet sich auch 1 QS XI 21f, dort wohl in Anspielung auf den Schöpfungsbericht.

[69] C.H. Dodd, The Epistle of Paul to the Romans, 1932, 171 hat an dieser Stelle die oft zitierte berühmte Aussage gemacht, in Wahrheit habe der kritische Gesprächspartner des Paulus doch recht: Paulus sei gezwungen, zu bestreiten, "that God's freedom of action is limited (not now by physical or historical necessity, but) by moral considerations". Zwar sei das Bild vom Töpfer eindrücklich; "but the trouble is that a man is not a pot".

[70] Auf das theologische Gewicht der Anakoluthe im Römerbrief hat G. Bornkamm, Paulinische Anakoluthe, in: ders., Das Ende des Gesetzes. Paulusstudien. Gesammelte Aufsätze Band I, BEvTh 16, 1963, 76-92, hier: 90-92 aufmerksam gemacht.

haltlich ausgesagt werden soll: Paulus hätte es offenbar für theologisch unsachgemäß gehalten, hätte er abschließend erklärt, Gott sei berechtigt, so zu handeln.[71] Denn für Paulus ist klar, daß der Mensch unter keinen Umständen über Gott urteilt, auch nicht verstehend-zustimmend. So vermeidet er es, eine Position gleichsam 'oberhalb' von Gott einzunehmen und Gottes Entscheidungen zu kommentieren. Vielmehr setzt Paulus in V. 24 neu ein, indem er in einem neuen Hauptsatz formuliert: Ους και εκαλεσεν ημας ου μονον εξ Ιουδαιων αλλα και εξ εθνων. Der Blick wendet sich also auf „uns", die Berufenen (εκαλεσεν ημας): „Gottes Gnadenentscheidung ist nicht im Schweigen Gottes verschlossen und also der Gewißheit des Glaubens entzogen, sondern kundgeworden in der 'Berufung' ... die an 'uns' ergangen ist. Die Kirche aus Juden und Heiden ist das leibhaftige Dokument des freien, grundlosen Erbarmens Gottes."[72] Das Ziel der prädestinationstheologischen Aussagen des Paulus ist also offenbar das Bekenntnis zu Gottes freier Gnadenwahl, nicht aber das spekulative Erforschen und Betrachten eines abstrakten und dunkel bleibenden Gotteswillens.[73]

Wir müssen uns nochmals in Erinnerung rufen, daß die Ausführungen des Paulus in Rom 9 nicht als Explikation eines *articulus de praedestinatione* zu lesen sind. Das Thema des Paulus ist die Frage nach der Gottesbeziehung des nicht an Christus glaubenden Israel. Er konstatiert auf der einen Seite das Fehlen des Glaubens, und er nimmt auf der anderen Seite zugleich die tatsächlich erfolgte Berufung von Juden und Heiden wahr; er folgert daraus aber nicht eine explizite Verwerfung der gegenwärtig offenbar nicht Berufenen, sondern er hebt die unbedingte und unbegrenzte Souveränität des berufenden Gottes hervor. Derselbe Gedankengang rindet sich in der unmittelbaren Fortsetzung 9,25-33 und dann vor allem auch im Bild vom Ölbaum und seinen Zweigen in Rom II, 16-24.

Nach H. Hübner geht es in Rom 9,6-29 um Gottes prädestinierendes καλειν; Paulus *spreche nicht* von Glaube und Rechtfertigung. „Der Eindruck einer *gemina praedestinatio* ist zunächst unvermeidlich; es scheint, als lehrte hier Paulus auch eine Prädestination zur ewigen Verdammnis."[74] In Rom 9,30-10,21 zeige sich dann aber ein Widerspruch dazu, weil hier nun doch der

---

[71] So erstaunlicherweise Käsemann, Römer 257 in der Übersetzung von 9,22: „Sein gutes Recht ist es (also) ..." Über Gottes „gutes Recht" macht Paulus gerade *keine* Aussage.

[72] Bornkamm, Anakoluthe 92.

[73] Dinkler, Prädestination (s. Anm. 43) 257: „Gottes Erwählung aktualisiert und offenbart sich *im* Glauben des einzelnen, sie kann nicht losgelöst werden von dieser Aktualität des Glaubens als seine zeitliche Voraussetzung. Und da für Paulus Glaube wahrgenommen wird als Aktualität und nicht als Qualität, so lassen sich weder Glaube noch Prädestination objektivieren."

[74] Hübner, TRE 27, 106.

Mensch mit seinem Gehorsam und mit seiner Verweigerung des Gehorsams im Blick sei. Dahinter stehe freilich keine Aporie der paulinischen Argumentation; Paulus *wolle* vielmehr bewußt widersprüchlich argumentieren, weil es ja um *Gottes* Handeln gehe. Hier droht m.E. eine Tendenz, die Radikalität der paulinischen Aussagen abzuschwächen: Hübner folgert aus Rom 11, am Ende aller Zeit werde Israel „glaubend durch Gott mysterienhaft gerettet" werden; „Zugang zum Mysterium der Prädestination" gebe es mithin „nur über den Glauben, denn die *Aus*sage der Prädestination ist in kerygmatischer Absicht *Zus*age an den Glaubenden, nicht aber *Ab*sage an den Nichtglaubenden", und so bleibe die Verantwortung des Menschen vor Gott, weil der Mensch „geschichtliches Wesen ist – auch angesichts der absoluten Berufungsaktivität Gottes".[75] Nun ist aber nicht zu übersehen, daß in Rom 11,25-32, wo sowohl von der Rettung „ganz Israels" (V. 26) als auch vom Erbarmen Gottes über „alle" (V. 32) die Rede ist, vom Glauben gerade nicht gesprochen wird. Der εκ Σιων kommende Retter, vermutlich also Christus in der Parusie[76], wird wegnehmen die ασεβειαι απο Ιακωβ; die Rettung auch der nicht an Christus Glaubenden geschieht am Ende also nicht dadurch, daß sie doch noch den Christusglauben annehmen, sondern sie geschieht durch den souveränen Rettungs- bzw. Erbarmungsakt Gottes (11,32). Man kann natürlich fragen, ob Paulus mit dieser eher 'abstrakten' Rede nun nicht eben den Fehler begeht, den er in 9,22-24 durch das Anakoluth vermieden hatte; Spricht er in 11,25-32 nun nicht doch objektivierend über das künftig-eschatologische Handeln Gottes, während in Wahrheit allein „der an *sein* Prädestiniertsein Glaubende verantwortlich sprechen" könnte?[77] Blickt man aber genauer hin, dann erkennt man, daß Paulus auch in 11,25ff. seine Gedanken nicht von einer gleichsam 'höheren Warte' aus formuliert hat, sondern daß er die Adressaten ständig unmittelbar anredet; sie sind es, die zu Israel in eine bestimmte Beziehung gesetzt werden: Am Gegenüber tm Israel, dem Gottes Erbarmen einst gelten wird, sollen die Adressaten in Rom erkennen, daß auch ihre Gottesbeziehung sich nicht ihrer Leistung verdankt, sondern eben diesem selben Erbarmen Gottes. E. Dinkler hat m.E. richtig gesehen, daß der Textabschnitt 11,25-36 nicht als apokalyptische Offenbarung zu lesen ist, sondern daß er auf *Hoffnung* zielt. Wenn Paulus zu Beginn des „hymnischen" Textes 11,33-36 die Unergründlichkeit der Wege Gottes preist (V. 33) und wenn er in den zitierten rhetorischen Fragen in V. 34.35 faktisch konstatiert, daß niemand den νους κυριου erkannt hat, dann sind das keine Floskeln,

---

[75] Hübner ebenda (Hervorhebungen im Original).
[76] B. Schaller, ΗΞΕΙ ΕΚ ΣΙΩΝ Ο ΡΥΟΜΕΝΟΣ. Zur Textgestalt von Jes 59:20f. in Rom 11:26f., in: FS J.W. Wevers, 1984, 201-206 hält es für möglich, daß das ΕΚ in V. 26 durch Verschreibung eines ursprünglichen ΕΙΣ zustandegekommen ist: Der Retter wird „zum Zion kommen".
[77] Hübner TRE 27, 107.

sondern Paulus betont die *insecuritas* des Menschen, der sein Berufensein dankbar annehmen und im Leben realisieren kann, der aber nicht den Anspruch erheben darf, Gott *müsse* sich seiner erbarmend annehmen.[78]

Trifft es zu, daß zwischen der Vorstellung von der 'Allwirksamkeit, Gottes in Bezug auf das Erbarmen und der Verantwortlichkeit des Menschen ein Widerspruch besteht? Dinkler verweist darauf, daß auf Rom 9-11 unmittelbar die Einleitung zur Paränese des Römerbriefes (12,1f.) folgt, wo Paulus wie kaum an einer anderen Stelle auf die Verantwortung des Menschen für sein Tun hinweist.[79] Entscheidend ist dabei, daß die Abfolge der Gedanken in der paulinischen Argumentation nicht übersehen wird: Es ist der von Gott berufene Mensch, dem gesagt wird, er solle sein σωμα hingeben zu einem Gott gefälligen 'Opfer' und sich verwandeln in der ανακαινωσις του νοος. Paulus sagt nicht umgekehrt, daß womöglich erst der so verwandelte Mensch an sich selber die Berufimg wahrnehmen könne. Der von Paulus in 12,1 f. an die Adressaten gerichtete hohe Anspruch verfehlt nur deshalb sein Ziel nicht, weil Aussagen wie 9,24 oder 11,25-32 vorangegangen waren.

3.

Welche Antwort kann auf die Frage nach dem Verständnis der Prädestination bei Calvin und bei Paulus gegeben werden? Klar scheint zu sein, daß es dem Apostel nicht darum ging, das Problem des ewigen Heils des einzelnen Menschen als eines Individuums zu lösen. Die Frage „Bin ich erwählt?" haben sich die Adressaten des Römerbriefes nicht gestellt, und der Autor dieses Briefes erst recht nicht. Für Paulus war allerdings die Frage nach der Gottesbeziehung des nicht an Christus glaubenden Israel geradezu existentiell virulent. Aber auch ihm ging es nicht darum, den einzelnen Israeliten als erwählt oder nicht erwählt zu erweisen, und es ging auch nicht darum, das Geheimnis der Erwählung zu enthüllen. Die Basis der theologischen Argumentation des Paulus ist vielmehr die im Glauben wahrgenommene Erwählung und die damit verbundene Erkenntnis, daß es Nicht-Glaubende gibt; diesen, so ist Paulus überzeugt, wird sich Gott gnädig zuwenden – im Eschaton, bei der Parusie. In der Argumentation in Rom 11 gibt es keine endgültig Verworfenen und niemanden, der endgültig „verloren" ist.[80] Das den Adressaten mitgeteilte μυστηριον ist die künftige Gnadenwahl Gottes.

Der entscheidende Unterschied zwischen Calvin und Paulus liegt darin, daß der Genfer Reformator nach der Gottesbeziehung des einzelnen fragt. Aber

---

[78] Dinkler, Prädestination (s. Anm. 43) 259f.
[79] Dinkler, a.a.O., 254f.
[80] In 1 Kor 1,18ff. spricht Paulus dagegen von den απολλυμενοι, freilich ohne einen prädestinatianisch zu interpretierenden Zusammenhang.

auch Calvin kommt es darauf an, die ewige Vorherbestimmung als erwählendes Handeln *Gottes* zu begreifen und nicht spekulativ-abstrakt über Erwählung und Verwerfung nachzudenken. Insofern, so scheint es mir, bewegt sich Calvin ganz auf der grundsätzlich von Paulus vorgegebenen Linie.

CHRISTIAN LINK

Die Entscheidung der Christologie Calvins und ihre theologische Bedeutung

Das sogenannte Extra-Calvinisticum[1]

Theologie treiben heißt in einem eminenten Sinne, es *heute* zu tun, angesichts der Erfahrungen und Herausforderungen der *eigenen* Gegenwart die Wahrheit des Evangeliums zu verantworten. Theologie ereignet sich – oder sollte sich doch ereignen – im Schnittpunkt von Gott und Welt. „Die Wirklichkeit Gottes", so hat Bonhoeffer ihren lebensgeschichtlichen Ort beschrieben, „erschließt sich nicht anders, als indem sie mich ganz in die Weltwirklichkeit hineinstellt."[2] Diesen Schnittpunkt hat die Theologie jedoch nicht auf eigene Verantwortung festzustellen und aufzusuchen. Er ist ihr im Ereignis der Menschwerdung Gottes vorgegeben. Wenn das gilt und gelten soll, wenn alles christliche Reden über die Welt und über den Menschen aus einem konkreten Zeugnis von Gottes eigenem und ewigem Wort hervorgeht, das sich in der Ohnmacht der Geschichte als mächtig erweist: müßte dann die Wirklichkeit Jesu Christi im Raum der Kirche und im Raum der Welt nicht gleichermaßen erfahren werden, und zwar in jeder geschichtlichen Gegenwart? Wie also ist jener einzigartige „Schnittpunkt" zu verstehen und wie der Satz des Johannesprologs, der ihn als ein Ereignis in unserer Geschichte bezeugt: „Das Wort – Gottes ewiger Logos – ward Fleisch" (Joh 1,14)?

Um diese Frage geht es in jener reformierten Lehrentscheidung, die im Spiegel der konfessionellen Polemik[3] als *Extra-Calvinisticum* bekanntgewor-

---

[1] Erweiterte Fassung eines Vortrags, den ich auf Einladung der Theologischen Fakultäten von Göttingen und Münster am 9. November und 7. Dezember 1984 gehalten habe.
[2] *D. Bonhoeffer*, Ethik, zusammengestellt und hg. von B. Bethge, München 1958⁴, 60.
[3] Die Kontroversen um „illud extra" gehen auf das Kolloquium von Maulbronn (1564) zurück und haben einen frühen literarischen Niederschlag bei *A. Hunnius*, Assertio Sanae et Orthodoxae Doctrinae de Persona et Maiestate Domini, Frankfurt 1592, 152f. 191 gefunden. Der Terminus selbst ist, wie *G. Thomasius*, Christi Person und Werk II, Erlangen 1857, 446 vermutet, um 1620 von *Th. Thumm* geprägt worden und erscheint als „Extra-Calvinisticum" bereits 1622 bei *Balthasar Mentzer* im sog. „Anti-Crocius" I, 584. – Zu dieser Vorgeschichte vgl. *E.D. Willis*, Calvin's

den ist. Die berühmte Formulierung der Institutio lautet: „Wohl ist der Logos wunderbarerweise vom Himmel herabgestiegen – und hat ihn doch nicht verlassen; wohl ... ist er auf Erden gewandelt, hat willentlich am Kreuz gehangen – und hat doch, wie im Anfang, immerfort die ganze Welt erfüllt" (II,13,4).[4] Die Tragweite dieser Entscheidung soll hier in mehreren Umläufen entfaltet werden. Das schließt – ein nie ganz unproblematisches Unternehmen! – den Versuch ein, Calvins Entscheidung von dem unmittelbaren Ort, an dem sie gefallen ist, ein Stück weit abzurücken und in der von ihm gewiesenen Richtung weiterzudenken.

I. Der Horizont des Extra-Calvinisticums (eine Annäherung)

Zunächst ist jedoch die umstrittene Lehrbildung selbst vorzustellen: In welche Richtung blickt Calvin, wenn er – übrigens in Fortsetzung der Tradition der gesamten älteren Christologie[5] – *bestreitet*, daß der göttliche Logos aufgrund der Inkarnation von der *menschlichen* Natur Christi wie von einem Gefäß umschlossen sein könnte, und jener These die paradoxe Behauptung entgegensetzt, daß der Logos ungeachtet seiner vollen Einwohnung im Menschen Jesus auch ganz *außerhalb* der Menschheit Christi bleibe – in der scharfen Formulierung des Maresius gesprochen: „ut totus eam inhabitet et totus ... extra eam sit?"[6] Es kann keine Rede davon sein, als wollte er die Menschwerdung Gottes einschränken oder auch nur abschwächen. Wenn es aber wirklich *Gott* ist, der sich in Jesus Christus offenbart, und wenn seine Offen-

---

Catholic Christology. The Function of the so-called Extra Calvinisticum in Calvin's Theology, Leiden 1966, 8-25.

[4] „... etsi in unam personam coaluit immensa Verbi essentia cum natura hominis, nullam tamen inclusionem fingimus. Mirabiliter enim e caelo descendit Filius Dei, ut caelum tamen non relinqueret: mirabiliter in utero Virginis gestari, in terris versari, et in cruce pendere voluit, ut semper mundum impieret, sicut ab initio" (Opera Selecta (= OS), hg. von P. Barth/W. Niesel, München 1967ff; III (*J. Calvinus*, Institutio Christianae Religionis 1559), 458,7-13). Die parallele ältere Formulierung -sie geht auf Petrus Lornbardus (Sent III,22,3 = MSL 192,804) zurück und ist sowohl bei Melanchthon (CR 15,1271) wie schon in der ersten Ausgabe der Institutio von 1536 nachweisbar (OS 1,140) – findet sich im Abendmahlsabschnitt Inst IV,17,30 (OS V,389,8-12); die späteste Fassung bietet die „Ultima Adminitio ad Westphal" (1557) in: Iohannis Calvini Opera (= CO) 9,171. – Die im Text in ( ) gesetzten Ziffern beziehen sich auf Buch und Abschnitt der Institutio von 1559.

[5] Die wichtigsten Quellen (Athanasius, Gregor von Nyssa, Augustin und Thomas) hat *K. Barth*, KD 1/2, 184 aufgeführt. Vgl. auch *W. Elert*, Der Ausgang der altkirchlichen Christologie, Berlin 1957, 52ff.

[6] S. Maresius, Syst. breve univ. Theol., Genf 1662, 118; zit. n. *H. Heppe/E. Bizer*, Die Dogmatik der evangelisch-reformierten Kirche, Neukirchen 1958, 335.

barung eine *freie*, durch nichts erzwungene Bindung an die Sphäre der Endlichkeit ist, dann kann die Wirklichkeit dieses Gottes – hier geht es um die Aufrichtung einer *kritischen* Grenze! – in der Menschheit Jesu niemals auf- und untergehen. Das Paradox ist unvermeidbar: totus *intra* carnem und zugleich: totus *extra* carnem. Und nun lautet die Frage: Ist dieses „extra" vielleicht doch *mehr* als eine nur logisch geforderte und – so gesehen – ziemlich abstrakte Konsequenz aus der alten *Zweinaturenlehre*? Man kann den Sachverhalt, auf den Calvin blickt, jedenfalls nicht gut, wie es eine Tradition der Dogmengeschichte will, auf die *begriffliche* Weisheit reduzieren: „finitum non capax infiniti", ohne ihn im Kern unverständlich zu machen.[7]

Heiko A. Oberman hat von einer „ganzen ‚Extra'-Dimension in Calvins Theologie" gesprochen: neben dem „extra carnem" steht, dessen Sinn interpretierend und verdeutlichend, ein extra ecclesiam, extra coenam, extra legem und extra praedicationem.[8] Das Extra-Calvinisticum ist also durchaus kein isoliertes Phänomen, sondern ähnlich der Spitze eines Eisberges nur der besonders umstrittene Aspekt innerhalb des Gesamthorizontes, in dem sich nach Calvin Gottes Wirken entfaltet. Thesenhaft formuliert: Gottes Sorge erschöpft sich *nicht* darin, daß er die Herzen der Gläubigen lenkt: sie schließt die Regierung des ganzen Erdkreises ein. Seine Herrschaft beschränkt sich *nicht* darauf, die Kirche seines wirksamen Beistandes zu vergewissern: sie greift über Predigt, Abendmahl, Ordnung und Dienst der Gemeinde hinaus und manifestiert sich in Staat und Gesellschaft, ja selbst in der vernunftlosen Schöpfung bis hin zum „Rascheln eines niederfallenden Blattes" (1,3,2). Gott regiert. Das ist Calvins durchgängiges Thema. Er ist „legislateur et roy" und hat Christus zum König, zu seinem vice-roy, eingesetzt. Zwar hat er sich selbst und seine Verheißung an die Kirche gebunden, an Gebot, Predigt und Abendmahl, aber er läßt sein Reich auch durch sein außer-kirchliches Lenken und Eingreifen wachsen. Die mittelalterliche Theologie sprach im Blick auf diese *Möglichkeiten* von Gottes „absoluter" Macht (potentia absoluta). Calvin kann den Ausdruck übernehmen, gibt ihm aber einen grundverschiedenen Sinn: nicht „was Gott *hätte tun können*, sondern was er *wirklich tut*"[9], steht im Licht. So ist das Extra-Calvinisticum kein Specialissimum der calvini-

---

[7] Diese namentlich von *W. Elert*, Über die Herkunft des Satzes ‚Finitum non capax inhniti', in: ZSTh 16, 1939, 500-504 und *F. Loofs*, Art. Christologie, Kirchenlehre, in: RE IV, Leipzig 1898, 16-56, hier: 54 vertretene „philosophische" These ist von der jüngeren Forschung mit Recht bezweifelt worden: *C.G. Berkouwer*, The Person of Christ. Grand Rapids 1954, 282; vgl. E.D. Willis, 74ff.

[8] *H.A. Oberman*, Die „Extra"-Dimension in der Theologie Calvins, in: H. Liebing/K. Scholder (Hg.), Geist und Geschichte der Reformation. Festgabe Hanns Rückert zum 65. Geburtstag, Berlin 1966, 323-356, hier: 352. In dieser ebenso grundlegenden wie glänzenden Studie wird das Thema anhand der späten Predigten Calvins zum II. Samuelbuch abgehandelt.

[9] A.a.O. 353.

schen Christologie, sondern öffnet den Horizont, in den nahezu alle dogmatischen Themen einrücken und – von der Inkarnation über das Abendmahl bis zur Lehre von den Lichtern der Kreatur – einen neuen Richtungssinn bekommen. Ich versuche daher die Bedeutung des „extra" vorgreifend an einem neutestamentlichen Text zu verdeutlichen, den der Exeget Calvin kaum zur Erläuterung seines dogmatischen. Interesses herangezogen hätte:

„Und siehe, ein Gesetzeskundiger trat auf ihn zu, ihn zu versuchen... und sagte zu Jesus: Wer ist mein Nächster? Jesus erwiderte und sprach: Ein Mensch ging von Jerusalem nach Jericho hinab und fiel den Räubern in die Hände ..." (Lk 10,25ff).

Die Geschichte vom barmherzigen Samariter gehört zu der Gattung der Gleichnisse. *Gleichnisse* – diese wichtige Einsicht verdanken wir den Arbeiten der letzten Jahrzehnte[10] – rücken die Welt dorthin, wo sie von sich aus nicht steht: in die Nähe Gottes, und sprechen ihr insofern *mehr* zu, als sie in Wirklichkeit hat und ist. Wenn der Mann aus Samaria – ein „Ungläubiger" wohlgemerkt – eine Menschlichkeit praktiziert, die nicht lange fragt und erwägt, mit wem man es im andern zu tun hat, in der man sich vielmehr schlicht mit ihm solidarisch findet und anspruchslos für ihn da ist, dann – das will die Erzählung sagen – hat die Wahrheit des fleischgewordenen Logos sich gleichnishaft in der Welt dargestellt. Das also gibt es: eine Weltlichkeit, es mag sogar ein ausgesprochen atheistischer Humanismus sein, der die der Kirche anvertraute Wahrheit mindestens ebenso deutlich und bestimmt wie sie selbst und manchmal sogar auch besser und folgerichtiger als sie zu bezeugen scheint. Man denke an den kompromißlosen Einsatz politischer Dissidenten für die von ihnen erkannte Wahrheit oder an das Antlitz der Menschlichkeit Gottes, das in manchen Bewegungen aufscheint, die gerade die christlichen Kirchen wegen ihrer Unmenschlichkeit verlassen und bekämpft haben. Am Beispiel des barmherzigen Samariters jedenfalls wird die *Wahrheit*, auf die Calvin blickt, sozusagen modellhaft am Ort ihres neutestamentlichen Ursprungs anschaubar: Gottes „Menschlichkeit" (um mit Barth zu reden), und damit Gott selbst, geht ganz in diesen einzigen unter allen Menschen, Jesus von Nazareth, ein und erscheint zugleich uneingeschränkt in dem samaritanischen „Heiden". Gottes Herrschaft, die Zukunft seiner Basileia, greift über die Schranken der Person Christi hinaus. Es gibt eine „profane" Welt, die mit ihren Verlautbarungen, mehr noch: durch ihr praktisches Verhalten u. U. auch einmal an der Peripherie jenes Kreises zu finden ist, der auf die Offenbarung als sein verborgenes Zentrum verweist.[11]

---

[10] Vgl. insbesondere *E. Jüngel*, Paulus und Jesus, Tübingen 1972⁴, 139ff. 173f. – Ders., Metaphorische Wahrheit, in: Entsprechungen: Gott – Wahrheit – Mensch, München. 1980, 103-157, hier: 103ff.

[11] In dieser Blickrichtung hat etwa *W. Nijenhuis*, Art. Calvin, in: TRE VII, Berlin/New York 1981, 568-592, 583 das calvinische „extra" als „Ausdruck einer e-

Man verstehe diese Erläuterung nicht als eine lediglich heuristische Überlegung. Gleichnisse sind Spiegelungen des messianischen Ereignisses. Ihr Wahrheitsanspruch, so hat zuletzt Hans Weder überzeugend ausgeführt, muß „im Kontext des Lebens Jesu" ausgelegt, d.h. auf die „Grundmetapher Jesus ist Christus" bezogen werden: „Daß die von den Gleichnissen Jesu hergestellte ... Nähe der Gottesherrschaft in Wahrheit besteht, läßt sich nur darin begründen, daß Gott in Wahrheit zur Welt gekommen ist."[12] Wir stehen hier also tatsächlich im innersten Kreis des christologischen Problems.

Calvin hat den entscheidenden Punkt mit einem johanneischen Bild verdeutlicht: „Wenn es nun heißt: ‚Das Wort ward Fleisch', so ist das nicht so zu verstehen, als ob das Wort in Fleisch verwandelt oder mit ihm vermischt worden sei. Es geschah vielmehr, weil es sich aus dem Schoße der Jungfrau einen Tempel ersehen hat, in dem es Wohnung nehmen sollte..." (11,14,1). Der Tempel ist die *Wohnung Gottes*, er ist nicht Gott selbst. In ihm stellt Gott seine Herrlichkeit dar, macht sie erfahrbar und sichtbar, gibt sie aber – das liegt im Wesen jeder Darstellung beschlossen...nicht aus der Hand. Darum geht sie, selbst wenn sie das ganze Haus bis in den letzten Winkel erfüllt, in ihm nicht auf (1 Kön 8,11.27), erschöpft sich in ihm so wenig wie eine Partitur selbst in der gelungensten Aufführung. Die Verbindung von Gottes- und Weltwirklichkeit, die Brücke zwischen dem *Wort*, durch das alle Dinge geschaffen sind, und der *Welt*, die in ihm ihren Bestand hat (Kol 1,17), läßt sich ontologisch auf keine Weise fixieren. Zwischen „Himmel" und „Erde" gibt es kein anderes Kontinuum als das „descendere" des „Sohnes", das Ereignis seiner Ankunft. Im Ereignis seines Kommens wird Gott „im Fleische manifest". Die Formel, in die sich für Calvin der positive Gehalt der kritischen These zusammendrängt, lautet dementsprechend: „Deus manifestatus in carne" – „Gott geoffenbart im Fleisch" (1Tim 3,16).[13]

Damit ist das Schema der *Zweinaturenlehre* im Grunde *verlassen*, seine Fragerichtung durchkreuzt. Denn wenn die Gegenwart Gottes nur aussagbar ist als die Gegenwärtigkeit dessen, der *kommt*, dann muß seine Manifestation „im Fleisch" von jeder begrifflich faßbaren Präsenz („Natur") scharf unterschieden werden, und eben hier stehen wir am Ursprung der neutestamentli-

---

schatologischen Dimension" zu verstehen gesucht. Gottes Offenbarung lasse bis zum Jüngsten Tage die „Mysterien von Christi Herrschaft etiam extra ecclesiam, die Gabe seiner Gemeinschaft etiam extra coenam, von Gottes Regiment etiam extra legem" verhüllt.

[12] *H. Weder*, Die Gleichnisse Jesu als Metaphern, Göttingen 1980², 85.

[13] „Non potuit magis proprie de Christi persona loqui, quam his verbis: Deus manifestatus in carne" (CO 52,289f; vgl. II,14,5). – Auf die Bedeutung dieser Formel haben bereits *W. Niesel*, Die Theologie Calvins, München 1938, 112f. – *Joh. Witte*, Die Christologie Calvins, in: A. Grillmeier/H. Bacht (Hg.), Das Konzil von Chalkedon: Geschichte und Gegenwart III. Chalkedon heute, Würzburg 1954, 506 und E.D. Willis, 62f aufmerksam gemacht.

chen Darstellungsform des Gleichnisses. Jesu „Weltlichkeit" steht stellvertretend für die gesamte Schöpfung im Schnittpunkt von ausstehender Gegenwart und andrängender Fülle des Logos, geht in Christus so auf die Welt ein, daß er sie sich auf wunderbare Weise *nahebringt*: Sie wird durch Jesu Verkündigung und Leben als eine *für* Gott sprechende Welt, als Gleichnis der Gottesherrschaft, neu entdeckt. Daß also Jesus von Nazareth – in diesem Horizont geredet – das primäre, *authentische* Gleichnis Gottes ist, daß im Inkognito des stadtbekannten Zimmermanns Gott selbst in die menschliche Geschichte eingetreten ist, *ohne* in ihr aufzugehen: das ist es, was das Extra-Calvinisticum zunächst einschärfen will und in der Form eines kritischen Vorbehalts geltend macht.

II. Der theologische Ort: Himmelfahrt

Die Überlegungen zum neutestamentlichen Gleichnis haben die Blickrichtung Calvins und ineins damit die *Situation* der christologischen Frage deutlich zu machen versucht. Denn wenn wir heute, am Ort unserer eigenen Gegenwart, nach der Wirklichkeit Jesu Christi fragen, so tun wir es faktisch unter den Bedingungen des *Gleichnisses*: Wir fragen nach der Manifestation des fleischgewordenen Logos, ohne uns seiner „irdischen" Menschheit vergewissern zu können. Wir fragen in der besonderen heilsgeschichtlichen Periode zwischen Himmelfahrt und Parusie, in welcher uns Christus *entzogen* ist. Christus hat – seit *Himmelfahrt* – die Welt und ihre Existenzbedingungen verlassen und begibt sich nicht mehr unter sie.[14] Das ist der fast schlicht zu nennende *Ausgangspunkt* der calvinischen Lehrbüdung. Er ist aber – das zu begründen, hat sie zum Ziel – zugleich „so von uns gegangen, daß er uns nun auf eine viel segensreichere (utilis) Art gegenwärtig sein kann als während der Zeit seines Erdenwandels, da er sich noch auf die niedrige Wohnstätte des Fleisches beschränkte" (11,16,14). Wie ist das möglich?

Der *Heidelberger Katechismus* – eine Ausnahme auch, innerhalb der reformierten Bekenntnisschriften! – hat das Extra-Calvinisticum daher sehr betont im Zusammenhang der Frage nach der *Himmelfahrt* Christi eingeführt. Er versteht es als dogmatische Antwort auf die Frage, ob Christus seiner Verheißung gemäß „bey uns" bleiben werde „bis ans ende der Welt" (Frage

---

[14] Comm. Hebr 8,1 (CO 55,96). – Der Verheißung Mt 28,20 fügt Calvin die Erläuterung hinzu: „Nach dem Fleische aber, das das Wort angenommen hat, nach dem also, was von der Jungfrau Maria geboren, ... was ans Kreuz geschlagen, ... ins Grab gelegt, in der Auferstehung wieder ans Licht gekommen ist – nach dem, werdet ihr mich', wie der Herr sagt,,nicht allezeit bei euch haben'" (Inst II,16,14 = OS III,502,26-31). Dem entspricht – terminologisch – der Wandel von der „praesentia humana bzw. corporalis" zur „praesentia spiritualis" (IV,17,28 = OS V,384,3).

47), oder, richtiger noch: als eine christologische Bestimmung, die es möglich macht, diese Frage zuversichtlich zu bejahen. Dabei, geht er wie Calvin von der elementaren Schwierigkeit aus, die sich jedem Verstehen der Verheißung zunächst in den Weg legt: Christus ist unseren Augen entzogen. „Nach seiner menschlichen Natur / ist er jetzunder nit auff erden: aber nach seiner Gottheyt / Maiestet / gnad unnd Geist / weicht er nimmer von uns."[15] Um das entscheidende „aber" gegen den Vorwurf einer nestorianischen Trennung beider Naturen zu begründen, wird nun in einem zweiten Schritt – gleichsam als sachnotwendige Konsequenz – das calvinische „Extra" eingeführt: „Denn, weyl die Gottheyt … allenthalben gegenwärtig ist / so muss folgen / dass sie wol *ausserhalb* jrer angenommenen menschheyt / unnd dennoch nichtsdestoweniger auch in derselben ist / unnd persönlich mit jr vereiniget bleibt" (Frage 48).

Der *Heidelberger Katechismus* trägt die reformierte Lösung ausdrücklich im Rahmen der altkirchlichen *Zweinaturenlehre* vor. Das hat den Vorteil, daß die von jeher umstrittenen *Probleme* des Extra-Calvinisticum hier in einzigartiger Klarheit zutage treten: (1) Es ist unbestreitbar, daß es zu einer *Auflösung* der wörtlich verstandenen, nämlich „lokal" bestimmbaren. Einheit beider Naturen und damit – der Konsequenz sollte man sich nicht verweigern – tendenziell der Zweinaturenlehre selbst kommt. Es bleibt sozusagen ein „Überschuß" der Gottheit „über und jenseits ihrer Bindung an die menschliche „Natur" Christi, und dieses unbegreifliche Mehr ist der Grund, der eine Präsenz Christi „allenthalben" möglich und denkbar macht.[16] (2) An der *Einheit* von Gott und Mensch aber hat der christliche Glaube ein unaufgebbares Interesse. Er kann auf die Gegenwart des Leibes mit dem Christus für uns gestorben ist, gar nicht verzichten, denn dieser Leib bürgt sozusagen, für den geschichtlichen. Weg Gottes mit seiner Welt; er ist die „materia iustitiae et salutis" (11,11,9). Karl Barth hat daher mit einer hier singulären Schärfe von einem „theologischen Betriebsunfall" gesprochen. Eine Gegenwart Christi „nach Gnade und Geist", in der nicht auch seine Menschheit gegenwärtig ist, könne „post Christum, im Rückblick auf die Inkarnation, ... nur eine Aussage des Unglaubens" sein.[17]

Offensichtlich hat das *zweite Argument* ein größeres Gewicht als das erste. Wenn hier eine theologisch befriedigende Antwort gefunden wird, löst sich der Einwand einer nestorianischen „Trennung" auf, selbst wenn darüber die

---

[15] Heidelberger Katechismus, Frage 47 (BSRK 695.2). Vgl. Calvin, Ultima admonitio: „quatenus homo est Christus, in coelo esse …: secundum naturam humanam non esse ubique diffusum …: Christum igitur ubique praesentem esse tanquam Deum" (CO 9,168).

[16] Inst IV,17,28: „Una enim persona Deus et homo est, et untrunque unus Christus: *ubique* per id. quod est *Deus*, in caelo per id, quod est homo" (OS V,382,20).

[17] *K. Barth*, Die christliche Lehre nach dem Heidelberger Katechismus, München 1948, 701.

Denkformen der Zweinaturenlehre zerbrechen. Was also hat Calvin unter der *Gottheit* und *Majestät* verstanden, kraft der Christus „bis ans Ende der Welt" bei uns bleiben wird? Ist sie tatsächlich die von der „Welt" kategorial getrennte, leiblose Präsenz eines Gottes, der – so müßte man mit Hegel fortfahren – den Weg zum Kreuz wie eine „welke Haut" schmerzlos abgestreift hätte?

Dagegen, könnte schon die ausdrückliche Warnung sprechen, „die Gottheit des (erhöhten) Menschen dergestalt aufzurichten, daß wir ihm die Wahrheit seines Leibes (veritas corporis) wegnehmen".[18] Das *entscheidende Argument* indessen, das diesen Verdacht entkräftet (und ineins damit den Sinn des „extra" erläutert) – der Heidelberger Katechismus hat es in Frage 49 aufgenommen – setzt umfassender, nämlich *trinitätstheologisch*, ein: Der zur Rechten Gottes erhöhte Christus setzt sich bei uns gegenwärtig durch seinen *Geist*, „um den Mangel seiner Abwesenheit auszufüllen".[19] Wie zwischen Gott, dem Vater, und Gott, dem *Sohn*, unterschieden werden, muß, wenn man verstehen will, inwiefern in Jesus Gott selbst zur Welt gekommen *ist*, so muß – hier hat Calvin konsequent weitergedacht – noch einmal zwischen dem zur Welt *gekommenen* und dem als solchen *erhöhten* Sohn, zwischen Jesu Vergangenheit und seiner Zukunft, unterschieden werden, wenn man auch das andere verstehen will, daß er *nicht aufhört*, in Jesus zu uns zu kommen, sondern bei uns bleibt „bis ans Ende der Welt". Diese – widerspruchslose…Unterscheidung von Gott und Gott aber „impliziert das Ereignis … des Helligen Geistes"[20], der somit post Christum na tum keinen Gott „an sich", sondern den in Jesus von Nazareth *Mensch* gewordenen Gott vertritt. Er ist der Geist des Gekreuzigten. Spricht Calvin von der Majestät und Gottheit, die uns nicht mehr verläßt, so spricht er von der zweiten Person der Trinität, von Christus, der seinen Geist sendet, in welchem Gott sich noch einmal zu uns in Beziehung setzt, um sich so bei uns durchzusetzen.

In seiner geschichtlichen Einmaligkeit also ist Christus nicht unmittelbar zu jedem Menschen und zu jeder historischen Epoche. Aus diesem Grund sind das Kommen des Heiligen Geistes und die Himmelfahrt Christi einander *antithetisch* zugeordnet: Die Gegenwart des irdischen Leibes und die Gegenwart des Geistes schließen einander aus.[21] Es ist „Frevel", den Leib des Er-

---

[18] Inst IV.17,28 = OS V,382,17: Calvin zitiert Augustin (Ep 187 ad Dardanum 3,10 = MSL 33,835).

[19] Inst IV,17,26 = OS V,378,22. Vgl. Dilucida explicatio: „ita subduetum fuisse a nobis corporali praesentia, ut omnia tarnen impleat: nempe Spiritus sui virtute. Nam quacumque patet Dei dextra, quae coelum et terram complectitur, diffusa est spiritualis praesentia Christi" (CO 9,508).

[20] E. *Jüngel*, Gott als Geheimnis der Welt, Tübingen 1977, 480.

[21] Inst IV,17,26 = OS V,378,27. In einer etwas anderen Blickrichtung erläutert der Heidelberger Katechismus in Frage 49, einem kurzen Summarium von Inst 11,16,16, diese „Antithetik" mit dem sprechenden Bild eines wechselseitig nieder-

höhten „aus dem Himmel hervorzuziehen" (IV,17,31). Wenn seine geschichtliche Vergangenheit uns etwas angeht, dann muß sie uns eigens (und *neu*) zum Ereignis werden. Sie kann von uns nur in einer *neuen*, von ihrer historischen Erscheinung *unterschiedenen* Gestalt wahrgenommen und erkannt werden. Das ist es, was Calvin mit seinem *Vorbehalt* geltend machen und durch dessen *pneumatologische* Begründung zugleich positiv sicherstellen will. „Wenn Christus nicht in unserer Welt ist und auch nicht mehr in sie herabsteigt", dann, so interpretiert Niesel zutreffend, „muß seine Gegenwart erst geschaffen werden, und das geschieht durch die Tat des heiligen Geistes."[22] Denn „was räumlich getrennt ist" – so Calvins Formel – „das wird vom Heiligen Geist in Wahrheit geeint" (IV,17,10). Wo diese Einigung, dieses „Zusammenwachsen" (coalescere, IV,17,2) mit Christus geschieht – in den „sichtbaren Zeichen" des Abendmahls, aber auch im Ereignis der Rechtfertigung[23] –, da wird die Vergangenheit des gekreuzigten und auferstandenen Menschen Jesus in neuer Gestalt unter uns Ereignis, da ist Christus unter uns präsent.

Der Vergleich darf gewagt werden: Wie der Logos, die zweite Person der Trinität, sich im neutestamentlichen *Gleichnis* zeichenhaft in der Sorglosigkeit der Lilien des Feldes oder in der selbstlosen Tat des Samariters manifestiert, so schafft er sich „als das Haupt seiner christlichen Kirchen"[24] seinen irdisch-geschichtlichen Darstellungsraum nach Himmelfahrt durch den *Geist*. Die Gegenwart seiner „Gottheit und Majestät" stellt sich *leibhaft* in der Existenz der *Gemeinde* dar. Denn die Gemeinde ist sein Leib, sie „ist" zwischen Himmelfahrt und Wiederkunft „seine Gestalt, und zwar die einzige".[25]

Ist der *erste* Einwand damit entkräftet? Im Sinne der Zweinaturenlehre (und ihrer Auslegung durch Luther) sicher nicht. Dennoch kann von einer gestalt-

---

gelegten Pfandes, das einen Rechtsanspruch bestätigt und gültig macht: Wie wir „vnser fleisch im Himmel zu einem sichern pfand haben" (denn Christus ist ja „in unserm Fleische, gleichsam in unserm Namen, in den Himmel eingegangen"; II,16,16), so sendet er „vns seinen Geist zum gegenpfand herab" (BSRK 695,22).

[22] *W. Niesel*, Calvins Lehre vom Abendmahl, München 1930, 94. – *W. Krusche*, Das Wirken des Heiligen Geistes nach Calvin, Berlin 1957, 150 paraphrasiert: „Dem objektiven Est der Gegenwart Christi in der Zeit zwischen Inkarnation und Himmelfahrt folgt … das kontingente Fit pneumatischer Vergegenwärtigung in der Zeit zwischen Himmelfahrt und Parusie."

[23] Die „signa visibilia", die das „mysterium … Christi cum piis unionis" veranschaulichen (OS V,342,30), sind beidemal Konstitutionsakte der Gemeinde: *hier* (Inst IV,17,1) das Empfangen von Brot und Wein, dort (Inst III,11,10) ihre Existenz als „iustitiae societas cum Christo".

[24] Heidelberger Katechismus, Frage 50 (BSRK 695,35). – Schon die leibliche Gegenwart des irdischen Christus wird von Calvin in der Ämterlehre (Inst II,15,2-3) auf die Kirche hin überschritten.

[25] *D. Bonhoeffer*, Christologie-Vorlesung, in: Gesammelte Schriften III, hg. von E. Bethge, München 1960, 193.

und leiblosen Präsenz, einer von der „Menschheit" getrennten, sozusagen menschenlosen Gegenwart Christi bei Calvin offenbar nicht die Rede sein. Das aber bedeutet: Das *Problem* der Zweinaturenlehre ist durch das Extra-Calvinisticum auf eine sachlich neu bestimmte Ebene gerückt. Statt als geschichtliches „Faktum" bzw. als sakramental zu vergewissernde Gabe aller Nachfrage vorgegeben zu sein, wird die Einheit von Gott und Mensch als Resultat einer *Bewegung* begriffen, die eigens realisiert sein will. Man kann die zentrale Bedeutung der Himmelfahrt für die Theologie Calvins geradezu darin ausgedrückt finden, daß sie – angesichts der leiblichen Abwesenheit Christi – die Notwendigkeit dieser Bewegung, der Bewegung Gottes auf den Menschen zu, unabweisbar macht: Indem der Heilige Geist zu uns kommt, läßt er Christus *menschlich* bei uns ankommen. Anders gesagt: Die Gegenwart Christi ist das Ereignis seines Kommens[26], das uns freilich nur dann zum Ereignis wird, wenn wir uns wie die Jungfrauen von Mt 25 *leibhaft* in die Bewegung seiner Ankunft hineinnehmen lassen.

III. Der „Sitz im Leben": das Abendmahl

Die Feier des Abendmahls, in der sich die Gemeinde unter den „Zeichen" von Brot und Wein ihrer Verbundenheit mit dem Auferstandenen vergewissert, ist der Ort, an dem die Wirklichkeit Christi in exemplarischer Weise als Schnittpunkt von Gottes- und Weltwirklichkeit erfahren wird. Hier hat das Extra-Calvinisticum seinen ursprünglichen „Sitz im Leben".[27] Man tut gut daran, sich diesen Ausgangspunkt des Problems eigens bewußt zu machen: Nur *weil* Christus in der Kirche erfahrbar gegenwärtig ist, können wir überhaupt nach ihm fragen. Seine lebendige, nicht nur eingebildete oder postulierte Gegenwart ist die Voraussetzung für die Entfaltung des christologischen Problems. Die Reformation fragt zuerst nach dem Christus *praesens*, dem im Abendmahl gegenwärtigen Herrn, und schließt von dort auf die Inkarnation zurück. Hält man an dieser Voraussetzung fest, so ist von vornherein deutlich, daß die sogenannte *Realpräsenz* durchaus nicht den Dreh- und Angelpunkt der Abendmahlsstreitigkeiten bildet. Sie wurde auch auf reformierter Seite keinen Augenblick lang in Zweifel gezogen. Gestritten – und zwar bis zur Kirchentrennung gestritten – wurde über die Frage, *wie* diese Präsenz zu denken sei.[28]

---

[26] Vgl. Inst II,16,14: „Corporalis vero absentiae solatium proponit, quod non deseret pupillos, sed iterum ad eos veniet" (OS III,502,2).

[27] Die älteste lehrhafte Formulierung, auf die der Text von Inst IV,17,30 = OS V,389,8-20 zurückgeht, findet sich in der ersten Ausgabe (1536) im Rahmen einer Diskussion der Abendmahlslehre (OS I,140f). Zur problemgeschichtlichen Entwicklung vgl. E.D. Willis, 26ff.

[28] Es läßt sich heute, auf dem Hintergrund der Arnoldshainer Thesen und- der Leuenberger Konkordie, nicht länger übersehen, daß dieser Streit auf beiden Seiten

Nach *lutherischem* Verständnis steht und fällt das Abendmahl damit, daß uns Christi Gegenwart „in, mit und unter" den sichtbaren Zeichen von Brot und Wein verbürgt wird. Die Elemente sind gleichsam „Träger" der Präsenz Christi, in ihnen wird uns die *Menschheit* Christi – Leib und Blut des Gekreuzigten – greifbar vor Augen gestellt. Es ist das betonte Interesse an der Anschaulichkeit, Erlebbarkeit und Erkennbarkeit der Gottheit in der *Menschheit* Jesu Christi, das Luthers Nachdenken auf den Weg bringt. Bedeutet aber – so der Einwand der *reformierten* Theologen – diese exklusive Bindung, ja „Einschließung" des Logos in einen kreatürlichen Leib nicht zwangsläufig eine Einschränkung der Majestätseigenschaften des Sohnes Gottes? Wird damit nicht die Herrlichkeit des erhöhten Herrn angetastet, der unsere Welt wirklich überwunden hat (IV,17,19)? Gegenüber der von *Luther* gezogenen Konsequenz, die Menschheit Christi an diesen Eigenschaften teilnehmen zu lassen und daraufhin deren Allgegenwart im Abendmahl zu behaupten, hat jedoch bereits *Oekolampad* geltend gemacht, sie bedeutete eine Verflüchtigung, ja Aufhebung des Begriffs der Menschheit.[29]

Man hat den Gegensatz gern so dargestellt, daß Calvin im Abendmahl lediglich „an die geistige Wirkung denke, die ausgeht von dem Christus, der in seinem Fleisch sterbend und auferstehend die Erlösung bewirkt hat, während Luther auch die reale leibliche Gegenwart annimmt".[30] „An die Stelle der Kondeszendenz Gottes für unseren Glauben... (trete) bei Calvin die geistgewirkte Bewegung des glaubenden Herzens nach oben"[31] – mit der Folge, daß die Sakramente zu bloßen, nahezu beliebigen Zeichen würden. Doch solche Typisierungen treffen bestenfalls die Außenseite der Sache. Was Calvin von Luther unterscheidet und seiner Abendmahlslehre ein anderes Gefälle, einen im Vergleich mit der gesamten Tradition neuen Richtungssinn gibt, ist seine beharrlich festgehaltene These, daß der Leib Christi zur Rechten des Vaters, daß seine Wohnstätte der Himmel Gottes ist (11,16,14; IV,17,27). Er läßt sich – das ist die hier geltend zu machende Konsequenz des „extra" – nicht in die Elemente von Brot und Wein „*einschließen*" (IV,17,16). Diese Konsequenz freilich hat den Vorteil, das mit dem Abendmahl wirklich

---

mit schiefen Fronten geführt wurde, d.h. unter dem Zwang der falschen Alternative, daß Gegenwart entweder in der Form gegenständlicher, ja stofflicher Anwesenheit behauptet werden müsse, oder aber, daß von Gegenwart im Ernst gar nicht die Rede sein könne. Vgl. dazu O. *Weber*, Grundlagen der Dogmatik II, Neukirchen 1962, 687-702.

[29] *Oekolampad*, Das der missverstand D Martin Luthers uff die ewig bstendige wort, das ist mein leib, nit besten mag (1527), c.5; dazu: *G.W. Locher*, Die Zwinglische Reformation im Rahmen der europäischen Kirchengeschichte, Göttingen/Zürich 1979, 314.

[30] *R. Seeberg*, Lehrbuch der Dogmengeschichte IV/2, Darmstadt. 1954⁴, 607; vgl. D. Bonhoeffer, Christologie-Vorlesung, 190.

[31] *U. Kühn*, Sakramente (HST 11), Gütersloh 1985, 127.

gestellte Problem scharf zu beleuchten: Es ist die *Abwesenheit* ihres kommenden Herrn, mit der die christliche Kirche seit Himmelfahrt fertigwerden muß. Sie muß in einer Welt, die sehen, tasten, anfassen will, mit der Abwesenheit Jesu Christi leben und gerade so ihm die Treue halten. Hier setzt Calvin mit seinen Überlegungen ein.

Das entscheidende *Interpretament*, das die Institutio anstelle der abgewiesenen Vorstellung einer sakramentalen „Inklusion" Christi anbietet, ist der Begriff der „*repraesentatio*"[32]. Das Sakrament stellt Gottes Verheißungen sichtbar dar (IV,14,18). Es hat die Aufgabe, die johanneische Zusage: „Ich bin das Brot des Lebens" (Joh 6,48) zu bestätigen, zu versiegeln und uns, „damit dies geschehe, zu Christi Kreuz zu führen" (IV,17,4). Dabei verlagert, sich der Akzent von dem für sich selbst sprechenden „wirksamen" Zeichen der Tradition, dem „Element" als dem gleichsam stofflichen Träger der Präsenz Christi, auf den *Vorgang*, die Handlung, durch deren Vollzug das bisher „Abwesende" jetzt aktuell ins Dasein tritt.[33] So fragt der Heidelberger Katechismus, was mit Brot und Wein *geschieht*. Sie werden *gebrochen*, werden *ausgeteilt*: „So gewiß ich mit äugen sehe/daß das brod des Herrn mir gebrochen" wird, so gewiß ist sein Leib „für mich am Creutz geopffert und gebrochen".[34]

Dem entspricht nun auch in der *theologischen* Begründung ein charakteristisch veränderter Richtungssinn. Calvin fragt nicht, nach dem Sein, geschweige denn nach der Bedeutung der „sichtbaren Zeichen". Er fragt nach ihrer Autorisierung und nach ihrer Funktion: Gott *benutzt* die Kreaturen, um sie als Mittel und Werkzeuge seiner Ehre *dienstbar* zu machen; er *stellt* die Elemente nach seinem Ermessen in den *Dienst* seiner Herrlichkeit (IV,14,18), ohne ihnen jedoch seine Stellvertretung zu überlassen. (IV,14,17). So gewinnen sie, von Gottes Wort gezeichnet, eine „neue Gestalt" (nova forma), „fangen an, etwas zu sein, was sie vorher nicht waren", erhalten wie das zur Münze geprägte Metall eine „neue Bewertung" (nova taxatio; IV,14,18). Hier handelt es sich also *nicht* um die Aufrichtung eines *Symbols*, um den Vollzug einer von Menschen veranstalteten kirchlichen Handlung, die nachträglich gedeutet werden könnte, sondern um die von Gott selbst autorisierte, durch die Präsenz

---

[32] Die wichtigsten Belegstellen: Inst IV,14,5 = OS V.262.24. – IV,14,6 = OS V,263.15. – IV,17,1 = OS V,342,22. – IV,17,10 = OS V,352.14.

[33] Schon die klassische Sakramentenlehre begriff die Elemente als Zeichen, die mehr als eine nur signifikative Funktion haben: sie reichen selber das dar, was am Empfänger wirksam wird. Demgegenüber könnte man die von Calvin gemeinte Funktion mit E. Jungel, Gott als Geheimnis der Welt, 11, als „Einbeziehungen" beschreiben: das deutende Subjekt ist in den Vorgang der „Repräsentation" und - wie sich zeigen wird – in deren Sinn immer schon einbezogen. – In diesem Zusammenhang sei auf U. Kühns wichtige Anfrage an das „Kategoriensystem der Zweinaturenlehre" (Sakramente, 99, Anm. 63) wenigstens hingewiesen.

[34] Frage 75 (BSRK 702,23); vgl. Inst IV,17,1 = OS V,343,2.

des Logos ermöglichte *Darstellung* eines Geschehens, in die mit den „Elementen" nun auch die *Gemeinde* einbezogen wird. Sie stellt durch die Handlung des Abendmahls dar, was am Kreuz geschehen ist, und verbürgt sich gewissermaßen mit ihrer leiblichen Existenz für dessen Wahrheit. Die neue *Bewertung*, die dem. Zeichen des Brotbrechens damit widerfährt, ist eine notwendige *Folge* dieses neuen Darstellungssinnes."[35]

Nicht also in der *Grenze*, die es Luther gegenüber zieht[36], sondern in dem *Neuland*, das es jenseits dieser Grenze erschließt, liegt die theologische Bedeutung des Extra-Calvinisticums. Eindrücklicher jedenfalls als durch Calvin ist der *kommunikative* Charakter des Sakraments als Geschehen der *Identifikation* selten zum Ausdruck gebracht worden. Er umschließt zweierlei: (1) Tritt an die Stelle der Inklusion *Christi* in die Elemente die Inklusion der *Gemeinde* in das von Christus autorisierte ereignishafte „Zeichen", so wird die Gemeinde damit zum Homoioma (Rom 6,5), zum „Gleichnis des Lebens Jesu Christi" eingesetzt.[37] Aus der *congregatio* sanctorum (CA VII) wird die *communio* sanctorum, der irdisch-geschichtliche Leib Christi: „Wie er nun einen Leib hat, dessen er uns alle teilhaftig macht, so müssen auch notwendig wir alle durch solches Teilhaben zu einem Leib werden."[38] (2) Wird umgekehrt das Leben und Sterben Christi und damit die *Gegenwart* des Erhöhten in der Handlung des Austeilens und Empfangens von Brot und Wein unter uns Ereignis, legt Gott die Fülle des Lebens „gleichsam aus seiner Hand in unsere" (IV,17,37), dann bleibt der Auferstandene in den geistlichen und sozialen Grundvollzügen der Gemeinde, ihrer Predigt und ihrem Abendmahl, präsent. Der den Bedingungen der Geschichte entzogene Christus zieht sich nicht aus der Geschichte zurück.

---

[35] Wenn *Luther*, Vom Abendmahl Christi. Bekenntnis (1528) (BoA 3,363,35) in gleichem Zusammenhang von „vernewete(n) wörter(n) nach der Metaphora" spricht und deren neue Bedeutung darin begründet sieht, daß in den Dingen „ein gleichnis" ist (362,7), dann dürfte an dieser Stelle die sachliche Entfernung zwischen ihm und Calvin doch nicht so groß sein, wie gemeinhin angenommen wird.

[36] Diese Grenze wird am deutlichsten durch die Übernahme der auf Petr. Lombardus (Sent III, 22,3 = MSL 192,804) zurückgehenden Formel „totus, non totum" (IV, 17,30 = OS V,389.18) markiert, der es – für sich betrachtet – sicher nicht gelungen ist, aus der Not der Zweinaturenlehre eine Tugend zu machen. Den positiven Sinn dieser Grenzaussage jenseits dieses Notstands zu entfalten, ist die Absicht dieser Interpretation.

[37] K. Barth, Die christliche Lehre nach dem Heidelberger Katechismus, 99.

[38] Inst IV,17,38 = OS V,402,12. Daß aller Begriffsgeschichte zum Trotz „congregatio sanctorum eben nicht communio sanctorum ist", hat der Lutheraner (!) H. Dombois, Das Recht der Gnade III, Bielefeld 1983, 148f in einer rechtstheologisch hoch bedeutsamen Kritik an CA X gezeigt. – Es ist im übrigen kein Zufall, daß in der gegenwärtigen Erneuerung der Abendmahlspraxis dieser ereignishafte Charakter des Leibes Christi zunehmend in den Vordergrund tritt.

Damit schließt sich der durchlaufene Kreis. Die Frage nach dem „Wie", dem Modus der Präsenz Christi, ist im Grunde obsolet geworden. Sie kann unmöglich unter die Alternative „est"/„significat", objektiv/subjektiv, aber auch nicht unter die Alternative „leiblich"/„geistlich" gestellt werden. Hier hat Calvin das überlieferte Schema durchstoßen und die Theologie wieder vor die biblische Frage nach dem Geber und der Gabe des Abendmahls genötigt, und das heißt zuletzt: vor die Frage nach dem scheinbar „abwesenden" Herrn der Gemeinde. Dieser Zusammenhang ist alles andere als ein blasses Stück theologischer Theorie; er hat höchst weittragende *Folgen*. Während das Gewicht, das die *Tradition* auf die Elemente gelegt hat, immer mit der Gefahr verbunden war, den Empfänger, dem hier – in der Gabe „pro me" – das Entscheidende widerfährt, zu *vereinzeln*, zielt das Geschehen des Abendmahls *nun* auf unser überindividuelles Dasein als *Gemeinde*. Calvin hat das „est" der Einsetzungsworte pointiert auf die „Gemeinschaft des Leibes Christi" bezogen, auf den *Bund*, der im Blut beschlossen und besiegelt ist (IV,17,22), und man kann die Mahlfeier daher mit Recht geradezu als „die je konkrete Gründung der Gemeinde" bezeichnen.[39] Diese neutestamentliche Pointe hat die Institutio, die Linien der paulinischen Paränese (1Kor 11,17ff) ganz ausziehend, in konkretester Zuspitzung verdeutlicht: *Nicht* in den *Elementen* der Mahlfeier, in Brot und Wein, wird die Gegenwart Christi erfahren, sondern in dem *Faktum des Bruders*, und zwar des geringsten Bruders, der hier in die Gemeinschaft des Leibes Christi aufgenommen wird oder von ihr ausgeschlossen bleibt. In ihm bekennt sich die Gemeinde zu dem ihr entzogenen, dereinst wiederkommenden Herrn.[40]

Die Gemeinde selbst also, verstanden als Koinonia, als Lebensgemeinschaft im Alltag der Welt, ist der primäre und ursprüngliche Ort, an dem sich die Christuswirklichkeit manifestiert. Ihre Existenz, die der hugenottischen Gemeinden im Frankreich des 16. Jahrhunderts und der zu Genf, ihr glaubwürdiges und manchmal auch weniger glaubwürdiges Zeugnis, ihre geschichtlichen Kämpfe und Verfolgungen, ihre gelebte Bruderschaft, mit einem Wort: ihre Praxis der Nachfolge – das ist der lebensgeschichtliche Ort, an dem die hier skizzierte Lösung des christologischen Problems heranreifen konnte und mußte.[41]

---

[39] O. Weber, Grundlagen der Dogmatik II, 710.
[40] Inst IV,17,38 = OS V,402,23-29. – Die Confessio helv. post. (1562) spricht in Art. XXI von der „sancta consociatio" des Leibes der Kirche; sie erinnert daran, „eines Sinnes mit *allen* Brüdern zu sein", und interpretiert so den Satz, daß „der Herr nicht abwesend ist, wenn seine Gemeinde das Abendmahl feiert" (BSRK 212.33.22f).
[41] Einen (hier stillschweigend vorausgesetzten) Schritt wird man über Calvin hinausgehen müssen. Calvin versteht, den Vorstellungen der Tradition folgend, die Entzogenheit Christi *räumlich*, als „locorum distantia" (Inst IV,17,10 = OS V,351,26). Hier hat er das Neue Testament kaum auf seiner Seite, das zwar die

Der immer wieder erhobene *Einwand*, es gebe bei Calvin keine spezifische *Abendmahlsgegenwart Christi*[42], trifft insofern etwas Richtiges, als Calvin – ebenso übrigens wie Paulus – eine *andere* Form der Präsenz Christi als dessen Selbstvergegenwärtigung durch den Geist *nicht* kennt. Er übersieht jedoch, was es bedeutet, daß Calvin – auch hier *mit* Paulus – das „est" von 1Kor 11,24 durch Begriff (und Realität!) der Koinonia (1Kor 10,16f) interpretiert (IV,17,22). Damit nämlich ist jede bloß symbolische Deutung der Einsetzungsworte von vornherein ausgeschlossen. Zwischen den beiden Größen wird nicht wie zwischen einer Sache und ihrem Abbild im modernen Sinne unterschieden. Die repräsentierende Größe (die als communio feiernde *Gemeinde*) führt vielmehr, wie es paulinischem Verständnis entspricht[43], die Präsenz der repräsentierten (den erhöhten *Christus*) herauf und gibt gerade deshalb „*real*" Anteil an ihr: „a symboli exhibitione rem ipsam exhiberi rite colligimus" (IV,17,10). „*Rite*" – denn die Kraft dieses Schlusses beruht auf der Wirksamkeit und Kraft des Heiligen Geistes, der uns vor den gekreuzigten Christus als den lebendigen, kommenden Herrn stellt, indem er uns zu ihm „hinaufführt" (IV,17,31), uns, wie es in der 4. Arnoldshainer These heißt, „in den Sieg seiner Herrschaft hineinnimmt".

IV. Das Gefalle der Christologie

Wir fragen in einem weiteren Umlauf, nun losgelöst von dem besonderen geschichtlichen Anlaß, nach dem *Wahrheitsanliegen*, das in der Lehrbildung Calvins zu Wort kommen will, und stehen damit vor einem dritten, umfassenderen Problemkreis: Das Extra-Calvinisticum impliziert ein bestimmtes, keineswegs unumstrittenes Verständnis der *Offenbarung*, und führt somit an einen Brennpunkt der gegenwärtigen theologischen Diskussion.

Zunächst eine kurze *Erläuterung* der These! Das Zentrum der Inkarnationsaussage ist selbstverständlich auch bei Calvin die notwendige und endgültige Bindung des Logos an den Menschen Jesus von Nazareth. Offensichtlich aber ist dabei der Akzent charakteristisch anders gesetzt als in der lutheri-

---

Erwartung Jesu Christ „vom Himmel her" (Phil 3,20f) ausspricht, sich aber aller Spekulationen über einen dort „befindlichen" Leib Christi enthält. Man muß das hier geltend gemachte „extra" vielmehr *zeitlich* verstehen. Nur dann kann das Abendmahl sein, was es nach Paulus (1Kor 11,26) tatsächlich ist: eine Vorwegnahme des Freudenmahles der Endzeit.

[42] *H. Grass*, Die Abendmahlslehre bei Luther und Calvin, Gütersloh 1954², 242-259 macht geltend, der spezielle modus manducationis werde dem allgemeinen modus pereipiendae gratiae subsumiert. W. Krusche, 270f hat diesen Vorwurf (unter mißverständlicher Berufung auf W. Niesel) wiederholt.

[43] Vgl. *E. Käsemann*, Anliegen und Eigenart der paulinischen Abendmahlslehre, in: ders., Exegetische Versuche und Besinnungen I, Göttingen 1960, 11-34, 28f.

schen Theologie. Betont Luther in exklusiver Dringlichkeit das Ziel, die rückhaltlose Offenbarung Gottes im Menschen, so betont Calvin („herabgestiegen", „zusammengewachsen"; 11,18,4) den Weg, der zu diesem Ziel führt, als einen *Weg*, der eine besondere, einzigartige Geschichte ermöglicht und freisetzt. Er unterscheidet zwischen dem weltgewordenen Gott und dem Grund, aus dem heraus Gott weltlich wird. Warum? Um deutlich zu machen, daß die Offenbarung kein grundloses Mirakel ist, sondern eine Bewegung, die zwar in unserer eigenen geschichtlichen Welt ankommt, dort aber nicht ihren Ursprung hat.

Man muß sich den *heutigen* Problemstand vergegenwärtigen, um die Tragweite dieser Entscheidung zu ermessen. Inwiefern ist das Bekenntnis zu Jesus von Nazareth, seinem Leben und Sterben, zugleich ein Bekenntnis zu Gott? Die Herausforderung dieser Frage hat sich angesichts der modernen Erfahrung des Todes Gottes[44] verschärft. Wenn der *irdische* Weg Jesu, und nur er, als Kriterium alles Denkens und Redens über Gott zugelassen wird: muß Gott dann nicht zur bloßen Chiffre werden für die Forcierung der Menschlichkeit, für die Erwartung eines Sinnes der Geschichte oder für das Bild einer Welt, die frei sein könnte? Wie aber ist dann zu verhindern, daß er – bildlich geredet – zu einem Gefangenen des *Diesseits* wird, mit der Folge, daß alles, was mehr und anders wäre als ein Reflex dieser *Welt*, nun in ein abstraktes, von der Welt tatsächlich getrenntes *Jenseits* verwiesen wird, das sich jeder Erfahrung entzieht?[45] Spätestens hier wird das theologische Problem *jeder* Christologie manifest: Wenn von einem Zusammenschluß Gottes mit der Welt geredet werden und doch ausgeschlossen sein soll, daß Gott sich in die Endlichkeit dieser Welt verliert, von ihr gleichsam absorbiert und somit erübrigt ward, dann steht dieser Zusammenschluß unter dem kritischen Vorbehalt einer bleibenden *Differenz* von Gott und Welt, die im übrigen jede wirkliche Nähe Gottes erst erfahrbar und möglich macht. Diese theologisch notwendige Differenz ist Thema und Problem des Extra-Calvinisticum.

Die modernen Schwierigkeiten sind ein Spiegel alter Probleme. Was dem neuzeitlichen Bewußtsein in ein Diesseits und ein Jenseits auseinanderbricht, in eine gottlose Welt und einen weltlosen Gott, das versuchte noch die Reformation als Einheit von Gott und Mensch in der Person Christi zusammenzudenken. Auch hier ging es um die Beziehung Gottes zur Welt, um das *Welt*verhältnis Gottes. Aber läßt sich dieses Verhältnis *denken*, läßt es sich auf einen systematisch oder gar ontologisch befriedigenden Ausdruck brin-

---

[44] *W. Hamilton*, Death-of-God-Theology in den Vereinigten Staaten, in: PTh 56, 1967, 353-362. 425-436, hier; 433. Dazu: *S. Daecke*, Welcher Gott ist tot? in: EK 2,1969,127-132.

[45] In diesem Zusammenhang hat *H. Thielicke*, Der Evangelische Glaube I, Tübingen 1968, 423ff.548ff eine der verständnisvollsten neueren Interpretationen des Extra-Calvinisticum vorgetragen.

gen? Die Tradition meinte, in der *Zweinaturenlehre* einen solchen systematisch plausiblen Ausdruck gefunden zu haben, der jedoch, wie in den letzten Jahrzehnten mit wachsender Offenheit ausgesprochen wird[46], in einer erheblichen *Spannung* zum Christuszeugnis des Neuen Testaments steht. Man muß ja nur fragen, ob diese Lehre in der sorgfältig ausbalancierten Symmetrie ihrer Aussagen überhaupt geeignet ist, die Einheit, die sie meint, *verständlich* zu machen, statt sie lediglich zu *behaupten*. Calvin behält ihre *Terminologie* bei, aber es ist deutlich, daß sie bei ihm *aufhört*, Mittelpunkt und Achse des christologischen Problems zu sein.[47] Er bringt, was Barth und Thielicke mit Recht betonen[48], seine Korrektur an Luther keineswegs nur „von außen" an.

Luther nimmt Calvins Argument förmlich vorweg, wenn er bei der Begründung der Ubiquität geltend macht, daß Gott jenseits der irdischbeschränkten Daseinsform Christi „seiner göttlichen Weisheit und Macht wohl *mehr* weise (vorbehielt)/dadurch er dasselbige vermocht/weil wir seiner Gewalt Ende noch Mass nicht wissen".[49] Gott geht also *nicht* auf in der „Ubiquität" des Leibes, die er setzt; er geht nicht auf in seiner Beziehung zur Welt und zum Menschen, wie sie in Jesus Christus Ereignis wird. „Christus nahm wohl an knechtische Gestalt; er war aber *nicht* darinnen; wiederum nahm er nicht an göttliche Gestalt, war aber darinnen."[50] Was Luther, im Weihnachtslied dichtend, selbst deutlich genug ausgesprochen hat: „Und war die Welt vielmal so weit/Von Edelstein und Gold bereit/So war sie dir doch viel zu klein/Zu sein dein enges Wiegelein"[51] – das ist der Vorbehalt, den das Extra-Calvinisticum dogmatisch präzisiert. Es geht hier also nicht um eine Polemik gegen den positiven Gehalt der lutherischen These, sondern um eine *kritische* Korrektur, die sie vor dem Mißverständnis schützt, als wollte sie von einem innerweltlich ausweisbaren Sachverhalt reden, eine Korrektur, die also zu-

---

[46] H. Thielicke, 543f.550. – *H. Küng*, Menschwerdung Gottes, Freiburg 1970, 565f. – *H.J. Kraus*, Systematische Theologie im Kontext biblischer Geschichte und Eschatologie, Neukirchen 1983, 339.363. Daß dies nicht nur für unsere Jahrzehnte gilt, zeigt die „klassische" Ausnahme D.F. Schleiermachers, Der Christliche Glaube II, hg. von M. Redeker, Berlin/New York 1960, § 96.1, 51ff.
[47] Umgekehrt wird die Kritik am Extra-Calvinisticum nahezu ausschließlich mit der chalcedonensischen Formel begründet: *H. Bauke*, Art. Christologie II, in: EGG² I/2, Tübingen 1927, 1608-1634, hier: 1629. – *C.H. Ratschow*, Jesus Clhristus (HST 5), Gütersloh 1982,42. – *P. Althaus*, Die Christliche Wahrheit, Gütersloh 1972⁸, 451; vgl. jedoch auch *H. Stickelberger*, Ipsa assumptione creatur. Karl Barths Rückgriff auf die klassische Christologie, Bern/Frankfurt a. M./Las Vegas 1979, 35 Anm. 41!
[48] K. Barth, KD I/2, 184f. – H. Thielicke, 548f.
[49] Luther, Vom Abendmahl Christi. Bekenntnis (BoA 3,389,5-7).
[50] Luther, Kirchenpostille. Palmsonntag 1525 (zu Phil 2,5ff) (WA 17 II, 238).
[51] „Kinderlied auf die Weihnachten" (1535) (EKG 16,10).

nächst nur den Sinn eines „*etiam* extra"[52] hat! Im Kontext heutiger Erfahrung gesprochen: Christus ist niemals nur Ausdruck oder Symbol für die Forderung der Menschlichkeit oder die Erwartung eines Sinnes der Geschichte, er bleibt immer auch der, der zu dieser Forderung und jener Erwartung ermächtigt!

Calvins Vorbehalt benennt nicht nur eine „Grenze", an der jedes Denken wie von einer Wand abprallt. Indem er die Menschwerdung des Logos, das Ereignis seiner Weltlichkeit, an ihren göttlichen Ursprung zurückbindet, liefert er vielmehr einen unentbehrlichen Schlüssel zum Verständnis des *besonderen* Weges Jesu, den er als Gottes *eigenen* Weg zu verstehen gibt. Wiederum thesenhaft formuliert: Die Inkarnation ist kein Akt der *Synthese* von Gott und Welt, sondern Gottes *Entscheidung* für die Welt. Das schließt die Entscheidung für die Geschichte dieser Welt natürlich ein, macht es jedoch unmöglich, sie mit Gott zu identifizieren. So trägt das „extra" der *theologischen* Differenz zwischen Gott selbst und seiner je konkreten Manifestation Rechnung, darüber hinaus aber auch der *historischen* Differenz zwischen der Gestalt dieser Manifestationen im Alten und im Neuen Testament. Es stellt die Inkarnation in den Horizont einer Geschichte, die Karl Rahner als „geheime Vorgeschichte der Trinitätsoffenbarung"[53] zu sehen gelehrt hat. – Die Bedeutung dieses Schrittes soll im folgenden nach ihrer *formalen* wie nach ihrer *inhaltlichen* Seite, im Blick auf das Verständnis der *Offenbarung* wie im Blick auf die zentrale Stellung des *Heiligen Geistes* bei Calvin, entfaltet werden.

(1) Das Extra-Calvinisticum ist zunächst eine genaue theologische Interpretation der bewegten Doxologie des *Nicaenums*: „... welcher um uns Menschen und um unseres Heils willen vom Himmel herabgestiegen ist, Fleisch geworden durch den Heiligen Geist von der Jungfrau Maria".[54] Auch in diesem Bekenntnissatz wird die Menschwerdung nicht verabsolutiert, das Ziel keinen Augenblick vom Weg abgelöst. Im Gegenteil. Die Inkarnation ist ganz in den Weg hineingenommen. Sie ist „Gottes Aufbruch, Gottes Exodus zu uns"[55] und schließt darum, untrennbar verbunden, unseren Exodus, unsere Versöhnung und Befreiung in der Mitte und am Ende unseres Lebens ein. Christus wird als „Gott unterwegs", als „Gott auf seinem Wege zu uns" bekannt, und nur in diesem Zusammenhang, im Blick auf diesen Weg stellt sich

---

[52] So mit Recht *M.F. Wendelin*, Chr. Theol. systema maius, libri duo (1633), hg. von Cassellis 1656, I c.16, VI, 4f.

[53] *K. Rahner*, Bemerkungen zum dogmatischen Traktat „De Trinitate", in: Schriften zur Theologie IV, Einsiedeln/Zürich/Köln 1967, 103-133, 129f.

[54] BSLK 26,12-15.

[55] *J.M. Lochman*, Das Glaubensbekenntnis. Grundriß der Dogmatik im Anschluß an das Credo, Gütersloh 1982, 81. – Vgl. Inst II,12,1: „Deplorata certe res erat, nisi maiestas ipsa Dei ad nos descenderet: quando ascendere nostrum non erat" (OS III,437,15).

im Sinne des Credo die Frage nach seiner Menschheit. *Menschwerdung* heißt: *Gott schließt sich für die Welt auf.* Das Nicaenum bringt diese wichtige Einsicht durch die *zweipolige* Struktur des Satzes zum Ausdruck. Es spricht einerseits vom *Heiligen Geist*, der durch seine Initiative die irdische Geschichte Jesu Christi gleichsam in Gang setzt[56], andererseits von der *menschlichen* Person der Maria, die nur als Durchgangspunkt, als Etappe dieses Weges in Betracht kommt. Deutlicher läßt sich nicht sagen, daß Herkunft und Anfang Jesu „nicht in der Wahl eines menschlichen Individuums oder in einer zufälligen Koinzidenz der Verhältnisse" liegen, sondern – hier wird das reformierte Grundthema angeschlagen – „in der Verheißung und Erwählung Gottes"[57]. Calvin akzentuiert dementsprechend: Gottes Sohn ist im Fleisch *geoffenbart*, das heißt „manifest" geworden. Es ist nun auch für uns sichtbar geworden, was er immer schon war.

Auch mit dieser Entscheidung steht Calvin nicht allein. *Karl Barth* hat das hier umrissene altkirchlich-reformierte Verständnis der Offenbarung mit beispielloser Konsequenz ausgearbeitet. Man kann mit einer leichten Übertreibung sogar sagen: Das Extra-Calvinisticum hat erst in der Offenbarungslehre der Kirchlichen Dogmatik seine systematische Begründung und Ausformung gefunden. Es genügt, diese These an zwei Punkten zu erläutern:

a) Barth hat die *Offenbarung* konsequent als einen Weg Gottes zum Menschen beschrieben, am eindrücklichsten dort, wo dieser Weg in die neutestamentliche Geschichte einmündet, in der *Christologie*. Was die orthodoxen Theologen im Bild der zwei Stände (Erniedrigung, Erhöhung) auszudrücken versuchten, hat er als „Weg des Sohnes Gottes in die Fremde und als „Heimkehr des Menschensohnes" neu zu begreifen gelehrt[58] – neu, sofern in der Darstellung dieser besonderen Wege der Ursprung *aller* Wege Gottes erkennbar wird. Gott ist in die Fremde, in die er ging, nicht wie in ein Schicksal, eine Form der Selbstentfremdung, hineingeraten; er ist dieser Fremde zuvorgekommen, er hat sich entschieden, dorthin zu gehen. Die Christologie der Versöhnungslehre weist ebenso notwendig auf die Lehre von der *Erwählung* zurück, wie das „mirabiliter descendit" Calvins auf den Himmel Gottes.[59]

---

[56] So auch Inst II,12,1: „quia Spiritus ... infirmitatem nostram noverat, ... aptissimo remedio usus est, Filium Dei tanquam unum ex nobis familiariter in rnedio statuens" (OS III,438,9).

[57] J.M. Lochman, 93. – Calvin spricht vorn „decretum coeleste" (II,12,1) bzw. „aeternum consilium" (II,12,4-5).

[58] K. Barth, KD IV/1,171. – Ders., IV/2,20. Dazu: E. Jüngel, Gottes Sein ist im Werden, Tübingen 1967², bes. 12ff, 111ff.

[59] Behauptet wird damit, daß die Geschichte Jesu für sich selbst genommen durchaus nicht – geschweige denn von Zweideutigkeiten und Mißverständnissen frei – von Gott reden *muß* (vgl. K. Barth, KD I/1,343). Der Jesus der modernen Befreiungsbewegungen oder des Exodus zu neuen Ufern *muß* so wenig wie der Tugendlehrer des 19. Jahrhunderts den Gott des Neuen Testaments interpretieren, mag seine

b) Barth begründet – auch hier in den Spuren Calvins – die Möglichkeit der Offenbarung mit der Unterscheidung des menschgewordenen Christus vom ewigen Logos. Bildlich gesprochen: Gott erscheint in seiner Offenbarung als „sein eigener Doppelgänger"[60]. Die Offenbarung, kann Barth gelegentlich sagen, ist eine „Fremdgestalt" Gottes. Was Gott ins Menschliche übersetzt, verbirgt ihn zugleich als Gott. Dennoch – hier liegt das vom Extra-Calvinisticum so provozierend formulierte Geheimnis – haben wir es beidemale ganz mit ihm selbst zu tun. Wie ist das möglich? Barth antwortet mit dem Begriff der „*Wiederholung*": Gott wiederholt sich. Er „kommt als Engel zu Abraham, er redet durch Mose und die Propheten, er ist in Christus"[61]. Darin, daß Gott sich wiederholen *kann* und diese Wiederholung tatsächlich vollzieht, liegt der Grund für die Möglichkeit und Wirklichkeit der Offenbarung, und, fügen wir hinzu, der Grund, der die Offenbarung davor bewahrt, zu einem Geschehen zu werden, in das Gott sich verliert.[62]

Wiederholung aber braucht Zeit, ist selbst ein Vorgang in der Zeit. Wo kommt diese Zeit her? Ist die Wiederholung lediglich die Reproduktion einer schon bekannten, sozusagen von Ewigkeit her festliegenden Vergangenheit, oder wird sie ermöglicht durch die Ankunft einer *neuen* Zeit, die mit dem Auftreten Jesu angebrochen ist?

Hier stehen wir – das sei wenigstens angemerkt – vor dem innersten *Problem* der Zweinaturenlehre. Sie kann das unaufgebbare *zeitliche* Moment der Christologie nicht adäquat ausdrücken. Ihre Schwäche ist seit Ignatius (Eph 20,2) die Gefahr in eine *Ontologie* umzuschmelzen, was theologisch nur als Vollzug einer *Bewegung* denkbar ist. Ist es Zufall, daß sich die Kontroversen der Reformationszeit an der Frage nach der Gegenwart des *Erhöhten* entzündet haben? Hier steht die *Differenz* von Auferstehung und Kreuz auf dem Spiel, die eine zeitliche, *eschatologische* Differenz ist und eben nicht eine Differenz zweier „Naturen". Sie kann – darin dürfte das überlegene Recht der calvinischen Lösung liegen – nur dann gewahrt werden, wenn die Wirklichkeit des göttlichen Logos, statt an die Zeit unserer Geschichte gebunden, in sie „eingeschlossen" zu sein, als eine vorlaufend in ihr sich darstellende und darum unaufhebbar *kommende* begriffen wird.

Gestalt auch in beiden Fällen an das historische Bild der Jesus-Überlieferung anknüpfen!

[60] K. Barth, KD I/1,333. – Es ist ihm eigentümlich, „sich von sich selbst zu unterscheiden, d.h. in sich selbst und verborgen Gott zu sein und nun zugleich ganz anders, nämlich... in Gestalt dessen, was *nicht* er selbst ist, noch einmal Gott zu sein" (a.a.O. 334).

[61] A.a.O. 315.

[62] Die Wiederholung, das Gleichzeitig-Werden, das S. Kierkegaard, Philosophische Brocken (SV IV), 230f dem Glauben des Menschen zugemutet hat, mutet Gott sich selbst zu. Deshalb ist „je die ganze Wahrheit" nur „zeitlich und also wiederholungsbedürftig für uns Wahrheit" (K. Barth, KD II/1,67).

(2) Fragt man, wie die so begriffene Offenbarung über ihre bloße Möglichkeit hinaus *wirklich* wird, so stößt man im Zentrum der Christologie Calvins auf die konstitutive Rolle des *Heiligen Geistes*. Der Geist ist als die dritte Person der Trinität die Kraft der Vergegenwärtigung („Wiederholung") des göttlichen Logos. Er ist nicht erst das Geheimnis der nachösterlichen Präsenz Christi; seine Wirksamkeit bestimmt auf analoge Weise bereits die Etappen des irdischen Weges Jesu. Eine konsequent aus der *Trinitätslehre* entwickelte Christologie wie die Calvins muß zu einem *pneumatologisch* geprägten Entwurf werden.

Es ist im Einklang mit den ältesten Schriften des Neuen Testaments die „Salbung" mit dem Heiligen Geist (II,15,2), die den Menschen Jesus zum Mittleramt befähigt und ihn als Christus ausweist.[63] Es ist die Lebenskraft des Geistes, die seine irdische Geburt zur Geburt des *neuen* Menschen macht und sich in seiner Auferstehung dem Tod des *alten* als überlegen erweist (II,16,13). Daher der als *Axiom* festgehaltene Satz: „Christum non posse a spiritu suo divelli"[64]. Der Sinn dieses Satzes weicht freilich von dem landläufigen Verständnis auf charakteristische Weise ab. Denn als Repräsentant des Logos ist dieser Geist zugleich der Geist des *Präexistenten* und somit das bleibende *Gegenüber* dessen, der „der Sohn" genannt wird. Das Extra-Calvinisticum ist so gesehen geradezu „pneumatologisch gefordert"[65]. Wo er die Tradition vornehmlich mit der Frage nach dem Sein Christi beschäftigt sieht, fragt Calvin daher nach dem Wunder der *Offenbarung*, der Manifestation des Logos in der Kraft (virtus) des Geistes.[66] So rückt mit der Person des *Mittlers* das „officium mediatoris" in das Zentrum der ganzen Christologie (II,14,3); es nimmt faktisch die Stelle der alten „hypostasis" ein. Das gesamte Christusgeschehen wird von seiner *Funktion* her erläutert.

Dies ist alles andere als ein Austausch von Begriffen. Es ist, wie die Begründung zeigt, ein weitgehender *Neuansatz*: Calvin begreift den Geist, der Christus zum Mittleramt ausrüstet, als den verheißenen Geist von Jes 61,1 (II,15,2), schließt daraus aber nicht nur auf die Kontinuität des (prophetischen) Amtes, sondern – es ist ja zugleich der Geist des präexistenten Logos! – auf die *Kontinuität der Offenbarung selbst*. Christus – diese neue Dimension gewinnt das „extra"! – war schon dem alttestamentlichen *Judentum* unter dem Gesetz bekannt: Das den Israelbund begründende Wort, vollends dessen

---

[63] „Quid deinde valet nomen Christi? ... Significat ... unctum esse a patre in regem, sacerdotem ac prophetam ... Sed quo olei genere unctus fuit? Non visibili ..., sed praestantiori: hoc est Spiritus sancti gratia", Genfer Katechismus (1545) (BSRK 120,40).

[64] Comm. 1Kor 11,27 = CO 49,491.

[65] So mit Recht W. Krusche, 128.

[66] Calvin erklärt zu Joh 14,10: „Haec verba non ad divinam Christi *essentiam* refero, sed ad modum *revelationis*"; darum: „virtutis potius quam essentiae elogium est" (CO 47,326).

Verheißungen, sind eine Gestalt des „ewigen Wortes", das „schon vor der Inkarnation ‚Sohn Gottes' gewesen ist"[67]. Calvin scheut sich daher nicht, die Juden in aller Form „expertes Christi" zu nennen: mit ihnen ist „der Bund des Evangeliums geschlossen, dessen Fundament Christus ist"[68]. Die Verheißungsgeschichte Israels wird hier also nicht nur als eine Art „Vorspiel" verstanden, das allein vom Auftreten des irdischen Jesus her zu qualifizieren wäre; sie wird vielmehr – das ist ein erheblicher theologischer Erkenntnisgewinn – im Zeichen des „extra" in die Geschichte des trinitarischen Gottes integriert und somit als ein zu Gott selbst gehörendes Phänomen begriffen. Sie ist die Geschichte des *Gottesnamens*, in die der Name Jesu nun *eintritt*: „Der Name des Sohnes, der unter dem Gesetz einigermaßen verborgen war, der soll nun hochberühmt und allbekannt werden" (11,14,5). Diese Geschichte also und deren Subjekt, der Geist, legitimiert Jesus von Nazareth, „macht" ihn – pointiert gesagt – zum „Sohn Gottes" und eröffnet damit der Dogmatik die heute noch kaum wahrgenommene *biblische* Möglichkeit, den Namen Gottes, der an der Geschichte seiner Taten haftet, nun auch bekennend und denkend an die Stelle treten zu lassen, wo bisher die Naturenlehre den Erweis der Göttlichkeit Jesu zu erbringen suchte.[69]

Dieser Weg einer konsequent „geschichtlichen" Christologie ist die wohl bedeutsamste Folgerung, die sich aus dem Extra-Calvinisticum – weit über Calvins eigene Andeutungen hinaus – ergibt.

V. Das Problem der natürlichen Theologie

Wir wenden uns in einem letzten Schritt dem weitesten, das spekulative Interesse von jeher am stärksten beschäftigenden Horizont zu, den das Extra-Calvinisticum aufreißt. Der „Sohn Gottes", so heißt es, „ist vom Himmel herabgestiegen – und hat ihn doch nicht verlassen; ... er ist auf der Erde gewandelt... – und hat doch immerfort die *ganze* Welt erfüllt wie im Anfang" (11,13,4). Wie soll man diesen erstaunlichen Brückenschlag von Christus zum Kosmos, vom zweiten zum ersten Artikel des Credo verstehen? Soll man – im Anschluß an Kol 1,16 oder Eph 1,22 – sich den Logos, abgesehen von

---

[67] Inst II,14,5 = OS III,465,10. Die Verheißungen selbst („promissionum substantia") werden von dem Vorbehalt, nur „figura" bzw. „umbra" zu sein, ausdrücklich ausgenommen (II,11,4).

[68] Inst II,10,4 = OS III,405.35ff. – In einem von *G.W. Locher*, Calvin spricht zu den Juden, in: ThZ 23, 1967, 180-196, 186ff als vierte Vorrede zur sog. Olivetan-Bibel (1535) nachgewiesenen und ausgewerteten Text wendet sich Calvin mit dem ungewöhnlichen Gruß: „A notre allié et conféderé, le peuple de l'alliance de Sinai, salut!" an das zeitgenössische Judentum.

[69] H.J. Kraus, 364 u. ö., hat, soweit ich sehe, in seinem systematischen Entwurf zum ersten Mal diese Möglichkeit zum Zuge gebracht.

seiner Manifestation im menschgewordenen Christus, auch noch als ein den ganzen Kosmos durchwaltendes *Lebensprinzip* vorstellen, so daß Christi künftiges Kommen „vom Himmel her" zugleich auch sein Hervortreten aus der Verborgenheit des Weltgeschehens wäre? Müßte das aber nicht zu höchst problematischen Sätzen über die Existenz und Wirksamkeit eines λογος ασαρκος führen, also eines Gottes, „den man auch anderswo erkennen, dessen Wesen man auch von anderswoher bestimmen könnte als in und aus der Anschauung seiner Gegenwart... als fleischgewordenes Wort"[70]? Wäre damit aber das Exira-Calvinisticum nicht zuletzt in den Rang einer geradezu ontologischen Basis erhoben, auf der man jede Form von natürlicher Theologie rechtfertigen könnte? Dem Extra-Calvinisticum ist gerade in diesem Zusammenhang von jeher ein merkwürdig starkes Interesse zugewandt worden, und es fehlt nicht an Stimmen, die in dieser „wichtigen Aufstellung der reformierten Konfession" geradezu den Schlüssel für eine christliche Aneignung der theologia naturalis sehen. Am bekanntesten sind begreiflicherweise die Ausführungen Karl Barths in dessen Amsterdamer Vortrag „Die Kirche und die Kultur" geworden.[71] Barth – H.U. von Balthasar hat es gemerkt[72] – blickt dort in dieselbe Richtung wie Calvin, wenn er die Wahrheit der *Schöpfung* durch die Wirklichkeit der *Gnade* zu Ehren gebracht sieht, und wenn er vollends ein Jahr später in der „Christlichen Dogmatik" formuliert: „Daß der Logos in sein Eigentum kam (Joh 1,11), diese wichtige Einsicht ist es, die durch das Extra-Calvinisiicum offengehalten wird."[73]

Calvins These hat in ihrer Inst. 11,13,4 formulierten späten Gestalt ohne Zweifel einen primär *kosmologischen Sinn*. Wie der Logos, ungeachtet seiner Bindung an den Menschen Jesus von Nazareth, in der besonderen Verheißungsgeschichte Israels wirksam ist, so manifestiert er sich auch im allgemeinen Weltgeschehen: „Gott bewegt durch die Kraft desselben (!) Geistes nicht, weniger *alle* Dinge, und zwar entsprechend der 'Eigenart eines jeden Wesens, wie er sie ihm durch das Gesetz der Schöpfung (lex creationis) zugewiesen hat."[74] Der Glaube an die Fleischwerdung des Wortes wird durch das „extra" nicht nur in den Horizont der *Geschichte*, sondern, ihn. weit übergreifend, auch in den universalen Horizont der *Schöpfung* gestellt. Umgekehrt – das hat man zum Schaden dieses Entwurfs bisher viel zu wenig beachtet – wird da-

---

[70] *K. Barth.*, KD IV/3,385.
[71] *K. Barth*, Die Kirche und die Kultur (1926), in: Ders., Die Theologie und die Kirche. Gesammelte Vorträge II, Zürich 1928, 364-391, 374f. – Vgl. dazu: *F.W. Marquardt*, Theologie und Sozialismus. Das Beispiel Karl Barths, München 1972, 257ff.
[72] *H.U. von Balthasar*, Karl Barth. Darstellung und Deutung seiner Theologie, Köln 1962², 105.
[73] *K. Barth*, Die Christliche Dogmatik im Entwurf, München 1927, 271.
[74] Inst II,2,16 = OS III,259,11-13: vgl. „est quidem a spiritu Dei qualecunque hoc lumen rationis, quo vigemus omnes" (Comm. 1Kor 2,14 = CO 49,344).

durch der menschgewordene Christus nun geradezu als *Fluchtpunkt* erwiesen, *auf den hin* sich das theologische „Selbstzeugnis" (G. v. Rad) von Natur und Geschichte bewegt: Was *dort* undurchdringliches Geheimnis bleiben mag, ist *hier* für uns „offenbar". Es gibt also eine tragfähige Brücke, die die „cognitio Dei *redemptoris*" (Inst. II) mit der „cognitio Dei *creatoris*" (Inst. I) verbindet und die darum das Unternehmen einer „natürlichen" Gotteserkenntnis nicht von vornherein als Heidentum abzustempeln erlaubt, sondern es nachgerade zum Test auf den *universalen* Wahrheitsanspruch des in Christus zur Welt gekommenen Gottes erhebt.

Man muß die Pointe freilich an der richtigen Stelle suchen. Calvin fragt nach der *Existenz* dieser „Brücke", behauptet aber – man vergleiche die entsprechenden Kapitel über Israel (11,9-11) – mit keiner Silbe, daß diese Brücke deshalb auch schon begangen, geschweige denn von jedermann begehbar sei (11,2,20). Von dem Vermögen *Gottes*, die „ganze Welt" von Anbeginn zu erfüllen, seine Herrlichkeit in ihr darzustellen und sie dadurch zu einer theologisch sprachfähigen Welt zu machen, redet das Extra-Calvinisticum.[75] *Gott* ist es, der die Menschen unter den Eindruck seiner Wirklichkeit stellt[76], mag auch ihre eigene Empfänglichkeit für diesen Eindruck, ihr theologisches Erkenntnisvermögen, sich am Rande der Ahnungslosigkeit („oblivio Dei."; 1,4,2) bewegen.

Calvin beruft sich auf die sogenannte natürliche Theologie eines Cicero oder Vergil. Die antiken Autoren beweisen eine Einsicht, deren theologischer Grund ihnen verborgen geblieben ist, den man aber kennen müßte, um das Beweismaterial zu entschlüsseln. Um diese Aufklärungsarbeit an den Fundamenten der „natürlichen" Religion geht es in den Einleitungskapiteln der Institutio. Sie wollen das religiöse Wissen der Menschheit, das sich in der Naturfrömmigkeit der Antike, ihrem Vorsehungs- und Schicksalsglauben, niedergeschlagen, hat, nicht widerlegen, sondern es aus seiner *Zweideutigkeit* befreien, und das heißt: es als eine ihm selbst verborgene Manifestation der in sich *eindeutigen* Herrlichkeit Gottes erweisen."[77]

Man muß von dieser *theologischen* These ausgehen, unr die Aussage des Extra-Calvinisticum nicht zu überziehen. Da es sich bei dem geschilderten „Eindruck" der göttlichen Wirklichkeit um ein im Wortsinne empirisches

---

[75] Inst I,5,5: „mundus in spectaculum Dei conditus est" (OS III,50,6).

[76] Inst I,3,1: „constat vehementissimam istam esse de numine impressionem, quae … ex hominis mente obliterari nequit" (OS III,38,15).

[77] *H.F. Geißer*, Wieder einmal zur Frage der natürlichen Gotteserkenntnis bei Calvin, in: R. Stauffer (Hg,), In necessariis Unitas. Mélanges offerts à J.L. Leuba, Paris 1984, 163-181,170f scheint mir Calvins Intention daher zu überziehen, wenn er interpretiert: „Der im Werk seiner Schöpfung gegenwärtige Gott sagt hier im Grunde alles (!), was er dem Menschen zu sagen hat – was er für den Menschen ist. Er sagt sich sozusagen selbst aus…" So hoch kann man erst angesichts Inst II,12,1 greifen!

Wissen handelt – „experientia testatur" (1,4,1) – und nicht um das Ergebnis nachträglicher Reflexion, darf man das hier namhaft gemachte „seinen religionis" (1,3,1) mit dem „religiösen Apriori" des 19. Jahrhunderts, einem vor aller Erfahrung liegenden kategorialen Wissen, auf keinen Fall verwechseln. Das Problem der Institutio ist von Anfang an *nicht* die moderne Möglichkeit einer Theologie aus natürlichem Vermögen, sondern die Frage einer Erkenntnis Gottes aus der „Natur": Die „gloria Dei" erreicht uns – immer! – von außen. Das berühmte Wort von der *zweifachen* Gotteserkenntnis (duplex cognitio; 1,2,1) darf darum nicht als Konkurrenz zweier *methodischer* Zugänge zu Gott – Schrift *oder* Natur – mißverstanden werden. Das „stumme (!) Lehramt von Himmel und Erde" reicht wohl aus, uns unserer Blindheit zu überführen; ansonsten aber bleibt es zweideutig, führt bestenfalls zu der theistischen Annahme eines Weltbaumeisters, ist aber nicht davor geschützt, zur „Quelle des Götzendienstes und allen Aberglaubens" zu werden.[78] „So viele Lichter im Gebäude der Welt zur Verherrlichung des Schöpfers entzündet sind: sie leuchten uns doch vergebens, ... können uns von sich her nicht auf den rechten Weg führen."[79] Daß die Welt selbstverständlich für Gott spricht, der seine Sonne über Gute und Böse aufgehen läßt (Mt 5,45), muß uns eigens verständlich gemacht werden. Hier setzt das Extra-Calvinisticum mit seiner erklärenden Kraft ein, indem es die *verborgene* „theologische" Sprache der Welt als eine Manifestation des uns *wohlbekannten*, in *Christus* zur Welt – „in sein Eigentum" (Joh. 1,11) – kommenden Gottes entschlüsselt.

Das gilt nicht erst im Blick auf Rom 1,19f, einen Text, den man ohne die Voraussetzung der „jetzt" offenbar gewordenen „Gerechtigkeit" (Rom 1,17; 3,21) gar nicht verstehen kann; es gilt – hier stehen wir exemplarisch in jenem Wirkungsfeld, das Calvin dem Logos *extra* Christum zuschreibt – bereits im Blick auf die in den Proverbien redende „Weisheit" des Alten Testaments. Auch sie, von Jahve in ihre Funktion eingesetzt und als „Liebling ihm zur Seite" vorgestellt (Spr 8,22ff), wird zu ihrem Reden durch Gott selbst ermächtigt, so gewiß die „Furcht des Herrn" ihr „Anfang" genannt werden muß (Ps 111,10; Spr 1,7). Sie ist also *keine* „autonome" Erkenntnisquelle, vielmehr stellt sich in ihr, worauf H.J. Kraus mit Recht hingewiesen hat[80], der „vorchristlich" wirkende Logos dar, der als fleischgewordenes Wort den Namen Christus trägt. Ist uns aber dieser Christus, wie Paulus schreibt, von Gott zur σοφια gemacht (1Kor 1,30), dann muß die alttestamentliche Weisheit

---

[78] Comm. in Gen., Argumentum = CO 23,10.
[79] Inst I,5,14 = OS III,58 35ff. – Daher das vielverhandelte, sicher nicht gerade glücklich gewählte Bild Calvins von der „Brille" der Schrift, die das sonst verworrene Wissen von Gott in unserm Geist sammelt (Inst I,6,1 = OS III,60 25-30). Dazu: W. Krusche, 771, sowie neuerdings H.F. Geißer, 163ff.
[80] *H.J. Kraus*, Logos und Sophia, in: H. Berkhof/H.J. Kraus, Karl Barths Lichterlehre (ThSt (B) 123), Zürich 1978, 4-29, hier: 22ff.

theologisch als eine Gestalt des „auf vielerlei Weise" ergehenden *ersten* Redens Gottes begriffen werden, das „am *Ende* dieser Tage ... im Sohn" ergeht (Hebr 1,1f). Sie ist eine Vorläuferin, „ein Vor-Wort des Einen fleischgewordenen Wortes"[81], in dem sich Gott definitiv bekannt gemacht hat. In ihm tritt die weltimmanente Weisheit aus ihrer Anonymität und Verborgenheit ans Licht.

In dieser Erkenntnis liegt das hier geltend zu machende *Wahrheitsanliegen* des Extra-Calvinisticum beschlossen: Es gibt ungeachtet der Offenbarung in Christus, aber unabdingbar auf sie bezogen, ein Vermögen Gottes, sich auch in der von keinem Evangelium und von keiner Mission berührten Welt bekannt zu machen und diese Welt – gleichnishaft – für sich reden zu lassen.[82] Wie die Verheißungsgeschichte Israels, so muß auch die Schöpfung als ein zu Gott selbst gehörendes Phänomen begriffen werden. Das Kunstwerk der Welt – bis zu dieser *hermeneutischen* Konsequenz hat Calvin die Linien ausgezogen – gibt sein theologisches Geheimnis daher nur denen preis, die „durch die Predigt des Evangeliums ... gelernt haben, den ganzen Scharfsinn ihres Geistes der Torheit des Kreuzes ... zu unterwerfen"[83]. Seine selbstleuchtenden „Lichter" (um mit Karl Barth zu reden) sind deshalb „ohne Zweifel" nur als „Beginn und Anfang" (inchoata et semiplena), das heißt als „Vorspiel zu größeren zu betrachten, deren ... volle Enthüllung der vita futura vorbehalten ist" (1,5,10). Sie sind – der Vorschein der Zukunft Gottes macht sie dazu – verborgene Zeugen des „regnum Christi", vorläufige Manifestationen des Logos, die dessen endgültige Erscheinung „im Fleisch" gleichsam vorbereiten und erkennbar machen.

Gerade deshalb darf das Extra-Calvinisticum nicht nur nach *rückwärts*, im Blick auf seine theologische Vorgeschichte, interpretiert werden. Es muß – gerade in diesem weitesten Horizont – mit dem Blick nach vorne gelesen und verstanden werden, das heißt mit dem Blick auf „Christi unsichtbares Reich", in welchem uns, wie Calvin an der zitierten Stelle fortfährt, Gott „nicht nur sein Herz, sondern auch seine Hände und Füße sichtbar macht"[84]. Was würde das bedeuten? Es würde bedeuten, daß wir kraft des Logos, der auch *nach* Christi Tod und Auferweckung nicht aufhört, die ganze Welt zu erfüllen, in unserer eigenen Gegenwart mit „Wiederholungen" Gottes zu rechnen hätten, mit seinem Vermögen, sich – nun in Analogie zu seiner in Jesus von Nazareth

---

[81] A.a.O. 25. – Vgl. *E.A. Dowey*, The Knowledge of God in Calvin's Theology, New York 1952, 10: "There is no redemptive knowledge of God, wether patriarchal, prophetic or apostolic, apart from the mediatorial office of Christ."

[82] „Sollte Gott nicht in jedem Grashalm, in jeder Schneeflocke heilig sein? Sicher – ohne uns und gegen uns – in jedem Atemzug, den wir tun, in jedem Gedanken, den wir denken ...", gibt der späte Barth auf der Linie Calvins zu erwägen (*K. Barth*, Das christliche Leben. Die Kirchliche Dogmatik IV/4. Fragmente aus dem Nachlaß, hg. von H.A. Drewes/E. Jüngel, Zürich 1976, 197).

[83] Comm in Gen., Argumentum = CO 23,11.

[84] A.a.O. 11.

offenbar gewordenen Präsenz – auch in unserer Welt darzustellen. Denn der Ursprung, der die Geschichte Jesu Christi in Gang gesetzt hat, ist auch *ihr* Ursprung, der, wie die Providenzlehre ausführt (1,16,4), auch die profane Geschichte ihrem von Gott gesetzten Ziel entgegenführen wird.

Daß Gott nicht aufhört, sich seinen Geschöpfen *nahezubringen*, daß auch die Welt extra muros ecclesiae, die Welt des Hungers und der Kriege, die Welt unserer politischen Katastrophen und Ängste, im Zeichen des kommenden Gottes steht und unter diesem Zeichen dazu berufen ist, mit ihren durchaus weltlichen Anstrengungen *mehr* zu werden, als sie von sich aus ist: nämlich zu „Händen und Füßen Gottes" – das ist die umfassendste Aussage des Extra-Calvinisticum. Aus diesem Grund wird man den Sachverhalt, von dem es redet, tatsächlich am besten mit den neutestamentlichen Gleichnissen veranschaulichen. Denn diese *Gleichnisse* sind weltliche Wiederholungen der Offenbarung. Sie konfrontieren die Welt mit der Macht dessen, was bei Gott möglich ist, und sind deshalb einer Gemeinde gegeben, die, wie es in der III. Barmer These heißt, „in der Erwartung seiner Erscheinung lebt und leben möchte".

W. NIJENHUIS

Der ökumenische Calvin: Calvin, Luther und Luthertum

Vorbemerkungen: Die Relevanz des Themas

Bei der Calvinfeier der Universität Berlin am 10. Juli 1909 erklärte der Luther-Forscher Karl Holl: 'Viel mehr als die deutschen Reformatoren hat Calvin in den Gesamtinteressen des Protestantismus gelebt ... Sein Eingreifen in die Gesamtbewegung fällt in die Epoche, wo es sich eben darum handelte, ob die Reformation ihre internationale Stellung würde behaupten können. Sie war gefährdet mehr als durch Staats- und Kirchengewalten durch einen im Innern schleichenden Feind. Ein bequemer Idealismus, eine erasmische Stimmung drohte sich auszubreiten. Die lutherische Lehre hatte ausserhalb Deutschlands viele innerlich überzeugt, die darum doch glaubten, einen Bruch mit der katholischen Kirche sich ersparen zu können. Und es gab Politiker und Friedensfreunde im Protestantismus, die wie Bucer und Melanchthon einer derartigen Haltung Vorschub leisteten. Kompromisse seien nicht schlechthin zu verwerfen; die evangelischen Ideen würden sich schon von selbst gegenüber dem katholischen Rest durchsetzen. Man muss es als ein hohes Glück für den Protestantismus schätzen, dass gerade jetzt Calvin dazwischen trat. Sein Eingreifen bedeutete überall zweierlei: Entschiedenheit und Organisation. Er hat damit die Reformation vor dem Versanden gerettet. Ihm verdankt der Protestantismus was ausserhalb Deutschlands und der nordischen Länder für die Reformation behauptet und noch gewonnen worden ist'. Holl sagte dann weiter, dass Calvin durch seine Genfer Institutionen 'ein Völkererzieher von weltgeschichtlichem Rang' wurde. Er sprach auch von Calvins ökumenischer Gesinnung in welcher die calvinische Toleranz wurzelte.[1]

Neben der geographischen Ausbreitung der Reformation welche Holl mit Recht Calvins Einfluss zuschrieb sind die politischen und sozialen Wirkungen seiner ekklesiologischen Auffassungen zu erwähnen. Für ihn und für seine Gesinnungsgenossen sollte die Reformation weit über den Bereich der Kirche hinaus die ganze Gesellschaft erneuern nach dem Masstab des Wortes Gottes. Wie tief die politische, wirtschaftliche und gesellschaftliche Lage in Ländern

---

[1] K. Holl, *Gesammelte Aufsätze zur Kirchengeschichte*, III (Tübingen. 1928) 273.

wie England, Schottland, den Niederlanden und den englischen Kolonien in Amerika vom Calvinismus beeinflusst worden ist, wurde in den letzten Jahrzehnten untersucht und erwiesen von Gelehrten wie dem Franzosen E.G. Léonard in seinem *Histoire générale du Protestantisme*[2], dem Amerikaner John T. McNeill in seinem *The History and Character of Calvinism*[3] und dem Niederländer A.A. van Schelven in seinem *Het Calvinisme gedurende zijn bloeitijd*.[4] Die Frage, ob und wie Calvinismus und Demokratie zusammenhängen, ist noch nicht gelöst.[5] Der schweizerische Kirchenhistoriker Hans Scholl hat neuerdings Luthers und Calvins politische Predigt beschrieben und verglichen und klargemacht, dass die calvinsche Predigt besonders für die hugenottische Widerstandsbewegung in Frankreich bedeutsam geworden ist.[6] Er bestätigte damit was die vielen und tief schürfenden Forschungen von Robert M. Kingdon schon erwiesen hatten. Dasselbe hat der marxistische Forscher Christopher Hill in seinen Studien über den Puritanismus und die englische Revolution getan.[7] Man braucht die von Troeltsch[8] aufgestellte und von R.H. Tawney auf den englischen Puritanismus angewandte Theorie in bezug auf die calvinistische Wirtschaftsethik als Quelle des Kapitalismus[9] nicht[10] um dennoch die unzweifelhafte Tatsache feststellen zu können, dass Calvin und Calvinismus in gesellschaftlicher und wirtschaftlicher Hinsicht den Übergang zur Neuzeit markiert haben. 'Par le fait qu'il donnait à la foi

---

[2] E.G. Léonard, *Histoire du Protestantisme* (3 tms; Paris, 1961-1964) I, 48-149, 213-389.
[3] J.T. McNeill, *The History and Character of Calvinism* (New York, 1954) 237-439.
[4] A.A. van Schelven, *Het Calvinisme gedurende zijn bloeitijd*. 3 Bde; Amsterdam, 1943-1965.
[5] Eine Übersicht über die Diskussion gibt H. Vahle, 'Calvinismus und Demokratie im Spiegel der Forschung'. *ARG*, LXVI (1975) 182-212. Vgl. R.M. Kingdon and R.D. Linder, ed. *Calvin and Calvinism. Sources of Democracy?* Lexington, 1970. Weitere Literaturangaben in: W. Nijenhuis, *John Ponet (±1514-1556) als revolutionär pamflettist* (Assen/Amsterdam, 1976) 26f. Anm. 21.
[6] H. Scholl, *Reformation und Politik. Politische Ethik bei Luther, Calvin und den Frühhugenotten*. Stuttgart/Berlin/Köln/Mainz, 1976.
[7] Chr. Hill, *Puritanism and Revolution*. London, 1958; pb. ed. 1969; Id., *Society and Puritanism in Pre-Revolutionary England*. London, 1964; pb. ed. 1969; Id., *Intellectual Origins of the English Revolution*. London, 1965; pb. ed. 1966; Id., *Reformation to Industrial Revolution. A Social and Economic History of Britain 1530-1780*. London, 1967.
[8] E. Troeltsch, *Die Soziallehren der christlichen Kirchen und Gruppen* (Tübingen, 1912) 704-722.
[9] R.H. Tawney, *Religion and the Rise of Capitalism*. London, 1922; repr. pb. 1975.
[10] Die Theorie wurde bekämpft z.B. von H.R. Trevor Roper, *Religion, the Reformation and Social Change* (2nd ed. London, 1972) 1-45; A. Biéler, *La pensée economique et sociale de Calvin* (Genève, 1959) 477-511.

tout le champ de l'activité humaine, que le chrétien doit soumettre à la seigneurie du Christ, Calvin a incontestablement confere au travail, au labeur économique et à l'argent une place qu'ils n'avaient pas auparavant et qui devait permettre aux calvinistes d'en dégager toutes les virtualités humaines et sociales'.[11] Calvins Ethik war was Biéler genannt hat 'une éthique de la totalité'[12].

Daneben hat Calvin natürlich einen eigenartigen Beitrag zu der europäischen Reformation geleistet durch seine Ekklesiologie. Der Glaube an die Einheit und Katholizität der Kirche führte ihn zu einem unermüdlichen Einsatz für die Wiederherstellung der sichtbaren Einheit der Kirche. Diese Anstrengungen machten ihn zu einem ökumenischen Pionier unter den Reformatoren.[13] Der Glaube an die Heiligkeit der Kirche brachte ihn zu einer pünktlichen Zucht in der Genfer Kirche. Der Glaube an die Kirche als congregatio fidelium brachte ihn zur Einführung einer Kirchenordnung die gegründet war auf eine Regierung der Kirche mittels Versammlungen der drei Ämter: Pfarrer, Älteste und Diakone, eine Struktur die man in den reformierten Kirchen in verschiedenen Ländern bis heute zurückfinden kann. Die Teilnahme von Nicht-Theologen am Kirchenregiment hat wahrscheinlich indirekt zur Demokratisierung der Gesellschaft beigetragen, weil sie Mündigkeit und Sachverständigkeit bei den individuellen Staatsbürgern gefördert hat.

Während für Luther nur das 'dass' des Kirchenrechtes göttlich war, wurde im Calvinismus auch das 'wie' aus der Einsetzung Christi abgeleitet. Calvins Nachfolger Theodor Beza hat mit diesem Grundsatz besonders den englischen Puritanismus beeinflusst und damit eine episkopalische Reaktion hervorgerufen. Es ist wohl nicht zufällig, dass der erste Theologe nach der englischen Reformation der in Antwort auf Beza die episkopalische Kirchenstruktur auf ius divinum gründete, ein niederländischer Calvinist (Adrianus Saravia) war. Die calvinische politische Ethik und die Ekklesiologie mögen uns genügen um den eigenartigen Charakter seiner reformatorischen Wirksamkeit zu bezeichnen.

'Alle bedeutsamen evangelischen Theologen der ersten Generation haben ihre Eigenart und Selbständigkeit erst gefunden, nachdem sie durch einen Zeitabschnitt mehr oder weniger enger Anlehnung an Luther hindurchgegangen waren'[14]. Das gilt auch für Calvin. Wenn wir die oben genannten eigenartigen Züge seines theologischen Denkens hervorgehoben haben, dann haben wir nicht vergessen, dass diese 'Anlehnung an Luther', um B. Moellers Ausd-

---

[11] Biéler, *La pensée économique*, 513.
[12] *Ibid.*, 518.
[13] W. Nijenhuis, *Calvinus Oecumenicus*. 's-Gravenhage, 1959; John T. McNeill and James Hastings Nichols, ed. *Ecumenical Testimony. The Concern for Christian Unity within the Reformed and Presbyterian Churches* (Philadelphia, 1974) 13-26.
[14] B. Moeller, *Reichsstadt und Reformation* (Gütersloh, 1962) 53.

ruck aufzunehmen, niemals vom Genfer Reformator rückgangig gemacht wurde. Es widerspricht den historischen Verhältnissen und es verstösst gegen die Gesetze der Geschichtswissenschaft, die Beziehungen zwischen zwei Reformatoren zu beschreiben mittels Masstäbe späterer Zeiten und im Licht späterer Gegensätze. Freilich haben diese Gegensätze faktisch bestanden und sie bestehen teilweise noch. Sie haben die kirchlichen, politischen und gesellschaftlichen Verhältnisse bis auf diesen Tag tief beeinflusst. Man braucht nur zu denken an den schweren Weg zur Abendmahlsgemeinschaft zwischen Lutheranern und Reformierten in diesem ökumenischen Jahrhundert, oder an die Diskussionen über die zwei Regimente Gottes und die Königsherrschaft Jesu Christi. Es hat keinen Sinn diese Gegensätze zu leugnen oder zu verharmlosen. Aber man soll Gegensätze zwischen Lutheranern und Reformierten im 20. Jahrhundert nicht rückprojektieren ins 16. Jahrhundert und in Gegensätze zwischen Luther und Calvin umändern. Als neulich eines der regionalen Leuenberger Lehrgespräche eine gemeinschaftliche Erklärung über die zwei Regimente Gottes und Christi Königsherrschaft zum Ergebnis hatte, da schrieb eine der besten niederländischen Tageszeitungen ihren Bericht unter dem Titel 'Luther en Calvijn reiken elkaar de hand' (Luther und Calvin reichen einander die Hand)'[15]. Das war ein Beispiel eines solchen Rückprojektierens aktueller Probleme in die Vergangenheit, wobei der Historiker beim besten Willen nicht mitkommt. Er weiss, dass die Gegensätze zwischen Lutheranern und Reformierten über die zwei Regimente Gottes und die Königsherrschaft Christi im 16. Jahrhundert zwischen den Reformatoren von Wittenberg und Genf niemals zur Sprache gekommen sind.

Wenn wir hier handeln von Calvin in seinen Beziehungen zu Luther und dem Luthertum, wollen wir rein historisch vorgehen. Wir versuchen in aller Kürze diese drei Fragen zu beantworten: 1. Wie steht es um Calvins 'Anlehnung an Luther'? Mit anderen Worten: in welchem Masse verdankt Calvin Luther wesentliche theologische Ansichten? 2. Wie war das persönliche Verhältnis zwischen den zwei Reformatoren? Wie beurteilten sie einander? 3. Wie entwickelten sich die Beziehungen zwischen Calvin und den deutschen Lutheranern nach Luthers Tod im Jahre 1546? Zur Beantwortung der ersten Frage werden wir der theologischen Entwicklung des jungen Calvin, sagen wir: bis 1538[16], nachgehen. Für die Beantwortung der zweiten Frage wollen wir besonders Calvins Briefwechsel bis 1546 zu Rate ziehen. Der spätere Briefwechsel und einige Streitschriften aus den fünfziger Jahren werden uns eine Einsicht in die späteren Beziehungen mit den Deutschen vermitteln können.

---

[15] *Trouw*, 20. September 1979.
[16] So Al. Ganoczy, *Le jeune Calvin. Genèse et évolution de sa vocation réformatrice*. Wiesbaden, 1966.

1. Calvins 'Anlehnung an Luther'

Es ist leicht festzustellen, dass die Art und Weise wie Luther und Calvin ihre theologische Arbeit verrichteten auch bedingt war durch ihre nationale Herkunft, ihre psychologische Anlage, ihre verschiedene Ausbildung und viele anderen Faktoren, welche ihrem Denken und Handeln ein sehr persönliches Gepräge gaben. Luther war ein Augustiner Mönch bäuerlicher Herkunft. Calvin war ein humanistischer Gelehrter, aus einer höheren sozialen Schicht gebürtig und von Jugend an vertraut mit dem Verkehr in adligen Kreisen. Luther war ein Priester, der sich seit langem berufsmässig mit der Theologie beschäftigt hatte. Calvin hat niemals die Tonsur empfangen. Er wurde ausgebildet als Jurist und hat sich nachher als theologischer Autodidakt entwickelt, dessen juristische Bildung seine Auffassungen über die Ordnung und Regierung der Kirche bleibend mitbestimmt haben. Beide waren Sprachkünstler, die in der Literaturgeschichte ihrer Geburtsländer im 16. Jahrhundert eine schöpferische Rolle gespielt haben. Luther, der Dichter, benützte sein Deutsch um die reformatorische Grundlehre und die Grunderfahrung der Rechtfertigung durch den Glauben in bewegter Sprache und oft nicht ohne paradoxale Aussprüche zum Ausdruck zu bringen. Calvin, der Systematiker, hat sich der lateinischen Sprache und der clarté seines herrlichen Französisch bedient, um die innern Zusammenhänge des reformatorischen Glaubens in einer monumentalen Weise und in einer solchen immanenten Logik darzustellen, dass man in den Ausgaben seiner *Institutio*, seiner Bibelkommentare, Traktate und Predigten kaum einen Widerspruch finden wird.[17] Luther, in strengster Konzentration auf das was für ihn das Wesen der Kirche ausmachte: die richtige Ausübung des Predigtamtes, hat den Weg zum landesherrlichen Kirchenregiment geöffnet. Calvin dagegen musste seine Kirchen ohne Hilfe der Obrigkeiten, teilweise in Verfolgungen, organisieren. Er gab ihnen deshalb eine Struktur welche es ihnen ermöglichte als Gegenüber der Obrigkeiten nicht nur ihr Predigtamt wahrzunehmen (pastor, pasteur) sondern auch ihre Disziplin, im Sinne von Kirchenregiment und Kirchenzucht, selbständig aus zu üben (presbyter, ancien) und für ihre eigene soziale Fürsorge verantwortlich zu sein (Diakon, diacre). Die disciplina ecclesiastica war für Calvin nicht von einer solchen relativen Bedeutung wie es in CA Art. 15 formuliert war, sondern sie war für ihn Teil des kirchlichen Bekennens selbst. So entwickelten Calvins Kirchen sich zu selbständigen und vollständigen Körper-

---

[17] Diese Beobachtung widerspricht nicht der Feststellung der dialektischen Struktur von Calvins Denken, worauf u.a. von Al. Ganoczy, *Ecclesia Ministrans. Dienende Kirche und kirchlicher Dienst bei Calvin* (Freiburg/Basel/Wien, 1968) 27-31, 50f., 162f. und passim; Id., *Le jeune Calvin*, 196-200; K. McDonnall, *John Calvin, ihe Church and the Eucharist* (Princetown, 1969) 156-160, 221-227, 258-270 und passim, hingewiesen ist.

schaften, welche ihre eigene Verantwortlichkeit für Kirchenzucht (dieses im Gegensatz zu Zürich), Visitationen, Armenpflege und Schulwesen wahrzunehmen suchten. Diese ideelle Entwicklung wurde übrigens überall durch die harte politische Realität, konkret: durch scharfen Widerstand der Obrigkeiten, sogar in Genf, gehemmt.

Anders als Zwingli, Melanchthon und Bucer gehörte Calvin der zweiten Generation der Reformation an. Jean Cauvin war erst acht Jahre alt als Luthers Ablassthesen veröffentlicht wurden. Er gehörte der alten Kirche noch an als Zwingli bei Kappel in der Schlacht gegen die katholischen Kantone fiel. Er war 12 Jahre jünger als Melanchthon, 18 Jahre jünger als Bucer. Im Elternhaus haben die Frömmigkeit der Mutter und der kritische Geist des Vaters der Kirche gegenüber ihn zweifelsohne nicht unberührt gelassen.

Während seiner ersten Studienperiode in Paris hat er die mittelalterliche Theologie einigermassen kennengelernt. Die *Sentenzen* von Petrus Lombardus hat er sicher studiert. Ob er durch den Schotten John Major den Skotismus kennen gelernt hat[18], bleibt eine noch unbeantwortete Frage.[19] Zum eigentlichen theologischen Studium kam er damals nicht, weil der alte Gerard, selber in Konflikt mit den kirchlichen Behörden in Noyon, entschieden hatte, dass sein Sohn Jura studieren sollte. Die Jahre die er hierzu in Orleans and Bourges verbracht hat, sind von bleibender Bedeutung für seine weitere Entwicklung geworden: er hat als Lizentiat der Jura sein juristisches Wissen in den Dienst der Kirche und den Aufbau ihrer Ordnung gestellt. 1531 nach Paris zurückgekehrt, hat er sich im Collège de France nach den Methoden der Humanisten mit Quellenstudien des klassischen Altertums beschäftigt. Er hat die patres fleissig gelesen. Als junger gelehrter Humanist veröffentlichte er 1532 sein Kommentar auf Senecas *De Clementia*[20]. Spezialistische Untersuchungen in den letzten Jahrzehnten[21] haben die bleibende Bedeutung des Humanismus für Calvins weitere theologische Arbeit, besonders für seine exegetische Methode, hervorgehoben.[22]

Es steht fest, dass der junge Calvin während seines zweiten Pariser Au-

---

[18] K. Reuter, *Das Grundverständnis der Theologie Calvins* (Neukirchen, 1963) 20-28.

[19] T.H.L. Parker, *John Calvin: A Biography* (London. 1975) 11. Reuters Hypothese wurde bekämpft von Ganoczy, *Le jeune Calvin*, 186-190.

[20] *CO* V, 1-162.

[21] Q. Breen, *John Calvin: A Study in French Humanism*. Grand Rapids, 1931; J. Bohatec, *Budé und Calvin. Studien zur Gedankenwelt des Französischen Frühhumanismus*. Graz, 1950; B. Hall, *John Calvin, Humanist and Theologian*. London, 1956; A.M. Hugo, *Calvijn en Seneca. Een inleidende Studie van Calvijns commentaar op Seneca, De dementia, anno 1532*. Groningen/Djakarta, 1957; Fr. Wendel, *Calvin et l'humanisme*. Paris, 1976; Ch. Partee. Calvin and Classical Philosophy. Leiden, 1977.

[22] Ganoczy, *Le jeune Calvin*, 195.

fenthaltes in den humanistischen Kreisen, wo der grosse Gräzist Guillaume Bude eine hervorragende Rolle spielte, viel verkehrt hat und dass er hier Schriften Luthers kennen gelernt hat. Zuvor war er schon, wie er es selbst ausdrückt, 'einigermassen aus den Finsternissen des Papsttums geraten', und hatte er 'einigen Geschmack an der gesunden Lehre gefunden'. Nach dieser anfänglichen Kenntnisnahme der sana doctrina, welche ihm von den Humanisten vermittelt worden war, las er Luther. 'Als ich dann bei Luther las, dass bei Oecolampadius und Zwingli von den Sakramenten nichts übrigblieb als blosse und leere Abbildungen, dann empfand ich, ich bekenne es, eine solche Abneigung gegen ihre Bücher, dass ich mich lange ihrer Lektüre enthalten habe'[23], so schrieb Calvin in seiner zweiten *Defensio* gegen Westphal (1556) nicht ohne apologetische Absichten, nämlich um seine dogmatische Zuverlässigkeit in Sachen der Abendmahlslehre zu bezeugen. Wir dürfen diese autobiographischen Bemerkungen deren es nur ganz wenige in den Werken Calvins gibt, für durchaus zuverlässig halten. Wir können hier die komplizierte Frage der Interpretation von Calvins 'subita conversio', worüber er ein Jahr später schrieb im Vorwort zum Psalmenkommentar (1557)[24] beiseite lassen.[25] Man kann mit Sicherheit feststellen: der Jurist und Humanist Jean Cauvin, dem die mittelalterliche Theologie nicht unbekannt war, hat in Paris während seines Umgangs mit humanistischen Kreisen 'einigen Geschmack an der gesunden Lehre gefunden', das heisst wohl, dass er zum Beispiel die Bibelübersetzungen und Kommentare von Jacques Lefèvre d'Etaples, der in seiner Rechtfertigungslehre im Grenzgebiet zwischen Rom und Reformation stecken blieb[26], gelesen hat. Dann hat er in denselben Kreisen Werke Luthers kennengelernt. Anfangs hat er Zwingli und Oecolampadius nicht selbst gelesen. Ihre Abendmahlslehre hat er nur aus Luthers Bekämpfung kennengelernt. Wir übergehen die Frage, ob Luthers Werke die geeignetsten Quellen waren, um richtige objektive Kenntnisse von Zwingiis Abendmahlslehre zu vermitteln. Für unser Thema ist es aber wichtig, feststellen zu können, dass Calvin sich schon etwa 1532 in der Abendmahlslehre mehr mit Luther als mit den Zürcher Theologen verwandt wusste. Hier spricht der Calvin, der 1538 in Strassburg die *Confessio Augustana invariata* und 1541 während des Re-

---

[23] *CO*, IX, 51.
[24] *CO*, XXXI, 21-24.
[25] P. Sprenger. *Das Rätsel um die Bekehrung Calvins*. Neukirchen, 1960; Ganoczy, *Le jeune Calvin*, 271-304; W. Nijenhuis, 'Calvijns "subita conversio". Notities bij een hypothese'. *Nederlands Theologisch Tijdschrift*, XXVI (1972) 248-269. Gegen Sprenger und Ganoczy: Parker, *John Calvin*, 162-165.
[26] W.F. Dankbaar, 'Op de grens der Reformatie: de rechtvaardigingsleer van Jacques Lefèvre d'Étaples'. *Nederlands Theologisch Tijdschrift*, VIII (1953/54) 327-345

gensburger Religionsgespräches die *CA variata* unterschrieb.[27] Er qualifizierte Zwinglis Abendmahlslehre als 'prophan'[28], weil der Zürcher Reformator 'zu sehr damit beschäftigt den Aberglauben an eine körperliche Gegenwart Christi zu widerlegen, auch die wahre Kraft der Gemeinschaft mit Christus zugleich zerstört oder jedenfalls verdunkelt hat'[29]. Wenn man erwägt, dass die Abendmahlslehre den wichtigsten Stoff für konfessionelle und theologische Kontroversen im 16. Jahrhundert lieferte, dann ist es vielsagend dass Calvin gerade in Sachen dieser Doktrin Luther nahestand. Es ist klar, wie irreführend es wäre, zu versuchen, diesen Tatbestand im Lichte der späteren Abendmahlskontorverse zu verstehen und zu interpretieren.

Vielleicht würde jemand aufgrund des bisher festgestellten neigen zur Annahme dass Calvin ein wenig origineller Theologe gewesen ist. Dieser Schluss wäre mehr oder weniger berechtigt. Man könnte von Calvin sagen was Albert Schweitzer damals über J.S. Bach geschrieben hat: 'Es geht nichts von ihm aus; alles führt nur auf ihn hin ... Dieses Genie war kein Einzelgeist, sondern ein Gesamtgeist. Jahrhunderte haben an dem Werke gearbeitet, vor dessen Grösse wir ehrfürchtig stille stehen'[30]. Die Jahrhunderte haben an Calvins Werk gearbeitet. Erstens seien die Jahrhunderte der frühen Kirche genannt. Er berief sich auf nahezu alle wichtigen griechischen und lateinischen Kirchenväter, vor allem auf Augustin.[31] Er kannte die mittelalterliche Theologie und berief sich namentlich auf Bernhard von Clairvaux. Er hat den Humanismus eigetrunken und bei den Pariser Humanisten die exegetische Methode kennengelernt und sich zu eigen gemacht: er würde sie sein Leben lang praktizieren. Dann hat er die deutsche und schweizerische Reformation kennengelernt. Die wichtigsten rezenten wissenschaftlichen Forschungen haben zum Ergebnis geführt, dass Calvin für seine theologischen Einsichten Luther Wesentliches zu verdanken hatte.[32] Wir nennen hier zwei Beispiele, welche den Einfluss des Wittenberger Reformators auf den jungen französischen Gelehrten nachweisen.

Erstens erwähnen wir die *Concio Academica*[33], eigentlich eine Predigt, die Nicolas Cop, der Rektor der Pariser Universität, zu Allerheiligen 1533 gehal-

---

[27] W. Nijenhuis, 'Calvin and the Augsburg Confession' in: *Ecclesia Reformata. Studies on the Reformation* (Leiden, 1972) 97-114.
[28] Calvin an Viret, 11. September 1542; *CO*, XI, 438.
[29] Calvin an Zebedée, 19. Mai 1539; *CO*, Xb, 346.
[30] A. Schweitzer, J.S. Bach (Wiesbaden, 1952), 3.
[31] L. Smits, *Saint Augustin dans l'oeuvre de Jean Calvin*. 2Bde; Assen, 1957-1958.
[32] Fr. Wendel, *Calvin. Sources et évolution de sa pensée religieuse* (Paris, 1950) 95-98; Reuter, *Das Grundverständnis der Theologie Calvins*, 69-75; Ganoczy, *Le jeune Calvin*, 139-150; H. Schützeichel, *Die Glaubenstheologie Calvins* (München, 1972) 44.
[33] *OS*, 1, 1-10.

ten hat. Wir gehen hier nicht ein auf die umstrittene Frage der Autorschaft der Concio. Neuerdings hat der Strassburger Forscher Jean Rott gemeint, auf Grund neugefundener Quellen die Authentizität der Rede als Calvin-Text nachweisen zu können.[34] Der katholische Calvinexperte Alexandre Ganoczy dagegen hat diese Authentizität bestritten.[35] Was davon auch zu halten sei, jedenfalls war Calvin sehr eng an der Vorbereitung der Concio beteiligt, so eng dass er nachher zusammen mit Cop Paris entfliehen musste. Auch falls der Rektor selbst der 'facteur actif gewesen ist, während Calvin nur als der Empfänger reagierte, wie Ganoczy meint[36], dann noch ist die Concio eine erstklassige Quelle für unsere Kenntnis des geistigen Klimas, wodurch Calvin in der kritischen Phase seiner Entwicklung, nämlich während seines Übergangs aus der römischen Vergangenheit zur reformatorischen Zukunft, beeinflusst worden ist.

Ganz einfach ausgedrückt könnte man sagen, dass die Concio in einer erasmianischen Form einen lutherischen Inhalt zeigt. Es handelt sich, so fängt Cop an, um die 'christiana philosophia'. In der Einleitung betont er, dass diese 'christiana philosophia' alle menschliche 'cogitatio' und alle 'mundi sapientia' soviel übersteigt wie der Mensch die Tiere übertrifft. Wenn es nun darauf ankommt, diese 'philosophia', die Gottes Willen erklärt, längst von allen Philosophen gesucht aber nie gefunden, inhaltlich zu bestimmen, dann heisst es schon in dieser Einleitung, dass die Sünden 'sola Dei gratia' vergeben werden und dass Christus 'verus est et unus apud patrem intercessor.'[37]

Die eigentliche Predigt über die Tagesperikope, Matthäus 5:3-12 (die Seligpreisungen), geht aus von der 'evangelii ac legis descriptio'. Die Begriffsbestimmung ist richtig lutherisch: 'Das Evangelium ist der Bericht und die heilbringende Verkündigung von Christus, nämlich dass er vom Vater gesandt wurde, um allen Menschen Hilfe zu bringen und ihnen das ewige Leben zu erwerben. Das Gesetz besteht aus Vorschriften, es droht und drängt und es verspricht keinerlei Wohlwollen Gottes. Das Evangelium aber wirkt keineswegs durch Drohungen, es zwingt nicht durch Vorschriften, es lehrt das höchste Wohlwollen Gottes uns gegenüber'[38]. Es handelt sich nun um das

---

[34] J. Rott, 'Documents strasbourgeois concernant Calvin'. *Revue d'histoire et de philosophie religieuses*, XLIV (1964) 290-311; *Regards contemporains sur Jean Calvin. Actes du Colloque Calvin Strasbourg 1964* (Paris, 1965) 28-49. Die Authentizität des Textes ist auch angenommen von Dale Cooper und Ford Lewis Battles, ed. 'Academic Discourse John Calvin'. *The Hartford Quarterly*, VI (1965) 76-85.

[35] Ganoczy, *Le jeune Calvin*, 67-72. Hier Literaturangaben in den Anmerkungen 289 und 290.

[36] *Ibid.*, 71.

[37] *OS*, I, 4seq.; Rott, 'Documents', 43f.

[38] 'Ergo evangelium bonum est nuncium et salutifera de Christo praedicatio, quod a Deo patre missus est, ut omnibus opern ferat, et vitam eternam conciliet. Lex praeceptis continetur, minatur, urget, nullam pollicetur benevolentiam. Evangelium

rechte Verständnis der Seligpreisungen als Evangelium, nicht als Gesetz. 'Dieses Evangelium schreibt nichts vor, sondern es erklärt Gottes Güte, Barmherzigkeit und Wohltaten'. Wenn da dennoch die Rede ist von Lohn[39], dann 'nicht wegen unserer Tugenden oder Würdigkeit, sondern nur durch Gottes Gnaden'[40].

Wer Cops *Concio Academica* vergleicht mit Luthers Predigt vom 1. November 1522[41], welche zweifelsohne in einer von Bucers lateinischen Übersetzungen in Paris bekannt war[42], wird deutliche Verwandtschaft finden[43]. Auch Luther hat die Seligpreisungen als Evangelium ausgelegt. Es fällt zum Beispiel auf, dass Cop ebenso wie Luther eine Verbindung legt zwischen die erste Seligpreisung und das erste der Zehn Gebote[44]. Dennoch wäre es unrichtig, die Concio 'als einfache Kopie der Lutherpredigt' zu betrachten.[45] Der formale Unterschied zwischen den zwei Texten liegt hierin dass die Pariser Predigt ausdrücklich und wiederholt in humanistischer Terminologie die christliche Botschaft als 'divina philosophia'[46], 'christiana philosophia'[47] oder 'Christi philosophia'[48] bezeichnet. Wichtiger ist der materielle Unterschied. Die Concio ist weniger als Luthers Predigt vom Verhältnis zwischen Evangelium und Gesetz bestimmt: Luther wendet dieses Verhältnis auf den ganzen Text an. Er gibt an, welchen Geboten die einzelnen Seligpreisungen entsprechen. Andrerseits ist die Concio viel polemischer als Luthers Predigt in ihrer Betonung der forensisch-imputativ aufgefassten Rechtfertigung. Aber eben dieser Nachdruck liefert einen überzeugenden Beweis für den authentischen lutherischen Einfluss auf die Pariser humanistischen Kreise und auf den glänzenden jungen Gelehrten Jean Cauvin.

---

nullis minis agit, non impellit praeceptis, summan Dei ergo nos benevolentiam docet'. *OS*, I, 5; Rott, 'Documents', 44f.

[39] Gemeint ist Matth. 5:12: 'Freut euch und frolockt, denn euer Lohn ist gross im Himmer'.

[40] *OS*, I, 6; Rott, 'Documents', 45f.

[41] *WA*, 10, 3, 400-407.

[42] 'De Luther on trouve en latin presque tous ies livres dont nous avons déja Signalé ia trace en France par éditions clandestines ou par condamnations de la Sorbonne et du Parlement'. W.G. Moore, *La Réforme allemande et la litérature française. Recherches sur la notoriété de Luther en France* (Strasbourg, 1930) 288.

[43] W. Walker. *John Calvin. The Organizer of Reformed Protestantism 1509-1564* (New York/London, 1909) 102-105; Moore, *La Réforme allemande*, 320f. A. Lang, *Die Bekehrung Calvins* (Leipzig, 1897) 47-55, hat die Concio ausführlich analysiert und mit Luthers Predigt verglichen.

[44] *OS*, I, 7; Rott, 'Documents', 46; *WA*, X, 3, 402.

[45] E. Mülhaupt, *Die Predigt Calvins, ihre Geschichte, ihre Form und ihre religiösen Grundgedanken* (Berlin/Leipzig, 1931) 6.

[46] *OS*, I, 6 seq.; Rott, 'Documents', 45f.

[47] *OS*, I, 4; Rott, 'Documents', 43.

[48] *OS*, I, 5; Rott, 'Documents', 44.

Der zweite Beweis für diesen Einfluss, auf den wir aufmerksam machen, ist die erste lateinische Ausgabe der *Institutio*. Als Calvin 1535 dieses Werk schrieb, ist er in der Struktur des Buches den zwei Katechismen Luthers, die seit 1529 in lateinischer Übersetzung vorlagen, gefolgt. Wie diese Lehrbücher handelt er nacheinander über das Gesetz (die Zehn Gebote), den Glauben (das Apostolicum), das Gebet (das Vaterunser), die Sakramente (Taufe und Abendmahl). Er hat zwei Abschnitte hinzugefügt über 'die unechten Sakramente', die 'falsa sacramenta', dass heisst: die übrigen fünf römischen Sakramente, und die christliche Freiheit. An und für sich ist diese Ordnung nicht spezifisch lutherisch, sie war schon seit vielen Jahrhunderten im katechetischen Unterricht üblich. Auch Luther hat sie aus dem Mittelalter übernommen. Wiederum ist die inhaltliche Übereinstimmung wichtiger als die strukturelle Ähnlichkeit mit den lutherischen Katechismen und die auffallenden terminologischen Analogien.[49] Wir beschränken uns auf ein Beispiel: die Erklärung des ersten Gebotes. Calvin hat hier unverkennbar von Luther die Auffassung des Gesetzes als eines Spiegels, worin der Mensch seine Sünde und seine Verdammnis entdeckt, übernommen.[50] Der Mensch muss erfahren, dass er nur den ewigen Tod verdient und so dazu getrieben wird, einen anderen Heilsweg zu suchen als den der Werkgerechtigkeit, nämlich den der Vergebung der Sünden[51]. Weiter ist zu nennen die Auffassung vom Glauben als fiducia, und die Betonung des Gegensatzes zwischen äusserlicher Religion und dem Glauben als einer Sache des ganzen Herzens.[52]

Wahrscheinlich hat Calvin ausser den zwei Katechismen verschiedene andere Werke Luthers gekannt, wie zwei Schriften aus 1520, *De captivitate babylonica* und *De libertate christiana*, und den 1524 ins Lateinische über-

---

[49] Ganoczy, *Le jeune Calvin*, 140, 143.

[50] '...lex...plane est nobis speculum, in quo peccatum et maledictionem nostram cernere ac contemplare liceat...' *OS*, I, 39.

[51] '...iam cum nemo ex nobis partibus suis defungatur, omnes nos maledictione, iudicio, morte demum aeterna dignos esse; quaerendum igitur atiam salutis viam, quam per operum nostrorum iustitiam. Ea est peccatorum remissio'. Ibid. 40.

[52] Luther: '...ita ut Deum habere nihil aliud sit quam illi ex toto corde fidere et credere ... Iam in quacumque re animi tui fiduciam et cor fixum habueris, haec haud dubie Deus tuus est ... ita ut Deum habere nihil aliud sit quam illi ex toto corde fidere et credere ... Quare huius praecepti sensus hic est, ut veram cordis in Deum fidem atque fiduciam exiget ... Tantum hoc cave sedulo, ne cor tuum prava fiducia ulli alteri opponas'. *Die Bekenntnisschriften der Evangelisch-Lutherischen Kirche* (2. Aufl. Göttingen, 1952) 560f. Calvin: '...ut Deum ex toto corde, ex tota anima, ex totis viribus diligamus ... Quo prohibernur alio avertere fiduciam ... ut solum pro Deo nostro agnoscamus, omnem spem ac fiduciam nostram in ipso defigentes ... Nec solum hoc agendum est, ut lingua et corporis gestu, omnique exteriori significatione non alium esse nobis Deum declaremus, verum ut etiam mente, toto corde, toto studio tales non praestemus. Non enim verba modo nostra externaque opera coram ipso sunt, verum penitissimi cordis recessus...' *OS*, I, 41 seq.

setzten *Sermon von dem Sakrament des Leibes und Blutes Christi wider die Schwärmgeister* (1519).[53] Er hat das alles nicht nur gelesen, sondern sich auch mit dem Wittenberger Reformator besonders verbunden gefühlt. Auf Grund der ersten lateinischen Ausgabe der *Institutio* stimmen wir A Lang bei: 'Die Anhänglichkeit Calvins an die Wittenberger hat ihren tiefen Grund in der inneren Verwandtschaft. Er war sich nämlich stets bewusst, das evangelische Heilsverständnis, soweit es sich mit der Frage: wie erlange ich einen gnädigen Gott? deckt, Luther und den Seinen zu verdanken. Zumal in der ersten Ausgabe der *Institutio* erscheint er daher fast wie ein oberdeutscher Lutheraner. Aber auch später ist Calvin in den Grundlehren der Reformation, die sich um die Rechtfertigung gruppieren, von der völligen Verderbnis des sündigen Menschen, von Erbsünde und Erbschuld, von Christo unserem einzigen Retter und Erlöser, von der Heilsaneignung durch den Geist, das Wort und die Sakramente mit Luther völlig eins. Ja, man darf sagen, er hat die Kernlehre Luthers von der Glaubensgerechtigkeit und der Wiedergeburt aus dem Glauben treuer bewahrt und theologisch schärfer zum Ausdruck gebracht als irgendein Dogmatiker der Reformation'.[54]

Natürlich ist hiermit über die Quellen von Calvins Theologie nicht Alles gesagt. Der Genfer Reformator soll daneben auch als Schüler des Erasmus betrachtet werden, wie zum Beispiel Lang gezeigt hat.[55] Man wird ihm nur gerecht, wenn man erkennt, des seine philologisch-historisch-exegetische Methode endgültig vom Humanismus geprägt worden ist. Aus seiner Verwendung humanistischer Begriffe wie 'christiana philosophia' und 'sapientia'[56], aus seinen Auffassungen über die lex naturalis und aus seiner Bewertung sittlicher Massstäbe wie 'contemptio mundi' und 'moderatio'[57], wie aus seiner Staatslehre geht der nachhaltige humanistische Einfluss auf sein Denken hervor.[58] Er hat die paganisierenden Bestandteile des Humanismus bekämpft. 'Calvin war Humanist, nicht bloss weil er bei der Würdigung der freien Wissenschaften und Künste in seiner 'christlichen Philosophie' die Grundgedanken der christlichen Humanisten fortsetzte und ergänzte, sondern auch weil er unmittelbar auf die Antike und ihre Quellen zurückgriff, deren Ideen, Denkmittel und Grundbegriffe, so weit es möglich war, namentlich in seiner Ethik und Staatslehre, dem christlichen Glaubensgehalt anzugleichen

---

[53] Wendel, *Calvin*, 97; Ganoczy, *Le jeune Calvin*, 143-149; Schützeichel, *Die Glaubenstheologie Calvins*, 44.
[54] A. Lang, *Zwingli und Calvin* (Bielefeld/Leipzig, 1913) 106.
[55] *Ibid.*, 107f.
[56] Partee, *Calvin and Classical Philosophy*, 13-23.
[57] R.S. Wallace, *Calvins Doctrine of the Christian Life* (Edinburgh/London, 1959) 141-192.
[58] Wendel, *Calvin et l'humanisme*.

versuchte'[59]. In dieser Weise liesse sich Luthers Denken schwer kennzeichnen.

Auch nach der Veröffentlichung seiner ersten *Institutio* hat Calvin sich unabhängig von Luther weiterentwickelt. Als Systematiker hat er die Einteilung der ersten Ausgabe seines Lehrbuches als unbefriedigend empfunden. In der Geschichte der verschiedenen Ausgaben der *Institutio* ist er über Luthers traditionelle Katechismus-Einteilung hinausgegangen. Schliesslich ist er in der monumentalen letzten lateinischen Ausgabe (1559) zu einer geschlosseneren, nämlich einer trinitarischen, Struktur gekommen die dem Apostolicum entnommen war. Diese Form bot ihm die Gelegenheit der immanenten Logik des christlichen Bekennens und ihrer christologischen Grundlage besser gerecht zu werden. Gesetz und Evangelium sind der Spannung, in der sie bei Luther standen, enthoben: sie werden zusammengeschaut.[60] Die Zehn Gebote sind in der *Institutio* von 1559 in den dritten, den pneumatologischen Abschnitt hinübergebracht worden. Rechtfertigung und Heiligung sind engstens auf einander bezogen.[61] Dieser Weg Calvins zwischen Antinomismus und Moralismus[62] ist innerhalb und ausserhalb Europas von grösster gesellschaftlicher und politischer Bedeutung geworden. Vor allem die Geschichte des angelsächsischen Calvinismus (Puritanismus) hat bewiesen wie die Verbindung zwischen iustificatio und sanctificatio[63] zu einem 'politischen Gottesdienst'[64] geführt hat, die zwar an sich keine Demokratie genannt werden kann[65], aber doch auf die Dauer eine demokratisierende und revolutionäre Wirkung ausgeübt hat.[66]

---

[59] Bohatec, *Budé und Calvin*, 472; Reuter, *Das Grundverständnis der Theologie Calvins*, 55-66.

[60] H.E. Weber, *Reformation, Orthodoxie und Rationalismus* (2 Tle; 2. Aufl. Darmstadt, 1966) I. 1, 238f.

[61] '...sicut non potest discerpi Christus in partes, ita inseparabilia esse haec duo, quae simul et coniunctim in ipso percipimus, iustitiam et sanctificationem. Quoscunque ergo in gratiam recipit Deus, simul spiritu adoptionis donat, cuius virtute eos reformat ad suam imaginem ... quia enim re ipsa ad colendam iustitiam renovat Deus quos pro iustis gratis censet, illud regenerationis donum miscet cum hac gratuita acceptatione, unumque et idem esse contendit', also Calvin in *Institutio* (1559), III, 11, 6, wo er Osiander bekämpft. *OS*, IV, 187.

[62] H. Berkhof, *Christelijk geloof* (Nijkerk, 1973) 475.

[63] *Institutio* (1559), III, 16, 1; *OS*, III, 248 seq. Vgl. Werner Krusche, *Das Wirken des Heiligen Geistes nach Calvin* (Göttingen, 1957) 275f.

[64] Karl Barth, *Gotteserkenntnis und Gottesdienst nach reformatorischer Lehre* (Zollikon, 1938) 203-216 über Art. 24 der *Confessio Scotica*.

[65] Van Schelven, *Het Calvinisme*, II, 79-83.

[66] Chr. Hill, *Intellectual Origins of the English Revolution* (repr. pb. London, 1972) 284-287.

2. Calvin und Luther: ihr Verhältnis

Luther und Calvin sind einander niemals begegnet. In ihren Muttersprachen hätten sie sich nicht unterhalten können, denn Luther konnte nicht Französisch, Calvin sprach und verstand kein Deutsch. Was sie von einanders theologischen Auffassungen wussten, war ihnen aus lateinischen Quellen bekannt. So weit wir wissen, hat es nur einen Brief Calvins an Luther gegeben[67], der ihn aber niemals erreicht hat, weil Melanchthon ihm ihn nicht zu überreichen wagte. Warum dieser den Mut zu diesem augenscheinlich ungefährlichen Freundesdienst nicht aufbringen konnte, ist nicht ohne weiteres klar. Der Brief war nämlich in einer ganz anspruchslosen und ehrfurchtsvollen Tonart abgefasst. 'Martin Luther, meinem hochverehrten Vater Gruss zuvor', so beginnt das Schreiben. Am Ende des im Januar 1545 geschriebenen Briefes heisst es: 'Ich wünsche sehr -und es wäre auch besser-, nicht nur über diese Frage, sondern auch über allerlei anderes mündlich mit Ihnen zu verhandeln. Was aber auf Erden nicht geht, wird bald, wie ich hoffe, im Reiche Gottes möglich sein. Lebwohl, du hochberühmter Mann, du trefflichster Diener Christi und mir ein stets geachteter Vater, Der Herr fahre fort, dich mit seinem Geist zu leiten bis ans Ende zum gemeinen Wohl seiner Kirche'. Der Brief handelt nicht von einer theologischen Kontroverse zwischen Wittenberg und Genf. Calvin bittet in seinem Brief Luther um ein Urteil über seine zwei Schriften gegen die sogenannten Nikodemiten, das heisst die wankelmütigen reformatorisch gesinnten Christen in Frankreich die aus Furcht noch an der katholischen Messe teilnahmen. Die Büchlein waren zusammen in lateinischer Übersetzung erschienen unter dem Titel *De vitandis superstitionibus*.[68] In Frankreich selbst wurden sie ihrer Strenge wegen kritisiert. Man möchte nun wissen, wie sie von Luther, Melanchthon und Bucer beurteilt wurden.[69] Die letzteren haben später positive Urteile abgegeben, die inhaltlich mit Calvins Schriften übereinstimmten.[70] Luthers Urteil ist uns leider enthalten. Wie schon gesagt, hat der Freund es nicht gewagt, ihm den Brief mit Calvins Schriften zu übergeben, weil Luther nach Melanchtons Meinung, 'viele Dinge argwöhnisch aufnimmt und nicht will dass seine Antworten auf derartige Fragen wie ich vorgestellt habe überall hin verbreitet werden'[71]. Calvin selbst hat freilich vermutet, dass es nicht so einfach wäre, seine Fragen Luther vor-

---

[67] CO, XII, 7 seq.
[68] *Petit traicté monstrant que c'est que doil faire un homme fidèle cognoissanl la verité de l'evangile, quand il est entre les papistes* (1543) und Excuse à Messieurs les Nicodemites sur la complaincte qu'ilz font de sa trop grand rigueur (1544); *CO*, VI. 537-614.
[69] *CO*, XI, 776.
[70] *Ibid.*, 621-626.
[71] *CO*, XII, 61.

zulegen. Er schrieb an Melanchthon: 'Soviel ich gerüchtweise und aus Briefen einzelner Leute vernehmen konnte, wäre es leicht möglich, dass sein kaum versöhnter Sinn durch eine geringe Ursache von neuem gereizt würde'[72]. Weiter hatte der Genfer Reformator gehört, 'es sei [von Luther] ein schrecklich scharfes Schriftchen erschienen, das wie die Brandfackel zur Erneuerung der Feuersbrunst wirken werde wenn nicht der Herr die Geister der Gegenpartei [die Zürcher] festhalte...' Er teilte Melanchton dann mit: 'Weil die Zürcher bisher ein gewisses Wohlwollen gegen mich an den Tag legten, habe ich mich gleich als ich von der Sache hörte, ins Mittel gelegt und gebeten, sie möchten sich nicht auch in den Kampf einlassen'[73]. Der 'atrox libellus', auf den Calvin hier zielte, war Luthers *Kurzes Bekenntnis vom Abendmahl* (1544), in dem der Wittenberger seine Abendmahlsauffassung noch einmal unmissverständlich darzulegen versuchte. Er tat das in einer derben und harten Form, welche Bullinger und die Zürcher Kirche wohl beleidigen musste.[74] Bucer hatte noch vergeblich versucht, Luther von dieser Veröffentlichung zurückzuhalten, aber auch diesmal hat Melanchthon es nicht gewagt, dessen Brief rechtzeitig an Luther weiterzugeben.[75] Wie er den 30. August 1544 an Bullinger schrieb, war er tief beeindruckt vom grossen Ungestüm, womit Luther den Abendmahlsstreit erneuert hatte und wodurch der Frieden der Kirche dauerhaft gestört wurde.[76]

Das Büchlein war ein Beispiel der Art und Weise, wie Luther die Anhänger Zwinglis gewöhnlich bekämpfte. In seiner Schrift *Von den Konzilien und Kirchen* (1539) hatte er Zwingli als Nestorianer bezeichnet.[77] In seiner *Ermahnung zum Gebet wider die Türken* (1541) rechnete er ihn unter die Täufer und Aufrührer. Auch in seiner Genesisvorlesung (1543/1544) hatte er Zwingli neben die Wiedertäufer gestellt[78] .Calvin war ebenfalls entsetzt über Luthers Benehmen: 'Es ist traurig, dass wir [evangelische Christen in Europa], gering an der Zahl und rings von Feinden umgeben noch in unserer eigenen Mitte im Kampf zusammenstossen'. Luther, mit 'seinem eigenen, masslos leidenschaftlichen und kecken Charakter', war Calvins Meinung nach von Amsdorf aufgehetzt. Er mahnte aber in einem Brief vom 25. November 1544 Bullinger und die Zürcher Kirche zur Mässigung in ihren Reaktionen. 'Es ist gut, wenn wir anerkennen, dass auch mit dieser Geissel der Herr uns schlägt; wir wer-

---

[72] *Ibid.*, 10.
[73] *Ibid.*, 10 seq.
[74] E. Bizer, *Studien zur Geschichte des Abendmahlssireils im 16. Jahrhundert* (2. Aufl. Darmstadt. 1962) 232.
[75] Ibid., 231.
[76] 'Fortassis accipies atrocissimum Lutheri scriptum, in quo bellum *peri deipnou kyriakou* instaurat. Nunquam maiore impetu hanc causam egit. Desino igitur sperare ecciesiarum pacem'. Melanchton an Bullinger, 30. August 1544. *CR*, V. 475.
[77] Bizer, *Studien*, 229.
[78] *Ibid.*, 230f.

den dann geduldiger tragen was sonst entsetzlich herb wäre'. Wichtiger als diese Ratgebung ist für unser heutiges Thema was Calvin dann weiter über Luther schrieb: 'Aber das ist mein Wunsch, dass Ihr euch darauf besinnt welch grosser Mann Luther doch ist, durch welche ausserordentlicher Geistesgaben er sich auszeichnet, wie tapfer und unerschütterlich, wie geschickt, wie gelehrt und wirksam er bisher gearbeitet hat an der Zerstörung der Herrschaft des Antichrists und an der Ausbreitung der Heilslehre. Ich habe es schon oft gesagt: wenn er mich den Teufel schölte, ich würde ihm doch die Ehre antun, ihn für einen ganz hervorragenden Knecht Gottes zu halten, der freilich auch an grossen Fehlern leidet, wie er an herrlichen Tugenden reich ist... Denke also vor allem daran, das bitte ich dich, Bullinger wie deine Kollegen, dass Ihr es zu tun habt mit einem Erstling unter den Knechten Christi, dem wir alle viel schulden'. Der Schluss einer langen Darlegung von Luthers Tugenden und Fehlern lautet: 'Es soll doch bei uns nicht eintreten was Paulus tadelt[79], dass wir uns gegenseitig beissen und fressen und dabei selbst verzehrt werden. Auch wenn Luther uns gereizt hat, ist es besser abzustehen vom Kampf als den Schaden grösser zu machen zum Nachteil der ganzen Kirche'[80]. Hier hören wir die Stimme des ökumenischen Calvin, der das Wohl der 'communis ecclesia' immer fest im Auge behielt. Wichtiger als der Sieg einer dogmatischen Privatauffassung, wie richtig diese an sich auch sein mochte, war immer die Einheit der Kirche. Darum hat er sein möglichstes getan um Wittenberg und Zürich zu versöhnen.

Während seines Aufenthaltes in Strassburg (1538-1541) und in den Religionsgesprächen zu Anfang der vierziger Jahre (Worms, 1540; Regensburg, 1541) hat Calvin viele deutsche Lutheraner persönlich kennen gelernt. Mit Melanchthon schloss er Freundschaft. In seiner Achtung für Luther behielt er immer sein selbständiges Urteil. Er wusste sich geistig und theologisch zutiefst mit ihm verbunden. Er teilte seinen Glauben an die objektive Bedeutung des Sakraments, an die praesentia realis Christi im Abendmahl. Aber er lehnte die Lehren der Konsubstantation, der Ubiquität und der communicatio idiomatum ab. Dass Luther diese Schulauffassungen zu konstitutiven Bedingungen für kirchliche Gemeinschaft machte, hat er immer zurückgewiesen. Selbst war er bereit, sich über Nebensachen hinwegzusetzen. Unter diese Nebensachen rechnete er zum Beispiel den Unterschied in liturgischen Formen.

Die Weise, in der Bucer in der *Wittenberger Konkordie* (1536) zu einem Consensus mit Luther gekommen war, gefiel ihm nicht.[81] Er meinte, dass er darin Luther zuviel nachgegeben hatte.[82] Calvin hat richtig gesehen was Hein-

---

[79] Gal. 5:15.
[80] *CO*, XI, 774 seq.
[81] Nijenhuis, *Calvinus Oecumenicus*.
[82] Bizer. *Studien*, 96-130.

rich Bornkamm über Bucer geschrieben hat: 'Er war ein Genie der Vermittlung. Aber es lässt sich nicht leugnen, dass er dabei manchmal zu mehr als zweifelhaften diplomatischen Künsten griff. Er hatte eine unglaubliche Gabe, mit jedem so zu reden, wie dieser es brauchte, und eine Schattierung nach der anderen aus seinen Formelvorschlägen hervorzuzaubern'[83]. Calvin sah, dass Bucer, als er aus taktischen Gründen Luther gegenüber alles zugab, sich den Schweizern entfremdete. Ihm ging es dagegen stets um eine Versöhnung zwischen Wittenberg und Zürich ohne diplomatische Kompromissformeln. Er war sich der Tatsache bewusst, dass er mit seiner eigenen Abendmahlslehre eine Mittelstellung zwischen den streitenden Parteien einnahm. Er trug einerseits dem lutherischen Glaubensinteresse Rechnung durch eine Betonung des objektiven Gehalts des Sakraments. Andrerseits meinte er mit den Zürcher Theologen, dass man nur durch den Heiligen Geist, das heisst: durch den Glauben, an Christi Gaben Anteil erhielt. Diesen subjektiven Aspekt brachte er aber keineswegs in Abzug in Bezug auf den Glauben an die praesentia realis Christi im Abendmahl. Am Ende seiner *Petit traicté de la saincte cène* (1541) hat er in ganz klarer Sprache diese zwei Glaubensinteressen verbunden.[84] Brot und Wein sind keine leere Zeichen. 'Wir bekennen deshalb alle mit einem Munde, dass wir, wenn wir nach der Einsetzung des Herrn im Glauben das Sakrament empfangen, wirklich Beteiligte am Leib und Blut Jesu Christi sind'. Das ist Luther. Andrerseits, so heisst es im letzten Satz des Traktates: 'damit wir die Wirking dieses heiligen Mysteriums nicht verkleinern, sollen wir erwägen dass dies stattfindet durch die geheimnisvolle und wunderbare Kraft Gottes und dass der Geist Gottes das Band dieser Teilnahme ist, warum sie geistlich genannt wird'[85]. Das ist Zwingli.

Seinerseits hat Luther eingesehen, dass er Calvins Abendmahlsauffassungen nicht denen Zwinglis gleichstellen durfte. Er hat sich über verschiedene von Calvins Schriften, die *Confessio fidei de eucharistia* (1537), die *Institutio* (1539), die *Supplex exhortatio ad Caesarem* (1543) und die lateinische Übersetzung der *Petit traicte de la saincte cène*, den *Libellus de coena Domini* (1545) lobend ausgelassen.[86] Es kann Luther nicht entgangen sein, dass für Calvin im Abendmahl nicht nur die Gemeinschaft mit dem Geist Christi, sondern auch mit seinem Leib und Blut, mit seinem 'caro vivifica', das heisst: mit dem totus Christus, geschenkt wurde.[87] Im Gegensatz zu den Zwinglia-

---

[83] H. Bornkamm, *Martin Bucers Bedeutung für die europäische Reformationsgeschichte* (Gütersloh. 1952) 23f.
[84] *OS*, I, 527 seq. Nijenhuis, *Calvinus Oecumenicus*, 116.
[85] *OS*, I, 529.
[86] Bizer, *Studien*, 246.
[87] 'Vitam spiritualem quam nobis Christus largitur, non in eo duntaxat sitam esse confitemur, quod spiritu suo nos vivificat, sed quod spiritus etiam sui virtute carnis suae vivificae nos facit participes, qua participatione in vitam aeternam pascamur. Itaque quurn de communione, quam cum Christo fideles habent, loquimur, non

nern führte er Christi Himmelfahrt nicht an als Grund gegen die praesentia realis des Herrn im Sakrament. Der Heilige Geist vermag 'wahrhaft zu verbinden und zusammenzufügen was räumlich geschieden ist'[88]. Er scheute sich nicht, zu schreiben, dass wir im Abenmahl mit der Substanz von Fleisch und Blut des Herrn, mit der 'carnis et sanguinis Domini substantia', wahrhaftig zur Unsterblichkeit gespeist werden.[89] Der niederländische Theologiehistoriker G.P. Hartvelt hat in seiner Doktorarbeit[90] nachgewiesen, wie nahe Calvin hier Luther kam.

3. Calvin und die Lutheraner

Calvin hat gemeint, er sei in der Lage, Zürich und Wittenberg miteinander zu versöhnen. Dazu war es seines Erachtens nötig, dass zuerst die Genfer und die Zürcher zu einem Consensus über das Abendmahl kämen. Wir lassen nun die Frage beiseite, inwieweit die politischen Verhältnisse in Bern die Entwicklung beeinflusst haben[91]. Da liefen die Streitigkeiten zwischen Lutheranern und Zwinglianern (1544-1548) auf einen Sieg der letzteren hinaus. Simon Sulzer und zwei andere Pfarrer wurden entlassen. Pierre Viret in Lausanne wurde von Berner Zwinglianern sogar wegen lutherischer Abendmahlsauffassungen verklagt. Es mag sein, dass Genf sich durch diese Entwicklungen veranlasst sah, zu versuchen, die Abendmahlsauffassungen der Zürcher in lutherische Richtung umzubiegen. Man brauchte eine jahrelange mühsame Korrespondenz, bis es im Mai 1549 zu einer Einigungsformel, dem sogenannten *Consensus Tigurinus*, kam.[92]

Im 7. und 26. Artikel dieses Consensus wird erklärt: 'dieses eine ist das wichtigste: dass Gott uns durch sie [die Sakramente] seine Gnade bezeugt, vergegenwärtigt und besiegelt'. Hier sind das Objektive und das Subjektive vereinigt und zusammen in ein gemeinsames Bekenntnis aufgenommen.

---

minus carni et sanguini eius communicare ipsos intelligimus quam spiritui, ut ita totum Christum possideant'. *OS*, I, 435.

[88] '...nullis tarnen finibus limitata est eius Spiritus efficacia, quin vere copulare et in unum colligere possit, quae locorum spatiis sunt disiuncta'. *Ibid.*

[89] *Ibid.*

[90] G.P. Hartvelt, *Verum corpus. Een Studie over een centraal hoofdstuk uit de avondmaalsleer van Calvijn*. Delft, 1960.

[91] Bizer, *Studien*, 248-251.

[92] A. Bouvier, *Henri Bullinger le successeur de Zwingli* (Neuchâtel/Paris, 1940) 144-149; W.F. Dankbaar, *De sacramentsleer van Calvijn* (Amsterdam, 1941) 151-157; Nijenhuis, *Calvinus Oecumenicus*, 112-131; G.W. Locher, *Die Zwinglische Reformation im Rahmen der europäischen Kirchengeschichte* (Göttingen/Zürich, 1979) 599-602; U. Gäbler, 'Das Zustandekommen des Consensus Tigurinus im Jahre 1549'. *Theologische Literaturzeitung*, CIV (1979) 321-332.

Zeichen und Sache, signum et res, werden unterschieden, aber nicht getrennt (Art. 9). Einerseits wird erklärt, dass die Sakramente Werkzeuge des Heiligen Geistes sind, das heißt, dass sie ohne Glauben nichts bedeuten (Art. 18). Andererseits sind die Elemente keine 'signa nuda', sondern die Verheissung Gottes ist mit ihnen verbunden (Art. 10). Die Sakramente bewirken nichts aus sich selbst, sondern Gott gebraucht sie als seine Werkzeuge, 'instrumenta' (Art. 7). Das geht soweit, dass gesagt werden konnte, 'dass wir Leib und Blut Christi essen und trinken'(Art. 13).[93]

Man hat später den *Consensus Tigurinus* nicht nur aufgefasst als das Dokument der Versöhnung zwischen den zwinglischen und calvinschen Sakramentslehren, sondern als die Geburtsurkunde des reformierten Protestantismus.[94] Calvins Biograph E. Doumergue hat mit Recht behauptet, dass durch Calvins Anstrengungen aus drei Protestantismen zwei entstanden sind.[95] Aber die Genfer wollten mehr erreichen. Für sie war der *Consensus Tigurinus* nur ein Schritt auf dem Weg zur Einheit mit dem Luthertum.[96] Sie sahen sich jedoch in ihren Erwartungen getäuscht. Schon bedauerte Calvin es sehr, dass der Consensus erst 1551 veröffentlicht wurde, obwohl er selbst von Anfang an auf baldige Veröffentlichung gedrungen hatte. Denn, so schrieb er den 26. Juni 1549 an Bullinger: 'die Herzen der Guten werden durch unsern Consensus aufgerichtet werden zur Überwindung der Ungläubigen. Unsere Standhaftigkeit und unser Freimut in diesen unruhigen Zeiten werden grossen Eindruck machen. Dass wir fromm und rechtgläubig denken, werden selbst solche sehen, die bisher vom Gegenteil überzeugt waren... Fremde, die in Ländern fern von Euch wohnen, werden Euch, hoffe ich, bald die Hand reichen'[97]. Calvin sah im Consensus einen Ausgangspunkt für eine weiterreichende Übereinstimmung, der auch solche beitreten würden, 'die bisher vom Gegenteil überzeugt waren'. Er hat, etwas naiv, erwartet, dass die Schweizer mit ihrem Consensus ihre Rechtgläubigkeit in Sachen der Abendmahlslehre klar bewiesen hatten für die deutschen Lutheraner. Er hat sich geirrt. Ein neuer Abendmahlsstreit wurde heraufbeschworen. Man warf Calvin vor, dass er den Zwinglianern zuviel nachgegeben hatte.

Die Meinungen hierüber sind verschieden. Manche Forscher meinen, das der Consensus zwar die Objektivität des Sakraments wahrte, dennoch das 'Vorher' des Glaubens so stark betonte, dass die lutherische Lehre verdunkelt wurde.[98] Er erschien den Lutheranern als Zwinglianismus und als Schwär-

---

[93] 'Hinc sequitur, nos edere et bibere corpus et sanguinem Christi'.
[94] Dankbaar, *De sacramentsleer van Calvijn*, 157.
[95] E. Doumergue, *Jean Calvin. Les hommes et les choses de son temps* (7 Bde; Lausanne/Neuilly (Seine), 1899-1927) VI, 527.
[96] Nijenhuis, *Calvinus Oecumenicus*, 112, 126.
[97] *CO*, XIII. 306 seq.
[98] So W. Kreck in *RGG*, 3. Aufl. I, 39.

merei, so dass man hier 'eine Linie von Karlstadt bis zu Calvin' sah.[99] Man hat andererseits erklärt, dass der Consensus zeigt, dass der reformierte Protestantismus zwar den zwinglianischen Typus in sich aufgenommen hat, aber doch überwiegend das Gepräge Calvins getragen hat.[100] Es wird Bullinger als Verdienst angerechnet, 'den Zwinglianismus der calvinischen Universalkirche angenähert zu haben'[101]. Ein neuerdings erchienener Aufsatz über den *Consensus Tigurinus* schliesst: 'Der positive Ertrag der Vereinbarung liegt in dem Ausräumen des Misstrauens, welches Zürich und die Schweizer dem Bucerschüler Calvin entgegengebracht hatten. Nach dem Consensus Tigurinus galt Calvin den 'Schweizern' als einer der ihren'[102]. Das mag so gewesen sein, aber eben dieser Erfolg musste den Argwohn der Lutheraner erwecken.

Viel hängt ab von der Deutung der Einigungsformel. Calvin selbst hat unterschiedliche Akzente gesetzt. Wenn er sich mit Bullinger beriet, konnte er 'nicht vorsichtig genug sein darin, dass unser Wortlaut nicht nach etwas riecht, was der krassen Auffassung des Abendmahls verwandt ist'. Es sollte klar sein, dass es 'nicht so zu verstehen sei, als ob irgend eine substantielle Mischung oder Durchdringung stattfinde, sondern so dass wir aus dem einmal zum Opfer gebrachten Fleisch und dem zu unserer Versöhnung vergossenen Blut Leben schöpfen'[103]. In seiner Korrespondenz mit den Deutschen dagegen hat er immer seine Übereinstimmung mit Luther und mit der *Confessio Augustana* betont.[104] Beides stimmt. Der Glaube an die praesentia realis Christi im Sakrament verbindet Calvin mit Luther. Hierin hat er sozusagen Zwingli überwunden. Aber es blieb die Frage des quomodo dieser praesentia offen. Eine leibhafte Verbindung des Empfängers mit dem Leibe Christi in den Elementen war Calvin zuwider.[105] Die unterschiedliche Lösung dieser Frage hat die lutherischen und reformierten Kirchen in Europa vier Jahrhunderte lang getrent gehalten.

Die reformierten Städte in der Schweiz, Bern ausgenommen, namen den Consensus an. Calvins Glaubensgenossen in Frankreich waren begeistert.

---

[99] Bizer, *Studien*, 274.
[100] Dankbaar, *De sacramentsleer van Calvijn*, 157. Vgl. auch H. Grass, *Die Abendmahlslehre bei Luther und Calvin* (Gütersloh, 1954) 208-212.
[101] O.E. Strasser in *RGG*, 3. Aufl. II, 1511.
[102] Gäbler, 'Das Zustandekommen des Consensus Tigurinus', 330.
[103] *CO*, XIII, 306.
[104] Nijenhuis, *Calvinus Oecumenicus*, 162f.
[105] Luther erwartet im Abendmahl die *leib*hafte Verbindung des Empfängers mit dem *Leibe* Christi (in den Elementen). Zwingli erwartet im Abendmahl die Verbindung der *Seele* der Feiernden mit der Gottheit Christi (gegenwärtig durch Erinnerung an sein Leiden nach der Menschheit). Calvin erwartet im Abendmahl die Verbindung der *Seele* des Empfängers mit dem *Leibe* Christi (im Himmel)'. G.W. Locher, *Streit unter Gästen. Die Lehre aus der Abendmahlsdebatte der Reformatorenfür das Verständnis und die Feier des Abendmahles heute* (Zürich, 1972) 12.

Aber die Reaktion der Deutschen war grundsätzlich die gleiche wie die Luthers während seiner Verhandlungen mit Bucer im Jahre 1536: nur wenn alle seine Abendmahlsauffassungen vom Gesprächspartner angenommen würden, war er zu einer Konkordie bereit. Melanchthon, von dem Calvin erwartete, dass er dem Consensus beistimmen würde, zögerte und sprach sich niemals offen aus. Nichtsdestoweniger dauerte die Freundschaft zwischen beiden Männern bis zu Melanchthons Tod im Jahre 1560, obwohl in dem adiaphoristischen Streit Gegensätze zutage traten: Calvin nahm Stellung für Magdeburg gegen Wittenberg. Melanchthons Auffassungen über die Prädestination und den freien Willen lehnte er ab. Seine Kritik an Luthers Nachfolger wurde am schärfsten formuliert, als er feststellte, dass Melanchthon mehr philosophisch als theologisch sprach, ein Urteil das von der modernen Melanchthonforschung bestätigt wurde.[106] Calvin hat diese Gegensätze aber gesehen innerhalb der Grenzen einer grösseren und tieferen Einheit. Wenn sogar solche Gegensätze der Gemeinschaft mit den lutherischen Kirchen keinen Eintrag taten, dann kann man verstehen, dass das Problem des quomodo der praesentia realis Christi im Abendmahl für Calvin nicht kirchentrennend sein konnte. Seine grosse Enttäuschung war, dass gerade diese Frage für die deutschen Lutheraner Anlass zu einer leidenschaftlichen Bekämpfung der Schweizer wurde. In diesem Streit schoren sie Genf und Zürich über einen Kamm ohne Berücksichtigung der bleibenden Unterschiede zwischen Calvin und Bullinger.[107] Man könnte Calvin kaum mehr dadurch beleidigen, als dass man ihn mit Zwingli identifizierte, dessen Abendmahlslehre er doch von Anfang an für 'profan' hielt.

Auf den Verlauf des sogenannten zweiten Abendmahlsstreites brauchen wir hier nicht ausführlich einzugehen. Der Hamburger Pfarrer Joachim Westphal, derselbe der die reformierten Niederländer, die nach dem Tode Edwards VI aus England geflüchtet waren und denen schon von den lutherischen Obrigkeiten in Dänemark und Lübeck als Ketzern der Zugang zu ihren Gebieten verweigert worden war, auch in Hamburg nicht empfangen wollte, begann den Streit.[108] 1552 veröffentlichte er seine *Farragou*[109], das nächste Jahr seine *Recta fides*.[110] Bullinger drängte Calvin zu einer Antwort, einer

---

[106] Nijenhuis, *Calvinus Oecumenicus*, 159f.
[107] Bizer, *Studien*, 285-299.
[108] *Ibid.*, 275-284; Wendel. *Calvin*, 71 ff.; Parker, *Calvin*, 137ff.; Dankbaar, *De sacramentsleer van Calvijn*, 160-180; Nijenhuis, *Calvinus Oecumenicus*, 154-199.
[109] *Farrago confuseanarum et inter se dissidentium opinionum de Coena Domini ex Sacramentariorum libris congesta per M. Joachimum Westphalum pastorem Hamburgensem* (1552).
[110] *Recta fides de coena domini ex verbi apostoli Pauli et evangelistarum demonstrata ac communita* (1553).

Verteidigung des *Consensus Tigurinus*. Er schrieb eine *Defensio*[111], nach einer *Defensio* seitens Westphal (1555)[112] gefolgt von einer *Secunda defensio* (1556)[113]. Nachdem der streitsüchtige Hamburger noch verschiedene Schriften[114] veröffentlicht hatte, bekämpfte Calvin ihn noch einmal in einer *Ultima Admonitio*[115]. Spätere Schriften Westphals hat er nur in der letzten lateinischen Ausgabe der *Institutio* beantwortet.[116]

Obwohl Calvin den Streit verabscheute, drückte er sich, herausgefordert durch die reizende Kampfmethode des Hamburgers, immer schärfer aus. Seine Lage war schwer. Einerseits wollte er die Gemeinschaft mit den Zürchern aufrecht erhalten. Er verteidigte den *Consensus Tigurinus* vom ganzem Herzen. Er verwarf den lutherischen Vorwurf, die Schweizer seien Sakramentierer und Schwärmer. Andrerseits betonte er stets aufs neue seine Übereinstimmung mit Luther und der *Confessio Augustana*. Mit seiner Berufung auf Luther erregte er den Wut Westphals. Umsonst bat er Melanchthon um Hilfe. Schon zu Anfang des zweiten Abendmahlsstreits, den 27. August 1554, beschwor er seinen Freund, Farbe zu bekennen: ungelehrte und unruhige Leute hatten den Sakramentsstreit neu angefangen und wurden durch Melanchthons Schweigen begünstigt. 'Ich bitte dich, was wollen sie eigentlich? Luther hat sein Leben lang laut gesagt, er kämpfe um nichts anderes, als dass den Sakramenten ihre Wirksamkeit gewahrt bleibe. Nun ist man sich darin einig geworden, dass sie nicht leere Symbole sind, sondern tatsächlich bewirken was sie darstellen: dass in der Taufe ein Wirken des Geistes vorhanden sei, uns rein zu waschen und wiedergeboren werden zu lassen; dass das Abendmahl eine geistliche Mahlzeit, 'spirituale epulum', ist, in der wir wahrhaftig mit Christi Fleisch und Blut gespeist werden. Willst du also den Streit schlichten, den verkehrte Leute von neuem begonnen haben, so scheint die Lage so günstig, dass du nicht der Furcht vor Anfeindung zu weichen brauchst. Du kannst freilich mannigfachen Kämpfen nicht so ausweichen, dass du ihnen ganz entgingest'[117].

Calvin hat sich geirrt in seiner Beurteilung der Lage in Deutschland, die keineswegs so günstig war, dass Melanchthon sich eine scharfe Stellungnah-

---

[111] *Defensio sanae et orthodoxae doctrinae de sacramentis eorumque vi fine usu et fructu quam pastores et ministri Tigurinae ecclesiae et Genevensis antehac brevi Consensionis mutuae formula complexisunt* (1555). CO, IX, 15-36.
[112] *Adversus quidam sacramentarii falsam criminationem iusta defensio* (1555).
[113] *Secunda defensio piae et orthodoxae de sacramentis fidei contra Ioachimi Westphali calumnias* (1556). CO, IX, 41-120.
[114] U.a. *Epistola, qua breviter respondit ad convicia Iohannis Calvini und Confessio fidei de eucharistiae sacramento.*
[115] *Ultima admonitio ad Ioachimum Westphalum* (1557).
[116] OS, V, 366-398. W. Niesel, *Calvins Lehre vom Abendmahl* (München, 1935) 7ff.
[117] CO, XV, 216 seq.

me leisten könnte. Sogar wenn dieser psychologisch dazu bereit und imstande gewesen wäre – was nicht der Fall war – dann noch machten die Angriffe seitens der Gnesio-Lutheraner es ihm unmöglich sich noch mehr zu verdächtigen durch einen Ausspruch über das Abendmahl im Sinne Calvins[118]. 'Dein Schweigen muss mich mit Recht traurig und bekümmert machen da ichs für einen Schaden an der Kirche Gottes halte', schrieb sein Freund aus Genf.[119] Aber Melanchthon schwieg weiter.[120]

Was ihn im Innersten eigentlich bewegte, hat Calvin am klarsten dargelegt im ausführlichen Widmungsbrief vom 26. Januar 1556 an die sächsischen und niederdeutschen Pfarrer, der seiner *Secunda Defensio* vorausging.[121] Es handelte sich für ihn um die Einheit der europäischen reformatorischen Christenheit. Der *Consensus Tigurinus* wurde aufgestellt und veröffentlicht, 'weil über die Sakramentslehre mehr als 20 Jahre[122] unter den Gelehrten unglücklicherweise Streit geherrscht hatte. Es schien, als die Streitlust sich allmählich legte und die Geister sich zur Mässigung bequemten, das beste Vorgehen zu völliger Aussöhnung, wenn die Lehre, die die schweizerischen Kirchen anhängen, in kurzen, schlichten Worten bezeugt würde'. Westphal hat dann einen neuen Streit verursacht. Calvin beschrieb kurz die drei Punkte des Dissensus: die Substanzfrage, den Glauben an die Ubiquität von Christi Leib und das Bildcharakter der Einsetzungsworte. In eindrucksvoller Weise schloss er seinen Brief mit einem leidenschaftlichen Aufruf an die sächsischen Fürsten. Sie sollten all ihre Kräfte einsetzen zum Frieden und zur Einheit der Kirche. 'Welches Vorgehen zu einer Einigung vorgeschlagen wird, ich bin nicht nur geneigt es anzunehmen, sondern ich täte es mit Freuden ... Doch was rede ich von mir persönlich? Zieht vielmehr die heilige Verbindung mit soviel Kirchen, die dieser Westphal zu zerstören trachtet, in Erwägung. Was er auch gegenteiliges plappert, sicher ist doch, dass wir zu solcher Übereinstimmung des Glaubens aus der elenden Zerstreuung des Papsttums nicht bloss menschlicherweise vereinigt worden sind. Vom dem einen Gott und der wahren, rechten Art ihm zu dienen, von der Verdorbenheit des menschlichen Wesens, von der Seligkeit aus Gnaden, von dem Weg Gerechtigkeit zu erlangen, vom Amt und Wirksamkeit Christi, von der Busse und ihren Wirkungen, vom Glauben der, auf den Verheissungen des Evangeliums beruhend, uns Heilsgewissheit gibt, vom Gebet zu Gott und von allen andern Hauptpunkten wird ja überall bei uns die gleiche Lehre verkündigt. Den einen Gott unsern Vater, rufen wir im Vertrauen auf denselben Mittler an, der gleiche Geist der Got-

---

[118] R. Stupperich, *Der unbekannte Melanchthon* (Stuttgart, 1961) 119f.
[119] *CO*, XV, 215.
[120] Nijenhuis, *Calvinus Oecumenicus*, 164ff.
[121] *CO*, IX, 45-50.
[122] Calvin dachte wohl an das Marburger Religionsgespräch (1529) als terminus a quo.

teskindschaft ist uns ein Unterpfand unseres zukünftigen Erbes, durch das gleiche Opfer hat Christus uns alle versöhnt, auf die gleiche Gerechtigkeit, die er uns erworben, verlassen sich unser aller Herzen, desselben Hauptes rühmen wir uns. Da wäre es doch wunderlich, wenn Christus, den wir als unsern Frieden preisen, der aller Fehde ein Ende gemacht und Gott im Himmel uns gnädig gestimmt hat, nicht auch das bewirkte, dass wir auch auf Erden brüderlich Frieden halten. Haben wir denn nicht alle Tage unter demselben Banner gegen die Tyrannei des Antichrists, gegen die schnöden Entstellungen des Christenglaubens, gegen gottlosen Aberglauben und Entweihung alles Heiligen zu kämpfen? Solche Pfänder heiliger Zusammengehörigkeit und solche Übereinstimmung, die doch deutlich von Gott gewirkt ist, für nichts zu achten, und Spaltung erregen zu wollen unter denen, die demselben Kriegsherrn folgen, ist ein ebenso herzloses als gottloses Zerteilen der Glieder Christi'[123].

Leider wurde der Streit fortgesetzt. 'Wie ich merke', so schrieb Calvin an Bullinger, 'haben die Lutheraner sich verschworen, uns durch die Masse ihrer Streitschriften ganz zuzudecken'[124]. Trotzdem hat er seine Versuche, mit den lutherischen Theologen ins Gespräch zu kommen, noch nicht aufgegeben. Im Gegensatz zu Bullinger meinte er dass es möglich wäre, die reformierte Lehre mit der CA zu versöhnen. Für ihn bestand kein wirklicher Gegensatz zwischen diesem lutherischen Bekenntnis und seiner eigenen Lehre.[125] Versuche, mit den Lutheranern zu einem Religionsgespräch zu kommen, hatten seine Zustimmung. Sie sind nicht gelungen.[126] Als in Deutschland selbst die Gegensätze sich verschärften, in Bremen zwischen Johann Timann und dem Philippisten Hardenberg, in Heidelberg zwischen Tileman Heshusius und seinen reformierten Gegnern, wurde Calvin des Streitens müde. Er meinte, dass nur wenige echte Nachahmer Luthers übriggeblieben wären. Was man jetzt in Deutschland sähe, wären nur 'Affen Luthers'. 'Sie schreien: Wittenberg, Wittenberg, und wenn man irgendwo nicht ganz auf ihre Worte schwört, so machen sie den grössten Lärm.'[127]

Calvin hat stets gemeint, dass der Dissensus zwischen den lutherischen Deutschen und den reformierten Schweizern den Kampf gegen den gemeinsamen Gegner Rom beeinträchtigte. Ob dies ein glaubwürdiger Beweggrund eines ökumenischen Einheitsstrebens war, steht uns 400 Jahre später nicht zur Beurteilung. Im 20. Jahrhundert, besonders in den Jahren 1933-1945, hat ein anderer Feind die Kinder Luthers und Calvins zusammengetrieben. Vielleicht

---

[123] *CO*, IX, 49 seq.
[124] Calvin an Bullinger, März 1556. *CO*, XVI, 52.
[125] 'Nam et ita res habet et inprimis utile est cognosci, nihil esse in confessione Augustana quod non sit doctrinae nostrae consentaneum'. *CO*, XVI, 263.
[126] Nijenhuis, *Calvinus Oecumenicus*, 174-199.
[127] *CO*, XVIII, 62.

ist etwas von dem, dem Calvin nachstrebte, in den Arnoldshainer Thesen (1957) und in der Leuenberger Konkordie (16. März 1973) verwirklicht. Jedenfalls verstehen wir heute besser als damals die Wahrheit seiner Worte: 'Diese ist die wahre brüderliche Gemeinschaft, wo wir anerkennen dass die Gaben des Geistes so unter uns verteilt sind, dass kein Einzelner sich selber genügt'.[128]

---

[128] Calvin an Bullinger, 12. März 1551, *CO*, XIV, 74.

JAN R. WEERDA

Ordnung zur Lehre

Zur Theologie der Kirchenordnung bei Calvin 1959

I. Literarische Hilfen für die Ordnungsvorgänge

Als Calvin 1536 auf der Durchreise durch Genf von Wilhelm Farel festgehalten wurde, war die Reformation in Genf bereits in den Grundzügen durchgeführt. Was geschehen mußte, war der Ausbau und die Festigung des Begonnenen. Calvin hat am Ende seines Lebens rückblickend zwar gemeint, eigentlich hätte der ganze reformatorische Zustand zur Zeit seiner ersten Ankunft in Genf nur darin bestanden, daß gepredigt wurde. Gepredigt sicherlich im Sinne der Reformation, aber doch eben nur gepredigt. Man suchte wohl die Bilder auf und verbrannte sie. Aber es gab noch keine Reformation, alles war noch durcheinander.

Wenn Calvin so urteilen konnte, muß man doch wohl fragen, was denn noch geschehen mußte, damit man von einer Reformation Genfs reden konnte. Wie dachte er sich die Ordnung der Gemeinde?

Er war kaum ein paar Monate in Genf, da überreichten die Prediger dem Rat der Stadt drei Schriften, die das Ordnungswerk der Genfer Reformation betreffen. Das erste Dokument ist eine Art von Memorandum, in dem die Hauptpunkte einer Kirchenordnung skizziert werden. Es ist noch keine ausgearbeitete Kirchenordnung, wie man das häufig lesen kann, sondern die Zusammenstellung von Einzelheiten, die vordringlich angepackt werden müssen, um das kirchliche Leben in geordnete Bahnen zu überführen und aus den provisorischen Anfangszuständen herauszukommen. Es folgt als zweites Dokument ein Katechismus, der das Material zur Unterweisung der Kinder enthält, allerdings nicht, wie wir das bei Katechismen gewohnt sind, in Frage und Antwort, sondern in der Form einer kleinen Dogmatik der Hauptstücke, die seit langem in der Kirche zur Unterweisung gebraucht werden, also der Zehn Gebote, des Apostolischen Glaubensbekenntnisses, des Unservaters und der beiden Sakramente. Dazu treten dann eine Reihe von Kapiteln, die Unterscheidungslehren behandeln, wie das durch die neuen Erkenntnisse der Reformation nahegelegt wurde. Ein drittes Stück dann stellt sich dar als ein Auszug aus dem Katechismus und wird als Bekenntnis bezeichnet, das die Genfer Bürger als Urkunde der Reformation ihrer Stadt beschwören sollen, um dem Neubau der Kirche in Genf sozusagen eine von allen anerkannte gesetzliche Grundlage zu geben, und es ist schon sehr bezeichnend, daß diese Grundlage keine Ordnung ist, sondern ein Lehrbekenntnis.

Wie weit Calvin selbst diese drei Dokumente ausgearbeitet hat, wissen wir nicht, sie geben sich als Arbeit der Pastoren. Calvin geht bei diesem Werk der Neuordnung nicht als einzelner vor, sondern tritt in Gemeinschaft mit den andern auf. Aber die drei Dokumente machen bereits ganz deutlich, wie sich Calvin die Ordnung der Gemeinde dachte. Er hat zwei Jahre später zur Verteidigung des Genfer Reformationswerkes einem römischen Kardinal, der die Genfer gern zurückgewonnen hätte, gesagt: Die Unversehrtheit der Kirche besteht und ruht auf drei Stücken: auf Lehre, Ordnung und Sakramenten; als viertes Stück kämen die gottesdienstlichen Zeremonien hinzu, die das Volk in den Pflichten der Frömmigkeit üben können.[1] Wollte man das mit uns vertrauten Ausdrücken bezeichnen, dann könnte man sagen, daß Calvin jedes Ordnungswerk in der Kirche mit drei Büchern unterstützen würde: Es müssen her: ein Bekenntnis und ein Katechismus, die ganz auf der Bibel ruhen, eine Kirchenordnung, die besonders die Kirchenzucht regelt, und eine Agende, in der die Bedienung der Sakramente und der Gang der gottesdienstlichen Versammlung geordnet werden.

Das Ordnungswerk, das Calvin und Farel 1536/37 in Gang zu bringen versuchten, gelang nur teilweise und wurde erst einmal unterbrochen durch die Entlassung der Pastoren zu Ostern 1538. Erst nach seiner Rückberufung nach Genf, im September 1541, konnte Calvin das Ordnungswerk, so wie es ihm vorschwebte, wieder aufnehmen. Und wieder sind es drei Bücher, die am Anfang stehen. Einen neuen Katechismus schrieb er gleich in den ersten Wochen, diesmal in Frage und Antwort. Weiter kamen eine Agende und eine mit dem Rat ausgehandelte Kirchenordnung hinzu, die dann allerdings zwanzig Jahre brauchte, um einigermaßen vollständig zu sein.

Schon diese einfachen geschichtlichen Tatsachen geben eine erste Antwort auf unsere Frage, wie sich Calvin die Ordnung einer Gemeinde dachte. Damit eine Gemeinde als eine hinlänglich geordnete gelten kann, müssen drei Vorgänge geregelt werden. Es muß zuerst in den Grundzügen festgelegt werden, wie in ihr gelehrt werden soll. Dem dienen Katechismus und Bekenntnis. Dann muß das kirchliche Leben geordnet werden; das geschieht durch eine Kirchenordnung, die natürlich eine ganze Reihe von Ordnungspunkten enthält. Drittens ist Vorsorge zu treffen, daß die gottesdienstliche Versammlung der Gemeinde in geordneten Bahnen verläuft, die Gottesdienstordnung wird in einer Agende beschrieben. Wir müssen nun feststellen, daß sich Calvin in der Hinsicht, was er für das geordnete Leben der Gemeinde für nötig hält, in keiner Weise von den anderen Reformatoren unterscheidet. Katechismen und Bekenntnisse, Kirchenordnungen und Gottesdienstanweisungen gab es übe-

---

[1] Ioannis Calvini Opera selecta (OS) I, S. 467.

rall, wo es zur Erneuerung der Kirche kam. Ja, man muß sogar sagen, daß die Geschichte der Kirche von Anfang an unter diesem Gesetz gestanden hat, sich solche Ordnungshilfen zu schaffen. Sobald sich nur eine Kirche bildete, schon in den Tagen, von denen das Neue Testament Kunde gibt, sehen wir sie auch beschäftigt, bestimmte Vorgänge zu regeln, die für ihr Leben als Kirche kennzeichnend sind. Und dabei ist es bis heute geblieben. Ordnungen für die Lehraufgabe, Ordnungen für die Gemeindearbeit, Ordnungen für die Versammlungen der Gemeinde zum Gottesdienst – wir finden sie überall. So hat die katholische Kirche ihr Dogmengefüge, das durch das unfehlbare Lehramt immer noch erweitert wird, sie hat ihr kirchliches Rechtsbuch und für den Gottesdienst ihr Meßbuch. Die evangelischen Kirchen verweisen uns auf ihre alten und neuen Bekenntnisse und auf ihre Katechismen, sie haben ihre Kirchenordnungen, ihre Verfassungen und Lebensordnungen; für den Gottesdienst schaffen sie an ihren Agenden, Gesangbüchern, Gebetbüchern und Leseordnungen. Die Arbeit daran steht eigentlich nie ganz still. Sie geht immer weiter, wie ja das Leben der Kirche auch weitergeht.

Es wäre nun aber völlig falsch, zu meinen, Calvin hätte die Gemeinde damit geordnet gesehen, daß man ihr solche Bücher gab. Die Ordnung der Gemeinde ist nicht einfach ein ein für allemal festgelegter Zustand, dessen Formen aus den kirchlichen Ordnungsbüchern abgelesen werden könnten. Diese Bücher stellen nicht nur fest, was gelten soll, sondern sie sagen, was geschehen muß, wenn die Gemeinde geordnet leben will. Sie regeln Vorgänge, in denen sich das Ordnungsleben der Gemeinde ereignet. Es mag mißverständlich klingen, aber es ist doch so im Sinne Calvins, daß die kirchlichen Ordnungsbücher der Ordnung des Gemeindelebens dienen. Dabei wird die Ordnung als Vorgang verstanden. Die Ordnungsbücher gelten als Dienstbücher. Das reformatorische Bedürfnis, das Gemeindeleben neu zu ordnen, drängt nicht so sehr auf solche Dienstbücher, sondern darauf, daß sich mit ihrer Hilfe nun auch wirklich ein Ordnungsleben entwickelt. Dann erfüllen sie ihren Zweck.

II. Lehre als ordnender Vorgang

Hinter diesen praktischen Maßnahmen stehen bei Calvin ganz bestimmte Ansichten und Überzeugungen von der geordneten Gemeinde. Sie drücken das aus, was Calvin über die Ordnung der Gemeinde dachte. Wir können seine Gedanken nur zum Teil aus diesen Ordnungsdokumenten entnehmen. Besonders die Genfer Kirchenordnung im eigentlichen Sinne ist nicht in allen Einzelheiten ein getreues Abbild dessen, was Calvin theoretisch formuliert hat. Weiter sind Calvins Gedanken über die Kirchenordnung durchaus nicht in allem sein eigenes Werk, als Mann der zweiten Generation hat er bereits viele Quellen, unter denen gerade in Sachen der Kirchenordnung für Theorie und Praxis Martin Butzer und seine Straßburger Gemeinde obenan stehen. Calvin war von 1538 bis 1541 Pfarrer der kleinen französischen Flüchtlingsgemeinde in Straßburg, und hier ist ihm für Erkenntnis und Arbeit vieles zugewachsen, was er dann in seinen Werken niedergelegt und ausgeführt hat bzw. was er in Genf organisatorisch verwertete. Und dann darf man auch nicht einfach calvinisch und reformiert oder presbyterianisch gleichsetzen. Der reformierte Protestantismus ist umfassender als der Calvinismus Calvins. Gerade was das Ordnungswerk der reformierten Kirchen angeht, so hätten wir dafür noch ganz andere Quellen zu befragen. Calvins Werk wird in einer mittleren Stadt getan. Wenn er über ihre Grenzen hinauswirkt, dann durch persönliche Beziehungen im direkten und brieflichen Verkehr und durch seine Bücher. Er konnte mit gutem Grund sagen, daß er seine Kinder nach Tausenden zähle. Aber er stand nie in der praktischen Arbeit in größeren Verhältnissen. Als die großen Kirchenverbände des europäischen Westens sich zu bilden begannen, neigte sich sein Leben bereits zu Ende. Die erste französische Nationalsynode 1559 hat er noch durch einen Bekenntnisentwurf unterstützt, den Beginn der synodalen Arbeiten in den südlichen Niederlanden hat er zwar noch erlebt, aber von einer bewußten und nachdrücklichen Teilnahme daran ist uns nichts bekannt. In Deutschland hatte er Beziehung zu den wallonischen Flüchtlingsgemeinden und in seinen allerletzten Jahren noch zur Pfalz. Überall ist seine Mitwirkung auf Beziehungen beschränkt, nicht aber durch konkrete Mitarbeit gekennzeichnet. Calvin hat die Beziehung der einzelnen Persönlichkeit zu dem Werk der Kirchenerneuerung selbst durchaus nicht so gefaßt, daß es ohne ihn nicht gehe und daß ohne ihn nichts gemacht werden dürfe. Er war zweimal gegen seine Neigungen und seinen Willen in die praktische Arbeit eines Genfer Pastoren hineingekommen. Sein Lebensideal war ein ganz anderes gewesen als der praktische Pfarrdienst. Er wollte auch nach seiner Bekehrung zur Reformation am liebsten so etwas wie ein Privatgelehrter werden. Und die Ordnungsarbeit in Genf griff er nicht um ihrer selbst willen an, etwa aus Lust zum Organisieren und Regieren. Sie stammt aus seiner grundsätzlichen Einstellung zur Reformation. Und er ist dadurch wirksam und mit seinen Gedanken und seinem Werk vorbildlich geworden, daß er die Ordnungsaufgabe der Reformation als eine wesentliche Ausdrucksform der kirchlichen Erneuerungsbewegung ansah und anpackte.

Eine seiner besten Schriften hat Calvin 1543 als eine „Demütige Ermahnung" an Kaiser Karl V. gerichtet, als der Deutsche Reichstag auf das Jahr 1544 nach Speyer einberufen war. In ihr sucht er die Notwendigkeit und das gute Recht der Reformation zu begründen. An einer Stelle hat er seine Auffassung vom Wesen des Christentums – der Ausdruck stammt aus dem reformierten Protestantismus! – so umschrieben: „Fragt man, welche Stücke die christliche Religion unter uns ausmachen und ihre Wahrheit befassen, dann ist gewiß, daß zwei Momente den höchsten Platz innehaben und auch alle anderen und damit die ganze Kraft des Christentums unter sich begreifen: alle Menschen haben zu erkennen, daß Gott recht verehrt werden muß und woher sie Heil zu suchen haben. Entfallen diese beiden Momente, dann mögen wir Christus noch so sehr rühmen, unser Bekenntnis ist eitel und leer. Es folgen darauf die Sakramente und die Regierung der Kirche; sie sind zur Bewahrung dieser Lehre eingesetzt und haben sich auf nichts anderes zu beziehen. Nur wenn sie auf dies Ziel gerichtet sind, kann richtig bewertet werden, ob sie auch heilig und ordentlich bedient werden. Um es noch klarer und verständlicher zu sagen: Das Regiment in der Kirche, das Hirtenamt und die übrige Ordnung zusammen mit den Sakramenten sind einem Körper gleich; jene Lehre aber, die die Regel für die rechte Gottesverehrung vorschreibt und zeigt, wo die Gewissen der Menschen das Heilsvertrauen (*salutis fiduciam*) gründen lassen dürfen, ist die Seele, die jenen Körper durchhaucht, lebendig und tätig (*actuosum*) macht, schließlich es bewirkt, daß er kein toter und nutzloser Leichnam sei."[2]

Das also ist das Thema des calvinischen Christentums: Gottesverehrung, wir können auch sagen, ganz im Sinne Calvins, Gottesdienst, wenn wir dabei an die umfassende Bedeutung dieses Wortes in Römer 12 denken und nicht nur an das, was am Sonntagmorgen geschieht, und Heilsglaube, das Vertrauen auf das Heil und zum Heile. Gottesdienst und Heilsglauben machen das Wesen des Christentums aus. Nichts mehr, aber auch nichts weniger, und vor allem: nichts anderes.

III. Lehre als Einübung im Christentum

Aber wie soll es nun dazu kommen? Wo sind die Menschen, deren Lebenssinn sich darin erfüllt, Gott zu dienen? Deren Weltanschauung vorgezeichnet ist in ihrem Heilsglauben? Damit es dazu kommt und damit solche Menschen geschaffen, wirklich geschaffen werden, sind die Ordnungsvorgänge in Gang zu bringen und zu halten, die Calvin in seiner kurzen Beschreibung des Wesens des Christentums unter dem Bild eines lebendigen Körpers angegeben hat. Um Gott zu dienen und an das Heil wie zu ihrem Heil zu glauben, müssen Menschen eine Erkenntnis gewinnen, sie müssen wissen. Zu dem hier nötigen Wissen und Erkennen kann es aber nur durch die Lehre kommen, die vorschreibt und aufweist, was hier vorzuschreiben und aufzuweisen ist. Lehre ist hier selbst als ein Vorgang verstanden. Lehre ist Einübung im Christentum. Lehre ist nicht zuerst ein Bündel von Lehren, von Lehrsätzen, die man als solche wissen muß, um Christ zu sein, es handelt sich vielmehr um ein einübendes, tätiges Erkennen. Was Calvin will, verdeutlicht man sich am besten an der Rolle eines Lehrlings, der sich in der Berufsausbildung befin-

---

[2] Opera Calvini CR Bd. 6, p. 459f.

det. Ihm muß alles Nötige gesagt und gezeigt werden. Das ist seine „Lehre". Calvin nennt als wichtigste Stücke des Gottesdienstes die Erkenntnis Gottes, denn sie ist das Fundament des Gottesdienstes, ihn erkennen, wie er ist, heißt ihn als die Quelle des Lebens und des Heiles erkennen. Daraus folgt als die entsprechende Bewegung das Gebet und die Anbetung, der alle Zeremonien des Gottesdienstes zu dienen haben, damit der Leib zusammen mit der Seele in dem Beruf des Gottesdienstes geübt werde. Hierher gehört auch die Selbstverleugnung, die Absage an das Fleisch und die Welt, durch die wir uns zum Gehorsam und zur Unterwerfung unter Gottes Willen bereiten. So lehrt es der Heilige Geist in der Schrift, und so diktiert es uns das fromme Gefühl. Wir sehen, daß die Lehre es mit einem tätigen einübenden Erkennen zu tun hat. Ebenso ist es mit der Erkenntnis unseres Heils, mit dem Heilsglauben. Er hat drei Stufen: Sündenerkenntnis als ein Gefühl für Gottes Gericht über allen unseren menschlichen Unglauben und Ungehorsam, Bekehrung zu Christus als dem einigen Heiland und Rechtfertigungsglauben. Mit der Einübung dieser Momente des Heilsweges hat es die Lehre zu tun. Wenn Calvin diese Momente christlichen Lebens Lehre nennt, dann nicht in dem Sinne, daß er sich mit Lehrsätzen über diese Vorgänge begnügt, sondern daß diese Momente selbst die Lehre sind.

Diese Bestimmung der Lehre hängt völlig an der reformatorischen Grunderkenntnis, daß Gott sich in seinem Wort geoffenbart hat. Und da die Reformation das Wort Gottes ausschließlich in der Bibel findet, so bekommt die Bibel in den Reformationskirchen und für die reformatorische Erneuerungsbewegung die entscheidende Stelle. Alle Ordnungsbemühungen beziehen sich letztlich darauf, daß die Bibel ihren Anspruch wirklich betätigen und durchsetzen kann, das in der Kirche einzig legitime Zeugnis von Gottes Handeln für die Welt und mit der Welt zu sein. Das Bekenntnis von 1537 beginnt mit einem Artikel über „Das Wort Gottes". Um die Regel für unseren Glauben und unsere Religion zu gewinnen, wollen wir einzig der Schrift folgen. Was aus dem Sinn der Menschen ohne das Wort Gottes zusammengebastelt ist, wollen wir in keiner Hinsicht hineinmischen. Und wir drängen darauf, für unsere geistliche Regierung keine andere Lehre zu erhalten als die, die uns durch dies Wort gelehrt wird, ohne etwas hinzuzutun oder davon wegzunehmen, wie unser Herr es befohlen hat.[3] So hatte der Rat der Stadt Genf schon vor Calvins Ankunft geschworen, nach dem Evangelium leben zu wollen.

Wir können hier der Frage nicht nachgehen, wie Calvin den Satz verstand und deutete, daß die Bibel das Wort Gottes sei. Was er darüber sagt, schließt sich mit seiner Anschauung über die Offenbarung Gottes zusammen. Die Bibel hat ihren Platz und ihre Funktion in der Offenbarungsgeschichte, die darin besteht, daß Gott sich dem Menschen erschließt. In der Bibel kommt das Handeln Gottes dem Menschen unmittelbar nahe, Calvin hat sehr gern

---

[3] OS I, S. 418.

dies Nahekommen Gottes durch die Bibel als ein Herabsteigen, als Kondeszendenz Gottes bezeichnet, wie auch die Sakramente ein Zeichen seines Herabsteigens sind. Kraft ihrer Verbindung mit dem einmal geschehenen und immer noch geschehenden Offenbarungshandeln Gottes hat die Bibel Autorität. Und zwar erstreckt sich diese Autorität schlechtweg auf alles, was in der Kirche gesagt, gedacht, getan und geordnet wird. Durch die Bibel steht die Kirche in der Situation, sich der Lehre unterziehen zu müssen.

Es ist Calvin immer wieder vorgeworfen worden, er habe die Beziehung zwischen der Bibel und der Kirche, zwischen Bibel und Christenleben so aufgefaßt, als wirke die Bibel mit dem Zwang eines Gesetzes. So, als stünden in der Bibel die Sätze schon formuliert, die man lehren müsse, und ebenso die Vorschriften für die kirchliche Ordnung. Calvin habe die Bibel im Sinne einer positivistischen Gesetzlichkeit aufgefaßt. Forscht man nicht tiefer nach Calvins Meinung, kann es allerdings den Anschein haben, als sei die Bibel für Calvin so etwas wie das Lehr- und Glaubensgesetz und auch das Ordnungsgesetz und als seien die Genfer Zustände zur Zeit Calvins das abschreckende Beispiel einer Bibliokratie. Calvin hat sich aber gegen dies Mißverständnis durch zwei Aussagen geschützt, die unter sich eng zusammenhängen. Die Bibel ist das Ergebnis der Offenbarungsgeschichte Gottes mit den Menschen, wir haben diese Offenbarungsgeschichte nur im biblischen Zeugnis. Darum müssen wir von der Bibel ständig zurückfragen nach diesem Heilshandeln Gottes, die Bibel verlangt Auslegung, sie sagt nicht nur etwas, was schon dadurch Gesetz ist, daß es in der Bibel steht, sondern sie spricht von einem Tun Gottes, ihr direktes Reden ist ein bezeugendes Reden, ihre Autorität ist keine direkte, sondern die Autorität eines Zeugen. Wir werden durch ihr Zeugnis nicht einfach bloß den Menschen gegenübergestellt, die in ihr reden, sie rufen uns vielmehr mit sich vor die Wirklichkeit, die sie bezeugen und der wir anders nicht begegnen. Calvin weiß auch etwas von der sprachlichen, geschichtlichen, menschlichen Distanz der Bibel zu dem jeweiligen Hier und Jetzt ihrer Hörer. Wir haben in ihr das Gesetz für unsern Glauben und für die Ordnung der Gemeinde nur so, daß wir in ihr und durch sie vor die Wirklichkeit des Offenbarungs- und Heilshandelns Gottes geführt werden. Was sich daraus für das Glaubensleben und Ordnungsleben der Gemeinde ergibt, muß immer erst erfragt werden. Was wir dann zu hören bekommen, wirkt nicht als Gesetz, sondern ist eine Anrede, ist Lehre, die im Glauben und Gehorsam erprobt und in der Ordnung des Gemeindelebens eingeübt werden will. Calvin hat das im großen an dem Verhältnis des Alten zum Neuen Testament sichtbar gemacht. Das Gesetz des Alten Bundes gilt nicht für uns in seiner gesetzlichen Form und Bedeutung. Es gilt nur als Zeugnis von Christus, der die Substanz, das eigentlich Gemeinte aller gesetzlichen, zeremoniellen, kultischen Vorschriften ist. Das Alte Testament gilt darum in seinem Gehalt für die Verkündigung des Christus, der die Wirklichkeit aller Schatten des Alten Testamentes ist, ja, der das Gesetz des Alten Bundes erst zu einer ihm vorauslaufenden Form des Offenbarungs- und Heilshandelns Gottes macht. Ein anderes Beispiel aus Calvins Äußerungen zur Lehraufgabe der Kirche: „Wer die Aufgabe hat, das Wort Gottes anzukündigen, der soll nicht denken, er hätte sich dessen entledigt, wenn er die gute Lehre nach vorn gebracht hat, etwa so: Wir müssen uns ganz auf die Gnade Gottes allein stützen; wir müssen zu ihm zurückkehren; unser Heil muß gänzlich auf das Verdienst des Todes und Leidens unseres Herrn Jesu Christi gegründet sein, und wir müssen erkennen, daß alle unsere Verdienste nichts gelten vor Gott, und so den übrigen Rest der Lehre. Oder wenn man uns sagt: Meine lieben Freunde, seht, was Gott uns befiehlt; das ist die reine und einfache Auslegung des Gesetzes. Steigt ein Mensch auf die Kanzel, um die Herde Gottes zu unterweisen, der soll bloß nicht denken, er hätte sich in dieser Weise seiner Aufgabe sachgemäß entledigt!"[4] Natürlich sind alle diese Sätze bekenntnisgemäß, sie sind goldrichtige Orthodoxie und halten jedem Lehrgesetz und dogmatischen Maßstab stand. Sie können alle biblisch belegt werden und sprechen den Kern reformatorischer Erkenntnis aus. Und doch behauptet Calvin, mit der Rezitation der richtigen Lehrsätze sei die Lehraufgabe der Kirche nicht erfüllt. Worauf Calvin hinaus will und warum ihm das Geltendmachen der biblisch und bekenntnismäßig richtigen Sätze nicht genügt, bringt er so zum Ausdruck: „So wird es eben nur Eiseskühle geben (wir dürfen interpretieren: eben die Eiseskühle der als Lehrgesetz verstandenen richtigen Bekenntnisformeln), aber es ist nötig, die Ermahnungen hinzuzufügen, um die Lehre zu beleben, damit sie natürlich sei und wir davon berührt werden, wie es sich gehört. Und wie diese Aufgabe allen Dienern des Wortes Gottes gegeben ist, so muß jeder höchst persönlich lernen, daß das (sc. was da in den Dogmatiksätzen steht) sich an ihn wendet. Dulden wir doch, angespornt zu werden, wenn wir erkannt haben, daß es gut ist, daß man uns antreibt, daß man das Feuer schürt, damit wir brennen vor Eifer um Gott, und daß er mit Kraft unsere Begierden tötet und daß wir, wenn wir vom Guten gewichen und in alle Eitelkeiten der Welt verstrickt sind, wünschen sollen, da herausgezogen zu werden. Dulden wir das nicht geduldig, wird das Wort Gottes wie eine tote Sache sein, dort, wo es kaum ein Lebenszeichen gibt. Daran sehen wir dann auch, daß es darunter sehr wenige gibt, die geschmeckt haben, daß es das Wort Gottes ist. Wahr ist es ja, daß man es durchaus duldet, wie zur Gewissensentlastung, daß man die Lehre vorsetzt. Aber wenn einer dringlich wird, wenn man anklagt und donnert – geht das in Ordnung? Hallo! Das braucht man sich doch nicht gefallen zu lassen. Wahrhaftig, als hätte Gott diesen Vertrag mit uns, ihm nur zu erlauben, zu uns mit halbem Mund zu reden ... Wir sehen so häufig viele dies wollen, daß das Wort Gottes zum halben Kurs umläuft. Etwa so: Man setze uns vor, was gut ist und was man tun muß; aber man komme uns nicht mit Spitzen, man mache es nicht dringlich und nachdrücklich. Sehen wir das,

---

[4] CR Bd. 53, p. 417.

dann ist das ein Zeichen, daß solche Leute noch niemals erkannt haben, was Glaube ist. Wer für gläubig gehalten werden will, der muß sich auch lehren lassen. Er muß erkennen, daß es nötig ist, nicht bloß der reinen Wahrheit Gottes anzuhängen und friedlich anzunehmen, was sich daraus entwickeln läßt, sie müssen auch dulden, angepackt zu werden, wenn es nötig ist; sie müssen ertragen, daß die Lehre Gottes diesen Nachdruck hat gegen sie, daß sie davon belebt werden, wie doch das Wort Gottes gerade diese Aufgabe hat."[5] Damit bringt Calvin zumindest dies eindeutig zum Ausdruck, daß das als Lehrgesetz gehandhabte Wort Gottes nicht seine ihm eigene Ordnungsaufgabe in der Gemeinde erfüllt. Es will im Munde der Prediger zur Anrede werden. Als Lehre will es den Menschen lebendig machen und nicht in einem Ausverkauf von Richtigkeiten als Lehrgesetz verramscht werden.

Die Lehre ist also noch etwas anderes als ein Gefüge von schriftgemäßen richtigen Sätzen. Sie ist das auch. Als Lehre Gottes, als Lehre, die dem Worte Gottes entspringt und gemäß ist, sucht sie aber den Menschen hineinzuziehen in eine Bewegung, die ihn nicht einfach vor Sätze stellt, die er für wahr zu halten hat, die ihn vielmehr anpackt und davon überführt, daß er selbst gemeint ist. Das führt aber auf den zweiten Gedankengang, durch den sich Calvin vor dem Mißverständnis zu schützen gesucht hat, daß er das Verhältnis von Bibel und Kirche, von Wort Gottes und Glaube, von Lehre und Ordnung gesetzlich gemeint habe. Es ist seine Anschauung vom inneren Zeugnis des Heiligen Geistes. Damit will er umschreiben, was sich ereignet, wenn das Zeugnis der biblischen Zeugen von Gottes Heilshandeln, das in der Schrift niedergelegt ist, dem Menschen in seinem Hier und Heute zur Anrede Gottes wird, die ihn betrifft und in Pflicht nimmt. Was uns im Menschenwort der biblischen Zeugen begegnet, führt uns in der Kraft des gleichen Geistes, durch den die Zeugen reden, vor die Wirklichkeit, die zur Quelle unseres Gottesdienstes und zum Inhalt unseres Heilsglaubens wird.

Die lehrende Kirche kann sich nicht damit begnügen, daß schriftgemäße Dogmatik in ihrer Predigt, in ihren Bekenntnissen und Katechismen formuliert wird. Das letzte Ziel der Lehre ist es nicht, wahre Wahrheiten vorzutragen. Sie erreicht ihr Ziel darin, daß Menschen sich einordnen in das Handeln Gottes. Calvin selbst hat den Inhalt seiner Bekehrung damit umschrieben, daß Gott ihn zur Gelehrigkeit gezwungen habe. So ist die Lehre ein Moment der Ordnung in der Gemeinde, als Lehre zum Gottesdienst, als Lehre des Heils und zum Heil, als Lehre zum Glauben und zum Gehorsam.

---

[5] CR Bd. 53, p. 417.

IV. Gestalten einübender Lehre

Die gewöhnlichen Formen der Lehre im kirchlichen Ordnungsvorgang sind die Predigt, das Bekenntnis und die Unterweisung, diese auch als Ausrüstung von Menschen zum Predigtdienst und zur Lehrtätigkeit verstanden.

Die Predigt selbst ist schon ein Ordnungselement der Kirche. Ohne Predigt kann von keiner Kirche gesagt werden, daß sie geordnet sei. „Wir müssen lernen, daß jeder ernsthaft darum beten sollte, wenn Diener benötigt werden sollten, die das Wort Gottes predigen; denn das ist kein Kinderspiel, wie man sagt. Es handelt sich vielmehr darum, daß die Kirche Gottes regiert werde, wie er es befiehlt. Dazu gebraucht er dies Mittel, und er will, daß es beachtet werde und unverletzlich bleibt bis ans Ende der Welt."[6] „Durch die Predigt des Evangeliums werden wir zu Christus gesammelt."[7] Dazu genügt es nicht, sich ein Privatchristentum mit der Bibel anzuschaffen. „Wir sehen hochfliegende Geister, die meinen, es lohne keinen Schritt, zur Kirche zu kommen, um belehrt zu werden. Warum denn? Die ganze Lehre Gottes steht ja in der Bibel. Was kann man denn noch mehr sagen? Wenn sie die Bibel hören, kommt es ihnen so vor, als seien sie exemt, und wollen keiner Ordnung mehr unterworfen sein ... Haben wir die Bibel, dann ist das nicht genug, daß sie jeder für sich liest. Man muß uns vielmehr die Lehre um die Ohren schlagen, die daraus gezogen wird. Man muß uns predigen, damit wir unterrichtet seien." Er führt dann weiter das Bild aus, daß ein Hausvater seinen Kindern auch nicht einfach das ganze Brot in die Hand gibt, wenn sie Hunger haben, er teilt es ihnen aus. Die Bibel ist für Calvin um der Lehre willen Predigttext, nicht nur ein privates Erbauungsbuch.

Calvins Ansicht von der Predigt als dem wichtigsten Moment im Ordnungsleben der Gemeinde hängt ganz tief und fest mit seiner Anschauung von der Kirche zusammen. Es kommt ohne Predigt überhaupt nicht zu einer Gemeinde. Nur wo gepredigt, getauft und das Abendmahl gehalten wird, in stetiger, erkennbarer, verantwortlicher Beziehung auf die Bibel, da kommt es zu der Erkenntnis Gottes, die Calvin das Fundament des Gottesdienstes und des Heilsglaubens nannte. Die Alte Kirche hatte einst den Satz geprägt: Wo der Bischof ist, da ist die Kirche; die Entwicklung hatte dann das, was dieser Satz sagen will, besonders auf den Papst zielen lassen, die Kirche ist im römischen Bischof verfaßt als dem Statthalter Gottes. Die Reformation hatte statt dessen die Predigt und die Bedienung der Sakramente zu den eigentlichen, wesentlichen Kennzeichen der Kirche erklärt. Die Kirche wird sichtbar und existiert als predigende und die Sakramente bedienende Kirche. Das ist auch Calvins Grundsatz in seiner Kirchenlehre, wenn er davon zu sprechen hat,

---

[6] CR Bd. 53, p. 422.
[7] CR Bd. 52, p. 304.

wie die Kirche sichtbar wird und wie sie als Kirche Gottes in Zeit und Welt existiert. Es ist darum sehr bezeichnend, daß die Verfassungsartikel von 1537 sich ganz besonders mit der Abendmahlsordnung beschäftigen: „Es ist gewiß", beginnen sie, „daß eine Kirche nicht wohl geordnet und geregelt genannt werden kann, wenn in ihr nicht das heilige Mahl unseres Herrn oft gefeiert und besucht wird"[8]. Die regelmäßige Predigt war in Genf schon eingerichtet. Jetzt mußte das Abendmahl noch zu einem festen und wesentlichen Bestandteil der Gemeindeordnung gemacht werden. Calvin hat auch die Katechismusunterweisung und die Kirchenzucht stark auf das Abendmahl bezogen. An der Stellung, die das Abendmahl im Gemeindeleben hatte, entschied sich für ihn die Geltung und Wirkung des geordneten Lehrvorgangs. Gegenüber aller Schwärmerei, die sich darauf berief, daß doch Gott seinen Heiligen Geist nicht in die Hände der Menschen gegeben habe und daß er doch die Freiheit habe, sein Werk unter den Menschen nach seinem Wohlgefallen zu tun ohne diese untergeordneten Mittel, beruft sich Calvin darauf, daß ordentlicherweise der Glaube durch das Hören entstehe, „derart, daß wir den Glauben nur bekommen, wenn wir durch Menschen belehrt werden ... Es geht nicht darum, was Gott kann, sondern um seinen Willen und um das, was er geordnet hat".[9]

Wir hätten unsere Frage, wie sich Calvin die Ordnung der Gemeinde dachte, nicht im Sinne Calvins aufgefaßt, wenn wir uns gleich den eigentlichen Verfassungsfragen zugewandt hätten. Wir sahen, daß der Ordnungsvorgang mehr umfaßt als die Ausführung von Bestimmungen über die Wahl und Arbeit der Dienstträger, der Presbyterien und Synoden oder Vorschriften über die Ordnung der Gemeindeversammlung zur Predigt und zur Sakramentsbedienung. Nein, die Predigt und die Sakramentsbedienung selbst sind die entscheidenden Ordnungsvorgänge in einer Gemeinde. Hier fallen schon die Entscheidungen über die Möglichkeiten, die dem Menschen gewährt werden, um zum rechten Gottesdienst und zur rechten Heilserkenntnis zu kommen. Denn das weiß Calvin auch, daß die Predigt noch nicht die Glaubensentscheidung des Gemeindegliedes bedeutet. „Denn was ist die Predigt des Evangeliums? Es ist die Kraft Gottes zum Heil für alle, die daran glauben, sagt Paulus, und er sagt das von dem Worte, das aus unserem Munde hervorgeht. Kraft Gottes? In sich selbst ist es nichts, das ist wahr. Aber es gefällt Gott, seine Kraft zu entfalten durch das Mittel von Menschen, und er will, daß sein Wort die Wirkungskraft habe, daß es gleichsam der Schlüssel sei, der uns das Himmelreich öffnet"[10]. Verstummt die Predigt, dann bedeutet das „Verbannung und Unterdrückung der Wahrheit"[11]. Aber: „Es genügt nicht, daß wir

---

[8] OS I, S. 369.
[9] CR Bd. 58, p. 163
[10] CR Bd. 58, p. 162.
[11] CR Bd. 52, p. 289.

das Wort empfangen, das uns durch Menschenmund gepredigt wird. Das ist nur ein Laut, der sich verflüchtigen kann in die Luft hinein ohne irgendeinen Nutzen. Nachdem wir vielmehr das Wort Gottes gehört haben, muß er zu uns innerlich durch seinen Heiligen Geist sprechen; denn das ist das einzige Mittel, um uns zur Erkenntnis der Wahrheit gelangen zu lassen"[12].

Gerade solch eine Auslassung macht deutlich, daß die Predigt der Kirche ein echtes Ordnungselement ist, denn sie hat dem Wirken des Geistes zur Verfügung zu stehen. Auch die Predigt als Anrede kreist nicht selbstgenügsam in sich selbst, sondern dient dem einen Vorgang, der den Menschen einordnet in die Gemeinschaft der Heiligen und die ihn hinordnet auf seinen Herrn, dem er zu dienen hat und an dessen Heil er zu seinem eigenen Heil glauben darf. Das gleiche wäre nun an den Sakramenten aufzuzeigen. Auch sie haben diese Aufgabe, den Menschen einzuordnen und hinzuordnen. Denn ein Sakrament „ist ein Zeugnis der Gnade Gottes, erklärt durch ein äußeres Zeichen", sagt der Katechismus von 1537.[13] Sie machen zur Gegenwart, was Christus für uns getan hat, nicht als Ursache oder eigentliches Instrument unseres Heils in Christus, wohl aber als Mittel der Begnadigung, der Zueignung des Heils. Das eigentliche Gnadenmittel ist Christus selbst, die Sakramente ordnen uns darauf hin. Und zugleich ordnen sie uns ein in die Gemeinschaft derer, denen dies Heil ebenfalls gilt und die sich mit uns zur Gemeinde versammelt finden. So ist die Taufe „eine Kennmarke, durch die wir öffentlich Bekenntnis tun, daß wir zum Volke Gottes gezählt werden wollen, damit wir einem Gott dienen und Ehre geben im Sinne der gleichen Religion mit allen Gläubigen". Und vom Abendmahl: „(Es muß uns ermahnen,) daß wir uns gegenseitig mit der gleichen Einigkeit umfangen, wie die Glieder desselben Körpers in ihrer Verbindung untereinander zusammen vereinigt sind".[14]

Noch ein kurzer Blick sei auf die Lehrfunktion des Bekenntnisses und des Katechismus geworfen. „Wenn das Bekenntnis der Religion nichts anderes ist als die Bezeugung des innerlich empfangenen Glaubens, dann muß es, soll es gegründet und ernsthaft sein, aus den reinen Quellen der Schrift entstehen."[15] Wie zwischen Predigt und Bibel besteht auch zwischen Bekenntnis und Bibel das Verhältnis einer Zuordnung, in der die Bibel die Führung hat. Das Bekenntnis muß sich an der Bibel ausweisen, man muß vom Bekenntnis ständig nach der Bibel zurückfragen können. Das Bekenntnis darf der Bibel den Mund nicht schließen. Die Frage nach der Lehre der Bibel ist mit dem Hinweis auf das Bekenntnis der Kirche nicht ein für allemal beantwortet. Gerade wenn ein Bekenntnis in Kraft steht und gilt, ist seine Kraft und Geltung die

[12] CR Bd. 53, p. 157.
[13] OS I, S. 411.
[14] OS I, S. 412f.
[15] CR Bd. 7, p. 312.

Wahrheit der Schrift. Es muß in seinen Worten, die durchaus Worte seiner Zeit und Worte der in ihm zu Worte kommenden Sprecher der Kirche sein dürfen, die Schrift zu Worte kommen lassen. So hat Calvin die alten kirchlichen Bekenntnisse zur Dreieinigkeit Gottes und zur gottmenschlichen Natur des Herrn durchaus gelten lassen, obwohl sie eine ganz andere Sprache reden als die Bibel selbst. Calvin sieht es so an, daß das Bekenntnis mit seinen Sätzen der Bibel die Möglichkeit gibt, ihre Sache zu bezeugen.

Doch hat das Bekenntnis gerade in dieser Beziehung zur Bibel seine besondere Aufgabe als eine eigentümliche Form kirchlichen Lehrens. Es sagt, was die Kirche in einer besonderen Situation der Anfechtung, die dazu zwingt, Rechenschaft darüber zu geben, was man in der Bibel neu gehört hat, in ihre Zeit hinein zu sagen hat. Das Bekenntnis ist herausgefordert durch eine drohende oder sichtbar und perfekt gewordene Fehlentwicklung kirchlichen Lehrens. Das Bekenntnis von 1537 wurde der Bürgerschaft von Genf vorgelegt, um von ihr beschworen zu werden, daß sie es beachte und halte. Es war als Demonstration für das neue Hören auf die Schrift gedacht. Mit dem Bekenntnis sagt die Gemeinde falschen Lehren und falschen Ergebnissen ihrer Geschichte ab, um ihrem Glauben und Gehorsam die Freiheit zurückzugewinnen, die das Wort Gottes braucht, um Gemeinde zu schaffen. Calvin hat das im Jahre 1537 einem Freunde deutlich zu machen gesucht, der entgegen besserer Erkenntnis in dem alten Zustand der Kirche verharrte: „Wir erinnern uns, daß uns dies von unserem Herrn Christus gelehrt wird, wenn wir anfangs seiner Familie zugeschrieben werden, dies sei ein beständiges Gesetz, für das ganze Leben denen vorgeschrieben, die in seinem Reiche gezählt werden wollen: haben sie in wahrer Herzensfrömmigkeit seine Lehre umfaßt, dann sollen sie auch diese selbe Herzensfrömmigkeit durch ein äußerliches Bekenntnis erklären… Die wahre Frömmigkeit bringt das wahre Bekenntnis hervor."[16]

Ein neues Traditionsprinzip hat Calvin mit seiner Betonung der Lehrfunktion des Bekenntnisses nicht schaffen wollen. Er hat das ebenfalls im Jahre 1537 in einem ersten Lehrstreit in Genf durchfechten müssen, daß man aus den Bekenntnissen der Kirche kein Lehrgesetz machen dürfe. Ihm war mit den anderen Predigern vorgeworfen worden, daß sie die altkirchliche Dreieinigkeitslehre nicht mit den Ausdrücken der altkirchlichen Bekenntnisse bekannt hätten. Der Gegner, ein ehemaliger katholischer Priester, Caroli, verlangte, daß sie zum Erweis ihrer Rechtgläubigkeit ein altkirchliches Bekenntnis unterzeichneten, das dem Athanasius zugeschrieben wurde und in dem die von der Theologie seitdem verwendeten Ausdrücke vorkamen. Calvin hat sich gegen diese Zumutung gewehrt, er hielt das Athanasianum nicht für ein gutes Bekenntnis. „Ich antwortete, ich pflegte nicht irgendwas für

---

[16] OS I, S. 294, an Duchemin.

Gottes Wort anzunehmen, wenn es nicht ordnungsgemäß geprüft wäre."[17] Auf eine erneute Aufforderung, die altkatholischen Symbole zu unterschreiben, erwiderte Calvin: „Wir haben den Glauben an den einen Gott beschworen, nicht aber den Glauben an Athanasius, dessen Bekenntnis keine rechtmäßige Kirche jemals anerkannt hätte."[18] Die Genfer Prediger erläutern diesen Standpunkt ganz im Sinne Calvins: „Daß wir vor jenen (altkirchlichen) Ausdrücken nicht zurückschrecken, erhellt daraus, daß wir immer willens waren, ihren freien Gebrauch in der Kirche zu behaupten, und daß wir das zu Basel herausgegebene schweizerische Bekenntnis (die *Helvetica prior* von 1536) für ein frommes und heiliges erklärt haben, das die drei Personen erwähnt. Nur wollten wir nicht, daß in die Kirche dies Beispiel der Tyrannei eingeführt werde, daß der für einen Häretiker angesehen werde, der nicht nach der Vorschrift eines anderen redet, während jener (Caroli) heftig abstritt, daß einer ein Christ sein könne ohne die drei Bekenntnisse."[19] Ein späterer Bericht hat noch ausführlicher zu erzählen gewußt, wie Calvin mit dieser Forderung umsprang, die Bekenntnisse der Kirche als ewig gültiges Glaubensgesetz anzusehen. „Über das Athanasianum hat er folgenden Witz gemacht: Du hast, mein lieber Caroli, jene Zeile zitiert: Wer diesen Glauben nicht festhält, kann nicht selig werden. Du hältst ihn aber nicht, du bist nämlich noch nicht bis zur vierten Zeile gekommen, während du so lange gestritten hast. Was nun, wenn dich jetzt der Tod übereilt und der Teufel dich mit sich wegführt, weil du dich mit den angeführten Worten dem ewigen Verderben überantwortet hast, wenn du dich nicht mit dem gegenwärtigen Schutz dieses Bekenntnisses bewaffnet hast?"[20] Das Bekenntnis erfüllt seine Aufgabe dann, wenn es uns vor das freie und freibleibende Wort Gottes führt. Die Reformation hat das Problem des Verhältnisses zwischen Bibel und Bekenntnis neu gestellt. Und Calvin gehört zu denen, die dies Verhältnis durch eine strenge Oberordnung der Bibel richtig bezeichnet sehen. Er hängt darum nicht an der einmal gefundenen Formel. Als er 1541 seine Arbeit in Genf wieder begann, ist er auf das Bekenntnis und den Katechismus von 1536/37 nicht wieder zurückgekommen. Er hat beide Dokumente durch einen ausführlichen Katechismus ersetzt, der die Funktion beider Lehrformen übernahm. Als ein Stück der Lehrordnung hat der Katechismus die Unterweisungsaufgabe der Gemeinde zu unterstützen. Der Grundgedanke für die Benutzung von Katechismen in der Reformationszeit ist es, ein Wissen zu vermitteln, nicht aber, ein bereits vorhandenes Wissen aus den Kindern herauszulocken. Was hier gelernt werden muß, weiß der Mensch noch nicht. Es muß ihm als einem rechten Lehrling gesagt werden. Nach dem Urteil moderner Pädagogik sind die alten Katechismen in vieler

---

[17] CR Bd. 10, 2, p. 86.
[18] CR Bd. 10, 2, p. 83f.
[19] CR Bd. 10, 2, p. 120f.
[20] CR Bd. 7, p. 315.

Hinsicht unmöglich. Nicht allein ihre Sprache, die dem Menschen von heute schon recht fremd geworden und fern gerückt ist, sondern auch die ganze Form dieser Unterweisungsbücher erscheint problematisch. Wie überall in den reformatorischen Katechismen bilden die traditionellen Hauptstücke das Skelett des calvinischen Katechismus. Die Zehn Gebote in ihrer biblischen Form, das Apostolische Glaubensbekenntnis, das Herrengebet, die Einsetzungsworte der Taufe und des Abendmahls geben den Anlaß zur Gedankenentwicklung in Frage und Antwort. Aber diese Einzelheiten stehen nun doch in einem großen Zusammenhang, der noch einmal Calvins Anschauung vom Wesen der kirchlichen Lehrfunktion hell beleuchtet. Diese Hauptstücke lernt der Mensch nicht zusätzlich zu allem, was er sonst für sein Leben lernen muß, um sozusagen neben allem anderen auch noch einige religiöse Stoffe mitzubekommen, er muß sich an Hand dieser Hauptstücke überhaupt über den Sinn seines Lebenswagnisses belehren lassen. Calvin wagt es nämlich, die Rätselfrage des Menschen nach dem Sinn seines Lebens sogleich an den Anfang zu setzen. Er nimmt damit die offene und geheime Frage aller Philosophie und Ethik auf und nimmt alle möglichen Antworten menschlicher Besinnung auf sich selbst vorweg. Was ist Ziel und Zweck des Lebens? Was ist das höchste Gut des Menschen? Das sind die ersten Fragen. Und er gibt darauf die summarische Antwort: Gott, für Gott leben! Damit ist auch über alles Weitere entschieden, was und wie der Mensch noch fragen und antworten kann. Dem Menschen muß gesagt und gezeigt werden, daß und wie Gott im Lebensvollzug des Menschen zu seinem Recht als Herr und Heiland des Menschen kommen will und kommen kann. Calvin fragt nicht zuerst wie der Heidelberger Katechismus, was des Menschen einziger Trost im Leben und Sterben ist, er fragt, wozu der Mensch überhaupt in der Welt ist und was es mit seinem Menschsein auf sich hat. Im Zusammenhang dieser Fragestellung kommen die Hauptstücke zu Worte. Der Mensch soll sich durch die kirchliche Unterweisung hinordnen lassen auf Gott und soll sich einordnen lassen in die Gemeinschaft derer, die mit ihm zusammen in eine alles Weitere vorweg beantwortende und ausrichtende Lehre genommen sind. Ist der Unterricht als Mitteilung und Lehre eine Ordnungsfunktion der Kirche, dann in dem Sinne, daß er den Menschen in die Ordnung seines Lebens für Gott und mit Gott einweist.

Unter dem gleichen Gesichtspunkt hat Calvin auch die Gründung der Genfer Akademie gesehen, deren Arbeitsbeginn im Juni 1559 wir auch in diesem Jahre bedacht haben. Die Studenten dieser Akademie hatten vor dem Rektor ein recht ausführliches Bekenntnis zu unterschreiben, dessen Material die hauptsächlichsten Lehrpunkte des Katechismus bilden, aber in einer Form, die sichtbar macht, daß die Unterweisungsarbeit der Akademie in den Grenzen verläuft, die durch die Erkenntnis der Wahrheit bestimmt sind. Katechismus und Kirchenordnung der Stadt Genf sind für den Studenten verbindlich. Die Lehr- und Lernarbeit steht – das ist der Sinn dieses Bekenntnisses – unter der Erwartung, daß sie die Weisungsgewalt des Wortes Gottes respektiert. Auch in der besonderen Form akademischer Arbeit ist das Lehren und Lernen nicht aus der Ordnung entlassen, der der Mensch dadurch eingefügt ist, daß die Offenbarung Gottes die Gestalt einer Lehre hat.

V. Die Auftragsverfassung der kirchlichen Funktionengemeinschaft

Wenn von den Gedanken Calvins über die Ordnung der Gemeinde gesprochen wird, ist gewöhnlich nicht an diese überragende Bedeutung der Ordnung zur Lehre gedacht. Und doch ist es Tatsache, und es macht das Charakteristische der calvinischen Ordnungsgedanken aus, daß Calvin alle weiteren Ordnungsgedanken aus diesem Grundansatz entwickelt. Es geht Calvin nämlich darum, die geschichtlich in Zeit und Welt lebende Kirche als die Beziehungswirklichkeit zu dem Wort, dem Geist, zu Christus selbst als dem Haupt der Gemeinde verstehen zu lehren. Die Gemeinde Calvins ist nicht eine religiöse Körperschaft, die sich die Religion zum Vereinszweck erwählt hat. Mit solchen Vorstellungen geraten wir auf einen Weg, der Calvin völlig fremd ist. Seine Definition der Kirche zeigt das: „Sie ist die Gemeinschaft aller Heiligen, die, über die ganze Erde verbreitet, durch alle Zeiten zerstreut und dennoch als eine durch die Lehre Christi und durch seinen Geist gesammelt, die Einigkeit des Glaubens und die brüderliche Eintracht pflegt und bewahrt."[21] Die Kirche ist verfaßt in ihrem Haupt. „Es ist keineswegs nur ein Vergleich mit dem menschlichen Körper, sondern in Wahrheit ist der Sohn Gottes unser Haupt."[22] Das Haupt schafft sich durch das Wort und durch seinen Geist die Gemeinde. Diese sammelnde Tätigkeit gibt Christus nicht an Menschen ab, sondern Menschen können ihr nur dienen. Und dieser Dienst kommt dadurch zustande, daß sich Lehre tatsächlich im Rahmen und nach der Qualität menschlicher Möglichkeiten wirklich ereignet. Als Calvin und Bullinger 1549 ihre Eintrachtsformel aufstellten, sagten sie im ersten Artikel: „Da Christus das Ziel des Gesetzes ist und ihn zu erkennen die ganze Summe des Evangeliums in sich befaßt, ist es nicht zweifelhaft, daß das ganze geistliche Regiment der Kirche darauf zielt, uns zu Christus zu führen, gleichwie man durch ihn allein zu Gott gelangt, der das letzte Ziel des seligen Lebens ist. Wer daher auch nur ganz wenig davon abweicht, wird niemals richtig oder sachentsprechend über irgendwelche Veranstaltungen Gottes reden."[23] Man muß diesen Satz im Ohr haben, um den ersten Satz der Genfer Kirchenord-

---

[21] CR Bd. 5, p. 39.
[22] CR Bd. 26, p. 70.
[23] OS II, S. 247.

nung von 1541 richtig zu verstehen: „Es gibt vier Ordnungen von Ämtern, die unser Herr für die Regierung seiner Kirche eingesetzt hat."[24] Wir können das nicht so verstehen, wie es gewöhnlich geschieht, als hätte Calvin seine Vierämterlehre in gesetzlicher Weise aus der Bibel abgelesen. Er hätte für die Ämter der Pastoren, Lehrer, Ältesten und Diakonen keineswegs ein direktes Einsetzungswort Christi anführen können wie für die Sakramente. Wohl sah er in der neutestamentlichen Gemeinde solche Ämter von Gemeindemitgliedern ausgeübt, und das hat ihn natürlich bei seinen Überlegungen geleitet. Aber die Einsetzung durch Christus bezieht sich darauf, daß die Art, wie Christus in seiner Gemeinde herrscht und sich gegenwärtig macht, die Ämter notwendig macht. Ist die Lehre die Seele der Gemeinde, dann müssen Predigt, Unterricht, Kirchenregierung und brüderlicher Dienst in der Gemeinde ausgeübt werden, damit die Lehre nicht in der Bibel beschlossen bleibt und damit Christi Geist seine Kanäle bekommt, durch die er zum einzelnen hinfließen kann. Ist Christus das Haupt, und will er als Haupt bei seinen Gliedern zur Geltung kommen, dann müssen solche Dienste versehen werden, die dem Wesen der Hauptschaft Christi entsprechen. Da Christus nicht durch Menschen oder Institutionen ersetzt werden kann, kann die Kirche keinen Ordnungsapparat aufbauen, der an die Stelle Christi tritt. Es kann nur ein solcher Aufbau von Ordnungshilfen sein, der Christus dient, sich in der Gemeinde zu vergegenwärtigen und den einzelnen mit sich zu verbinden. Es müssen nach allem, was wir von Calvin selbst hörten, solche Dienste sein, die der Ordnung zur Lehre entsprechen, Dienste, die dem Gliede dazu helfen, Gott zu erkennen, ihm zu dienen, ihm zum Heile zu vertrauen.

Das meint Calvin mit seiner Vierämterlehre. Es handelt sich um Dienste von Beauftragten, die calvinische Kirchenordnung im engeren Sinne ist eine Auftragsordnung. Und dem entspricht, daß die Gemeinde im Denken Calvins eine Funktionengemeinschaft ist. Sie kommt dadurch zustande und existiert darin, daß bestimmte Funktionen ausgeübt werden. Nach Calvin erkennt der Glaube die Kirche nicht an der Gläubigkeit, an der Erwähltheit, kurz, an der Christlichkeit ihrer Glieder, sondern an den Zeichen der Verkündigung des Wortes und der Bedienung der Sakramente; so werden alle Betätigungsweisen der Kirche auf diese Kennzeichen hin funktionalisiert. Die Gemeinde lebt, erscheint, bildet und ordnet sich, indem sie die ihren Zeichen entsprechenden Funktionen wahrnimmt. Auf dem Rathaus in Genf hat man diesen Gedanken begriffen und angenommen. Beweis dafür ist die Einleitung zu der Genfer Kirchenordnung von 1541, wonach die Herren vom Rathaus erwogen haben, „daß es eine Angelegenheit, über alle anderen, der Betrachtung wert ist, daß die Lehre des heiligen Evangeliums unseres Herrn in ihrer Reinheit wohl bewahrt und die christliche Kirche pflichtgemäß unterhalten werde, daß die Jugend um der Zukunft willen treulich unterwiesen, das Hospital in gutem

---

[24] OS II, S. 328.

Zustand geordnet werde, um die Armen zu unterhalten, was sich nicht tun läßt, wenn nicht eine bestimmte Regel und Weise zu leben vorhanden ist, durch die jeder Stand die Pflicht seines Amtes vernimmt. Aus diesem Grunde hat es uns ein guter Ratschlag zu sein geschienen, daß das geistliche Regiment, so wie es unser Herr durch sein Wort aufgezeigt und eingerichtet hat, in guter Form wiederhergestellt werde, um unter uns stattzuhaben und beachtet zu werden. Und so haben wir angeordnet und aufgerichtet, in unserer Stadt und Territorium zu befolgen und zu beachten die kirchliche Ordnungsverfassung (*la police ecclésiastique*), die folgt, wie wir sehen, daß dieselbe aus dem Evangelium Jesu Christi genommen ist"[25].

Es müssen bestimmte Funktionen wahrgenommen werden, weil ein bestimmter Auftrag vorliegt. Der Auftrag heißt: die Lehre des heiligen Evangeliums in ihrer Reinheit bewahren, die Kirche unterhalten, die Jugend unterweisen, die Armen versorgen. Die Funktionen, die diesem Auftrag entsprechen, werden geregelt und sichergestellt durch eine Kirchenordnung. Diese Auftragsverfassung der kirchlichen Funktionengemeinschaft ermöglicht „das geistliche Regiment", wie der Rat das nennt. Auftrag wie Funktionen ergeben sich aus der Heilsoffenbarung, aus der Weise, wie Gott sich dem Menschen erschließt. Sie sind darum göttliches, geistliches Recht.[26]

Wie Calvin den göttlichen, geistlichen Charakter dieser Auftragsverfassung der Funktionengemeinschaft begründet und erläutert, gehört zu den schwierigsten und umstrittensten Forschungsaufgaben, die uns Calvin mit seinen Gedanken zur Gemeindeordnung gestellt hat. Er hat selbst an dies Problem außergewöhnlich viel Gedankenarbeit gewandt und in immer neuen Ansätzen und Gedankenverbindungen deutlich zu machen gesucht, daß es sich bei diesem Problem letztlich um die Begründung der Reformationskirche als der Kirche Gottes handelt. Wenn die Kirche ihr Recht, eben diese Auftragsverfassung der kirchlichen Funktionengemeinschaft als göttliches, geistliches Recht nicht deutlich machen kann, hat sie kein Recht, sich eine wohlgeordnete Kirche zu nennen. „Es ist nötig", sagt Calvin gegen die römische kirchliche Gesetzgebung, „hier zu bezeugen, daß ich nur solche menschlichen Verfassungsbestimmungen anerkenne, die sowohl in der Autorität Gottes begründet als auch aus der Schrift abgeleitet und also geradewegs göttlich sind"[27]. Die Verfassungseinzelheiten müssen sich an der Autorität Gottes und an der Schrift ausweisen, damit von ihnen gesagt werden kann, sie seien göttlichen Rechts. Er macht dann an der Einzelheit des Kniebeugens beim Gebet deutlich, wie er das meint. Das Beugen der Knie ist in der Weise menschlich, daß es zugleich (*simul*) ganz göttlich ist. Es ist göttlich, insofern es ein Teil dessen ist, für das uns die Sorge und Beachtung durch den Apostel

---

[25] OS II, S. 328.
[26] Inst. IV, 10, 18.
[27] Inst. IV, 10, 30.

empfohlen ist (1. Kor. 14, 40), menschlich aber, als es speziell bezeichnet, was im allgemeinen mehr angedeutet als ausdrücklich aufgewiesen worden ist. Das heißt: Das Beugen der Knie ist nicht die unumgängliche Form des Betens, sondern die bei Menschen übliche Form. Was zum Heil nötig ist, hat Gott durch sein Wort treulich dargelegt. Zum Heil gehört auch das Beten, aber zum Heil gehört nicht das Kniebeugen. Den Charakter göttlichen Rechts erhält die Auftragsverfassung durch ihre Beziehung zu Gottes Heilswillen, nicht aber etwa dadurch, daß genau vier Ämter eingerichtet werden. In der ersten Institutio hat Calvin nur von Ältesten und Diakonen gesprochen, in den späteren Ausgaben von drei Ämtern, in der Kirchenordnung sind es dann vier, und alle hat Christus eingesetzt, alle sind sie von Gott vorgeschrieben und durch das Wort gefordert. Auch von diesen Einteilungen gilt eben, daß sie als Einzelheiten der Ordnungsgestalt in der Weise menschlich sind, als sie zugleich ganz göttlich sind, eben um des Auftrags willen, dem sie dienen. Daß diese Einzelheiten nicht auch anders geregelt werden könnten, hat Calvin nicht bestritten. Nur kann keiner Ordnungseinzelheit erlassen bleiben, sich an dem Auftrag der Kirche auszuweisen. „Weil Gott aber in der äußeren Ordnung und den Zeremonien nicht mit Siegel verbindlich vorgeschrieben hat, was wir befolgen sollen – weil er vorhersah, daß das von den Zeitumständen abhängen würde, und er auch nicht bestimmte, daß eine Form allen Zeitabschnitten gemäß sein würde –, muß man hier seine Zuflucht zu den allgemeinen Regeln nehmen, die er gegeben hat, damit auf sie ausgerichtet werde, was die kirchliche Notwendigkeit an Vorschriften zur Ordnung und Ehrbarkeit verlangt."[28] Göttlichen Rechts ist der Auftrag, sind die dem Auftrag entsprechenden Funktionen, die Ordnungsbestimmungen haben an diesem göttlichen Recht dienend teil, verwirklichend insofern, als Gottes Geist sie gebraucht, um Gottes Ziel mit dem Menschen zu erreichen. Daß gepredigt werden muß, ist eine bleibende Ordnung Gottes[29], aber wer nun dies Predigtamt bekleiden soll und wie die Prediger zu bestellen sind, das hat die Gemeinde zu regeln. Calvin kann seine Anschauung von dem geistlichen Recht der Auftragsverfassung auch so wenden, daß die menschliche Komponente der Ordnungseinzelheiten in eine theologische Dialektik von „menschlich-göttlich" aufgenommen erscheint. Um seines Auftrags willen ist der Prediger Vertreter Christi, nicht in seiner Person, sondern als Diener am Wort; aber doch kann der gleiche Prediger auch wieder als Vertreter der Gemeinde gelten, da es ja die Gemeinde ist, die die Funktion des Dienstes am Wort wahrzunehmen hat. Sowohl das Haupt der Gemeinde, Christus, wie die Gemeinde selbst, als sein Leib, handeln durch die gleiche Person. Ebenso kann das zuchtübende Konsistorium als der Gemeinde verpflichtet erscheinen, deren Recht und Aufgabe es in der Vermahnung und Exkommunikation der offenbaren Sünder wahr-

---

[28] Inst. IV, 10, 30.
[29] CR Bd. 51, p. 449.

nimmt und der das Konsistorium Rechenschaft zu geben hat[30], und doch steht es gerade als Funktionsträger der Gemeinde ganz im Dienste des Hauptes und ist dessen Mund und Hand, und das wieder kraft des Auftrages, der es ja allein bewirkt, daß die Gemeinde in ihren Funktionen lebt.

Es wäre sehr reizvoll, nun im einzelnen darzustellen, wie Calvin über die Wahrnehmung der einzelnen Funktionen gedacht hat und wie er von den Trägern der einzelnen Funktionen gesprochen hat. Aber wir müssen uns das versagen. Unser Thema sieht ja auch nicht vor, darzustellen, wie die Kirchenordnungsgedanken Calvins im einzelnen praktiziert worden sind. Aber es würden wesentliche Lücken bleiben, wenn wir nicht auf zwei Gedankenkomplexe hinwiesen, die für Calvins Gedanken so bezeichnend geworden sind, daß sie besonders die Aufmerksamkeit auf sich gezogen haben.

VI. Die Kirchenzucht als Teil der Lehre

Calvins besonderes Verdienst um die reformatorische Kirchenordnung wird darin gesehen, daß er Gemeindeglieder an der geistlichen Regierung der Gemeinde beteiligt habe. Nun ist Calvin auch hierin der Mann der zweiten Generation, daß das nicht sein geistiges und organisatorisches Eigentum ist. Andere wie Zwingli und Butzer sind ihm darin voraufgegangen. Als Calvin nach Genf zurückkehrte, gab es bereits ein Konsistorium, seine Mitglieder wurden als Beauftragte des Rates bezeichnet. Noch in der neuen Kirchenordnung von 1541 taucht diese Bezeichnung auf, die allerdings nun mit der seitdem in der reformierten Welt üblichen Bezeichnung „Älteste" vertauscht wurde.

Calvin hat sich für diese Ordnung auf die Bibelstellen berufen, die vom Binden und Lösen, vom Vergeben und Behalten der Sünden reden (Matth. 16, Joh. 20, Matth. 18). Er hat die ersten Stellen im wesentlichen auf das Predigtamt bezogen und bei ihrer Auslegung noch einmal betont, „daß die Schlüsselgewalt an jenen Stellen einfach die Predigt des Evangeliums ist und daß sie, wenn wir auf die Menschen unser Augenmerk richten, nicht sowohl eine Gewalt als vielmehr einen Dienst darstellt. Denn im eigentlichen Sinne hat Christus diese Vollmacht nicht Menschen gegeben, sondern seinem Worte, zu dessen Dienern er die Menschen gemacht hat"[31]. Die Prediger haben ihre Aufgabe in der Auftragsverfassung der Funktionengemeinschaft. Die Predigt hat ihr Recht und ihre Erfüllung keineswegs in sich selbst, sie kommt zu ihrem Ziel und empfängt ihre Sinnerfüllung in dem Glauben des Angesprochenen und in seiner Einfügung in den Leib Christi. Das ereignet sich aber zwischen Christus und dem Menschen durch den predigenden, das Wort

---

[30] CR Bd. 14, p. 682.
[31] Inst. IV, 11, 1.

bedienenden Menschen, in dessen Wort und durch dessen Dienst Christus selbst zu Worte kommt und sein Glied an sich zieht.

Die Stelle aus Matth. 18, die auch wieder vom Binden und Lösen spricht, will Calvin besonders auf die Zuchtübung bezogen haben. Die Zuchtübung war in Genf Aufgabe eines gemischten Organs, des Konsistoriums, in dem Prediger und Älteste vereinigt waren. Die Genfer Ältesten stammten aus den verschiedenen Ratskörperschaften, nur Ratsmitglieder konnten in Genf Älteste werden. Einer der vier Bürgermeister präsidierte, zum Zeichen, daß er das in seiner Eigenschaft als Bürgermeister tat, brachte er seinen Amtsstab mit in die Versammlung. Erst am 1. Februar 1560 setzte ein Ratsedikt die Ordnung fest, daß der Stab draußen vor der Tür der Konsistorienstube abgestellt wurde, dies nun zum Zeichen, daß das Konsistorium in einer anderen Vollmacht als der staatlichen zusammenkam.

Will man große Worte gebrauchen, dann dürfte man wohl einmal sagen, daß Calvins Kampf um die Kirchlichkeit der Kirchenzucht zu den tragischen Kapiteln seines kampferfüllten Lebens gehört. Der seinen Gedanken über die Ordnung seiner Gemeinde folgerecht zugehörige Gedanke der Zuchtordnung scheitert gerade im Gelingen. Und das darum, weil Calvin selbst es so ansah, daß die letzten Konsequenzen des Banns nur durch die Obrigkeit mit ihrer Schwertgewalt gewährleistet werden konnten. Die Hinrichtung Servets war kein Sieg kirchlicher Lehrzucht, sondern der eindeutige Sieg der staatlichen Gewalt, die das Nein der Gemeinde zu Servets theologischen Anschauungen über die rechte Beschreibung des Verhältnisses zwischen Gott und Christus mit dem Scheiterhaufen vollstreckte. Der Staat war allerdings durch sein Drängen auf Mitsprache in den letzten Folgerungen der Kirchenzucht selbst in eine Zwangslage geraten, er hatte sich durch seine erfolgreiche Forderung um die Möglichkeit gebracht, der Kirche in diesem Falle zu sagen: „Da siehe du zu!" Nach dem Tode Servets hat Calvin in einer anderen Zuchtsache gegen einen hochgestellten Bürger dem Rat auf dem Höhepunkte des Kampfes um die Kirchenzucht vorgetragen: „So ist es eine verschiedene Sache, daß bei dem Konsistorium das Recht der Exkommunikation bleibt, ihr aber mit eurer Macht die Rebellen züchtigt, wo es so gut scheinen mag. Dabei ist nicht für jeden Fall geboten, euch jeden anzuzeigen, dem das Konsistorium das Abendmahl verboten hat. Das ist ausdrücklich auf zwei Fälle beschränkt, nämlich auf die, die hartnäckig dabei beharren, falsche Dogmen auszustreuen, oder wenn einer sich darauf versteift, die Ordnung der Kirche zu verachten, weil in diesem Falle die Gefahr so groß ist, daß die Gewalt des Magistrats nötig ist." Und ganz verräterisch der Schlußsatz dieser Erwägung, die sich mit der Auslegung einer Bestimmung der Genfer Kirchenordnung beschäftigt: „Zusammengefaßt will jene Bestimmung nichts anderes, als daß ihr dann die Verwalter der Anklage seid, wenn die Kirche Gottes zum Spott gehalten wird und ihre geistliche Züchtigung für nichts geachtet wird."[32] Die Kirche bringt sich im Notfall zur Geltung, indem sie den Schwertarm des Staates in Bewegung setzt, und ebenso läßt sich der Staat dazu herbei, der Büttel der Kirche zu sein. Wir müssen allerdings sagen, daß beide in ihrer Situation nicht anders konnten, wenn sie nicht die ihnen mögliche Einsicht in das Wesen des christlichen Gesamtkörpers einfach verleugnen wollten. Der Staat war dem Auftrag der Kirche gegenüber nicht in der Lage, sich für neutral zu erklären. Und umgekehrt war es schon das große Ereignis der Genfer Reformation, daß Calvin überhaupt einen großen Raum für die freie kirchliche Zuchtübung unter persönlichem Einsatz erkämpfte. Es ist darum das Urteil moderner Bewertung dieses Vorgangs und seines Ergebnisses, wenn Walter Köhler abschließend feststellt: „Der Höhepunkt der evangelischen Kirchenzucht, der Kirchenbann in Genf unter Calvin, ist der Bankrott der Kirchenzucht."[33] Calvins Leistung besteht darin, daß er überhaupt einen geistlichen Auftrag zur Kirchenzucht für die kirchliche Funktionengemeinschaft in Gottes Heilshandeln begründet sah. Die Tragik in der Durchgestaltung und Handhabung der Kirchenzucht lag darin beschlossen, daß Calvin seinen eigenen Erkenntnissen nicht folgte: „Die Kirche hat nicht im Sinne, daß der, der sich vergangen hat, gegen seinen Willen gestraft werde, nein, er soll durch freiwillige Hinnahme der Züchtigung seine Bußfertigkeit erzeigen."[34] Und: „Die Kirche bindet nur den, den sie in den Bann tut – nicht, daß sie ihn in ewiges Verderben und ewige Verzweiflung stürzt, sondern daß sie sein Leben und seinen Wandel verurteilt und ihn, sofern er sich nicht bekehrt, schon jetzt an seine ewige Verdammnis gemahnt."[35] Nicht die Kirchenzucht als solche ist der Betriebsunfall der calvinischen Kirchenordnung, sondern die Tatsache, daß Calvin seine eigene Erkenntnis nicht durchführt, „daß weder die Kirche sich etwas anmaßt, das der Obrigkeit eigentümlich ist, noch daß die Obrigkeit ausrichtet, was die Kirche vollbringt"[36]. Im Dienste ihres Hauptes, das dem Ungehorsam und Unglauben der Obrigkeit der Synagoge und dem Bütteldienst des Pilatus leidend standhielt, konnte die Kirchenzucht vor dem Unglauben und Ungehorsam gegen die Anrede und den Anspruch des Herrn mit ihrem Nein nur das Zeichen dafür aufrichten, daß Glaube und Gehorsam durch den Dienst im Rahmen der Auftragsverfassung der Funktionengemeinschaft nicht erzwungen werden können. Diese Grenze hat Calvin überschritten. Der Eifer um das Haus des Herrn hat ihn blind gemacht gegen die Lage der Gemeinde auf der Wanderschaft, die er sonst so gut zu bezeichnen wußte.

---

[32] CR Bd. 14, p. 681.
[33] *W. Köhler*, Zürcher Ehegericht und Genfer Konsistorium, Bd. II 1942. S. 622.
[34] Inst. IV, 11, 3.
[35] Inst. IV, 11, 2.
[36] Inst. IV, 11, 3.

Die Zucht ist für Calvin göttliches Recht in der Kirche, ihre Übung gehört zwar für ihn nicht zu den Kennzeichen der Kirche in der Welt, sie ist aber in den Kennzeichen der Wortverkündigung und Sakramentsverwaltung eingeschlossen. Denn ihrem eigentlichen Sinne nach ist sie eine Anwendung der „Gewalt des Wortes Gottes", die nicht „Gewalt noch Handanlegung" nötig hat. Da aber die Predigt sich nicht darin erfüllt, daß die Lehre Jesu Christi formuliert wird, „so müssen andererseits die, die sich als Hausgenossen des Glaubens bekennen, eben auf Grund dessen, was gelehrt wird, auch beurteilt werden, damit die Lehre nicht zum Gespött wird. Das kann aber nicht geschehen, als wenn mit dem Amte zugleich das Recht verbunden ist, diejenigen aufzurufen, die persönlich ermahnt oder schärfer zurechtgewiesen werden müssen, und auch das Recht, diejenigen von der Gemeinschaft am heiligen Abendmahl fernzuhalten, die nicht ohne Entheiligung dieses großen Geheimnisses zugelassen werden können"[37]. Der Auftrag zur Verkündigung in Predigt und Sakrament enthält auch die Anwendung in der Zucht.

Daß nun Glieder der Gemeinde gerade an diesem Vorgang der geistlichen Regierung beteiligt sind, hat Calvin geschichtlich begründet. Er verweist auf die Praxis des Neuen Testaments. Ist es die Lebensordnung der Gemeinde, daß das Haupt seine Regierung durch Wort und Geist durch Menschen als Träger der Ordnungsfunktionen ausübe, dann zeigt uns das Neue Testament beispielhaft, wie diese Ordnung befolgt wird. Unter den Funktionsträgern sind auch Älteste. „Wie es auch sei, von der Einrichtung Christi und seiner Apostel, von der Ordnung der Kirche, zuletzt von der Billigkeit selbst her wäre es befremdend, daß dies Recht bei einem Menschen beruhen sollte, der nach seinem Urteil die Exkommunikation verhängen dürfte. Wir müssen feststellen, daß in Sachen der Exkommunikation diese maßgebende Form zu beachten ist, daß diese Disziplin durch gemeinsamen Rat der Ältesten und durch die Versammlung des Volkes ausgeübt werde, das ist das Heilmittel, um der Tyrannei zu begegnen."[38] Er erläutert also das geschichtliche Vorbild des Neuen Testament durch soziologische, ja durch sozialpsychologische Erwägungen. Den Pastoren allein die Zuchtübung zu lassen, hält er für bedenklich, weil es leicht zur Tyrannei führt und weil die Apostel einen anderen Brauch überliefert haben[39], Dahinter steht auch wieder seine Anschauung von der Funktionengemeinschaft, sie hat die Zucht auszuüben, aber welche Maßnahmen geeignet sind, um diese Funktionen zu erfüllen, bleibt den Überlegungen über das Sachdienliche überlassen. Sie sind „von Seiten der ganzen Kirche aufgestellt, wie auch die Kirche ihnen ihre überlegene Stellung gibt"[40]. Weil Gott will, daß seine Kirche gut regiert werde, muß es die beiden Arten

---

[37] Inst. IV, 11, 5.
[38] CR Bd. 49, p. 374.
[39] CR Bd. 15, p. 215.
[40] CR Bd. 53, p. 505.

von Ältesten geben, Prediger und Regierer, „oder kann man das ändern, was Gott als eine unverletzliche Sache befohlen hat"?[41]

VII. Die sakramentale Gliedschaftsordnung

Alle diese Ämter, wir können auch noch das Diakonenamt oder die Synodalen Versammlungen nennen, stehen im Dienst des Auftrags, der die Gemeinde als eine Funktionengemeinschaft konstituiert. Die Gemeinde entsteht aus diesen Funktionen, sie lebt in ihnen, sie hat sie zu verantworten. Und darin beweist sich die Kirchlichkeit der Kirche. Daß sie in der Geschichtlichkeit ihrer zeitlichen und irdischen Existenz so begründet ist, macht ihre Selbständigkeit als Organismus aus. Calvin denkt in seiner Lehre von der Kirche nicht so sehr korporativ, in Zuständen, sondern funktional, in Vorgängen. Das zeigt sich auch in einem Problemkreis, den ich wenigstens noch anschneiden möchte, um nicht allzu unvollständig das unerschöpfliche Thema umschrieben zu haben: an Calvins Anschauung von der Gliedschaftsordnung.

Am 29. Juli 1537 hatte die Bürgerschaft Genfs in Sankt Peter das Bekenntnis beschworen. Es gab viele, die den Eid verweigerten; man beschloß am 19. September, sie zu bannen, aber der Beschluß konnte wegen der Menge der Straffälligen nicht ausgeführt werden. Auch später noch angesetzte Termine zur Eidesabiegung führten nicht zum Ziel. An der Verweigerung des Bekenntnisses entzündete sich der Kampf um die Abhaltung vom Abendmahl, die alle treffen sollte, die sich weigerhaft zeigten. Das Abendmahl soll nach Calvin eine Gemeinde sichtbar machen, die bestimmte Bedingungen erfüllt: das Bekenntnis muß abgelegt werden, offenbare Sünden müssen gebüßt werden. In Straßburg erzwingt er ein Examen aller, die zum Tisch des Herrn gehen wollen. Wer noch nicht unterwiesen ist, muß unterrichtet werden. Man kann aus der Geschichte des Kampfes um die Zucht und aus der Geschichte der Katechismusunterweisung viele Einzelheiten beibringen, die alle zeigen, daß das Abendmahl hier ordnungsbildend wirkt. Der Abendmahlsgang bringt es an den Tag, wer zur Gemeinde gehört. Unterweisung und Zuchtübung zielen darauf, daß nur Unterwiesene, die das Bekenntnis abgelegt haben, und Nichtgebannte zum Tisch kommen. Calvins Kampf um die Zucht hat auch diese positive Seite, in der Volkskirche eine Bekenntnisgemeinde und Abendmahlsgemeinde zu schaffen. Es ist ihm selbstverständlich, daß der Gebannte nicht zur Gemeinde gehört, und wer nicht unterwiesen ist und kein Bekenntnis abgelegt hat, auch nicht. So wirkt die Anschauung von der Funk-

---

[41] CR Bd. 53, p. 506 – In der Fortsetzung kommt Calvin auf die Genfer Verhältnisse zu sprechen und meint, „daß wir noch keineswegs auf der Hälfte des Weges sind, sondern kaum begonnen haben, um es richtig auszudrücken."

tionengemeinschaft auf die Vorstellung von der Gliedschaft ein. Gemeindezugehörigkeit vollzieht sich als Abendmahlsgemeinschaft.

Ebenso steht die Taufe, das Sakrament der Sündenvergebung, zu der Ordnung der Gemeinde in Beziehung. Im Katechismus von 1541 nennt Calvin sie den Zugang zur Kirche. Sie ist das Zeugnis dafür, daß wir zur Familie Gottes gehören. Die Taufe stellt das Leben des Täuflings unter die Erwartung, daß er die Frucht der Taufe bringe, die Buße und den Glauben, die der von der Taufe dargestellten Wirklichkeit der Sündenabwaschung entsprechen. Die Gliedschaft in der Gemeinde erhält in der Taufe ihre Versiegelung.

Wie schon gesagt, hat Calvin beide Sakramente auch „Zeremonien" genannt, „seine Religion auch vor Menschen zu bekennen"[42]. Soweit also die Kirche als Funktionengemeinschaft zu betrachten ist, erlauben es die Sakramente, von einer Ordnung der Gliedschaft durch die Sakramente zu sprechen. Die Taufe bezeugt uns, daß wir durch Christus, durch sein Lebensopfer zu seiner Gemeinde versammelt werden, und das Abendmahl bezeugt uns, daß wir durch das gleiche Opfer in der Gliedschaft erhalten werden. Die Gliedschaftsordnung Calvins kennt eine sakramentale Gliedschaft. Fragen wir, ob denn nicht die Gläubigkeit der Glieder ihre Gemeinschaft am Leibe Christi ausmacht, so antwortet Calvin: Durchaus! Aber da das Gläubigwerden das Werk des Wortes und des Geistes ist, kann es durch die Kirchenordnung nicht sichergestellt und geregelt werden. Die Gläubigkeit ist die Erwartung und das Ziel des Auftrags, den die Funktionen, den gerade die Sakramente an den Gliedern wahrnehmen.

Calvins Gedanken zur Ordnung der Gemeinde stellen eines nachdrücklich heraus: die Kirche lebt von einem Auftrag, und sie lebt in Funktionen, die dem Auftrag entsprechen und die sie wahrzunehmen hat. Wir würden das noch weiter bestätigt finden, wenn wir auch noch die Agende Calvins betrachteten und uns fragten, welcher Ordnungsgedanke hinter den Formularen und Anweisungen für die gottesdienstlichen Versammlungen der Gemeinde steht. Es würde sich zeigen, daß Calvin unter den beiden Möglichkeiten, die sich in der Geschichte des kirchlichen Gottesdienstes herausgeschält haben, unter der darstellenden, Gottes Heilshandeln mit dem Menschen symbolisch oder theurgisch vergegenwärtigenden und verwirklichenden Form und der dies Heilshandeln verkündigenden Form, die letzte gewählt hat. Die calvinische Liturgie ist Verkündigungsliturgie, man kann sogar den Ausdruck wählen, sie ist Lehrliturgie, wobei man sich allerdings klarmachen muß, daß Calvins Anschauung von der Lehre über das bloße Mitteilen hinausgeht, weil er das Wirken des Heiligen Geistes und den Glaubensgehorsam als die rechte Weise, sich auf Gottes Heilshandeln zu beziehen, mit einbezieht in seine Anschauung vom Wesen der gottesdienstlichen Gemeindeversammlung. Da aber die Kirche über das Wirken des Geistes und über den Glaubensgehorsam

---

[42] Inst. IV, 14, 19.

des Menschen nicht durch Ordnungen verfügen kann, so hat sie ihre Ordnungsanweisungen auf allen Gebieten kirchlichen Ordnungslebens auf den Auftrag abzustellen, Gottes Heilshandeln zu dienen, und die Gemeinde dazu anzuhalten, in den Funktionen zu leben, die durch diesen Auftrag ausgelöst werden.

Es waren nur einige dürftige Streiflichter auf die Gedanken Calvins zur Ordnung der Gemeinde, die ich Ihnen bieten konnte. Heute, im Abstand von vierhundert Jahren, dürfen wir mit einigem Grund sagen, daß Calvins Bedeutung nicht sosehr in der Fassung der Lehre lag, die er in seiner Dogmatik gegeben hat, so sehr er sich dadurch für immer unter die großen Theologen der christlichen Kirche eingereiht hat. Man wird vielmehr achten müssen auf diesen Versuch, an den er sein Leben gewagt und in dem er sich verzehrt hat, beides im buchstäblichen Sinn, eine Ordnung zu schaffen, die es der Gemeinde unausweichlich machte, den Sinn ihrer Existenz in dem wiederentdeckten Evangelium zu erkennen und die Sinnerfüllung ihres Lebens in der umfassenden und allseitig wirkenden Beziehung des Wortes zu der Aufgabe zu finden, die dem Menschen mit seinem Leben gesetzt ist.

Hermann Vahle

Calvinismus und Demokratie
im Spiegel der Forschung

Wer heute in die Probleme der Demokratietheorie und des demokratischen Regierungssystems einzuführen gedenkt, beginnt im allgemeinen mit Hobbes Grundlegung der modernen Sozialphilosophie und den klassischen Theoretikern der bürgerlichen Demokratie in England, vor allem John Locke.[1] Sind seine Theorien noch immer fundamental für das Verständnis der „repräsentativen Demokratie", so wird das Studium der „direkten Demokratie" eine Auseinandersetzung mit Frankreich, insbesondere mit Rousseaus Contrat social erfordern. Nun ist aber die Frage umstritten, wann der Durchbruch der modernen Demokratie in Europa überhaupt seinen Anfang nahm: Erfolgte er, wie in jüngster Zeit Heinz Laufer[2] betonte, bereits im 16. Jahrhundert? Wer diese Oberzeugung teilt, hat stets dem Calvinismus eine wichtige Schrittmacherrolle bezüglich der Entwicklung demokratischer Ideen zuerkannt: So sprach Doumergue von einer direkten Verbindung zwischen Calvinismus und moderner Demokratie[3], und Choisy glaubte, der Calvinismus habe die ersten demokratischen Programme inspiriert, die Calvinisten im 17. Jahrhundert in England konzipiert hätten.[4] Eine große kulturgeschichtliche Perspektive eröffnete sich auch Treumann, wenn er die Ansicht vertrat: „Calvins demokratische Kirchenverfassung verpflanzte sich zunächst nach Schottland, wo durch Knox die Presbyterialkirche den Sieg davontrug ... Durch die Puritaner übertrugen sich die kirchlich-demokratischen Grundsätze nach Amerika, wo sie bei der Organisation der Kolonien von großer Bedeutung wurden, um von

---

[1] Vgl. *I. Fetscher*: Die Demokratie. Grundfragen und Erscheinungsformen, Stuttgart, Berlin, Köln, Mainz 1970 (Urban-Taschenbücher Reihe 80, Bd. 805), S. 7 (Vorwort).
[2] *H. Laufer*: Die demokratische Ordnung. Eine Einführung, 2. Aufl., Stuttgart, Köln, Mainz 1970, S. 20.
[3] *E. Doumergue*: Jean Calvin. Les hommes et les choses de son temps, T. 5, S. 611 ff. (Repr. der Ausgaben Lausanne und Paris 1899-1927, Genève 1969).
[4] *E. Choisy*: L'État Chrétien Calviniste a Genève au temps de Théodore de Bèze, Genève, Paris 1902, S. 497; *ders.*: La Théocratie à Genève au temps de Calvin, Genève 1897, S. 278; „...le protestantisme n'etait pas un principe d'anarchie politique, morale et doctrinale, mais un principe de liberte politique, d'ordre et de progres dans la doctrine et dans les meeurs ... il (le calvinisme) a cherche à appliquer son principe a la societe comme aux individus."

hier auf den Kontinent zurückzuwirken, zur Zeit der Französischen Revolution."[5]

Äußerungen dieser Art sind freilich nicht unwidersprochen geblieben: Zum Beispiel vermochte schon Kampschulte[6] ein demokratisches Element im Staatsdenken Calvins nicht zu entdecken. Auch meinte in neuerer Zeit van Schelven, der Calvinismus habe weder die politische noch die soziale Demokratie angestrebt[7], und entschieden verneinte Jürgen Dennert ein geistesgeschichtliches Junktim zwischen der politischen Ideologie der sog. calvinistischen Monarchomachen und dem modernen Demokratiebegriff Rousseauscher Prägung.[8]

Die folgende Untersuchung versucht an Hand der Forschung die Frage nach dem demokratischen Gehalt im Calvinismus zu beantworten. Angesichts der immensen Literatur über Calvin und die Monarchomachen streben wir keinen vollständigen Überblick über die Arbeiten an, die unsere Thematik berühren. Es soll vielmehr versucht werden, eine möglichst repräsentative Auswahl vorzustellen. Dabei werden die Forschungsergebnisse der marxistischen Geschichtsschreibung, die dem Calvinismus als der „Ideologie des frühmanufakturellen Bürgertums" eine entscheidende Rolle in den „bürgerlichen Revolutionen" des 16. und 17. Jahrhunderts zuweist, mit einbezogen.

Beginnen wir mit Carl Bernhard Hundeshagen und seiner Abhandlung „Calvinismus und staatsbürgerliche Freiheit" (1841).[9] Obwohl in dieser kleinen Arbeit von demokratischen Tendenzen expressis verbis nicht die Sprache ist, heißt es doch, daß Calvin die „Repräsentativ-Republik" bedingt für die beste Staatsform gehalten habe[10]; einen Staat also, in dem das Volk von einem „Ausschuß seiner würdigsten Bürger repräsentiert" werde.[11] Und ausgesprochen demokratische Ziele scheint Calvin verfolgt zu haben, wenn man bei Hundeshagen liest: „So schuf Calvin aus jeder Gemeinde eine kleine Republik, aus der Vereinigung aller Gemeinden einen republikanischen Bun-

---

[5] *R. Treumann*: Die Monarchomachen. Eine Darstellung der revolutionären Staatslehren des XVI. Jahrhunderts (1573-1599); Leipzig 1895, S. 35f. (Staats- und völkerrechtliche Abhandlungen I, 1, hg. von G. Jellmek und G. Meyer).

[6] *F.W. Kampschulte*: Johannes Calvin, seine Kirche und sein Staat in Genf, T. I, Leipzig 1869, S. 418.

[7] *A.A. van Schelven*: Beza's De Iure Magistratuum in Subditos, in: Archiv f. Reformationsgeschichte 45 (1954), S. 62-83; hier S. 79.

[8] *Beza, Brutus, Hotman. Calvinistische Monarchomachen*, übers, von *H. Klingelhöfer*, hg. und eingeleitet von *J. Dennert*, Köln und Opladen 1968. Einleitung S. XLV-LI (= Klassiker der Politik, Bd. 8, Neue Folge).

[9] *C.B. Hundeshagen*: Calvinismus und staatsbürgerliche Freiheit (1841), hg. von Laure Wyss, Zollikon-Zürich 1946.

[10] Ebd., S. 25.

[11] Ebd., S. 19.

deskörper, in welchem kein Platz für eine Erhebung des einen über den anderen war, außer durch Wahl der Gleichberechtigten."[12]

Demgegenüber betonte John N. Figgis, Calvin sei autoritärer als Luther gewesen und habe weder die Rebellion noch die Demokratie unterstützt.[13] Den „Mob" habe er verachtet, und theologisch und politisch habe er der Freiheit mißtraut; sein Ideal sei ein „aristokratisches Regiment" und die „kirchliche Oligarchie" gewesen.[14] Jedoch sei der Calvinismus, da er gegen obrigkeitliche Willkür und monarchische Allmacht gekämpft habe, zur Grundlage der modernen Freiheit geworden[15], ja es lasse sich, da den Schriften der calvinistischen Monarchomachen die Vertragsidee zugrunde liege, eine geistesgeschichtliche Verbindung vom Calvinismus bis zu Rousseau ziehen.[16]

Auch Beyerhaus gab zu verstehen, daß der spätere Calvinismus an der Herbeiführung einer „Prädisposition für den demokratischen Geist" nicht ganz unbeteiligt gewesen sei, doch müsse man diese Gesichtspunkte bei der Schilderung der Staatsanschauung Calvins sorgfältig ausscheiden.[17] Calvins Staatslehre sei nichts anderes als eine „gewaltige Negation" des mittelalterlichen Theorems von der Volkssouveränität.[18] Zwar solle der Herrscher nicht allein Gott, sondern auch dem Volke dienen, aber das bedeute keinesfalls die Unterordnung des Fürsten unter das Volk als rechtsfähiges Subjekt.[19]

Der mittelalterliche Gedanke „populus maior principe" ist also nach Beyerhaus bei Calvin nicht vorhanden. Wohl heißt es, daß Calvin im Senecakommentar (1532) die Herrschaftsgewalt des Fürsten als eine „bürgerliche Vollmacht"[20] begreift, grundsätzlich aber gälte dann von der 1. Ausgabe der Institutio von 1536 an, daß vom Standpunkt der Souveränität Gottes Calvin jeder Anlaß fehle, den Rechtsgrund der weltlichen Herrschergewalt in einer anderen Quelle als in Gott zu suchen.[21] Für Beyerhaus ist also die Theorie von der Volkssouveränität, aber auch ein aktives Widerstandsrecht des einzelnen bei Calvin eliminiert. Erst nach Calvin werden die mittelalterlichen Elemente mit

---

[12] Ebd., S. 25 f.
[13] *J.N. Figgis*: Studies of Political Thought from Gerson to Grotius 1414-1625 (1907), 2. Aufl., Repr. Cambridge 1931, S. 106.
[14] Ebd., S. 126.
[15] Ebd., S. 119.
[16] Ebd., S. 129.
[17] *G. Beyerhaus*: Studien zur Staatsanschauung Calvins mit besonderer Berücksichtigung seines Souveränitätsbegriffs, Berlin 1910, S. 108 (= Neue Studien zur Geschichte der Theologie und der Kirche 7).
[18] Ebd., S. 96
[19] Ebd.
[20] Ebd., S. 20 (imperatori non tarn regnum, quam procurationem quandam civiieni asserunt. Op. 5, S. 31).
[21] Ebd., S. 96.

der Lehre von der Souveränität Gottes „mehr oder weniger" verschmolzen.[22] So hätten dann Hotman, Beza, und die „Vindiciae" die Doktrin von der unveräußerlichen Souveränität des Volkes zum Ausgangspunkt ihrer Überlegungen gemacht und den Flerrscher als „Volksbeamten" begriffen.[23]

In seiner Darstellung „Die Soziallehren der christlichen Kirchen und Gruppen" (1911) unterschied auch Ernst Troeltsch zwischen dem Calvinismus im allgemeinen und Calvins reformatorischem Denken im besonderen, ohne allerdings wie Beyerhaus das Trennende allzusehr zu apostrophieren.[24] Troeltsch glaubt, daß im Calvinismus die Irrationalität Gottes, der Weltordnung und der Erwählung aufs stärkste betont und die gegebenen Gewalten aufs nachdrücklichste anerkannt werden.[25] Obwohl der Calvinismus damit auf dem Boden des relativen Naturrechts stehe[26], habe er eine völlig neue Struktur des christlich-soziologischen Gedankens hervorgebracht, als dessen Kriterien die starke „Herausbildung und Verselbständigimg der Individualität zur Initiative und zum Verantwortungsgefühl des Handelns", aber auch stärkste „Gebundenheit in gemeinsamen, sachlichen, durch ihren religiösen Charakter unantastbar gemachten Zielen und Werten" erkannt werden müßten.[27]

Der Calvinismus besitzt daher für Troeltsch einen individualistisch-demokratischen Zug und die starke Herausbildung der Autorität und Unwandelbarkeit des Gesetzes; es sei daher eine „konservative Demokratie" möglich[28], die freilich mit der „egalitären, lateinischen Demokratie im Stile Rousseaus" nichts gemein habe[29]. Troeltsch verneint deshalb auch eine direkte Verbindung von Calvinismus und moderner Demokratie nach „französischer und amerikanischer Art"[30]; jedoch habe der Calvinismus, mehr noch das Täufertum, die moderne Demokratie immerhin „vorbereitet".[31] Daher vermag Troeltsch zu sagen: „So ist der Calvinismus diejenige Form des Christentums geworden, die heute mit der modernen Demokratisierung innerlich verwachsen ist und ohne jeden Schaden an seiner religiösen Idee auf sie eingehen kann. Zugleich sind gerade durch seine religiös-metaphysische Begründung des Individuums, durch seine Festhaltung der wesentlichen Ungleichheit der Menschen und durch seinen konservativen Sinn für Ordnung und Gesetz die

---

[22] Ebd., S. 145.
[23] Ebd., S. 146.
[24] *E. Troeltsch*: Die Soziallehren der christlichen Kirchen und Gruppen (Gesammelte Schriften, Bd. 1), S. 605 ff. (Lizenzausgabe Scientia Verlag, Aalen 1965).
[25] Ebd., S. 672.
[26] Ebd., S. 636.
[27] Ebd., S. 671.
[28] Ebd.
[29] Ebd., S. 672, Anm. 360.
[30] Ebd., S. 702.
[31] Ebd.

207

gefährlichsten Folgen der Demokratie, die Herrschaft der bloßen Zahl und die abstrakte Egalität, vermieden."[32]

Calvins persönliche Anschauung nennt Troeltsch „undemokratisch und autoritär", und auch Calvins Kirchenverfassung ist für ihn'trotz der Beteiligung der gesamten Gemeinde an der Kirche keine „Gemeindedemokratie"[33]. Darüber hinaus habe sich Genfs Verfassung unter Calvins Einwirken eher oligarchisch als demokratisch entwickelt.[34] All dies könne aber nicht darüber hinwegtäuschen, daß die Verflechtung von Gemeindekirche und Republik „stark auf demokratische Gedanken, auf das Prinzip der Volkssouveränität" hingewirkt habe.[35] Durch den „Cri au peuple", den Appell an die Massen in der Predigt, hätten Calvin und seine Prediger gegen die „herrschenden Geschlechter" gekämpft und die Wahlen beeinflußt[36], so daß trotz Achtung der Autorität und Verpflichtung des Privatmanns zum Gehorsam die Parole Gültigkeit gehabt habe: Durch das Volk und für das Volk.[37]

Max Weber hatte die These vertreten, daß der Calvinismus in der Zeit der Ausbreitung der Reformation an eine bestimmte Klasse der Gesellschaft ausschließlich nicht gebunden gewesen sei, daß aber insbesondere Kaufleute, „Industrielle" und Handwerker numerisch eine starke Vertretung gebildet hätten.[38] Auch glaubte Weber, daß keineswegs die „kapitalistischen Unternehmer des Handelspatriziats", sondern weit mehr die „aufstrebenden Schichten des gewerblichen Mittelstandes" Calvinisten und Träger des „neuen kapitalistischen Geistes" gewesen seien; ganz unerträglich aber sei der Calvinismus von breiten Schichten des alten Patriziats in Genf, Holland und England empfunden worden.[39]

Wie wir sahen, deutete auch Troeltsch an, daß Calvin in Genf für das „Volk", das heißt für das gewerbliche Bürgertum und gegen die „herrschenden Geschlechter" des Kaufmannspatriziats nach der Parole „durch das Volk und für das Volk" gekämpft habe. Sind also die demokratischen Elemente im Calvinismus dadurch motiviert, daß bereits Calvin im Kampf gegen das Patriziat für das gewerbliche Bürgertum in Genf Partei ergriff? Dieser Frage ging Troeltsch nicht weiter nach, ja, er relativierte seine diesbezüglichen Aussagen, indem er schließlich konstatierte, Calvin habe im Hinblick auf Genf sowohl die „geldwirtschaftlich-kaufmännischen" als auch die „hand-

---

[32] Ebd., S. 703.
[33] Ebd., S. 683.
[34] Ebd., S. 683 f.
[35] Ebd., S. 684.
[36] Ebd.
[37] Ebd., S. 687.
[38] *M. Weber*: Die protestantische Ethik und der Geist des Kapitalismus (Gesammelte Aufsätze zur Religionssoziologie, Bd. 1-3), Tübingen 1923; hier Bd. 1, S. 26.
[39] Ebd., S. 20.

werklich-industriellen Interessen" als für die Erhaltung des Staates lebensnotwendige Erwerbszweige mit Nachdruck gefördert wissen wollen.[40]

Nach Troeltsch nahm insbesondere Hans Baron[41] zum Problem Calvinismus und Demokratie Stellung. Man dürfe sich nicht bei Calvin durch Wendungen wie zum Beispiel: Das Volk besitzt die Macht „creare communibus suffragiis pastores" oder „d'elire chefs et magistrats" in die Irre führen lassen, dann nicht die Demokratie, sondern die republikanische Freiheit werde empfohlen.[42] Das aristokratische Ideal sei nichts anderes als ein Ergebnis der innersten Religiosität Calvins; schon in seinen frühesten Schriften – in der Institutio von der 1. Ausgabe an – habe sich Calvin für die Aristokratie entschieden. Erst der spätere Calvinismus habe den demokratischen Geist gefördert, indem er Ideen der Sekten rezipiere, die Calvin selber fremd gewesen seien.

Baron räumt dann aber ein, daß bereits Calvin die gemäßigt-demokratische Mitregierung der Laien gutgeheißen und dem Gemeindeprinzip den Weg geebnet hat. Zwar sei Calvin in der Staatslehre vorsichtiger gewesen, aber auch hier hätten sich mit der Zeit „ähnliche Konsequenzen" ergeben. Die Prädestinationslehre habe nicht nur aristokratische Gesinnungen gefördert, sondern sei auch demokratischen Ideen entgegengekommen, da sie jedem einzelnen „Erwählten" das Bewußtsein seines unendlichen Wertes verliehen habe, so daß irdischer Stand und Rang relativiert worden seien.[43] Auch habe die calvinistische Sittenzucht demokratisierend gewirkt, da sie gegen die Lebensgewohnheiten der höheren Stände gerichtet gewesen sei. Daher meint Baron am Ende doch, daß schon „im frühesten Calvinismus ... erste Ansatzpunkte für spätere demokratische Entwicklungen" verborgen seien.[44]

Entschieden verwarf dagegen J.W. Allen die Ansicht, Calvins System sei demokratisch, und wenn auch nur tendenziell.[45] Allerdings gab er zu verstehen, daß ein System zu Ergebnissen führen könne, die den ursprünglichen Ideen des Begründers diametral entgegengesetzt seien; das gelte für die calvi-

---

[40] Ebd., S. 706 f.
[41] *H. Baron*: Calvins Staatsanschauung und das konfessionelle Zeitalter, München und Berlin 1924 (Historische Zeitschrift, Beiheft 1).
[42] Ebd., S. 73.
[43] Ebd., S. 75.
[44] Ebd., S. 76. Vgl. auch *H. Haußherr*: Der Staat in Calvins Gedankenwelt, Leipzig 1923 (Schriften des Vereins für Reformationsgeschichte, Jg. 41, Nr. 136), wo es heißt: „So brachte sein (Calvins) Wirken eine neue Tendenz in die Genfer Verfassungsentwicklung, die stärkere Betonung der allgemeinen Bürgerversammlung. Ein Kirchentum, das mehr als jedes andere fähig ist, jeden Einzelnen ganz zu ergreifen, konnte auch aus der Macht, die in der Masse schlummerte, neue politische Kräfte wecken" (S. 42).
[45] *J.W. Allen*: A History of Political Thought in the Sixteenth Century, London 1928; Repr. London 1964, S. 66.

nistischen Monarchomachen, die in manchen Punkten von Calvins Lehre abgewichen seien.[46] Gewisse demokratische Elemente bei Calvin führt Allen auf den Einfluß der alten Genfer Munizipalverfassung zurück, die Calvin notgedrungen habe berücksichtigen müssen.[47] Mit anderen Worten: Die demokratisierende Wirkung der Calvinschen Theologie, den Zusammenhang von religiös-individueller Freiheit und politischer Freiheit, sieht Allen nicht. Für ihn ist Calvins Denken allenfalls demokratisch, da bei ihm alle Menschen gleichermaßen verderbt seien; aber auch das stimme nicht ganz, denn Calvins „aristokratisches System" sei letztlich auf die Oberzeugung gegründet, daß wenige Menschen gottesfürchtig und erwählt, die meisten aber schlecht und verworfen seien.[48]

Ober alle bisherigen Stellungnahmen ging schließlich Ch. Mercier in seinem Aufsatz „L'Esprit de Calvin et la Democratie" (1934)[49] hinaus, wenn er die Auffassung vertrat, Calvin habe weder direkt noch indirekt die moderne Demokratie beeinflußt. Fehlinterpretationen führte Mercier darauf zurück, daß nicht sorgfältig genug zwischen Calvins Anschauungen über das kirchliche und weltliche Regiment und seinen Bemühungen, die Freiheit der Regierten zu schützen, geschieden worden sei. Im übrigen, so glaubte Mercier, sei der beste Weg zum Verständnis der politischen Ideen des Reformators noch immer ein genaues Studium seiner Ansichten über Natur und Ursprung der kirchlichen Gewalt. Prinzipiell gelte, daß Gott den Dienern der Kirche die Macht übertrage, auch wenn sie intermediär von der Gemeinde „gewählt" würden. Mithin seien die Pastoren „Repräsentanten Gottes", keineswegs „Vertreter" der souveränen Gemeinde.[50]

Nach Mercier hat Calvin die Gemeindewahl bejaht, aber nicht im Sinne eines allgemeinen demokratischen Wahlrechts, sondern als „consentement commun".[51] Ihm genüge es, wenn die eigentliche Wahl der kirchlichen Autoritäten denen zukomme, die die Gemeinde repräsentieren, freilich nicht als „Delegierte der Gemeinde", sondern kraft persönlicher Qualifikation.[52]

Auch über die weltlichen Obrigkeiten urteilt Mercier: „Ils ne jouissent pas d'une autorité propre, mais déléguée; cette délégation ils la tiennent, non de la

---

[46] Ebd., S. 56.
[47] Ebd., S. 66.
[48] Ebd., S. 67. Vgl. *G.P. Gooch*: English Democratie Ideas in the Seventeenth Century, 2. Aufl., Cambridge 1927. Gooch betont, die moderne Demokratie sei ein Kind der Reformation, nicht der Reformatoren. Calvin habe vom Volk keine hohe Meinung gehabt (S. 6). Erst später habe sich Calvins Lehre zunehmend zum Anwalt der „Rechte des Volkes" gemacht (S. 7).
[49] In: Revue d'histoire ecclesiastique 30 (1934), S. 5-53.
[50] Ebd., S. 28.
[51] Ebd., S. 31.
[52] Ebd., S. 33.

souveraineté populaire, mais directement de Dieu lui-même."[53] Sah also Mercier in Calvin keinen Vorläufer moderner demokratischer Ideen, so stellte er am Ende seiner Arbeit seine bisherigen Ergebnisse zumindest partiell wieder in Frage, wenn er ein Junktim zwischen dem religiösen Individualismus der Calvinschen Theologie und dem Rvousseauschen Prinzip der absoluten Autonomie des Individuums zu erkennen glaubte: „Mais en faisant du chrétien conscient de son election le centre de la vie religieuse ... Calvin avait ebranlé, sans le savoir, le principe meme de l'ordre ... ouvrant ainsi toute grande la breche par ou devait se repandre l'esprit des temps nouveaux: esprit d'indépendance et d'autonomie absolue de l'individu, dont Rousseau nous a laissé en politique la forme achevée et que nous retrouvons dejâ en germe dans l'Institution chrétienne de Calvin."[54]

Im Gegensatz zu Mercier verwies dann aber Pierre Mesnard auf rudimentär entwickelte demokratische Ansätze bei Calvin, wenn er auch erst die politische Theorie der calvinistischen Monarchomachen ihrem Wesen nach demokratisch nannte.[55] Calvin habe in Genf eine „démocratie formelle" angetroffen, die eigentliche politische Macht habe in den Händen einer patrizischen Oligarchie gelegen.[56] Im Kampf gegen die „reiche Bourgeoisie" und die patrizische Partei der „Libertiner" habe sich Calvin schließlich durchgesetzt, an dem politischen System aber nach seinem Sieg wenig geändert. Unter ihm sei jedoch die Idee der bürgerlichen Gleichheit vor dem Gesetz sowie die Idee von den „Rechten des Volkes und des Individuums" entwickelt worden. Besonders auf kirchlichem Gebiet habe das Prinzip der „Volkskontrolle" (controle populaire) gegolten, und eine drohende Haltung des Volkes habe genügt „à maintenir dans la bonne voie l'aristocratie des Conseils".[57]

Vor allem hat schließlich Bohatec in seiner grundlegenden Arbeit über Calvin, die heute die älteren Abhandlungen von Hundeshagen, Kampschulte, Beyerhaus, Haußherr und Baron weitgehend ersetzt, im Hinblick auf Calvins Staatsideal von einer durch die Aristokratie „gemäßigten Demokratie" gesprochen[58]; Calvin habe die „reine", „absolute" und „äußerste" Demokratie mit ihrem Gleichheitsprinzip, das den Individuen die gleichen angeborenen Menschenrechte vindiziere, energisch abgelehnt[59], ebenso den atomistischen

[53] Ebd., S. 38.
[54] Ebd., S. 53.
[55] *P. Mesnard*: L'Essor de la Philosophie Politique au XVIe Siècle, Paris 1935; 3. Ed. Paris 1969, S. 309 ff.
[56] Ebd., S. 308.
[57] Ebd., S. 307.
[58] *J. Bohatec*: Calvins Lehre von Staat und Kirche mit besonderer Berücksichtigung des Organismusgedankens, Breslau 1937 (Untersuchungen zur Deutschen Staats- und Rechtsgeschichte, Heft 147); Neudruck der Ausgabe 1937, Scientia Aalen 1961, S. 129.
[59] Ebd., S. 152.

Individualismus der Schwärmer, der alle geschichtlichen und objektiv autoritären Bindungen auflöse.[60] Jedoch habe Calvin das Prinzip anerkannt, daß die Gesellschaft ihren Bestand dem einzelnen zu verdanken habe. Der einzelne aber werde immer daran erinnert, daß er nicht für sich selbst leben, sondern als Glied eines gottgewollten Ganzen seine ihm von Gott verliehenen Gaben zum Ruhme Gottes und zum Wohl des Ganzen entfalten solle. Einzelne und Einzelverbände hätten Rechte und Pflichten im Ganzen. Angestrebt sei die „organische Einheit", die vom transzendenten Prinzip der Pneumokratie (Geistesherrschaft) durchdrungen werde.[61]

Bohatec wertet die Staatsanschauung Calvins nicht als doktrinäre theologische Staatsmetaphysik; Calvin steht für ihn in dem lebendigsten Zusammenhang mit der damaligen Staatswirklichkeit.[62] Hatte schon Troeltsch betont, daß die „allgemeine kulturelle Lage" Genfs Calvins politisches, soziales und ökonomisches Denken mitbestimmt habe[63], so unterstrich Bohatec die Bedeutung der Genfer Munizipalverfassung für Calvins Staatsdenken; ja er bemühte sich um den Nachweis, daß Calvins Staatsideal einer gemischten aristokratisch-demokratischen Staatsform keine abstrakte Staatsdoktrin, sondern die theoretische Rechtfertigung der Genfer Verfassung sei: „Im Hintergrunde der Gedanken Calvins steht der Stadtstaat Genf mit seinen einfachen Einwohnern und den privilegierten Bourgeois, mit seinen aristokratisch-demokratischen Ratskollegien und Ratsversammlungen ..."[64]

Bohatecs Darstellung hätte ohne Zweifel an Klarheit gewonnen, wenn sie die Genfer Munizipalverfassung stärker durchleuchtet hätte, zum Beispiel das Wahlrecht der Bürger im „Allgemeinen Rat" oder im „Rat der. Zweihundert" sowie die eigentlichen Kompetenzen dieser bürgerlich-demokratischen Gremien, die freilich an Bedeutung hinter dem „Kleinen Rat", der patrizischen Exekutive der Stadt, zurückstanden. Aber auch so ist erkennbar, was Calvin konkret unter einer durch die „Aristokratie", das heißt das Patriziat „gemäßigten Demokratie", verstanden wissen will: Keineswegs die Anerkennung des Prinzips der Volkssouveränität, denn das wäre ein Merkmal der „äußersten Demokratie", wie Bohatec betont.[65] „Gemäßigte Demokratie" ist vielmehr gleichbedeutend mit „gemäßigter Freiheit", die ihren sinnfälligsten Ausdruck im „demokratischen, aktiven, allgemeinen Wahlrecht" (creare communibus suffragiis) findet und über das Bohatec urteilt: „Es kommt im Grunde auf dasselbe hinaus, wenn Calvin von einer allgemeinen Zustimmung

---

[60] Ebd., S. 746.
[61] Ebd., S. 747.
[62] Ebd., Vorwort S. XVI f.
[63] *Troeltsch*, S. 681.
[64] *Bohatec*, S. 157.
[65] Ebd., S. 152, S. 155. Calvin nennt die Demokratie „... une domination populaire, en laquelle diacun du peuple a puissance." Op. 4, 1133.

des Volkes (consensus populi) oder von einer Billigung einer bereits von anderen maßgebenden Autoritäten getroffenen Wahl spricht."[66]

So wurden zum Beispiel die vier Syndiken des „Kleinen Rates" nicht jedes Jahr neu gewählt, sondern nach Ablauf ihrer Amtszeit von den Bürgern „communibus suffragiis" einfach bestätigt. Es war bereits jene Kommission von 1542, der auch Calvin angehörte, die sich gegen die jährliche Neuwahl aller Syndiken ausgesprochen hatte und nur noch zwei von ihnen dem „Allgemeinen Rat" zur Neuwahl vorgeschlagen wissen wollte. Während Fazy hier eine „oligarchische Absicht des Gesetzgebers" erblickte[67], spricht Bohatec in Anlehnung an Cornelius[68] von einer praktischen Erleichterung der bisherigen Wahlordnung im Interesse einer „ruhigen und gleichmäßigen Fortführung der Geschäfte", keineswegs also von einer bewußt antidemokratischen Intention der Kommission von 1542.[69]

Auch die Frage, ob Calvin der Gemeinde „gemäßigt demokratische Rechte" zugestanden hat, bejaht Bohatec, wenn es heißt, daß bezüglich der Wahl der Pastoren „sowohl das extrem demokratisch-nivellierende, als auch das extrem autokratisch-herrschaftliche Element" ausgeschaltet worden sei.[70] In den Ordonnances von 1561 heißt es, daß die Wahl der Pastoren erst „par consentement commun de la compagnie des fideles" abgeschlossen sei; wenn ein Einspruch eines Gemeindegliedes erfolge, so sei dieser an den „Kleinen Rat" zu richten.[71] Von einer Wahl durch die Gemeinde ist nicht die Rede. Immerhin ist der „tacitus consensus" der Gemeinde unabdingbar, auch hat jedes Gemeindeglied ein Recht auf begründeten Einspruch, so daß dergestalt immer noch ein demokratisches Element gewahrt bleibt, wie Bohatec zu Recht hervorgehoben hat.[72]

Troeltsch hatte von der Möglichkeit einer „konservativen Demokratie" im Calvinismus und Bohatec von einer durch die Aristokratie „gemäßigten Demokratie" bei Calvin gesprochen. Darüber hinaus hatte Troeltsch eine direkte Verbindung von Calvinismus und moderner Demokratie verneint, aber die Ansicht vertreten, daß der Calvinismus die moderne Demokratie immerhin „vorbereitet" habe. Hier knüpfte W.S. Hudson in seinem Aufsatz „Democratic Freedom and Religious Faith in the Reformed Tradition" (1946) an, wenn er sagte: „The thought of Calvin provided the Potential basis for the

---

[66] Ebd., S. 153 f.

[67] *H. Fazy*: Les Constitutions de la Republique de Genève. Étude historique, Genève-Bale 1890, S. 49.

[68] *C.A. Cornelius*: Die ersten Jahre der Kirche Calvins, 1541-1546, München 1895, S. 255 (Abhandlungen der Bayerischen Akademie der Wissenschaften, Historisdte Klasse, Bd. 21).

[69] *Bohatec*, S. 255-257.

[70] Ebd., S. 513.

[71] Op. 10, S. 91 ff.; hier S. 94.

[72] *Bohatec*, S. 513; vgl. auch *Troeltsch*, a.a.O., S. 684, Anm. 368.

elaboration of democratic ideas."[73] Zwei Grundgedanken bei Calvin, die Beschränkung der Regierungsgewalt und das Widerstandsrecht, seien ihrem Wesen nach demokratisch. Das bedeutet nach Hudson freilich nicht, daß der frühe Calvinismus bereits alle charakteristischen Merkmale der modernen Demokratie antizipiert hat, aber es heißt: „The relationship has beeil intimate and direct."[74]

Man könnte einwenden, Calvins Theorem von der absoluten Souveränität Gottes und demokratische Prinzipien seien unüberbrückbare Gegensätze. So hatte zum Beispiel Cheneviere in Anlehnung an Mercier erklärt, Calvin sei ein entschiedener Gegner jeder politischen Doktrin, welche das Volk zum alleinigen und legitimen Inhaber der Souveränität deklariere: „Pour Calvin, Dieu est le seul souverain; à Dieu seul appartient le pouvoir; Il peut le déléguer à qui Il veut …; mais en aucun cas Calvin n'a admis que le peuple puisse etre consideré comme le Souverain dont émane tout pouvoir. Le peuple est l'un des instruments dont Dieu peut se servir pour organiser la vie politique dans une societé donnée, mais il n'est rien de plus."[75]

Für Hudson aber gilt, daß nach calvinistischem Verständnis zwar allein Gott die höchste Gewalt zusteht, Gott aber souveräne Herrschaftsgewalt dem Volk übertragen hat[76]; und vertrat Cheneviere die Ansicht, daß die Obrigkeiten bei Calvin keine Repräsentanten, sondern lediglich Beschützer des Volkes, mithin allein Gott verantwortlich seien[77], so betonte Hudson bei Calvin die doppelte Verantwortung der Obrigkeit vor Gott und dem Volk.[78]

Hudsons These von der direkten Verbindung von Calvinismus und moderner Demokratie, aber auch die Stilisierung Woodrow Wilsons zu einer calvinistische und demokratische Prinzipien harmonisch vereinenden Persönlichkeit[79] ist ohne Zweifel überzogen, verständlich freilich aus dem Wunsch, den Nachweis der politisch-ideologischen Vaterschaft des Genfer Calvinismus für die moderne amerikanische Demokratie zu führen.

Hudsons Ausführungen stimmte im Prinzip auch John T. Mc Neill in seinem Aufsatz „The democratic dement in Calvin's thought" (1949) zu: „(Calvin's) notion of aristocracy tempered by democracy approaches our

---

[73] In: Church History 15 (1946), S. 177-194; hier S. 179.
[74] Ebd., S. 194.
[75] *M.-E. Cheneviere*: La Pensée Politique de Calvin. These, Genève, Paris 1937, S. 10, Anm. 4; Chenevières These, eine republikanische, antimonarchische Tendenz habe sich erst nach Calvin durchgesetzt, widersprach bereits Hans Baron in dem kleinen Beitrag „Calvinist Republicanism and its Historical Roots", in: Church History 8 (1939), S. 30-42; hier 5. 40, Anm. 23.
[76] *Hudson*, S. 193.
[77] *Cheneviere*, S. 335. Auch Bohatec glaubt, daß sich bei Calvin der Gedanke einer staatsrechtlichen Repräsentation der Stände nicht nachweisen läßt (S. 206).
[78] *Hudson*, S. 193.
[79] Ebd.

conception of representative democracy."[80] Mc Neill betont jedoch, daß Calvin seine reformatorische Tätigkeit in einer Stadt (Genf) aufgenommen habe, deren bewaffnete Bürger von feudaler und episkopaler Kontrolle soeben erst befreit gewesen seien; es sei dies eine Zeit „nachrevolutionärer Instabilität" gewesen, weshalb Calvin eine Demokratisierung von Staat und Kirche über eine „conservative democracy" hinaus abgelehnt habe.[81]

Auf den engen Zusammenhang von Theologie und politischem Denken bei Calvin machte erst wieder Erik Wolf aufmerksam.[82] Mit dem Bewährungsgedanken sei die grundsätzliche Forderung nach persönlicher und politischer Freiheit verbunden, denn die Gemeinde bedürfe der Selbstbestimmung, um ein Beispiel christlicher Lebensordnung aufstellen zu können: „Eine bruderschaftliche Verfassung, die auf selbstverantwortliche Mitregierung jedes einzelnen Gemeindemitglieds und auf freie Selbstbestimmung des politischen Ganzen gegründet ist, muß jeder calvinistischen Sozialordnung als eine Grundforderung christlicher Lebensgemeinschaft erscheinen."[83] Die „christliche Freiheit" sei bei Calvin auch „politische Freiheit", weil der Christ zugleich Bürger sei. Daher sei die Freiheit zu Gott, die Gleichheit vor Gott (im Sinne des gleichen Untertanseins gegenüber dem allmächtigen Gott) und die Brüderlichkeit mit dem Nächsten zugleich Wesenszug des guten Staates als Freiheit von Tyrannis, Gleichheit vor dem Gesetz und Brüderlichkeit in der Verwaltung zeitlicher Güter. Das habe Bohatec nicht beachtet, weil er die soziologische Realität nicht gekannt habe, die für Calvin und das Reformiertentum „Demokratie" heiße.[84]

Nach Wolf überwiegt in Calvins idealer Staatsform, der gemischt aristokratisch-demokratischen Verfassung, das aristokratische Element.[85] Auch habe Calvin gelehrt, nicht dem Volk, sondern Gott sei es anheimgestellt, die Herrschaftsformen nach freiem Willen zu ändern.[86] Entsprechende Belege wertet Wolf aber nicht im Sinne einer antidemokratischen Einstellung Calvins, denn es heißt, daß es sich hier und bei ähnlichen Stellen um Ermahnungen Calvins an die Hugenotten handle, den Rechtsweg nicht zu verlassen. Calvins rechtsstaatlicher Legitimismus hebt also die seiner Gemeindelehre zugrunde liegenden Prinzipien politischer Selbstregierung nicht auf. Im Gegenteil, die „Idee politischer Freiheit und Selbstverantwortung des Volkes" wird nach

---

[80] In: Church History 18 (1949), S. 153-171; hier S. 169.
[81] Ebd., S. 170. Vgl. auch: *John Calvin on God and Political Duty*, Ed. with Introduction by *J.T. Mc Mc Neill* (= The Little Library of Liberal Arts 23), New York 1950.
[82] *E. Wolf*: Theologie und Sozialordnung bei Calvin, in: Archiv f. Reformationsgeschichte 42 (1951), S. 11-31.
[83] Ebd., S. 20.
[84] Ebd., S. 20, Anm. 35.
[85] Ebd., S. 20, Anm. 37.
[86] *Calvin*, Op. 39, S. 158.

Wolf zum wesentlichen Merkmal in den Verfassungen calvinistischer Gemeinwesen.[87]

Dagegen meinte G.L. Pinette, ohne allerdings wesentlich neue Gesichtspunkte beizutragen, Calvin habe den unbedingten Gehorsam gegenüber der Obrigkeit gefordert, zugleich aber auch ein Widerstandsrecht der Stände anerkannt.[88] Von hier aus erkläre sich die Furcht der französischen Krone vor der vermeintlich demokratisierenden Wirkung des Calvinismus, jedoch glaubt Pinette, wobei er ohne Zweifel eben jene Wirkung unterschätzt: „The fear of democracy was unfounded. Calvin did not create a State with populär sovereignty; there was actually no king in Europe who had as much power in his State as the older Calvin in Geneva. He conferred the highest honors on civil magistracy calling k most sacred and the magistrate a minister of divine justice."[89]

Auch für Willem F. Dankbaar ist Calvins Staatsordnung nicht demokratisch[90], aber es heißt einschränkend: „Allerdings wollte Calvin von einer Oligarchie, wie sie früher in Genf geherrscht hatte, als die Macht in den Händen einiger weniger vornehmer Familien lag, nichts wissen. Die Regierung der Stadt sollte in den Händen von Repräsentanten aus der ganzen Bürgerschaft ruhen."[91] Und wenn Dankbaar noch betont, daß im Jahre 1560 das passive Wahlrecht für die Mitgliedschaft im Kirchenrat ausgedehnt wurde, also nicht nur wie bisher Mitglieder des „Kleinen Rats", sondern auch des „Allgemeinen Rats" Älteste werden konnten[92], so wird man hier kaum von einer oligarchischen Tendenz sprechen können.

Essentiell demokratisch nannte dann vor allem Andre Bieder Calvins Staatsbegriff, jedoch dürfe man Calvin zu keinem Theoretiker „à la façon des doctrinaires des siècles modernes" stilisieren.[93] Calvins Kampf gegen jede Form von politischer, sozialer und ökonomischer Unterdrückung sei letztlich immer theologisch motiviert: Der Mensch sei durch Christus erlöst und geistig frei; die geistige Freiheit aber, so lehre Calvin, müsse auch ihren Niederschlag in recht verstandener politischer und sozialer Freiheit finden.[94] Somit werde verständlich, daß Calvins Kirchenordnung im Gegensatz zur hierarchischen Struktur der katholischen Kirche aus sozialer Perspektive gesehen „von

---

[87] *Wolf*, S. 29.
[88] *G.L. Pinette*: Freedom in Huguenot Doctrine, in: Archiv f. Reformationsgeschichte 50 (1959), S. 200-234; hier S. 202 f.
[89] Ebd., S. 205.
[90] *W.F. Dankbaar*: Calvin. Sein Weg und sein Werk, Neukirchen 1959, S. 96.
[91] Ebd.
[92] Ebd., S. 137.
[93] *A. Biéler*: La Pensée Économique et Sociale de Calvin, Genève 1959 (= Publications de la Faculté de Sciences Économiques et Sociales de l'Université de Genève, Vol. XIII), S. 284.
[94] Ebd., S. 305.

Grund auf demokratisch" sei.[95] Zwar habe Calvin den „l'esprit revolutionnaire" verurteilt, sich aber entschieden gegen den kritiklosen, opportunistischen Konformismus der Bürger gewandt. Sein Ziel sei die politische Aktivierung des Christen gewesen.[96]

Ähnlich urteilte W.S. Stankiewicz: Calvin sei kein wahrer Demokrat gewesen, aber er habe „the seeds of liberty" gestreut.[97] Zwar sei unter Calvin in Genf real wenig Demokratie praktiziert worden[98], aber Calvin habe den Repräsentativgedanken gestärkt: Zum Beispiel sei im Konsistorium auch die „niedere Geistlichkeit" vertreten gewesen. Und wenn sich über den Konsistorien schließlich Provinzial- und Nationalsynoden erhoben hätten, so könne ihnen ein parlamentarischer Charakter nicht abgesprochen werden, da sie gewählt und periodisch abgehalten worden seien.[99]

Das demokratische Element in „Calvins Genf" sprach auch noch E. William Monter an: Auf politischem Sektor hätten der „Rat der Zweihundert" und der „Allgemeine Rat" eine demokratische Funktion ausgeübt, die für das 16. Jahrhundert einzigartig gewesen sei.[100] Aber die Wahlen seien vorarrangiert gewesen, so daß sich der „Volkswille" mächtig, wenn auch nur indirekt zu Worte gemeldet habe. Ganz sicher vor „demokratischem Tumult" sei dagegen der patrizisch-oligarchische „Kleine Rat" gewesen.[101]

Auch Monter stellt fest, daß Calvins Sieg von 1555 über alle innenpolitischen Gegner eine Beruhigung der politischen Verhältnisse bewirkte: Zum Beispiel seien aus den einst lebhaft durchgeführten Wahlen „ruhige Wahlen" geworden, so daß die Regierung zur Wahrung des formal-demokratischen Charakters der Verfassung die Bürger habe ermahnen müssen, von ihrem Wahlrecht Gebrauch zu machen.[102] Die Veränderung des politischen Klimas

---

[95] Ebd., S. 280. Die Idee der Gleichheit in Calvins Kirche betont auch *F. Wendel*: Calvin. Sources et Évolution de sa Pensée Religieuse, Paris 1950 (= Études d'Histoire et de Philosophie Religieuses publiées par la Faculté de Théologie Protestante de l'Université de Strasbourg, Nr. 41), S. 231; vgl. ebenso *A. Ganoczy*: Le Jeune Calvin. Genèse et Evolution de sa vocation réformatrice, Wiesbaden 1966 (= Veröffentlichungen des Instituts für europäische Geschichte Mainz, Abteilung für Abendländische Religionsgeschichte, Bd. 40), S. 251, 268.

[96] *Biéler*, S. 286. Zur politischen Aktivierung der Bürger durch Calvin vgl. auch *ders.*: L'Humanisme Social de Calvin, Genève 1961, S. 31 f.

[97] *W.S. Stankiewicz*: Politics and Religion in Seventeenth-Century France. A Study of Political Ideas from the Monarchomachs to Bayle, as Reflected in the Toleration Controversy, Berkely-Los Angeles 1960, S. 11.

[98] Diese Auffassung vertritt auch *J. Cadier*: Calvin. L'Homme que Dieu a dompté, 2. Éd., Genève 1963, S. 108 f.

[99] *Stankiewicz*, S. 12.

[100] *E. William Monter*: Calvin's Geneva, New York, London, Sydney 1967 (= New Dimensions in History, Historical Cities), S. 145.

[101] Ebd., S. 146.

[102] Ebd., S. 162.

führt Monter jedoch nicht expressis verbis auf ein direktes politisches Eingreifen Calvins bzw. auf eine antidemokratische Einstellung des Reformators zurück.[103] Monter glaubt vielmehr, daß der Anteil Calvins und seiner Pastoren an den Regierungsgeschäften der Stadt wesentlich geringer gewesen ist als oftmals angenommen: „To a twentieth-century mind, their role seems to have consisted in supplying certain moral checks and balances to the civil government, in tempering the harsh necessities of secular rule with the persuasions of conscience."[104]

Ein abschließender Blick auf die bisher betrachtete Calvin-Literatur verdeutlicht, daß die überwiegende Mehrheit der Autoren eine direkte geistesgeschichtliche Verbindung zwischen Calvin bzw. dem frühen Genfer Calvinismus und den Theoretikern der modernen Demokratie zu Recht verneint. Calvin war kein Demokrat, kein Anwalt der Volkssouveränität und des Sozialvertrages. Er lehrte den unbedingten Gehorsam gegenüber der weltlichen Obrigkeit als „Stellvertreterin Gottes" und untersagte allen „Privatleuten", das heißt der Masse des Volkes, tyrannischer Willkür zu widerstehen; er verurteilte die Revolution und verfolgte daher unerbittlich Täufer und Sektierer jeder Art. Und doch fürchteten schon die Zeitgenossen die liberalisierende, ja demokratisierende Wirkung des Genfer Calvinismus: Calvins Theologie ebnete einem religiösen Individualismus den Weg, und seine Prädestinationslehre förderte nicht allein aristokratische, sondern auch demokratische Tendenzen. Den Widerstand gegen weltliche Gewalten, die den „wahren Glauben" verfolgten, erklärte Calvin zu einer Pflicht, und auf politischem Sektor zog er die aristokratisch-demokratisch strukturierte Republik der Monarchie entschieden vor. So gesehen wird man all jenen Historikern zustimmen müssen, die Calvin bescheinigen, daß er die religiös-individuelle und politische Freiheit des Volkes gefördert und damit einen nicht zu unterschät-

---

[103] Ausschlaggebend ist wohl eher ein allgemeiner Trend zur Oligarchisierung der Munizipalverfassung des 16. Jahrhunderts, der in Genf allerdings zeitlich später vor sich geht als in den benachbarten Städten Frankreichs; vgl. *R. Doucet*: Les Institutions de la France au XVIe Siècle, 2 Bde., Paris 1948; hier Bd. 1, S. 363. Zur Frage der Oligarchisierung Genfs s. auch *Émile G. Léonard*: Histoire Générale du Protestantisme, T. I-III, Paris 1961-1964; hier T. I, S. 298 f., wo die These vertreten wird, die Oligarchisierung habe unter Calvin bereits 1543 begonnen. Vgl. auch *E. Pfisterer*: Calvins Wirken in Genf. Neu geprüft und in Einzelbildern dargestellt, Neukirchen 1957, S. 141, wo gleichfalls vor einer Überschätzung des politischen Einflusses Calvins in Genf gewarnt wird; s. zu dieser Frage auch *Otto Weber*: Compétence de l'Eglise et Compétence de l'Etat d'après les Ordonnances ecclésiastiques de 1561, in: *Regards Contemporains sur Jean Calvin*. Actes du Colloque Calvin (Strasbourg 1964), Paris 1965 (= Cahiers de la Revue d'Histoire et de Philosophie Religieuses, Nr. 39), S. 74-85.
[104] *Monter*, S. 144. Die Arbeit von *W. Neuser*: Calvin, Berlin 1971, bringt keine für unsere Thematik neuen Aspekte.

zenden Beitrag zur künftigen Entwicklung freiheitlich-demokratischer Ideen geleistet hat.

Damit leiten wir zu den sogenannten calvinistischen Monarchomachen[105] über. Ob Beza, „Brutus" oder Hotman, sie alle haben die Theorie vom ursprünglichen, umfassenden und unveräußerlichen Herrschaftsrecht des Volkes, die Konzeption eines Vertrages zwischen Volk und Fürst und das Widerstandsrecht gegen tyrannische Willkür vertreten. Wird man also ihre politische Theorie demokratisch nennen können, und läßt sich von hier eine direkte geistesgeschichtliche Verbindung zur modernen Demokratie knüpfen?

Es war vor allem Otto von Gierke, der in seiner Darstellung „Johannes Althusius und die Entwicklung der naturrechtlichen Staatstheorien" (1880) eine unmittelbare Kontinuität „zwischen der Lehre der sogenannten Monarchomachen und der welterschütternden Theorie des Contrat social" erblickte; Rousseau habe die Elemente seiner Lehre zu einem erheblichen Teil aus der älteren Volkssouveränitätslehre, den Rest aus der absolutistischen Theorie Hobbes entlehnt und in die Sprache der Revolution übersetzt.[106]

Auch für Georges Weill waren die Ideen der Monarchomachen im Prinzip bereits demokratisch, da bei ihnen das Königtum, obwohl „von Gott", letztlich immer eine „Institution populaire" sei, weshalb das Volk auch unter bestimmten Bedingungen einen Fürsten absetzen könne.[107] Weill betont aber, daß der „esprit democratique" insbesondere eines Morelli und Ramus bereits auf den Synoden von Orleans (1562) und Nimes (1572) gebremst worden sei. Erst recht habe ein „gouvernement populaire" bei den calvinistischen Theoretikern Beza, „Brutus" und Hotman wenig Sympathie gefunden.[108]

In Anlehnung an Gierke vertrat dann auch Rudolf Treumann die Ansicht, daß man die Ideen der Französischen Revolution nicht erst bei Rousseau suchen dürfe, sondern bereits in den „Kampfschriften" der Monarchomachen.[109] Man habe sich nicht damit begnügt, dem Herrscher in der „lex divina" und „lex naturae" unsichere Schranken gegenüber zu stellen, sondern mit der Konzeption der Volkssouveränität eine andere Willensquelle als den Willen des Herrschers gefunden. Von hier aus hätten sich alle fürstenfeindlichen Konsequenzen mit logischer Notwendigkeit ergeben. Deshalb meint Treumann abschließend, daß es „durchaus demokratische Prinzipien" gewe-

---

[105] Der Begriff Monarchomachen („Königsbekämpfer") stammt bekanntlich von G. Barclay (1546-1608) und sollte alle diejenigen diskreditieren, die gegen die aufkommende absolutistische Monarchie kämpften. Näheres s. vor allem bei *Dennert*, a.a.O. (Einleitung), S. IX ff.

[106] 1. Aufl. 1880 (= Untersuchungen zur Deutschen Staats- und Rechtsgeschichte, Heft 7); hier 2. durch Zusätze vermehrte Ausgabe, Breslau 1902, S. 9.

[107] *G. Weill*: Les Théories sur le Pouvoir Royal en France pendant les Guerres de Religion, Paris 1891, S. 90.

[108] Ebd., S. 98.

[109] *Treumann* (wie Anm. 5), S. 1, 8.

sen seien, auf denen sich bei den Monarchomachen „eine neue Ordnung der Dinge" habe aufbauen sollen, ja man könne sie als „Väter der modernen Demokratie" betrachten.[110]

Die von Gierke und Treumann aufgezeigte Perspektive wurde gewissermaßen zur opinio communis: Auch Lureau nannte die politische Doktrin der Monarchomachen demokratisch; ITotman und „Brutus" seien auf getreten „pour établir le droit de la nation de ce gouverner elle-même …".[111] Desgleichen hielt Elkan an der direkten Verbindung der Monarchomachen zu Rousseau fest[112], wenn er auch einschränkend bemerkte, daß die ständischen Ideen noch weit vor den demokratischen überwogen hätten.[113] Die von Gierke aufgezeigten entwicklungsgeschichtlichen Zusammenhänge der monarchomachischen Ideologie waren schließlich auch für Wolzendorff „völlig klar"[114]. Für ihn gelangte die monarchomachische „Revolutionslehre" bei Rousseau zur vollsten und klarsten Ausprägung.[115]

Wesentlich zurückhaltender urteilte Troeltsch, wenn er auch anfangs meinte, die Calvinisten hätten angesichts der Bartholomäusnacht Calvins Theorie vom Untertanengehorsam aufgehoben und die „Souveränität des Volkes als letzte Instanz verkündet".[116] Trotzdem ist für Troeltsch das von Beza, „Brutus" und Hotman entwickelte Gedankengut nur eine begrifflich theoretische Deduktion aus calvinistischen Grundprinzipien, ein radikal-rationaler Neubau des Staates vom Individuum her, das heißt im Sinne eines von der Theologie emanzipierten klassischen modernen Naturrechts der Aufklärung, wird seiner Ansicht nach nirgendwo erstrebt.[117]

Dezidiert nach dem Wesen der Volkssouveränität bei den Monarchomachen fragte erst Allen.[118] Wenn gesagt werde, das Volk sei souverän, so be-

---

[110] Ebd., S. 88.
[111] *H. Lureau*: Les Doctrines Démocratiques chez les Écrivains Protestants Français de la Seconde Moitié du XVIe Siècle (Junius Brutus-François Hotman), Bordeaux 1900, S.28.
[112] *A. Elkan*: Die Publizistik der Bartholomäusnacht und Mornays Vindiciae contra Tyrannos, Heidelberg 1905 (= Heidelberger Abhandlungen zur mittleren und neueren Geschichte, Heft 9), S. 5.
[113] Ebd., S. 44. Vorsichtiger urteilt *L. Cardauns*: Die Lehre vom Widerstandsrecht des Volkes gegen die rechtmäßige Obrigkeit im Luthertum und im Calvinismus des 16. Jahrhunderts, Diss phil., Bonn 1903, S. 44: „…Calvins, Staatslehre zeigt die Verbindung antidemokratischer Tendenzen mit liberalen Ideen."
[114] *K. Wolzendorff*: Staatsrecht und Naturrecht in der Lehre vom Widerstandsrecht des Volkes gegen rechtswidrige Ausübung der Staatsgewalt. Zugleich ein Beitrag zur Entwicklungsgeschichte des modernen Staatsgedankens, Breslau 1916 (= Untersuchungen zur Deutschen Staats- und Rechtsgeschichte, Heft 126), S. 23.
[115] Ebd., S. 351.
[116] *Troeltsch* (wie Anm. 24), S. 687.
[117] Ebd., S. 691 f.
[118] *Allen* (wie Anm. 45).

deute dies allenfalls, daß jede Regierung das Wohl des Volkes vor Augen haben müsse und auf der Anerkennung des Volkes beruhe; das Volk aber sei nicht souverän im Sinne eines souverän handelnden Subjekts: „It can act only under Orders and direction. It has no will of its own; it does not even recognize its own needs; it does not know its friends from its enemies; it does not know itself; it knows nothing."[119] Hier knüpfte auch Charles Mercier an, wenn er meinte, wohl werde zwischen der politischen Vollmacht der Fürsten und der Souveränität des Volkes unterschieden, aber Beza betrachte die Souveränität geteilt „en partie au roi, en partie aux magistrats", und zwar dergestalt, daß die Könige, wie schon Hotman betonte, „estoyent autant sous la puissance et authorite du peuple que le peuple sous la leur".[120] Diese Konzeption betrachtet Mercier als integralen Bestandteil der politischen Philosophie des Mittelalters[121] und daher unvereinbar mit dem modernen demokratischen Verständnis der Volkssouveränität Rousseauscher Prägung.

Schließlich hat für Mercier der letztlich immer aristokratische, nicht demokratische Charakter der politischen Ideen der calvinistischen Schriftsteller seinen deutlichen Niederschlag in der kirchlichen und politischen Organisation der französischen Hugenotten gefunden: So würden die kirchlichen Würdenträger „non par élection, mais par co-optation" bestimmt[122], und auch die politischen Gremien hätten sich nach einem System „d'élection à plusieurs degrés"[123] bzw. „par des methodes selectives" konstituiert.[124]

Kritisch bleibt anzumerken, daß bei Mercier wesentliche Zwischenergebnisse seiner Arbeit im Endresultat keine Berücksichtigung gefunden haben. So ist zu Beginn von politischen Richtungskämpfen unter den französisdien Calvinisten, von einer „aristokratischen" und einer „demokratischen" Tendenz die Sprache, die auch später für den Calvinismus konstitutiv gewesen sei.[125] Als Verfechter eines „regime democratique" innerhalb der Kirche nennt Mercier Morelli, Du Rosier (Hugues Sureau), Bergeron und Ramus (Pierre La Ramee). Wenn ihre entschieden demokratischen Bestrebungen auch von Calvin und Beza kategorisch abgelehnt wurden[126], so sind sie

---

[119] Ebd., S. 325.

[120] *Ch. Mercier*: Les théories politiques des calvinistes en France au cours des guerres de religion, in: Bulletin de la société de l'histoire du protestantisme français 83 (1934), S. 225-260; 381-415; hier S. 411.

[121] Ebd.

[122] Ebd., S. 231. Vgl. auch *M. Reulos*: L'organisation des Eglises réformées françaises et le Synode de 1559, in: Bulletin de la société de l'histoire du protestantisme français 105, 106 (1959-1960), S. 9-24.

[123] *Mercier*, S. 228.

[124] Ebd., S. 229.

[125] Ebd., S. 232.

[126] Ebd., S. 235 f.

nichtsdestoweniger bedeutende Zeugen eines demokratischen Flügels im Calvinismus und hätten entsprechend gewürdigt werden müssen.

Schließlich erhebt sich die Frage, ob zum Beispiel Beza als Gegner des demokratischen Flügels ausschließlich aristokratisch dachte, wie Mercier andeutet. Das verneinte zum Beispiel Mesnard, wenn er Bezas politische Theorie „une doctrine democratique" nannte, da sie das Volk als Ursprung der politischen Macht betrachtete.[127] Jedoch betonte Mesnard in Wendung gegen Doumergue und Weiss[128], man dürfe bei Beza nicht Demokratie und Liberalismus vermischen, es sei gerade die römisch-antike Demokratie mit ihrem völligen Mangel an liberalen Elementen gewesen, die Beza beeinflußt habe.[129] Bei ihm wie bei allen Monarchomachen werde das Volk durch die Stände repräsentiert, die legitimiert seien, im Namen des Volkes zu handeln, das heißt, den König zu wählen und den Tyrannen abzusetzen. Diese Doktrin sei demokratisch, wenn auch nicht liberal, denn das Volk sei nicht repräsentiert durch gewählte Volksvertreter, und auch im Fall offener Tyrannis hätten Privatpersonen kein Widerstandsrecht.[130]

Mit Nachdruck hob dann van Schelven hervor, die Monarchomachen hätten weder die politische noch die soziale Demokratie angestrebt[131]; die Klassenunterschiede seien nicht eingeebnet worden, und als Waffe gegen den monarchischen Zentralismus habe man Ständeversammlungen befürwortet, die eher oligarchisch als demokratisch strukturiert gewesen seien. Da auch die Deputierten des Dritten Standes nicht vom Volk gewählt, sondern von den städtischen Ratskollegien delegiert worden seien, könne man strenggenommen in den Calvinisten des 16. Jahrhunderts keine Anwälte der Volkssouveränität erblicken. Jedoch sei der Calvinismus des 16. Jahrhunderts und insbesondere Bezas Schrift „De iure magistratuum" demokratisch auf Grund der Theorie von der Funktion der Regierung, die laute, daß „ein Volk nicht für den König, sondern der König für das Volk" bestehe.[132]

Man könnte einwenden, dieser Satz sei eher ein Maßstab für eine gute oder schlechte Regierung, besage jedoch wenig über ihren demokratischen Charakter. Im Gegensatz zu van Schelven hat denn auch Kingdon primär in der Widerstandstheorie der Monarchomachen den eigentlich demokratischen

---

[127] *P. Mesnard* (wie Anm. 55), S. 321. Vgl. auch Gooch (wie Anm. 48), der die calvinistischen Monarchomachen als Vorläufer der modernen Demokratie bezeichnet, aber meint: „... it is impossible to find any thinker who may be described as consistently democratic" (S. 17).
[128] *M. Weiss*: La Démocratie et le Protestantisme, Paris 1924.
[129] *Mesnard*, S. 325, Anm. 1 und 2.
[130] Ebd., S. 325.
[131] *Van Schelven* (wie Anm. 7), S. 79.
[132] Ebd., S. 79 f.

Ansatz erblicken wollen.[133] So wertet er zum Beispiel Bezas erstmals im Jahre 1554 konzipierte Theorie vom Widerstandsrecht der mittleren Magistrate (magistratus inferiores) als eine „embryonale Rechtfertigung für eine demokratische Revolution"[134]; indem Beza diese Theorie erweitert und vertieft in seiner Schrift „De iure magistratuum" nochmals vertreten habe, hätte er einen bedeutenden Beitrag zur Entwicklung demokratischer Theorie geleistet.[135]

Wesentlich vorsichtiger urteilte Ernst Wolf.[136] Immerhin sah auch er in Bezas Theorie vom Widerstandsrecht der „mittleren Magistrate" gewisse „Tendenzen zur Demokratisierung des Widerstandsrechtes"[137] bzw. des Calvinschen Ansatzes der „Ephorentheorie".[138] Diese Tendenz sei auch bemerkbar in den „Vindiciae", die zwar zunächst dem einzelnen oder Privaten unter keinen Umständen ein Widerstandsrecht zubilligten, aber zum Ausdruck brächten, daß mit dem Versagen der zum Schutze des Volkes eingesetzten Instanzen Gott selber dem Volk ein Zeichen zu einer erlaubten Selbsthilfe gebe.[139]

Nach Wolf setzt sich dann auf schottischem Boden die Demokratisierung fort, aber nur bei den katholischen Monarchomachen mit ihrer stärkeren Be-

---

[133] *R.M. Kingdon*: The First Expression of Theodore Beza's Political Ideas, in: Archiv f. Reformationsgeschichte 46, 47 (1955-1956), S. 88-100.

[134] Ebd., S. 92.

[135] Ebd., S. 94. Vgl. auch *P.-F. Geisendorf*: Theodore de Bèze, Genève 1949; 2. Aufl., Genf 1967, S. 315: „Jusqu'à 1572, la Réforme n'est pas démocratique; depuis 1572, elle l'est. La charnière, le tournant capital, c'est le De jure magistratuum." Auch bei *I. Höß*: Zur Genesis der Widerstandslehre Bezas. Karl Griewank zum Gedächtnis, in: Archiv f. Reformationsgeschichte 54 (1963), S. 198-214, hier S. 213, heißt es, Bezas Schrift De iure magistratuum sei ein „Übergang zu den Lehren der Monarchomachen, die ein prinzipielles Widerstandsrecht des ‚Volkes' und schließlich sogar des einzelnen Menschen anerkannten".

[136] *Ernst Wolf*: Das Problem des Widerstandsrechts bei Calvin, in: Widerstandsrecht und Grenzen der Staatsgewalt. Bericht über die Tagung der Hochschule für Politische Wissenschaften München und der Evangelischen Akademie Tutzing, 18.-20. Juni 1955, in der Akademie Tutzing, hg. von B. Pfister und G. Hildmann, Berlin 1956, S. 45 bis 57.

[137] Ebd., S. 54.

[138] Ebd., S. 77 (Diskussion). Eine direkte Verbindung von der Widerstandslehre Calvins zur politischen Theorie der Monarchomachen verneinte *R. Nürnberger*: Die Politisierung des Französischen Protestantismus. Calvin und die Anfänge des protestantischen Radikalismus, Tübingen 1948; Calvins berühmte, das Widerstandsrecht betreffende Stelle (Institutio Lib. IV, c. 20, Nr. 31) sei eine „Randbemerkung": „Wichtiger ... ist noch, daß Calvin im konkreten Einzelfall eine selbständige ständische Opposition gegen eine der Reformation feindliche Regierung nicht gutgeheißen hat" (S. 23). Die Gedanken eines ständischen Oppositionsrechtes würden nicht von Calvin, sondern von Hotman entwickelt, dem sich Calvin widersetzt habe (S. 23).

[139] *Wolf*, S. 54.

tonung naturrechtlicher Elemente würden extreme Konsequenzen gezogen[140], weshalb bei Mariana schließlich einzelne Bürger zum Widerstand legitimiert seien.[141] So vermag Wolf abschließend zu sagen, daß sich gerade im Widerstandsrecht Grundprobleme der Demokratisierung des Staatslebens historisch entzündet und von da aus weiterentwickelt hätten.[142]

Entschiedene Zurückhaltung gegenüber dem Begriff „demokratisch" und seiner Anwendung auf bestimmte Tendenzen der monarchomachischen politischen Theorie übte dagegen Jürgen Dennert.[143] Schon im Hinblick auf Hotmans „Francogallia" urteilte er, nirgendwo sei davon die Sprache, daß das Volk im demokratischen Verfahren den Herrscher wählen und nach Belieben absetzen könne.[144] Beza sei im entscheidenden Punkt, der Frage des Widerstandsrechtes von Privatpersonen, nicht viel weiter als Calvin gegangen[145], ja, er habe den Gedanken gescheut, ein prinzipielles Widerstandsrecht zuzulassen.[146] Und wenn schließlich die „Vindiciae" dem einzelnen Privaten im Falle einer Berufung durch Gott ein Widerstandsrecht zubilligten, so sei dem real wenig Bedeutung zuzumessen.[147]

Indem Dennert schließlich die metaphysisch-theologische Fundierung des Politischen bei den calvinistischen Monarchomachen betonte, verneinte er zugleich eine Verbindung zur modernen Demokratie Rousseauscher Prägung.[148] Rosseaus Denken, der rational-naturrechtlichen Tradition verpflichtet, sei auf die Umkehrung aller Verhältnisse gerichtet, sein Begriff von Volkssouveränität und Demokratie sei Ausdruck dieser Intention. Die Monarchomachen aber hätten das Wesen der öffentlichen Dinge gerade erhalten wollen. Auch sei das durch konstruktiven Zusammenschluß hervorgebrachte Volk des Contrat social etwas völlig anderes, als das schon immer als ein Seiendes und gegliedertes Ganzes hingenomme Volk der Monarchomachen; überhaupt sei der Begriff des Willens, der zum modernen rationalistischen Volksbegriff gehöre und den Rosseau von Hobbes und Nachfahren übernommen habe, für die Monarchomachen des 16. Jahrhunderts wie für

---

[140] Ebd., S. 55.
[141] Ebd., S. 76 (Diskussion).
[142] Ebd., S. 56; vgl. auch *M. Göhring*: Weg und Sieg der modernen Staatsidee in Frankreich, Tübingen 1946, S. 99: Es sei falsch, die Monarchomachen in unmittelbare Beziehung zum modernen Demokrationsbegriff zu bringen, doch könne kein Zweifel bestehen, daß Rousseau vom Calvinismus eine bestimmte Prägung erhalten habe.
[143] *Dennert* (wie Anm. 8).
[144] Ebd., S. LXXII (Einleitung).
[145] Ebd., S. LXV.
[146] Ebd., S. LXVI.
[147] Ebd., S. LXIX.
[148] Ebd., S. XLV-LI.

Althusius und die ganze alte politikwissenschaftliche Tradition nicht konstitutiv, auf dem Willen aber beruhten die neuen Vertragslehren.[149]
In dieselbe Richtung wiesen in jüngster Zeit die Ausführungen von Ralph E. Glesey, wenn er erklärte, der Staat bei Beza und Mornay basiere zwar auf einem Vertrag zwischen Volk und König, jedoch habe das Volk kein Kündigungsrecht: „... a default by the king – that is – his tyrannical actions – docs not free the people from obedience ..."[150] Zum Widerstand sei allein eine bestimmte Gruppe von Magistraten legitimiert, die im „Normalfall" dem König unterstellt sei. Die Monarchomachen seien also keine Anwälte der Volkssouveränität, denn das Volk habe in ihrer Theorie kein Widerstandsrecht gegenüber einem König, der rechtmäßig zur Herrschaft gelangt sei. Deshalb hält Giesey den zwischen Volk und König geschlossenen Pakt für einen Pseudovertrag und schlägt als genauere Bezeichnung den Terminus „magisterial contract" vor.[151]

Giesey glaubt, daß auch die Stände des 16. Jahrhunderts nicht die politische Macht darstellen, auf die die Monarchomachen hoffen: „... the modern Estates is impotent in Hotman's scheme, as likely as not ineffectual in Beza's, and superseded in Mornay's."[152] Damit ist für Giesey bereits hinlänglich bewiesen, wie wenig die These von der angeblichen Modernität der Monarchomachen berechtigt sei. Die mittelalterliche Theorie vom Widerstandsrecht sei von ihnen nur insofern weiterentwickelt worden, als sie die Frage, wer denn nun eigentlich Widerstand leisten dürfe, präzis beantwortet hätten. Dabei habe Hotman für die Wiederbelebung der Ständeversammlungen vor 1300 gekämpft und sie zum alleinigen Träger des Widerstandes erheben wollen; Beza habe primär an die „mittleren Magistrate", also an die calvinistischen Städte seit 1560 gedacht, und der Autor der „Vindiciae" habe die Bildung eines permanenten Kontrollorgans hoher Beamter vorgeschlagen.[153]

Gieseys These von der Weiterentwicklung des mittelalterlichen Widerstandsrechts durch die Monarchomachen wurde schließlich von Kingdon bestätigt, wenn er schrieb: „En confiant a des institutions seculieres bien dskerminees le pouvoir de resister, les theoriciens huguenots se sontdonc montres vraiment novateurs."[154] Von einer demokratischen Tendenz des Widerstandsrechtes war freilich nicht die Rede. Und hatte schon Giesey die Auffassung,

---

[149] Ebd., S. XLIX.
[150] *Ralph E. Giesey*: The Monarchomach Triumvirs: Hotman, Beza and Mornay, in: Bibliothèque d'Humanisme et Renaissance 32 (1970), S. 41-56; hier S. 45.
[151] Ebd., S. 45.
[152] Ebd., S. 44.
[153] Ebd., S. 47.
[154] *Théodore de Bèze: Du Droit des Magistrats*. Introduction, édition et notes par *R.M. Kingdon*, Genève 1970 (= Les Classiques de la Pensée Politique 7); hier Einleitung, S. XXXVII.

Bezas politische Theorie sei liberal, für „extravagant" erklärt[155], so war nun auch bei Kingdon von seiner früheren These, Beza habe einen bedeutenden Beitrag zur Entwicklung demokratischer Theorie geleistet[156], nicht mehr die Sprache.[157]

Somit zeichnet sich also in jüngster Zeit die Tendenz ab, demokratische Elemente bei den calvinistischen Monarchomachen, ja im Calvinismus des 16. Jahrhunderts überhaupt in Frage zu stellen. Die Vielfalt der divergierenden Stellungnahmen bezüglich der Frage, ob der Calvinismus die Entwicklung moderner demokratischer Ideen gefördert hat, aber bleibt: Diese mangelnde Kongruenz des Urteils resultiert ohne Zweifel auch aus einem prinzipiellen Widerspruch der monarchomachischen politischen Theorie, nämlich der Tatsache, daß sowohl von der Souveränität Gottes als auch des Volkes gesprochen wird. Wer also demokratische Elemente bei den Calvinisten zu entdecken glaubte, der neigte dazu, die Souveränität Gottes dahingehend zu relativieren, daß die Regierungen „von Gott" seien, wie überhaupt alles Gute seinen Ursprung in Gott habe, daß aber letztlich immer die souveränen Völker die Herrscher einsetzen. Wer jedoch demokratische Elemente verneinte, der setzte stets das Theorem von der göttlichen Souveränität absolut und betonte die religiös-metaphysische Fundierung des Politischen bei den Monarchomachen, mithin den Gegensatz von alter Politikwissenschaft und moderner Sozialphilosophie.[158]

---

[155] *Giesey*, S. 44.

[156] S.o.S. 201.

[157] Eine Verbindung zwischen der politischen Theorie der Monarchomachen und der modernen Demokratie wird gleichfalls nicht gesehen von *Julian H. Franklin*, in: *Constitutionalism and Resistance in the Sixteenth Century. Three Treatises by Hotman, Beza and Mornay*, transl. and ed. by *J.H. Franklin*, New York 1969, S. 45; *M. Marabuto* meint in der Einleitung seiner Ausgabe „Du Droit des Magistrats" (Saint-Julien-l'Ars 1968), Beza habe in seinen „Sermons sur l'histoire de la Passion" (1592) das Widerstandsrecht radikalisiert (Einleitung, S. XXVIf.); ihm widerspricht energisch *Kingdon* (wie Anm. 154), Einleitung S. XLII. Von demokratischen Strukturen ist freilich auch nicht in der Neuausgabe der „Francogallia" von Giesey und Salmon die Sprache: *Francogallia, by François Hotman. Latin text by R.E. Giesey. Translated by J.H.M. Salmon*, Cambridge 1972. Vgl. auch *R.A. Jackson*: Elective Kingship and Consensus populi in sixteenth-century France, in: Journal of Modern History 44 (1972), S. 155-171; Jackson geht u.a. auf Beza, Hotman und die „Vindiciae" ein, ohne allerdings nach dem demokratischen Gehalt des „consensus populi" zu fragen.

[158] Das trifft zum Beispiel auch für die Althusius-Forschung zu: Sah Gierke (wie Anm. 106) in der „Politica" eine profannaturrechtliche Staatslehre, basierend auf der Lehre vom Gesellschaftsvertrag und der Volkssouveränität, so meinte *P.J. Winters*: Die „Politik" des Johannes Althusius und ihre zeitgenössischen Quellen, Freiburg i. Br. 1963 (= Freiburger Studien zu Politik und Soziologie), das Werk des Althusius beruhe auf der Theologie Calvins: „Absolute und höchste Gewalt überhaupt kommt

Gewiß ist Dennert darin zuzustimmen, daß es eine direkte Verbindung von der politischen Theorie der calvinistischen Monarchomachen zum theoretischen Konzept der modernen Demokratie, insbesondere zum Rousseauschen Modell der direkten Demokratie, nicht gibt; der diametrale Gegensatz von Rousseauscher Vertragstheorie und Volkssouveränität einerseits und calvinistisch-monarchomachischer Volks- oder präziser Ständesouveränität und Vertragslehre andererseits ist evident. Aber darüber wird man ohne Zweifel vorhandene, wenn auch rudimentär entwickelte demokratische Strukturen im Calvinismus des 16. Jahrhunderts nicht leugnen können. Calvin ebnete der religiös-individuellen und politischen Freiheit den Weg und bejahte eine gemäßigt demokratische Beteiligung des Volkes in Staat und Kirche. Die calvinistischen Monarchomachen gingen über Calvin hinaus, wenn sie den Kreis derjenigen, die aktiv Widerstand leisten durften, erheblich erweiterten. Ein demokratisches Widerstandsrecht haben sie nicht begründet. Aber wird man nicht bei aller gebotenen Vorsicht von einer Tendenz zur Demokratisierung des Widerstandsrechtes bei ihnen sprechen können? Schließlich muß auf die demokratischen Zielsetzungen eines Morelli und Ramus als Vertretern eines „demokratischen Flügels" im Calvinismus verwiesen werden, ganz zu schweigen von der betont demokratischen Politik der unter calvinistischein Einfluß stehenden Stadt Gent im niederländischen Befreiungskrieg, auf die wir hier nicht eingehen können.[159] Damit wird insgesamt gesehen deutlich, daß bereits der Calvinismus des 16. Jahrhunderts im Sinne einer größeren politisch-sozialen Freiheit zu wirken versuchte, so daß wir mit Troeitsch sagen können, daß er die modernen demokratischen Ideen gewiß vorbereitet hat.

Werfen wir abschließend einen Blick auf die marxistische Geschichtsschreibung: Sie hat bis heute an der einhelligen Auffassung vom Calvinismus als einer Ideologie mit ausgesprochen liberalisierender, ja revolutionierender Wirkung festgehalten.

In seinen „Notizen" zum Bauernkrieg, einem handschriftlichen Fragment aus den achtziger Jahren, schrieb bereits Friedrich Engels: „Reformation – Lutheranische und Kalvinistische – Revolution Nr. 1 der Bourgeoisie, worin Bauernkrieg die kritische Episode ... Sieg der Revolution Nr. 1 die viel europäischer als die englische und viel rascher europäisch wurde als die französische, in der Schweiz, Holland, England."[160]

---

nur Gott zu; er ist souverän, und von ihm ist alle Macht und alle Herrschaftsgewalt abgeleitet" (ebd., S. 269).

[159] Vgl. vor allem *Jan J. Woltjer*: Der niederländische Bürgerkrieg und die Gründung der Republik der Vereinigten Niederlande (1555-1648), in: *Handbuch der Europäischen Geschichte*, hg. von Theodor Schieder, Bd. 3, Stuttgart 1971; hier S. 676 f.; *G. Griffiths*: Democratic Ideas in die Revolt of the Netherlands, in: Archiv f. Reformationsgeschichte 50 (1959), S. 50-63.

[160] Marx/Engels Werke (MEW), Berlin 1956 ff.; hier Bd. 21 (1962), S. 402.

In der Schrift über „Ludwig Feuerbach und der Ausgang der klassischen deutschen Philosophie" (1886) präzisierte Engels sodann die besondere Bedeutung des Calvinismus innerhalb der „Revolution Nr. 1" und der „zweiten bürgerlichen Revolution" in England, wenn er schrieb: „Aber neben dem Deutschen Luther hatte der Franzose Calvin gestanden; mit echt französischer Schärfe stellte er den bürgerlichen Charakter der Reformation in den Vordergrund, republikanisierte und demokratisierte die Kirche. Während die lutherische Reformation in Deutschland versumpfte und Deutschland zugrunde richtete, diente die calvinische den Republikanern in Genf, in Holland, in Schottland als Fahne, machte Holland von Spanien und vom Deutschen Reiche frei und lieferte das ideologische Kostüm zum zweiten Akt der bürgerlichen Revolution, der in England vor sich ging."[161]

In der Einleitung zur englischen Ausgabe der „Entwicklung des Sozialismus von der Utopie zur Wissenschaft" (1892) deutete Engels schließlich Calvin als Vollender der Revolution Nr. 1: „Aber wo Luther fehlschlug, da siegte Calvin. Sein Dogma war den kühnsten der damaligen Bürger angepaßt. Seine Gnadenwahl war der religiöse Ausdruck der Tatsache, daß in der Handelswelt der Konkurrenz Erfolg oder Bankrott nicht abhängt von der Tätigkeit oder dem Geschick des einzelnen, sondern von Umständen, die von ihm unabhängig sind … Dazu war Calvins Kirchenauffassung durchweg demokratisch und republikanisch; wo aber das Reich Gottes republikanisiert war, konnten da die Reiche dieser Welt Königen, Bischöfen und Feudalherren Untertan bleiben?"[162]

Engels Calvinismus-Analyse ist bis heute unter Marxisten gültig geblieben, wenn auch das demokratische Element eine differenziertere Beurteilung gefunden hat.

Das wird deutlich an Leo Kofiers Darstellung „Zur Geschichte der bürgerlichen Gesellschaft" (1948).[163] Hatte Marx von einer kapitalistischen Manufakturperiode gesprochen, die von der Mitte des 16. Jahrhunderts bis zum

---

[161] Ebd., S. 304 f.
[162] Ebd., Bd. 19 (1962), S. 533 f.
[163] *L. Kofler*: Zur Geschichte der bürgerlichen Gesellschaft. Versuch einer verstehenden Deutung der Neuzeit, Halle 1948. Wir zitieren nach der 4. Aufl., Neuwied und Berlin 1971 (= Soziologische Texte 38). Vgl. auch *Franz Borkenau*: Der Übergang vom feudalen zum bürgerlichen Weltbild. Studien zur Geschichte der Philosophie der Manufakturperiode (Paris 1934 = Schriften des Instituts für Sozialforschung, Bd. 4), unveränderter reprographischer Nachdruck, Darmstadt 1973; Borkenau behandelt ausführlich den Calvinismus (S. 54 ff., 152 ff.): Er ist ihm „bürgerlicher ... als irgendeine andere Weltanschauung des 16. Jh.s" (S. 155), ja die „bürgerliche Konfession" schlechthin (S. 157); daß der Calvinismus demokratisch sei, klingt nirgendwo an, es heißt allenfalls: „Der Calvinismus ist für die Bourgeoisie ... ein Instrument der Massendomestikation, aber zugleich der Selbstgestaltung" (S. 169).

letzten Drittel des 18. Jahrhunderts reiche, so begriff Kofler den Calvinismus nicht als Ideologie der Manufakturperiode schlechthin, sondern als Ideologie der mit der „frühen manufakturellen Akkumulation beschäftigten Bourgeoisie".[164] Das aufstrebende calvinistische Bürgertum stützt sich nach Kofler im Kampf gegen den Feudalismus auf die verbündeten Kräfte der unteren Volksklassen und entwickelt die Ideen vom Widerstandsrecht und der Volkssouveränität.[165] Es vermag auf diese Weise die Massenbasis für die eigenen Ziele zu gewinnen. Es ist jedoch nicht allein „revolutionär", sondern auch „konservativ" aus Furcht vor den mit ihm verbündeten unteren Volksklassen.

Der Calvinismus ist also für Kofler von Anfang an ein widerspruchsvolles Gebilde: Einerseits ruft er die Massen zur „demokratischen Aktion", andererseits erklärt er die staatliche Ordnung als naturgegeben und göttlich und den Widerstand gegen sie als erlaubt nur unter der Führung der von Gott Erwählten und Begnadeten. Die „bürgerlich-konservative Seite" tritt auf, wenn der Calvinismus wie zum Beispiel in Genf zur Herrschaft gelangt ist; dann beginnen die zunächst vom Calvinismus gewonnenen unteren Schichten sich zu verselbständigen und sich dem Täufertum zuzuwenden.[166]

Für Kofler ist evident, daß der Calvinismus im Gegensatz zum Täufertum nicht auf dem Boden des absolut-gleichheitlichen Naturrechts steht. Das Fehlen des gleichheitlichen Naturrechts wertet Kofler als verläßliches Kriterium für die soziologische Beurteilung jeder Sozialtheorie, so auch des Calvinismus als der Ideologie des frühmanufakturellen Bürgertums. Gestützt auf Bäron[167] heißt es, daß Calvin seine staatstheoretischen Ansichten mit dem Alten Testament begründete, ein absolutes, kommunistisch-anarchistisches Naturrecht, das mit dem Evangelium zusammenstimmt, bei ihm also keine nennenswerte Rolle gespielt habe.[168] Allein, wenn der Calvinismus sich im Abwehrkampf befinde, greife er, am deutlichsten bei Calvins Nachfolger Beza, auf das mittelalterlich-naturrechtliche Denken, auf das natürliche Recht des Volkes bzw. auf die Doktrin von der Volkssouveränität zurück. Doch gelte prinzipiell, daß das Naturrecht im Calvinismus ein Fremdkörper bleibe. Die „demokratische Idee" der Volkssouveränität tritt somit für Kofler hinter die „bürgerlich-aristokratische Prädestinationsauffassung" zurück. Zwar habe Beza angesichts der Bartholomäusnacht die Verpflichtung der Untertanen zum Gehorsam fallengelassen und die „demokratische Souveränität des Volkes" propagiert, aber nur für den besonderen Fall, nicht aus Prinzip, da sonst

---

[164] *Kofler*, S. 300.
[165] Ebd., S. 317.
[166] Ebd., S. 138.
[167] Vgl. Anm. 41.
[168] *Kofler*, S. 323.

die „bürgerliche Idee von der Prädestination" der demokratischen Mitherrschaft des Volkes habe weichen müssen.[169]

Aber selbst die „bürgerlich aristokratisierte Prädestinationslehre" weist noch nach Kofler einen sichtbaren demokratischen Zug auf, weil zur Sicherstellung der einmal erkämpften bürgerlichen Stellung die Unterstützung des Volkes notwendig sei; das Volk werde zwar nicht zur unmittelbaren Mitverantwortung zugelassen, aber es diene im Kampf gegen die feudale Reaktion dem bürgerlichen Fortschritt. So meint Kofler abschließend, daß es das große Verdienst des Calvinismus sei, das „Volk und seinen Willen als Faktor in der Umgestaltung der Gesellschaft anerkannt und ins Bewußtsein der Geschichte" gehoben zu haben.[170]

Keine wesentlich neuen Aspekte brachte dagegen die sowjetrussische Weltgeschichte bezüglich der besonderen Thematik Calvinismus und Demokratie.[171] Wie in der westlichen Geschichtsschreibung wurde auch hier betont, daß die Organisationsform der calvinistischen Kirche im Gegensatz zur katholischen Kirche und ihrem „monarchisch-hierarchischen Strukturprinzip" republikanischen Grundsätzen entsprochen habe.[172] Calvin habe als beste Regierungsform eine Verbindung von Oligarchie und gemäßigter Demokratie bevorzugt.[173] Die Kapitel über die „niederländische Revolution" und die „demokratische Bewegung in Gent", wo ein Komitee der Achtzehn unter dem Einfluß calvinistischer Konsistorien gestanden habe[174], verdeutlichen dann aber, daß der Calvinismus auch rein demokratische Zielsetzungen verfolgen konnte.

Der Engelschen Calvinismus-Analyse folgte auch Max Steinmetz in seinem Aufsatz „Johann Calvin. Mensch – Werk – Wirkung" (1964).[175] Steinmetz spricht nicht dezidiert das demokratische Element im Calvinismus an, aber es heißt, daß die Reformation eine „größere bürgerliche Freiheit" gebracht habe und daß das aufsteigende, fortgeschrittene Bürgertum den Weg, den Calvin gewiesen habe, entschlossen weitergeschritten sei.[176] So könne man sagen, daß die in Genf entstandene und von Genf aus geleitete calvinisti-

---

[169] Ebd., S. 325.
[170] Ebd., S. 329.
[171] *Weltgeschichte in 10 Bänden*. Hauptredaktion *J.M. Shukow*, hg. von der Akademie der Wissenschaften der UdSSR, deutsche Ausgabe, Berlin 1962 ff.; hier Bd. 4, Moskau 1958 (Redaktion M.M. Smirin), Berlin 1964.
[172] Ebd., S. 227.
[173] Ebd.
[174] Ebd., S. 336.
[175] In: *Weite Welt und breites Leben*. Festschrift *Karl Bulling*, Leipzig 1966, S. 251 ff.
[176] Ebd., S. 258.

sche „Kampfpartei" dem „Neuen in Wirtschaft, Politik und Kultur" den Weg geebnet habe.[177]

Auch in jüngster Zeit ist von Historikern aus der DDR der „progressiv-revolutionäre Charakter" des Calvinismus in Absetzung zum Luthertum wiederholt betont worden: Zum Beispiel meinte Günter Vogler, das Luthertum sei zum Fundament absolutistischer Staatsdoktrinen geworden, der Calvinismus aber habe in den Niederlanden, in Schottland und England den Absolutismus bekämpft.[178] Widersprüche im Luthertum und Calvinismus versuchte schließlich Ernst Engelberg unter Zuhilfenahme des marxistischen Theorems von den subjektiven und objektiven Faktoren in der Geschichte aufzuheben, wenn er sagte, was Luther und Calvin subjektiv gewollt hätten, sei eine ganz andere Frage; objektiv hätten beide die Bürger angesprochen und sie in Bewegung gebracht:

„Es ist eine merkwürdige List der Geschichte, daß zwei im Grunde ihres Herzens konservative Männer wie Luther und Calvin – wobei letzterer aristokratischer war als ersterer – die Welt revolutionär aufwühlten."[179]

Sieht man also von Kofler ab, so ist das Problem Calvinismus und Demokratie von Marxisten recht wenig behandelt worden. Das ist nicht zuletzt darin begründet, daß Luthertum und Müntzers revolutionäre Ideologie, in Sachsen und Thüringen „beheimatet", im Rahmen der „frühbürgerlichen Revolution" ein wesentlich größeres wissenschaftliches Interesse bei Historikern aus der DDR gefunden haben als der entfernter gelegene Genfer Calvinismus. Unzweifelhaft aber ist für die marxistische Geschichtsschreibung, daß der Calvinismus als Ideologie des „aufsteigenden manufakturellen Bürgertums" in bedeutendem Maße der bürgerlichen Freiheit und demokratischen Ideen den Weg gebahnt hat.[180] Diese Sicht des Genfer Calvinismus teilt

---

[177] Ebd., S. 261.

[178] *G. Vogler*: Friedrich Engels zur internationalen Stellung der deutschen frühbürgerlichen Revolution, in: Zeitsdirift f. Geschichtswissenschaft 4 (1972), S. 444-457; hier S. 456.

[179] *E. Engelberg*: Nochmals zur ersten bürgerlichen Revolution und weltgeschichtlichen Periodisierung, in: Zeitschrift f. Geschichtswissenschaft 10 (1972), S. 1285-1305; hier S. 1298.

[180] Vgl. zum Beispiel zur Bedeutung des Calvinismus im niederländischen Freiheitskampf *B. Töpfer*: Die frühbürgerliche Revolution in den Niederlanden, in: Zeitschrift f. Geschichtswissenschaft (Sonderheft), 1965, S. 51-70; hier vor allem S. 65-66, 70. Die Koflersche Beobachtung, daß der Calvinismus nicht nur demokratisch, sondern auch konservativ sein könne, findet sich ebenfalls bei A.N. Čistozvonov: Über die stadial-regionale Methode bei der vergleichenden historischen Erforschung der bürgerlichen Revolutionen des 16. bis 18. Jahrhunderts in Europa, in: Zeitsdirift f. Geschichtswissenschaft 11 (1973), S. 31-48; hier S. 41, wo es heißt, daß der Calvinismus in der Republik der Vereinigten Niederlande aufgrund seiner Entwicklung von der „ideologischen Triebkraft der Revolution zur offiziellen Regierungskirche" sich „stark kompromittiert" habe.

auch die gegenwärtige polnische Geschichtswissenschaft. Dabei hat sie es allerdings bisher weitgehend unterlassen, detailliert zur Phänomenologie des westeuropäischen Calvinismus Stellung zu beziehen. So betonte Janusz Tazbir unter Hervorhebung der demokratischen Struktur des Calvinismus, der eigentliche Souverän der Genfer Kirche sei die Gemeinde gewesen, praktisch aber habe die reiche Bourgeoisie (bogata buriuacja) von außen in die Kirche hineinregiert; dies ändere aber nichts an der Tatsache, daß die calvinistische Kirchenorganisation demokratischer als die lutherische gewesen sei.[181] Wissenschaftliche Einmütigkeit besteht in Polen insbesondere bezüglich der These, daß die demokratische Kirchenverfassung Genfs den politischen Zielsetzungen des polnischen Kleinadels (Szlachta) in stärkerem Maße entsprach als das lutherische Staatskirchentum.[182] So meinte zum Beispiel Kazimierz Lepszy, die demokratische Struktur der calvinistischen Kirchenorganisation habe ein breites Feld der Einmischung von außen, in Polen die intendierte Abhängigkeit der reformierten Kirche von der Szlachta ermöglicht.[183] Hier knüpfte Halina Kowalska in ihrer Darstellung der reformatorischen Tätigkeit Jan Łaskis an, wenn sie den Nachweis führte, daß die Szlachta in ihrem Kampf gegen die katholische Kirche, gegen die geistliche Gerichtsbarkeit und den gewaltigen Grundbesitz der römischen Kirche nach Genfer Vorbild eine demokratisch strukturierte reformierte Kirche angestrebt habe. Wenn diese auch unter Laski eine „theoretisch nahezu vollkommene Form" (Egalitätsprinzip) angenommen habe[184], so sei doch von Anfang an ihre Abhängigkeit von der politisch und materiell überlegenen Szlachta schon darin zum Ausdruck gekommen, daß Laienälteste und Diakone nur aus den Reihen des Adels gewählt wurden.[185] Mit anderen Worten: Die Adelsdemokratie sollte mit einer calvinistischen, vom Adel gelenkten Gemeindekirche

---

[181] *J. Tazbir*: Świt i Zmierzch Polskiej Reformacji (Der Aufstieg und Niedergang der polnischen Reformation), Warschau 1956, S. 47.

[182] *L. Kurdybacha*: Historia reformacji w Polsce – Stan Badań i postulaty (Die Geschichte der Reformation in Polen. Stand der Forschung und Forderungen), in: Reformacja w Polsce, Nr. 41-44 (1953), S. 5-36; *O. Bartel*: Protestantyzm w Polsce, Warschau 1963, S. 7; vgl. auch *B. Stasiewski*: Reformation und Gegenreformation in Polen, in: Katholisches Leben und Kämpfen im Zeitalter der Glaubensspaltung, Heft 18 (1960), hier der Abschnitt „Calvinisten", S. 48-52; *G. Schramm*: Der Polnische Adel und die Reformation 1548-1607 (Veröffentlichungen des Instituts für Europäische Geschichte Mainz, Bd. 36), Wiesbaden 1965, S. 162 und passim.

[183] *Historia Polski* I, 2 (Red. H. towmiariski), Warschau 1957 (hier Abschnitt „Reformacja w Polsce" [K.. Lepszy], S. 261 ff.).

[184] H. Kowalska: Dzialalnosc Reformatorska Jana Laskiego w Polsce 1556-1560 (Die reformatorische Tätigkeit Jan Laskis in Polen). Instytut Historii Polskiej Adademii Nauk, Wroclaw, Warszawa, Krakow 1969, S. 173.

[185] Ebd., S. 108 (zum kirchlichen Einfluß der Szlachta vgl. S. 108 f.; zur Struktur der reformierten Kirche in Polen siehe S. 103-125).

unter weitgehender Eliminierung nichtadliger Sozialgruppen zur Deckung gebracht werden.

In jüngster Zeit verwies auch Jozef Gierowski unter Zugrundelegung wesentlicher Forschungsergebnisse K. Lepszys auf den Tatbestand, daß der Szlachta die „demokratischen Tendenzen" und „dezentralistischen Grundlagen" des Calvinismus entgegengekommen seien.[186] Wie dem französischen Adel, so sei der Szlachta der Calvinismus im Kampf gegen die absolutistischen Tendenzen der Krone dienlich gewesen, da Calvin das Widerstandsrecht gebilligt und die parlamentarische Kontrolle der monarchischen Gewalt verlangt habe.[187] Abschließend sei noch auf Tazbirs komparatistische Betrachtungen zur europäischen Sozialstruktur des Calvinismus verwiesen: Während im polnischen Bürgertum das Luthertum, in großen Teilen der Szlachta dagegen der Calvinismus dominiert habe, sei in den Niederlanden und in der Schweiz das Bürgertum calvinistisch, in Deutschland zum Beispiel die Ritterschaft weitgehend lutherisch gewesen.[188] Tazbir gelangt zu dem Schluß, daß eine verbindliche Deutung dieses Phänomens kaum erreicht werden könne[189], was praktisch einer Absage an eine historische Analyse nach marxistischen Kriterien gleichkommt: Zwar werden dem Calvinismus im Gegensatz zum Luthertum eine größere Radikalität und ein deutlicher Demokratiegehalt bescheinigt, das Fehlen eines starken calvinistischen Bürgertums zum Beispiel in Polen wird aber nicht expressis verbis auf den mangelnden Entwicklungsgrad eines „frühmanufakturellen Kapitalismus" in diesem Lande zurückgeführt.[190]

---

[186] J. Gierowski: Historia Polski 1492-1864. Państwowe Wydawnictwo Naukowe, Warszawa 1972 (2. Aufl.), S. 31 (freilich nur in Beschränkung auf die Szlachta [demokratyczne tendencje kalwińskie]: „oczywiście z ograniczaniem ich do jednej warstwy szlacheckiej". Ebd., S. 31).

[187] Ebd., S. 31.

[188] J. Tazbir: Spoleczeństwo wobec Reformacji (Die Gesellschaft angesichts der Reformation), in: Polska w Epoce Odrodzenia. Państwo. Spoleczeństwo. Kultura (Polen in der Epoche der Renaissance. Staat. Gesellschaft. Kultur). Red. A. Wyczański, Warschau 1970. S. 197-223, hier S. 220.

[189] Ebd., S. 220: „trudno więc o ustalenie tu jakiejś konsekwentnie obowiązującej reguły".

[190] Zur Frage der Umwandlung des polnischen Patriziats des 16. Jahrhunderts in eine „Bourgeoisie des Manufakturkapitals" vgl. H. Samsonozvicz: Das polnische Bürgertum in der Renaissancezeit, in: Renaissance und Reformation in Polen und in Ungarn (1450-1650), Budapest 1963 (Studia Historica Academiae Scientiarum Hungaricae 53), S. 91-96, hier S. 94 f.

ERIK WOLF

Theologie und Sozialordnung bei Calvin[1]

Die Persönlichkeit des französischen Reformators unterscheidet sich von Luthers mehr gefühlsbestimmter Art durch streng systematisches Denken und von der Toleranz Melanchthons durch die Kraft und Konsequenz des Willens. Ein vielseitig ausgebildeter Geist, hat Calvin auch antike und zeitgenössische philosophische Gedanken, juristische Kenntnisse und politische Erfahrungen theologisch verarbeitet. Tn seinem bewegten Leben war er als Prediger und Lehrer, Denker und Staatsmann unermüdlich tätig. Obgleich für Calvin nicht weniger als für Luther das theologische Anliegen die Hauptsache war, von dem aus er alles andere beurteilte und dem er alles unterordnete, hat er weit über den Bezirk theologischer Auseinandersetzungen hinaus gewirkt, historische und politische Entwicklungen von großem Ausmaß und epochaler Bedeutung ausgelöst.

Er ist nicht nur der Begründer des französischen, schottischen, holländischen, westschweizerischen, westdeutschen, polnischen und ungarischen reformierten Zweiges der evangelischen Ökumene geworden, sondern in weiterem Zusammenhang auch der Stifter des nordamerikanischen und des reformierten Kirchentums in zahlreichen „younger Churches" ursprünglich kolonialer Gebiete. Aus dieser religiösen Bewegung: dem „Calvinismus", hat sich auf Grund seiner spezifischen, theologisch bedingten Sozialethik später ein Typus politischen Denkens entwickelt, dessen Tatkraft ein großer Teil der westeuropäischen und nordamerikanischen Zivilisation zu verdanken ist.

I.

Calvins Jugend fiel in die vom Geist des italienischen Frühhumanismus erfüllte Zeit der französischen Renaissance, als König Franz I., ein für alle künstlerischen und wissenschaftlichen Unternehmungen aufgeschlossener Fürst, regierte. Der mit achtzehn Jahren schon zum Priester geweihte Sohn eines bischöflichen Sekretärs hat in Paris außer der theologischen auch eine gute humanistische Schulung empfangen und in Bourges die Rechte studiert. Bei André Alciat, einem der humanistischen Erneuerer der französischen Jurisprudenz, erlangte Calvin 1529 die akademische Würde eines Licentiaten

---

[1] Erstveröffentlichung: Archiv für Reformationsgeschichte 42 (1951) S. 11-31.

des römischen Rechts.² Eingehende Kenntnis der griechischen Literatur³, Beherrschung der lateinischen Rechtssprache⁴, Vorliebe für die stoische Philosophie⁵, besonders in der römischen Form, welche Seneca ihr gegeben hatte: dieser gründliche Humanismus trennte Calvin tiefer und schärfer von der scholastischen Überlieferung⁶, als es bei Luther der Fall war. Um 1533 erfolgte seine entschiedene Hinwendung zu den theologischen Erkenntnissen Luthers, den er zeitlebens als seinen Erwecker zum reformatorisch-theologischen Bewußtsein verehrt hat. Indessen ist auf Calvins Theologie der Inhalt von Lehren Zwingiis, Oekolampads und Bucers, der Zürcher, Basler und Straßburger Reformatoren, nicht weniger von Einfluß gewesen. In seinem Zufluchtsort Basel schrieb Calvin die „Institutio Religionis Christianae", das einzige systematisch theologische, als „Dogmatik" zu bezeichnende

---

² Für die theologische Rechtslehre Calvins hatte das römische Recht große Bedeutung. Für ihn war zwar (wie für Zwingli) die Rezeption weder ein Anstoß noch ein persönliches Anliegen, aber er hat doch in Genf an Stelle des von ihm beseitigten kanonischen Eherechts die Grundsätze des römischen eingeführt und auch „den Zivilprozeß auf römisch-rechtliche Basis zu stellen versucht" (*Bohatec*, Calvin und das Recht, 1934, S. 209ff.). Sein Eigentumsbegriff war der römische, nicht der deutschrechtliche (*J. Hashagen*, Rez. v. *J. Bohatec*, Calvins Lehre von Staat und Kirche, GGA 200, 1938, Nr. 6, S. 264), von wo aus die von *Max Weber* soziologisch ausgedeutete „kapitalistische" Tendenz seiner Wirtschaftsethik sich erklären läßt.
³ Besonders auch der sozialphilosophischen Dialoge Platons, die er viel zitiert hat. Vgl. dazu *H. Baron*, Calvins Staatsanschauung und das konfessionelle Zeitalter, 1924, S. 17, und *Seeberg*, Dogmengeschichte IV, 2, 2/3, S. 562. Auch Solon, von dessen athenischer Gesetzgebung Calvin glaubte, sie gehe auf Kenntnis des Dekalogs zurück, erwähnt er oft.
⁴ „Wie nachhaltig die Einübung in der Fachsprache der zeitgenössischen, römisch-rechtliche Quellen verarbeitenden Jurisprudenz auch seinen besonderen theologischen Stil beeinflußt hat, zeigen die Untersuchungen von *A. Ehrhardt* in: Ev. Th. 1937, S. 211 ff. Auch freute sich der romantisisch geschulte Jurist Calvin, eine weitgehende Übereinstimmung von Prinzipien des Corpus Iuris Civilis mit dem Dekalog feststellen zu können (CR 24, 661 u.a., vgl. dazu *J. Bohatec*, a.a.O., S. 113ff). Römisches Recht war für ihn Weltrecht: CR 2, 1104.
⁵ Er bewertete die stoische Ethik aber nur insofern positiv, als ihre Lehre von der natürlichen Moral beweist, daß auch der sündige Mensch, der die christliche Offenbarung nicht kennt, „die Reinheit seiner Ursprungs-Natur nicht ganz eingebüßt hatte" (Opp. 2, 211). Sonst kritisierte Calvin das stoische „Persönlichkeitsethos" als „steinernes Ideal". Vgl *Bohatec*, a.a.O., S. 31 f.
⁶ Freilich erscheint auch Calvin, besonders in seiner Staatslehre, stark beeinflußt vom fünften Buch der Nikomachischen Ethik des Aristoteles. Vgl. Inst. IV, 208, wo er eine rein aristotelische Lehre vom Wert der verschiedenen Regierungsformen entwickelt hat.

Schriftwerk der Reformatoren.[7] Er hat darin seinen eigenen Weg reformatorischer Glaubenserkenntnis und -darstellung gefunden, sich aber doch stets als Fortsetzer und Vollender des von Luther begonnenen Werkes bezeichnet.

Gleichzeitig hat der Umgang mit leitenden Männern der nordschweizerischen, aristokratisch regierten Stadtrepubliken, die infolge der Reformation eine starke Verschiebung der sozialen Verhältnisse und eine Umschichtung der herrschenden Kreise erfahren hatten, auch von Anfang an sich mit politischen Gegenmächten im Innern auseinandersetzen und gegen Angriffe von außen behaupten mußten, viel dazu beigetragen, Calvins politisches Denken anzuregen und zur Reife zu bringen. Die praktische Auswirkung dieser Gedanken in einer von Grund aus neu zu formenden politischen Lebensgemeinschaft erfolgte dann bei seinem zweiten Aufenthalt in Genf. Hier hatte der Rat am 20.11.1541 die von Calvin formulierten Grundsätze gemeinsamer Verwaltung von Kirche und Staat angenommen und damit jenes einzigartige politische Gebilde geschaffen[8], das unter dem Namen „Genfer Theokratie"[9] in die Geschichte eingegangen ist. Calvin, der noch in den dreißiger Jahren mit Farel die Genfer Kirchenreformation geleitet, bis 1538 an der französischen Bibelübersetzung mitgearbeitet und dann drei Jahre in Straßburg gewirkt hatte, wo er auch mit Melanchthon in Beziehung gekommen ist, wurde nun maßgebender Leiter der Republik Genf, wenn auch ohne Übernahme eines eigentlichen politischen Amtes.[10] Bis 1555 mußte er noch lebhafte Kämpfe mit politischen und theologischen Gegnern führen. In ihrem Verlauf ist es zu dem beklagenswerten Ketzerprozeß gegen den spanischen Gelehrten Michael Servet gekommen, dem eine Leugnung der Trinitätslehre zum Vorwurf gemacht war. Die Verurteilung und Hinrichtung Servers auf dem Scheiterhaufen war ein Justizakt, dessen Anfechtbarkeit vom menschlichen wie vom christlichen Standpunkt durch kein Argument entkräftet werden kann: seien es die kirchenrechtlichen Normen, die staatspolitische Zwangslage oder

---

[7] „...das, wie es auch seine Absicht war, in der Folgezeit der Kirche unter dem Kreuz als Grundlage und Kampfinstrument diente" (*A. Grobmann*, Das Naturrecht bei Luther und Calvin, Diss. Köln 1935, S. 49).

[8] Einen „verkirchlichten Staat" nannten es *Fr. v. Bezold*, Staat und Gesellschaft, S. 80, und *E. Troeltsch*, Die Kulturbedeutung des Calvinismus, 1910 (Ges. Schriften I, S. 683).

[9] Zum „theokratischen Ideal" Calvins im einzelnen vgl. *C. Beyerhaus*, Studien zur Staatsanschauung Calvins, 1910, S. 99f., und *H. Baron*, a.a.O., S. 115fr.

[10] Entsprechend wurden die Mitglieder des „Consistoire", der obersten Kirchenleitung, nur als Gemeindeglieder, nicht in ihrer etwaigen Eigenschaft als staatliche Funktionäre gewählt. Calvin bemerkte dazu: „Ich glaube, man braucht nicht den geringsten Anstoß daran zu nehmen, daß auch Richter und höhere Polizeibeamte in ein Konsistorium gewählt werden, wenn sie nämlich nicht als Amtspersonen gewählt sind; denn dieser Unterschied zwischen den beiden Ständen und Ämtern muß stets gewahrt bleiben. Leute, die zur weltlichen Regierung gehören, auszuschließen..., schiene mir gegen alle Vernunft zu sein" (Briefe II, 394).

die Bemühungen der Geistlichen, an Stelle des Feuertodes Enthauptung zu erwirken.

Von nun an war Calvin für neun Jahre, bis zu seinem Tode am 27. Mai 1564, der unumschränkte, geistliche und weltliche Behörden lenkende Regent der Stadt.

In dieser Stellung konnte er sich freilich in Fragen der politischen Entscheidung nicht mit Predigt und Zuspruch begnügen. Er mußte auf andere Weise wirken, als es Luther mit seinen Mahnschriften an einzelne Stände oder Personen des öffentlichen Lebens getan hat. Er war das Haupt und die einzige Stütze der in vieler Herren Ländern zerstreut lebenden und um ihre Existenz kämpfenden reformierten Gemeinden. Er konnte in dieser Lage weder die Verwaltung der Kirche noch die Sorge für die Ausbreitung des Evangeliums und für den Schutz der Gemeinden fürstlichen Landesherren überlassen, wie es Luther getan hatte. Auch fallen die Jahre der stärksten Wirkung Calvins schon in die Zeit der Gegenreformation. Poltische Mächte standen gegen die neue Glaubensbewegung; nicht minder aber die geistige Macht eines Ignatius von Loyola und des von ihm begründeten Jesuitenordens. Nicht zuletzt zwang die isolierte Lage Genfs, das erst 1531 der schweizerischen Eidgenossenschaft beigetreten war und sich noch immer von seinen früheren Landesherren, den Herzögen von Savoyen, bedroht fühlte, zu einer engen Verbindung aller staatlichen und kirchlichen Kräfte der kleinen Republik. So mußte Calvin mit seiner Gemeinde die Last der Selbstregierung tragen; es war eine politische Verantwortung der Kirche, die ihr niemand abnehmen konnte.

II.

Die umfassende praktisch-politische Tätigkeit Calvins ist bezeugt durch zahlreiche Briefe, die in seinen späteren Lebensjahren von Genf ausgingen, um den bedrohten reformierten Gemeinden bis nach Polen und Ungarn hin Trost, Rat und Weisung zu geben. Diese Aufgabe hat Calvin nicht dazu gelangen lassen, seine staatstheoretischen Gedanken in besonderen Schriften zusammenzufassen. Außer dem schon erwähnten, in mehreren Auflagen von ihm selbst noch erweiterten „Unterricht in der christlichen Religion" finden wir Gedanken Calvins über Recht und Staat in seiner „Instruction et Confession de foi" von 1537, im Genfer Katechismus von 1542, in seinen Kommentaren zum Alten Testament und allenthalben in der Korrespondenz verstreut.

Die alttestamentlich-prophetischen Weisungen, im Lichte des Evangeliums begriffen und ausgelegt, sind eine der wichtigsten Quellen für Calvins Soziallehre; er verband sie mit den Ergebnissen seines Studiums der antiken Autoren und mit den konkreten politischen Erfahrungen seiner Umwelt. Nur bisweilen schimmert in seinen Aussagen die scholastische Tradition noch durch. Völlig fremd ist Calvin der mittelalterliche Reichsgedanke geworden.[11] Trotz seiner Schulung im römischen Kaiserrecht dachte er von der kaiserlichen Autorität ebenso unabhängig wie von den Nationalkönigtümern seiner Zeit. Die Monarchie betrachtete er überhaupt kritisch[12] und unter dem Aspekt der biblischen Erzählung von Saul, dessen Königtum, das erste der Israeliten, ihnen von Gott zur Strafe für ihren Ungehorsam gegeben worden war.

III.

Schon dieses Beispiel zeigt, daß wir Calvins politisches Denken als ein biblisch bestimmtes verstehen müssen. Es wurzelt in der besonderen Art des Schriftverständnisses seiner reformatorischen Theologie. Dahinter stehen die anderen Quellen, die Calvins Soziallehre gespeist haben: Humanismus, Jurisprudenz und politische Erfahrung, zurück. Sein Staatsdenken ist aber nicht nur biblisch, es ist christozentrisch. Die politische Gemeinde ist für ihn nicht auch (nebenher und nebenbei) Christengemeinde, sondern die Gemeinde Christi, des gegenwärtig und zukünftig regierenden Herrn der Welt[13], ist (als solche) wesenhaft politische Gemeinde. Trotz der theologischen Scheidelinie[14] zwischen dem „Reiche Gottes" und dem „Reich der Welt" gibt es eine Verbindung von himmlischer Polis und irdischem Staat; freilich wirkt diese von oben nach unten[15], nicht umgekehrt.[16] Das politische Ganze hat deshalb bei Calvin einen religiösen Wertakzent: der Staat ist für ihn nicht nur um der Sünde willen von Gott zugelassen[17], sondern um seines Heilsplans mit den

---

[11] Vgl. *Erik Wolf*, Idee und Wirklichkeit des Reiches im deutschen Rechtsdenken des 16. und 17. Jahrhunderts, 1943, S. 75 ff., mit Literatur.

[12] „Vrai est, si on disputait des gouvernements humains, qu'on pourrait dire, que d'être en un état libre, c'est une condition beaucoup meilleure, que d'être sous un prince" (CR 27, 458).

[13] „Der Sohn Gottes soll in unserer Mitte herrschen und das Evangelium soll unsere Richtschnur sein" (CR 51, 128).

[14] Auch Calvin kennt die Lehre von den „Zwei Reichen": er unterschied klar zwischen „spirituale Christi regnum" und „civilis ordo" (Inst. IV, 20, 1) oder geistlicher Büß- und Zuchtmahnung und weltlicher Zwangsgewalt (Inst. IV, 9, 3).

[15] „... so sind wir wie Spiegel, in denen sich hier sein Bild wieder darstellt (wenn Christus in uns lebt und wir durch den Hl. Geist wiedergeboren sind). Dieser Glaube kommt von oben, zeigt sich aber hier unten" (CR 34, 272).

[16] Es gibt keine natürliche Gotteserkenntnis, keine Entsprechung göttlicher und menschlicher Wesenszüge (Inst. I, 15, 3), daher kein absolutes Naturrecht; es ist uns keine Aussage über den sündlosen Urständ der Menschheit möglich, von Adam ist, „nur eine schreckliche Entstellung" übrig (Inst. 1, 15, 4); aber die menschliche Natur ist dadurch nicht „völlig" verderbt (Opp. 2, 211).

[17] Opp. 53, 418: „mais d'autant que nous sommes corrompus, il faut que nous

Menschen willen eingesetzt (gestiftet).[18] Die Herrschafts-, Überordnungs- und Unterordnungsverhältnisse sind nicht nur, wie bei Luther, als Teil der naturrechtlichen Ordnung des Sündenstandes von Gott gewollt, sondern in ganz bestimmter Form prädestiniert: der Staat Calvins ist christlicher Staat[19], zur Pflege der „vita Christiana", der christlichen Lebensordnung (oder besser: der Lebensgemeinschaft in und mit Christus) bestimmt. „Ex iure divino" gestiftet, stellt er als „Politia Christiana" den Bund Gottes mit seinen Erwählten politisch dar, wie die Kirche ihn geistlich darstellt. In diesem „sacrum regnum" erscheinen aber Staat und Kirche eins, wofür die theokratische Republik des Alten Testaments das politische Vorbild gab[20], die pneumatische Gemeinschaft der Urgemeinden des Neuen Testaments aber das kirchliche. In der neutestamentlich bezeugten Ordnung der Urgemeinde fand Calvin das gottesrechtliche Leitbild der Ordnungsgestalt der Gemeinde („Kirche"). Für ihn gab es deshalb keinen Zweifel an der Möglichkeit des kirchlichen Rechts. Es war ja mit der Gemeindeordnung[21] selbst gegeben und verschmolz als Recht der christlichen Gemeinde (die ja zugleich Staatsvolk war) mit dem „staatlichen" Recht. So erscheint die kirchliche Verfassung als die äußere Selbstdarstellung der von Christus Erwählten, des „heiligen Volks". Es verwaltet sich selbst als „Christengemeinde" wie als „Bürgergemeinde". Die Christengemeinde konstituiert sich als Versammlung, welche vier notwendige, in der Apostelgeschichte und den Pastoralbriefen als urgemeindlich bezeugte „Ämter" („offices" = eigentlich „Pflichtdienste") bildet: „ministres" für Predigt und Seelsorge, „docteurs" für Lehre und Forschung, „anciens" für Zucht und Verwaltung[22], „diacres" für soziale Wohlfahrt und Fürsorge. Die Leitung der Gemeinde[23] oblag der aus den Trägern dieser Ämter gebildeten Synode, deren Körperschaften im Genf Calvins in Personalunion mit den Inhabern der öffentlichen Gewalt besetzt waren.

---

soyons tenus en servitude ... et ... il y aura les lois et la police qui tiendront les hommes sous le joug".

[18] „sancta Dei ordinatio et donum ex eorum genere, quae mundis munda esse possunt" (CR 59, 64); oder: „ius imperii in humani generis salutem a Deo ordinatum est" (Opp. 49, 249).

[19] *J. Bohatec*, Calvins Lehre von Staat und Kirche, 1937, S. 71.

[20] Vgl. dazu *H. Baron*, in: HZ, Beiheft 1 (1924), S. 24.

[21] Als „Lebensgesetz des Reiches Christi", als „Ordnung, die Gott für dieses Reich gegeben hat" (Inst. IV, 11, 1). Vgl. Conf. Belg. 244, 44: „Credimus veram ecelesiam Spirituali illa politia quam nos Deus verbo suo edocuit, gubernari debere" und entsprechend Conf. Gall. 229, 2: „Quant est de la vraye Eglise, nous croyons, qu'elle doit estre gouvernée selon la police, que nostre Seigneur J. C. a establie."

[22] Genf. Katech. 153, 2: „Aus diesem Grunde müssen Älteste gewählt werden, die die Sittenzucht überwachen und Ärgernisse verhüten sollen."

[23] Daß die Gemeinde einer solchen bedürfe, sagte Calvin im Genfer Katechismus 152, 49 mit den Worten „ordo gubernationis".

IV.

Drei Grundgedanken der Theologie Calvins sind es, welche den Ausgangspunkt für sein Rechts- und Staatsdenken bieten: die Lehre von der souveränen Majestät Gottes, die Lehre von der göttlichen Prädestination und die Lehre von der göttlichen Gerechtigkeit. Luther gegenüber bedeutete dies eine Verschiebung des theologischen Akzents von der Liebe Gottes auf seine Allmacht, von der Rechtfertigung des Einzelnen auf die Erwählung der Gemeinde, von der erlösenden Gnade auf das richtende Gericht.[24]

1.

Die absolute Majestät Gottes zeigt sich nach Calvin darin, daß alles Geschaffene zu Gottes Ehre dient. Gott herrscht in Christus und durch Christus unmittelbar und unumschränkt über die Welt. Er herrscht mit vollkommener Souveränität, aber nicht wie ein Willkür übender Tyrann, sondern gemäß der ewigen Ordnung seines göttlichen Wesens. Gott ist nach der Lehre Calvins kein „Deus sine lege", kein gesetzloser Gott, sondern der Gott der Ordnung. Deshalb darf sich auch keine fürstliche oder sonstige obrigkeitlich regierende Gewalt anmaßen, „legibus solutus", „nicht an Gesetze gebunden" zu sein. Weil nur Gott wirklich und wahrhaft „Herr der Welt" ist, sind Fürsten und Obrigkeiten[25] *nicht* souverän; sie sind gleichsam Gottes Beauftragte[26], seine Befehlsträger und Diener. Deshalb gibt es auch nur einen wirklich legitimen „Staat": das ist die Gemeinde, in der Gott selber der König ist und seine Gebote die Gesetze sind; ein Beispiel dafür gibt uns die Theokratie des alttestamentlichen Gottesvolkes.

Ordnung und Recht erscheinen darum bei Calvin als die Wesensgrundlagen jeder sozialen Gemeinschaft, besonders aber des Staates.

Calvin erkennt in diesem Zusammenhang zwei Haupgaufgaben des Staates: er muß die Kirche in ihren gottesdienstlichen und caritativen Funktionen unterstützen und er muß für christliche Sittenzucht sorgen. Ein „Eigenwert" als selbständige „Schöpfungsordnung" kommt ihm nicht zu. Was der Staat ist, hat er von Gott allein, der ihn, wie alles Kreatürliche, zur Durchführung

---

[24] Vgl. dazu *E. Troeltsch*, a.a.O., S. 637 ff.
[25] Calvin spricht von „Regenten" (gouverneurs), er vermeidet den Ausdruck „Fürsten" (princes); die Funktion der gouverneurs heißt „Dienstpflicht" (office), nicht „Herrschaft" (seigneurie) (CR 53, 644).
[26] „delegata a Deo iurisdictio" (Inst. IV, 206).

seines Heilsplans gebraucht. Darin, aber auch nur darin hat der Staat seinen Sinn[27] und seine „Obrigkeit" ihre Würde.[28]

2.

Der zweite theologische Grundgedanke Calvins, woraus sich Folgerungen sozialtheoretischer Art ergeben, ist die Lehre von der Prädestination. Sie besagt, daß Gott frei darüber entscheidet, wem er seine Gnade zuwenden will, wen er zum Heil erwählt und wen er zum Ausschluß vom Heile bestimmt. Er kann Herzen erwecken und er kann Herzen verstecken. Die Tatsache der Erwähltheit ist für den Menschen ein unerkennbares Geheimnis; niemand kann von sich oder einem anderen sagen: er sei zum Heil[29], oder gar: er sei zur Verdammnis berufen. Der Sinn der Lehre von der Prädestination liegt einerseits darin, zu zeigen, daß keiner sich die Seligkeit mit frommen Werken verdienen kann; andererseits bedeutet sie eine Aufmunterung, einen Aufruf an alle Christen: sich in ihrem Verhalten so zu bewähren, daß ihr Leben als ein Zeichen der Erwählung gedeutet werden könne.[30]
Sozialtheoretische Folgerungen dieses Gedankens sind in vierfacher Hinsicht gezogen worden.

a) Die Gemeinde muß beispielhaft sein. Gott hat bestimmte Menschen durch sein Wort aus der Menge herausgerufen und zu seiner „Gemeinde" gemacht, die zugleich eine soziale Gruppe ist. Als „Volk Gottes"[31] bildet sich eine Kemgemeinschaft von Menschen, die dem göttlichen Gebot und der biblischen Weisung entsprechend zu leben versuchen. Sie tun es, obgleich sie wissen, daß ihnen als Sündern der Weg zu einer vollkommenen, das Reich

---

[27] Der ganze Apparat staatlicher (politischer) *Regierung* ist für Calvin allein durch seinen *Zweck*, „der Wohlfahrt und dem Nutzen des ganzen Volkes" (ad populi totius commodum et utilitatem procurandam) zu dienen, gerechtfertigt. Vgl. dazu *E. Brunner*, Das Gebot und die Ordnungen, S. 661.

[28] Insofern gilt auch bei Calvin von ihr, daß sie Gottes Stellvertreterin (Dei vicarius) ist (Inst. IV, 206).

[29] „Wir finden die Gewißheit unserer Erwählung nie in uns selbst" (Inst. III, 24, 5). Vgl. dazu *K. Barth*, Gottes Gnadenwahl, S. 48: „Die Prädestiniertheit ist eine Wahrheit des Eschaton. Darum können wir nicht sagen: Es *gibt* Erwählte und Verworfene; wohl aber können und müssen wir glauben: Es *wird* solche geben". Diese Lehre ist „nur der Ausdruck der Freiheit des Heils in Jesus Christus" (contra Werkgerechtigkeit).

[30] Inst. III, 14, 19. Mehr als diese stets sehr unsichere Zeichenhaftigkeit darf keinem „Werk" und keiner „Tat" eines Menschen zugesprochen werden. Davor warnt Calvin (Inst. III, 2, 38) ausdrücklich.

[31] CR 56, 64.

Gottes auf Erden verwirklichenden Gemeinschaft verschlossen ist.[32] Sie geben damit ein Beispiel und stellen ein Vorbild dessen auf, was rechte Sozialordnung für alle Menschen sein kann.[33]

b) Aus der Prädestinationslehre Calvins folgt weiter, daß Gott seine Gemeinde bildet, wann und wo er will. Sie ist kein traditionelles, ein für allemal aufgestelltes soziales Gebilde, sondern ein immer wieder neu und anders erscheinendes geistliches „Ereignis". Ecclesia reformata semper reformanda: die reformierte Kirche ist immer in Reformation. Sie ist dynamisch und revolutionär, nicht statisch und konservativ; deshalb vermeidet sie die Verfestigung zu einer Rechtsinstitution mit lokalen und personellen Leitungsspitzen.

Dementsprechend hat Calvin die der Römischen Kirche nachgeformte Idee einer weltlichen „Universalmonarchie" theologisch verworfen. Ein Weltreich widerspräche ja der Lehre, wonach Christus allein König ist und auf eine Weise regiert, die von jeder weltlichen unterschieden ist. Wo reformierte Gemeinde sich ums Wort Gottes sammelt, da gibt sie sich selber die notwendige Ordnungsform, in mancherlei Gestalt. Aber niemals kann sie ihre Verfassung von einem weltlichen Staat übernehmen, wie es für die lutherischen Kirchen möglich war.

c) Aus dem Bewährungsgedanken fließt die grundsätzliche Forderung persönlicher Freiheit[34] und politischer Freiheit.[35] Denn die Gemeinde bedarf, um ein Beispiel christlicher Lebensordnung aufstellen zu können, der Selbstbestimmung; sonst vermag sie sich nicht nach den göttlichen Geboten und Weisun-

---

[32] „Wir behaupten nicht, daß die Erwählten unter dauernder Leitung des Geistes immer den rechten Weg innehalten. Vielmehr sagen wir, daß sie oft straucheln, irren, anstoßen und den Weg des Heils beinahe verfehlen". „Ich sehe mich selbst dauernd schwanken, kein Augenblick vergeht, wo ich nicht unterzugehen meine" (De Praedestinatione, CR 8, 340, 321).

[33] Daß die „Bewährung" gerade eine solche des *Einzelnen* in seinem „*Beruf*" sein muß, wie es der spätere Calvinismus gelehrt hat, sagt Calvin selber nicht. Vgl. dazu *H. Baron*, a.a.O., S. 126.

[34] Diese bedeutet „Person"freiheit, d.h. selbstverantwortliche, nur im Gewissen und an die Weisung der Hl. Schrift gebundene Unabhängigkeit des einzelnen Menschen von der Willkür, Gewalt oder Herrschaft anderer. Es ist eine Freiheit *zum* politischen Handeln, nicht *von* ihm, also keine bindungs- und ziellose Individualwillkür, sondern Freiheit der durch Christus frei Gewordenen auch für die weltliche Gemeinschaft. Von dieser Freiheit sagt Calvin (vgl. *Bohatec*, S. 11), daß sie „mehr als das halbe Leben" sei (Opp. 24, 628) und ihrer einen Menschen zu berauben so gut wie Mord sei (ibid.).

[35] „Dieu nous fait cette grâce, voir, ce privilège, qui n'est point commun à tout peuple, d'élire gens qui gouvernent" (Opp. 26, 635); „connaissons, que c'est un don inestimable, si Dieu permet, qu'un peuple ait liberté d'élire juges et magistrats" (Opp. 27, 411).

gen auszurichten. Unabhängigkeit von der Willkür einzelner Machthaber ist für die Existenz reformierter Gemeinden notwendig theologisch gefordert.[36] Eine bruderschaftliche[37] Verfassung, die auf selbstverantwortliche Mitregierung jedes einzelnen Gemeindeglieds und auf freie Selbstbestimmung des politischen Ganzen gegründet ist, muß jeder calvinistischen Sozialordnung als eine Grundforderung christlicher Lebensgemeinschaft erscheinen.

d) Endlich war es eine staatstheoretische Folgerung aus dem theologischen Erwählungsgedanken, wenn Calvin unter den verschiedenen Regierungsformen der republikanischen[38] den Vorzug vor anderen gegeben hat. Sie schien ihm dem christlichen Grundgedanken der Bruderschaft vor Gott verantwortlicher und dem Nächsten verpflichteter Personen am besten zu entsprechen.

Dagegen sah er in der Monarchie eine Ljugnung der alleinigen Majestät Gottes, welche keinen Anspruch auf Einherrschaft oder gar absolute Alleinherrschaft eines Menschen duldet.[39] Die biblischen Weisungen des ersten Samuelbuches über das von den Königen Beanspruchte sind Calvin ein Beleg dafür[40], daß auch die beste Monarchie etwas von Tyrannis an sich hat. Auch sehe man an geschichtlichen Exempeln, wie oft Monarchen das gemeine

---

[36] Die christliche Freiheit (im Sinne der Selbstverantwortung des von der Bibel geführten Gewissens), Gleichheit (im Sinne des gleichen Untertanseins gegenüber dem allmächtigen, souverän erwählenden und verwerfenden Gott), Brüderlichkeit (im Sinne der Bruderschaft der diakonisch lebenden Gemeinde ohne Priester„stand" und „Amts"-hierarchie), ist eben bei Calvin *zugleich* politische Freiheit, weil der Christ zugleich Bürger (und dies als Christ) ist. Insofern ist die Freiheit zu Gott, die Gleichheit vor Gott, die Brüderlichkeit mit dem Nächsten eben auch Wesenszug eines rechten Staates als Freiheit von Tyrannis, Gleichheit vor dem Gesetz und Brüderlichkeit in der Verwaltung zeitlicher Güter. Das hat Bohatec, a.a.O., S. 70/71 nicht beachtet, wie er die soziologische Realität nicht kannte, die für Calvin und das Reformiertenrum „Demokratie" heißt.

[37] Gemäß dem „ius fraternae coniunctionis" (Opp. 24, 371). Jeder ist „ein Glied des Ganzen" und „ceux qui sont inférieurs à moi ne laissent point d'être mes frères" (Opp. 27, 480).

[38] Dabei überwiegt, wie schon bei Zwingli, das *aristokratische* Element gegenüber dem demokratischen. Vgl. dazu *E. Brunner*, Das Gebot und die Ordnungen, S. 650. Ursprünglich nahm er zur Frage der Verfassungsform eine neutrale Haltung ein und lehrte, daß die verschiedenen „regiones" auch „diversae politiae" erforderten. In seiner für den ökumenischen Gebrauch geschriebenen „Institutio" hat er sich auch in den späteren Auflagen zurückhaltender über die Frage geäußert als in seinen Genfer Predigten. Opp. 1, 1105 erklärt er die Mischform von Aristokratie und Demokratie für die beste Staatsform.

[39] Von hier aus verwarf er die Souveränitätslehre des fürstlichen Absolutismus, denn „die Souveränität Gottes grenzt die Souveränität des Staates ein" (*E. Brunner*, a.a.O.) – was freilich Bodin formell auch gelehrt hat, aber infolge seines immanenten, fast schon deistischen Gottesbegriffs problemlos sagen konnte.

[40] Vgl. seine „Homiliae in librum Sarnuelis", 1563.

Beste hinter ihrem eigenen Wohl zurückstehen lassen, und wo die Monarchie erblich sei, gerate die Herrschaft leicht an unfähige oder entartete Nachkommen.[41] Darum habe Gott durch die Erweckung großer Glaubenshelden aus dem Volk, wie die Heilige Schrift sie in den alttestamentlichen, kraftvollen Richter- und Prophetengestalten uns vorstellt, den Menschen gezeigt, daß nicht Geburts- und Amtsadel, sondern Tüchtigkeit und Gottgefälligkeit darüber entscheiden sollen, wer zur Leitung des politischen Ganzen berufen ist.[42]

3.

Die Betonung der göttlichen Gerechtigkeit ist der dritte theologische Ausgangspunkt für die calvinistische Rechts- und Staatslehre geworden. Indem Gott mit den Menschen als Vertragspartner seinen Bund schließt, indem er die Menschen richtet und (im Akt der Gnade) rechtfertigt, bezeugt er sich als der gerechte Gott. Er richtet damit zugleich das Recht unter den Menschen als die ihnen gebührende Ordnung auf.

Zeugnis dieser göttlichen Gerechtigkeit ist die Urkunde aller wahren Offenbarung Gottes: die Heilige Schrift. Die Bibel ist also die Quelle des göttlichen Rechts[43], seiner Gebote und Weisungen. Die biblisch bezeugten Ordnungen des alttestamentlichen Gottesvolks und der christlichen Urgemeinde geben Richtlinien für die Sozialordnung. Diese sollen zwar nicht buchstäblich genommen und „gesetzlich" verstanden werden, man kann sie auch nicht einfach nachahmen. Wir haben aber in ihnen gleichsam Grundrisse und Leitbilder vor uns, eine Richtschnur[44], deren wegweisende und Grenzen stekkende Funktion nicht übersehen werden darf. Daraus folgt für die Rechts- und Staatslehre:

---

[41] CR 55, 460.

[42] Mit dieser Lehre von den „heroica et excellentiora ingenia" (CR 29, 252) knüpfte Calvin an Luthers „homines heroici" (WA TR IV, 3993. 4087. 4348) an, aber er stellt sie viel betonter auf ihren Charakter als *Glaubenszeugen* und Männer des Rechts, der Tugend und der Freiheit ab: der Held ist für ihn „divinitus destinatus et *non vulgari virtute* praeditus". So erscheinen die alttestamentlichen Richter (gegenüber den späteren Königen, die als „pueri atque parvuli, molles et effeminati" getadelt werden) als „Stützen der politischen und sozialen Ordnung" (*Duhm*, zit. nach *Beyerhaus*, a.a.O., S. 154). Es ist eine praktische, handelnde Tüchtigkeit, die Calvin an ihnen lobt: „(im Buch Daniel) ... da kommen keine Philosophen vor, die in Muße und im Schatten geistreich über die Tugend sich unterreden, sondern die unermüdliche Standhaftigkeit geistlicher Männer ... ruft uns mit lauter Stimme zur Nachfolge auf" (Briefe II, 364).

[43] Gott redet durch die Heilige Schrift zu uns als der Ordner des Lebens (Opp. 8, 395).

[44] Die Heilige Schrift als Regel und Richtschnur (Opp. 2, 8496).

a) Der Rechtsgedanke steht über dem Machtgedanken.[45] Wenn Gott selber in seiner absoluten, souveränen Majestät sich als gerechter Gott bezeugt, der das Recht unter den Menschen stiftet und liebhat (Psalm 99, 4), der sich an seinen Bund mit den Menschen hält und ihnen sogar erlaubt, sich darauf zu berufen; dann muß erst recht jeder menschliche Machthaber an das Recht gebunden sein.

Welches Recht ist hier gemeint? Das Naturrecht? Calvin müßte nicht Humanist und Jurist des sechzehnten Jahrhunderts gewesen sein[46], wenn er diesen Gedanken nicht gehegt[47] und das von ihm gemeinte Kriterium allen positiven Rechts voll bejaht hätte. Aber auch als Reformator hat er dem Naturrechtsgedanken nahegestanden.[48] Deshalb hat er auch nicht nur als Humanist im Anschluß an Ideen der hellenistisch-römischen Stoiker das Naturrecht als Seinsordnung einer vernünftig geschaffenen und geordneten Gesamtheit des Kosmos verstanden, es vielmehr zugleich als Ausdruck der von Gott gewollten menschlich-geschichtlichen Daseinsordnung und damit als eine Sollensordnung[49] begriffen.[50] Er sah darin den natürlich-geistlichen Sinn für das

---

[45] Opp. 27, 459 sq.: „... et que les lois dominassent... nous ayons des gouverneurs ... qui exercent être sujets aux lois".

[46] Es ist zwar *Riecker*, Grundzüge reformatorischer Kirchenverfassung, 1899, S. 59 und *Baron*, a.a.O., S. 8 zuzugeben, daß Calvins Juristentum den „Inhalt seines theologischen Systems nicht beeinflußt" hat, aber seine Äußerungen über politisch-rechtliche Fragen und seine *Sprache* verraten stets den wirklichen Sachkenner. Als solcher war er den älteren Reformatoren gegenüber methodisch überlegen.

[47] Insgesamt folgte er der stoisch-thomistischen Überlieferung, in der theologischen Angleichung an die reformatorischen Grundprinzipien Melanchthon, in den einzelnen Formulierungen vielfach Budäus. Zum Letzteren vgl. *Beyerhaus*, a.a.O., S. 9.

[48] Wie die andern Reformatoren es taten und es bis zur Gegenwart üblich geblieben ist, knüpfte auch Calvin dabei an Rom. 2, 14 an, wenn er schrieb: „Die Heiden haben das Gesetz ohne Gesetz", d.h. sie besitzen den Dekalog als „lex naturae" (CR 49, 37). An den in Röm. 2, 14ff. gebrauchten Begriff der συνείδησις in der von den Kirchenvätern überlieferten Form einer „Erkenntnis" lehnte Calvin sich auch in einer Definition der „lex naturalis" an: sie sei „... conscientiae agnitio inter iustum et iniustum sufficienter discernentis" (Inst. II, 2, 22). „conscientia" war für ihn mit „naturalis ratio" identisch. Vgl. dazu näher *Bohatec*, a.a.O., S. 6 ff.

[49] Das hat besonders *Emil Brunner*, Natur und Gnade, 2. Aufl. 1935, S. 35 hervorgehoben: „Darum ist bei Calvin Natur ebenso wie ein Seins- auch ein Normbegriff und unzählige Male kehrt der Ausdruck wieder: natura docet, natura dictat, was für ihn fast gleichbedeutend ist mit: Gott lehrt – nämlich der der Welt von der Schöpfung her eingeprägte Gotteswille, die göttliche Weltregel lehrt. Es ist daher für Calvin ganz selbstverständlich, den Begriff der lex naturalis ebenso wie den der Schöpfungsordnung, und zwar beide so gut wie gleichwertig, ja gleichbedeutend zu gebrauchen."

[50] Es lebt im „Herzen", das „nach dem Verständnis der Hl. Schrift mit der Vernunft identisch ist" (CR 49, 38). Nur in diesem Sinn gilt der Satz, daß „Naturgesetz

Rechte[51], der im Gewissen sich anzeigt.[52] Als Jurist fand er darin den Inbegriff der Billigkeit[53], die das strenge Recht ausgleicht und mildert. Als Theologe endlich fand er es in den Zehn Geboten[54] und anderen biblischen Weisungen anerkannt.

Es ergibt sich demnach folgendes Schema seiner Rechtslehre, wobei (wie bei Luther) die traditionelle Gliederung in drei Stufen des Aufbaus der Rechtswelt in den Grundzügen erhalten geblieben ist. Doch zeigt das System auch ganz eigene, charakteristisch „calvinische"
Momente.

aa) Der Gedanke des *Gottesrechts* (Ius Divinum) erscheint stärker betont als bei Luther. Es ist offenbar in drei Quellen. Erste ist die *Lex Christi*, die Calvin „juristischer" gefaßt hat; nämlich als „interpretatio" des alttestamentlichen Gesetzes: Christus ist zwar nicht „novuskgislator", aber „vexus legis kiterpres". Zweite ist der *Dekalog*. Er gilt als göttlich verpflichtende Norm, wenn auch (wie bei Luther)[55] gesagt ist, daß sein Inhalt zugleich „communis sensus naturae" sei[56] und „fluit ab ipso naturae fonte" wie das sonstige ius naturae.[57] Dritte ist das Vorbild der prophetischen *Weisung*; ihre Richtschnuren sind allgemein verbindlich.[58]

bb) Den *Naturrechts*begriff (ius naturae oder lex naturalis) formulierte Calvin im Unterschied zu Luther so: Erstens erscheint es identisch mit dem *Naturgesetz* (ordo naturae = ius naturae); es gilt für Menschen wie für Tiere, Gestirne und Jahreszeiten[59]; zunächst als „ius naturae" *prae*lapsarischer Art, „ordo" der vollen Gottebenbildlichkeit des Menschen und Ungetrübtheit des Naturganzen. Es ist im Menschen als „Naturtrieb" angelegt (semence de droiture),

und Gottesgesetz für Calvin eins sind" (*Erik Wolf*, Große Rechtsdenker, 2. Aufl. 1944, S. 172).

[51] „sensus naturae" (CR 24, 661; vgl. CR 52, 361).
[52] CR 2, 196. 267. 869. Vgl. Anm. 46.
[53] Dabei stellte er *nicht* die naturrechtliche Billigkeit als „ius aequum" dem positiven „ius strictum" entgegen (so zutreffend *Bohatec*, Calvin und das Recht, 1934, S. 43), sondern behandelte sowohl die Grundsätze des „ius" als auch die der „aequitas" als „Naturrecht". „Justum et aequum", „droiture et équite" sind für ihn teils juristisch-politische Bezeichnungen für Rechtsquellen, teils einfach formelhafte Wendungen für „rechtliche Gesinnung" ($\theta\epsilon\mu\iota\varsigma$ $\kappa\alpha\iota$ $\delta\iota\kappa\eta$) = recht und billig): sie verweisen auf das Rechtsgefühl, die subjektive Rechtlichkeit.
[54] Opp. 1, 112.
[55] Und auch bei Melanchthon. Vgl. CR 21, 392; 21, 400 ff. 711 ff.
[56] CR 52, 361.
[57] CR 52, 662.
[58] CR 51, 159.
[59] CR 63, 900 sq.; 36, 30: „saepe enim bestiae naturae ordinem melius sequuntur et plus humanitatis prae se ferunt quam homines ipsi..."

„quoniam homo animal est natura sociale, naturali quoque instinctu ad fovendam conservandam eam societatem propendet".[60] Dann aber wird davon unterschieden das „ius naturae" als *Billigkeit*: es gilt für die Menschen im *post*lapsarischen Zustand.[61] Weil die Imago Dei nur entstellt, aber nicht ganz zerstört ist, kann es aus der dem geschichtlichen Menschen gebliebenen „Vernunft"[62] abgeleitet werden. Calvin verstand darunter eine Summe allgemeiner Rechtsgrundsätze, welche die Sozialphilosophie zu entwickeln hat; er folgte dabei weithin Aristoteles und den Lehren der Patristik. Er nannte diese Grundsätze „principes d'equite"[63], die auch für Nichtchristen verbindlich sind.[64]

cc) Auf diesem Fundament ruht die Lehre Calvins vom *Satzungs*recht oder „ius humanum". Er hat sie ganz im Anschluß an die Begriffe der römischen Jurisprudenz entwickelt, nämlich unterschieden zwischen *ius strictum* (Gesetzesrecht, insbesondere des Corpus Iuris Civilis), wobei er geneigt war, das iustinianische Werk als „ratio scripta" (also gleichsam naturrechtlich!) aufzufassen, wie es alle Humanistenjuristen der Zeit getan haben – und *ius aequum* (Billigkeitserwägungen nach „circumstantiae" des Ortes, der Zeit, der Personen u.a.), wie es die lutherischen Juristen (besonders Oldendorp) entwickelt hatten: „non semper esse summo iure agendum", war sein Grundsatz.[65]

---

[60] CR 29, 325.

[61] Dieses läßt sich wohl, wie *Bobatec* getan hat, mit dem in der späteren juristischen Naturrechtslehre üblichen, aber auch von katholischen und lutherischen Theologen (z.B. Valentin Alberti) oft gebrauchten Ausdruck als „ius naturae relativum" gegenüber dem „ius naturae absolutum" des „Status integritatis" kennzeichnen. Calvin hat zwar diesen Terminus nicht gebraucht. *Ernst Troeltsch*, der ihn für Calvins postlapsarisches ius naturae (im Unterschied zum „absoluten" Naturgesetz) verwendete, hat ihn also nicht „erfunden", wie *Holl*, der nach *Barons* zutreffenden Darlegungen von der mittelalterlich-reformatorischen Naturrechtslehre keine ganz richtige Vorstellung hatte, ihm vorgehalten hat. Die Verständigungsschwierigkeit auf diesem Gebiet liegt in dem Sachverhalt, daß es im 16. Jahrhundert (mindestens) vier verschiedene Auffassungen vom Naturrecht (mit jeweils eigener Terminologie) gegeben hat: die stoisch-römische, die aristotelisch-thomistische, die juristisch-humanistische und die reformatorische.

[62] Aber nicht jedermann ist in gleicher Weise dazu befähigt, es richtig zu erkennen. Auch hier dachte Calvin an große menschliche Vorbilder, Rechtsdenker und Rechtshelden, denen Gott eine besondere „auctoritas" verliehen hat (Opp. 2, 1116). Besonders die griechischen Philosophen und Gesetzgeber (Solon, Platon) und die „antiqui iurisconsulti" (die klassischen Juristen Roms) sind solche Vorbilder (Opp. 2, 198).

[63] Vgl. Anm. 51.

[64] Unter Berufung auf Römer 2. 14 können sie sich nicht mit der „Unkenntnis des Gesetzes" entschuldigen: „... finis legis naturalis est, ut reddatur homo ioexcusabilis" (Inst. II, 2 22).

[65] CR 35, 128.

247

b) Der Sinn der „Obrigkeit" ist nicht die Selbstbehauptung einer sich selbst rechtfertigenden Autorität, sondern die Pflege und Durchsetzung des Rechts[66], dem sie selbst untersteht. Die Macht steht für Calvin im Dienste des Rechts. Jenem furchtbar zweideutigen Satze des Hobbes: „Auctoritas, non veritas, facit legem" – „nicht die innere Einsehbarkeit und einleuchtende Richtigkeit, sondern die äußere Macht des Staates begründet die Verbindlichkeit der Gesetze", widerspricht Calvins Rechts- und Staatslehre eindeutig. Unter „Autorität" hat er nie etwas anderes verstanden als das Gesetz Gottes, dessen verbindlicher Ausleger („legis interpres") Christus ist.

So führen die Gedanken Calvins zur Begründung eines wahren Rechtsstaates.[67] Er sah darin zunächst einen „Gesetzes" staat, der sich an das formal gültige Recht hält[68], aber mehr als dies, nämlich einen gemäß der naturrechtlichen Grundordnung des Soziallebens lebenden Staat.

c) Weiter folgt aus der klaren Unterscheidung Calvins zwischen göttlichem und menschlichem Recht der Gedanke, daß ein Widerstand gegen unrecht handelnde „Obrigkeiten"[69] zulässig, ja geboten sei, wo diese die Gebote des göttlichen Rechts verletzen und seine Verbote mißachten. Dann sind sie eben keine „rechten" Obrigkeiten im biblischen Sinne mehr[70], deren vornehmste

---

[66] Es ist die Hauptaufgabe des Staates, die im Naturrecht wurzelnden menschlichen Grundrechte zu schützen (Opp. 52, 667). Danach haben die staatlichen Machthaber für die Verwirklichung dreier Güter zu sorgen. Sie sollen „tranquilla vita", das friedliche Gemeinschaftsleben, erhalten, indem sie jedermann in seinem Recht schützen und „ad populi totius commodum et utilitatem" streben. Neben Frieden, Recht und Wohlfahrt ist für Calvin eine Staatsaufgabe die Wahrung öffentlichen Anstands, guter Ehrbarkeit durch „cura publicae honestatis" und endlich die „pietatis conservatio", die Erhaltung der christlichen Glaubensgemeinschaft durch Überwachung der reinen Lehre und der kirchlichen Ordnung.

[67] Er entwickelte aus dem Gedanken der „lex naturae" eine ganze Reihe naturrechtlicher Fundamental rechte des Menschen, welche durch keine Satzung oder Vereinbarung abgeändert oder negiert werden dürfen (Opp. 24, 662). Dazu gehören nach Bohatec, a.a.O., S. 10ff.: das Leben, die Freiheit, das Eigentum, der Besitz (auch der Besitzstörer verletzt „l'ordre de la nature", Opp. 27, 566).

[68] Opp. 27, 459 ff.

[69] Grundsätzlich hat auch Calvin das Verhältnis von Regierenden und Regierten als ein naturrechtlich begründetes aufgefaßt und daraus die Gehorsamspflicht der Untertanen gegenüber der Obrigkeit (superiorité) hergeleitet. Der Begriff der „Obrigkeit" bleibt aber gerade dadurch von vornherein *rechtsgebunden* und *insofern* ist Aufruhr gegen sie *grundsätzlich unerlaubt*; es würde bedeuten: „abolir l'ordre de la nature" (Opp. 29, 549). „Ceux qui sont rébelles à la supériorité *légitime*, sont comme ennemis de Dieu et de nature" (Opp. 26, 320).

[70] Der gegen Gott ungehorsame Regent verscherzt sein ihm von Gott verliehenes Amt: Opp. 48, 398. „Si un prince se veut detourner de Dieu et s'exempter de sa subjection ... il ne soit plus estime comme homme mortel," ja, ein Floh ist mehr

Pflicht es ist, christliche Lebensordnung zu schaffen.[71] Freilich ist solcher Widerstand nach Calvin nicht einfach jedermann[72] oder einem beliebigen Haufen erlaubt. Dazu ermächtigt sind nur die berufenen Volksvertreter: Honoratioren und Magistratspersonen, soweit ihnen die Rechtspflege ohnehin anvertraut ist.[73] Calvin dachte also nur an Willkürakte der Staatsspitze[74]; eine gesetzwidrige Parlamentsdiktatur oder gar die erst in moderner Zeit aufgetretenen diktatorisch-bürokratisch regierenden, unpersönlichen Machtgebilde, die Unrecht auch in Gesetzesform möglich machen, lagen außerhalb seines Gesichtskreises.

d) Aus der göttlichen Bejahung des Rechts folgt schließlich die Bejahung der geordneten politischen Gemeinschaft von Menschen überhaupt. Gott hat den Menschen (wie schon Aristoteles lehrte) als ein gemeinschaftlich lebendes Wesen erschaffen. Er hat den Menschen zu seiner Bewährung in ein soziales Verhältnis zum Nächsten als seinem Bruder gestellt.[75] Alle Menschen sind insofern gleiche und freie vor Gott. „Christiana politia", d.h. christliche Verfassung oder Lebensgemeinschaft, nannte Calvin den Zustand, in dem Gott seine Gemeinde haben will. Den sozialen Gebilden, besonders aber dem Staat als dem umfassendsten Menschenverband, kommt insofern ein Wert zu, als er diesen Grundgedanken der „christiana politia", der bruderschaftlich verfaßten Gemeinschaft, in der jeder dem andern der Nächste sein kann und jeder im andern den Nächsten achtet, realisiert. Dadurch erfüllt der Staat seine göttliche Bestimmung. Calvin verstand diesen Auftrag anders als Luther. Dieser sah als Theologe im Staat wesentlich nur die „Schwertmacht" einer sündigen Obrigkeit von sündigen Untertanen, den „Büttel Gottes", dem gesetzt ist, als Notbehelf ein Mindestmaß äußerer Ordnung zu schaffen und die böse Welt auf den Tag des Gerichts hin zu erhalten. Calvin dagegen erblickte in der

wert als dieser gottvergessene Herrscher, „parce que les puces sont encore créatures de Dieu" (Opp. 41, 25). Vgl. Opp. 48, 398.

[71] „Dem weltlichen Regiment ist auferlegt, solange wir unter Menschen zu leben haben, den öffentlichen Gottesdienst zu begünstigen und zu schützen, die reine Lehre und den Bestand der Kirche aufrecht zu erhalten" (CR 2, 1094; Opp. sel. 5, 473, 12).

[72] Privatpersonen können zwar Notwehr gegen Amtspersonen üben, wenn diese als Privatleute Unrecht begehen (Opp. 29, 45, 184), aber nicht gegen „Regenten, mögen sie auch als Tyrannen auftreten" und gegen das Recht verstoßen (Opp. 29, 552).

[73] Opp. 1, 1022; 2, 1116.

[74] Sofern sie gegen Gottes Gesetz und die Wahrheit des Evangeliums verstoßen, soll man „Fürsten eher ins Gesicht spucken als gehorchen", weil sie „Gott sein Recht nicht geben wollen und seine Majestät verachten" (Opp. 2, 1116f.).

[75] Daher verwirft Calvin auch jeden *Krieg*, der nicht der Abwehr ungerechter Angriffe dient (legitimum bellum), aus Ruhmsucht oder Gewinnstreben geführte Kriege beurteilt er als Verbrechen (Opp. 26, 12; 27, 609).

staatlichen Gemeinschaft den sittlichen Bewährungsort des gläubigen Menschen[76], der in unermüdlicher Anstrengung arbeitet[77], um die „christiana politia" als Gottes herrliches Werk[78] aufzurichten und beispielhaft werden zu lassen. Der Regierung oder „Obrigkeit" einer rechten „christiana politia" kommt darum auch erhöhte Würde zu.[79]

V.

Betrachtet man diese politischen Ausprägungen der theologischen Grundgedanken Calvins, so erkennt man in ihnen leicht die Wurzeln neuzeitlicher Staatsgedanken. Ihre Wirkung reicht tief in die Entwicklung des modernen Weltbildes hinein und hat es entscheidend mitgestaltet. Von diesen weiteren Wirkungen Calvins können wir hier nur einige besonders bedeutsame herausgreifen.

1.

Die reformierte Lehre, wonach die Glaubensgemeinde, die keinen andern Herrn als Jesus Christus anerkannt, zugleich auch politische Gemeinde (und zwar „von Gottes Gnaden") ist, hat dem spätantiken und frühmittelalterlichen Gedanken von der Volkssouveränität[80] neuen Auftrieb gegeben. Seine religi-

---

[76] Dieser bleibt freilich auch für Calvin immer Sünder, aber seine Bosheit kann die von Gott gewollten Gegenwirkungen der „christiana politia" nicht auslöschen (CR 80, 267).
[77] Hierzu hat Gott ihm Freiheit der Entscheidung gegeben. In der Auseinandersetzung zwischen *Erasmus'* Schrift „De libero arbitrio" und *Luthers* Gegenschrift „De servo arbitrio" vertrat Calvin demnach eine vermittelnde Meinung: er leugnete die kausale Determiniertheit des menschlichen Willens nicht, sah diesen aber als zum Indeterminismus determiniert an (vgl. Inst. III, 5-7,1).
[78] „als dessen Schöpfer er anerkannt und gepriesen sein will" (CR 59, 64). Sie ist Ausdruck seines fortwährenden Bundes mit den Menschen, den er im „sacrum regnum" des Volkes Israel zuerst sichtbar gemacht hat (CR 59, 664).
[79] Es wäre also ein grobes Mißverständnis Calvins, wollte man ihm unterstellen, daß er der Obrigkeit nicht genügend Autorität und Ansehen gelassen habe. Im Gegenteil! Seine diesbezüglichen Äußerungen sind eindeutig: „verissimum ... istud Deum esse regum et magistratum patrem" (Opp. 29, 617); „les princes et qui sont constitués en dignité, sont lieutenants de Dieu" (Opp. 33, 162).
[80] Dieses „ius maiestatis" der von Gott erwählten Gemeinde, des „heiligen" (= geheiligt, durch Christus als König geleiteten) Volkes, hat natürlich nichts mit „Massenpsychologie", „Pöbelherrschaft" und dergleichen zu tun. *Bohatec*, a.a.O., S. 71 f. trägt Calvin-Zitate zusammen, die sich gegen die „lärmende Menge" (turba est turbulenta) und gegen die „Bierbankpolitiker" (on brigue dans les tavernes) richten;

öse Legitimierung durch den Calvinismus[81] war von ungleich tieferer Wirkung und dauernderer sittlicher Bindekraft, als sie der spätere Rationalismus der Aufklärungszeit besaß. Von hier aus ist der sittliche Schwung der englischen „glorious revolution", die Widerstandskraft der schottischen Puritaner und französischen Hugenotten, aber auch die Erhebung der Niederlande und in gewissem Sinne noch der nordamerikanische Unabhängigkeitskampf bedingt. Aus religiösem Notstand (wie in Holland) entstanden, oder in politischem Notstand mit religiöser Begründung (wie in England) durchgesetzt, oder im Bewußtsein des göttlich gestifteten Naturrechts erkämpft (wie in Nordamerika), hat die Idee politischer Freiheit und Selbstverantwortlichkeit des Volkes in den Verfassungen vorwiegend calvinistischer Gemeinwesen immer religiöse Bedeutung behalten. Der Freiheits-Glaube, das leidenschaftliche Rechtsgefühl und das sittliche Pathos in der Politik calvinistischer Staatsdenker ist im Räume des Luthertums schwer vorstellbar; man hat dort die auf religiös-ethischem Grund erwachsenen politischen Ideen, wie sie beispielsweise die nordamerikanische oder die schweizerische Bundesverfassung tragen, nie recht verstanden; schon gar nicht die von hier aus zur Pflicht gewordene kritische Einstellung gegen jede Art von staatlicher oder kirchlicher „Obrigkeit".

2.

Besonders im angloamerikanischen Raum hat sich aus der schottischen Reformation von Calvins Mitarbeiter John Knox ein charakteristisches Lebensgefühl und Menschentum entwickelt, das man als „puritanisch" und „Purkanismus" bezeichnet. Es erwuchs aus dem Gedanken der Bewährung. Selbstzucht, mehr sein als scheinen, sittliche Lebensführung und unbeugsame Glaubensstrenge führten zu einer, das ganze Alltagsleben durchdringenden

---

es ist aber zu bedenken, daß diese Äußerungen sich gegen die Störung einer vom Volk gewählten und nach einer vom Volkswillen beschlossenen Verfassung regierenden Regierung (also einer „demokratischen", die darum nicht anders wird, weil αριστοι in ihr sitzen) wenden.

[81] Nicht durch Calvin selbst! Er hat vielmehr gelehrt, daß „non est in arbitrio populi constituere principes", denn „Gott ändere die Herrschaftsformen nach Seinem freien Willen" (Opp. 39, 158). Freilich handelt es sich bei diesen und ähnlichen, von *Bohatec*, a.a.O., S. 142ff. zusammengetragenen Stellen um Ermahnungen an die Hugenotten in Frankreich. Auch besagt Calvins rechtsstaatlicher Legitimismus, der den bewaffneten Aufstand gegen eine bestehende Regierung durch beliebige Personen verwarf, nichts gegen die in seiner Gemeindelehre liegenden Prinzipien der politischen Selbstregierung. Die Existenz eines legitimen „Fürsten" als verfassungsmäßiger Staatsspitze ist durchaus auf dem Boden der Volkssouveränität möglich.

und gestaltenden Bemühung, die Herrschaft Christi in der Welt zu bezeugen und auszubreiten.[82]

Diese religiöse Haltung hat zahlreiche soziologische Gebilde geprägt. Aus ihr sind nicht nur die kirchlichen Genossenschaften der holländischen und englischen Kongregationalisten und die niederrheinischen Freikirchen hervorgegangen, sondern auch der Urtypus der presbyterianischen Kirchen Englands und Nordamerikas.

3.

Zum Abschluß unserer Betrachtung sei noch ein Blick auf jene besonders wichtige Konsequenz der reformierten Glaubenshaltung gerichtet, die man als religiöse Fundierung des Politischen bezeichnen kann. Von Anfang an waren die reformierten Gemeinden gezwungen, sich auch im politischen Kampf zu behaupten. So mußten sie eine glaubensbedingte politische Praxis entwickeln; die Gemeinden waren zugleich Selbstverteidigungsverbände. Daraus ergab sich der Gedanke internationaler Solidarität der Gemeinden und die Ausbildung eines Schatzes religiös-sittlicher Grundsätze des gemeinsamen politischen Handelns.

So hat der Calvinismus schon in seiner Frühzeit eine völkerverbindende, übernatipaal einigende Wirkung geübt und insofern ein anderes Geschichtsbild gehabt, zu einem anderen Geschichtsbewußtsein hingeleitet, als es im Raum der Staats- oder Territorialkirchen lutherischen Gepräges möglich war. Insofern sind auch gewisse, aus den gemeinsamen Überlieferungen des Mittelalters stammende Gedanken vom Calvinismus in theologischer Umformung gepflegt und weitergetragen worden. So vor allem die Idee der christlichen Ökumene und der Gedanke des Naturrechts. Erstere Idee hat es vermocht, die Schranken des immer mehr sich versteifenden Nationalstaatsgedankens mit seiner massiven Staatsräson geistig zu überspringen; der „Vater" des modernen Völkerrechts, Hugo Grotius, war Reformierter. Letzterer Gedanke hat die Geltung göttlicher und natürlicher Rechtsgrundsätze politisch aktiv erhalten und so die mittelalterliche Reichsaufgabe: Pax et Justitia (Frieden und Gerechtigkeit) in der Welt zu pflegen und zu schützen, fortgeführt.

Aus der Verbindung dieser Gedanken ist immer wieder im Räume des reformierten Christentums der Gedanke einer alle verbindenden, aber keinen unterdrückenden Grundordnung des sozialen Wesens aufgetaucht, jenes Problem der „world order", das auch heute noch viele beschäftigt. In ihr denkt sich der Calvinismus die drei Grundgedanken der wahren „christiana politia" verwirklicht, nämlich: Freiheit der vor Gott verantwortlichen Personen, Acht-

---

[82] Das hat *Max Weber*, Gesammelte Aufsätze zur Religionssoziologie, eingehend dargelegt.

ung des Nächsten als Bruder in Christo, Gleichheit aller vor dem göttlichen Recht und dem darauf begründeten Gesetzder staatlichen Lebensgemeinschaft. Alle neuzeitlichen Formulierungen menschlicher Grundrechte sind nur eine weltliche Ausdrucksform dieser drei Grundprinzipien reformierter christlicher Sozialordnung gewesen.

Inwieweit bei den Bemühungen der Gegenwart um eine neue Grundlegung der sozialen Ordnung der Menschheit die Gedanken Calvins nachwirken, wird sich zeigen. Der sozialethische und politische Elan des Reformiertentums ist noch nicht erloschen. Verlautbarungen der evangelischen Ökumene lassen erkennen, daß auch das Weltluthertum bereit ist, an dieser Aufgabe mitzuwirken. Eine gemeinsame Erkenntnis von der politischen Verantwortung des Christen ist da, und ein gemeinsames Handeln in diesem Sinne bahnt sich an.